AF175147

ACCESO GRATIS a la Lectura en la Nube

Para visualizar el libro electrónico en la nube de lectura envíe junto a su nombre y apellidos una fotografía del código de barras situado en la contraportada del libro y otra del ticket de compra a la dirección:

ebooktirant@tirant.com

En un máximo de 72 horas laborales le enviaremos el código de acceso con sus instrucciones.

ELUSIÓN FISCAL
Y POLÍTICA TRIBUTARIA

III Jornadas Académicas
de Derecho Tributario

ELUSIÓN FISCAL Y POLÍTICA TRIBUTARIA

III Jornadas Académicas
de Derecho Tributario

DRA. PATRICIA TOLEDO ZÚÑIGA
(Coordinadora)

tirant lo blanch
Valencia, 2024

Director de la Colección
ANTONIO FAÚNDEZ UGALDE

© Varios autores

© TIRANT LO BLANCH
EDITA: TIRANT LO BLANCH
C/ Artes Gráficas, 14 - 46010 - Valencia
TELFS.: 96/361 00 48 - 50
FAX: 96/369 41 51
Email: tlb@tirant.com
www.tirant.com/cl
Librería virtual: https://editorial.tirant.com/cl/
ISBN: 978-84-1169-983-9
MAQUETA: Innovatext

Si tiene alguna queja o sugerencia, envíenos un mail a: *atencioncliente@tirant.com*.
En caso de no ser atendida su sugerencia, por favor, lea en *www.tirant.net/index.
php/empresa/politicas-de-empresa* nuestro procedimiento de quejas.

Responsabilidad Social Corporativa: http://www.tirant.net/Docs/RSCTirant.pdf

SERGIO ALBURQUENQUE
JOSÉ LUIS CAAMAÑO
CRISTÓBAL CABEZA BARAHONA
AMALIA BEATRIZ CAMPOS VIERLING
SERGIO CARO FLORES
MAÍRA ACOTIRENE DARIO DA CRUZ
ANDRÉS FRANCISCO DURÁN RODRÍGUEZ
SERGIO ENDRESS GÓMEZ
GONZALO ALONSO ESCALANTE ALPACA
ANDRÉS IGNACIO FAJARDO MOLINA
ANTONIO FAÚNDEZ-UGALDE
CAROLINA FIGUEROA BUSTOS
CONSTANZA GAJARDO CUMIAN
PEDRO GÁLVEZ MUÑOZ
MARGARITA HERRERA HERRERA
ABEL BERNABÉ HIDALGO VEGA
EDUARDO IRRIBARRA SOBARZO
ÁLVARO MAGASICH AIROLA
PATRICIO MASBERNAT
NICOLÁS MONTALVA BARRÍA
MARÍA-PILAR NAVARRO-SCHIAPPACASSE
HUGO OSORIO MORALES
ROBERTO PADILLA PARGA
VÍCTOR ROJAS FUENTES
PATRICIA TOLEDO ZÚÑIGA
FELIPE IGNACIO VALENZUELA AGUILERA
GONZALO VERGARA QUEZADA
FELIPE YÁÑEZ

Índice

PRIMERA PARTE
«ELUSIÓN FISCAL»

Normas generales antielusión
y derechos del contribuyente
POR MARÍA-PILAR NAVARRO-SCHIAPPACASSE

La ¿generalidad? de la norma general antielusiva chilena
Por Sergio Alburquenque

La economía de opción y la norma general antielusiva
Por Cristóbal Cabeza Barahona

Sobre la simulación en el Código Tributario
Por Víctor Rojas Fuentes

**El concepto de abuso del Código Tributario
y el propósito del contribuyente**
Por Gonzalo Vergara Quezada

**El impacto de la sostenibilidad tributaria
sobre las cláusulas antielusivas**
Por Felipe Yañez

**La determinación de la elusión
y la nulidad de los actos**
Por Andrés Francisco Durán Rodríguez

**La facultad de tasación a la luz
del principio de capacidad contributiva**
Por Eduardo Irribarra Sobarzo

**Gobierno corporativo familiar.
Un estudio frente a la elusión tributaria**
Por Antonio Faúndez-Ugalde y Patricia Toledo-Zúñiga

La legislación tributaria desde los principios jurídicos: un análisis con ocasión de las obligaciones tributarias y las normas antielusión
Por Patricio Masbernat

Analogía e interpretación extensiva en el contexto de la Norma general antielusiva
Por Constanza Gajardo Cumian

**El principio de tipicidad y la infracción imputable
por aplicación de la Norma antielusiva general
en el caso peruano**
Por Gonzalo Alonso Escalante Alpaca

**Formalismo, elusión fiscal
y el análisis económico del cumplimiento tributario**
Por Maíra Acotirene Dario da Cruz

SEGUNDA PARTE
«POLÍTICA TRIBUTARIA»

Crisis de la reserva tributaria y elusión.
Problemas teóricos y dogmáticos
POR HUGO OSORIO MORALES

La retroactividad tributaria como límite
a la libertad de configuración de las normas
tributarias: fundamentos
POR ÁLVARO MAGASICH AIROLA

El principio de reformatio in peius
en materia tributaria
Por Abel Bernabé Hidalgo Vega

La resolución de conflictos tributarios
en Chile. Actualidad y futuro
Por Sergio Endress Gómez

**Titularidad del ejercicio
de la acción penal en delitos tributarios. Problemáticas**
MARGARITA HERRERA HERRERA

**El principio de transparencia algorítmica
como mecanismo de fiscalización tributaria**
PEDRO GÁLVEZ MUÑOZ

Tax compliance, una aproximación necesaria
José Luis Caamaño y Nicolás Montalva Barría

Los riesgos jurídicos presentes en la toma de decisiones automatizadas en actividades de fiscalización tributaria
Por Roberto Padilla Parga

Política tributaria y filantropía: análisis del escenario actual de las donaciones en Chile
Por Felipe Ignacio Valenzuela Aguilera

El sentido del tributo
Por Andrés Ignacio Fajardo Molina

Breve historia del tiempo en el derecho tributario
Por Sergio Caro Flores y Carolina Figueroa Bustos

Cultura jurídica tributaria
Por Amalia Beatriz Campos Vierling

Prólogo

La obra colectiva que les presento "Elusión fiscal y Política tributaria" tiene por finalidad aportar al debate académico sobre el fenómeno de la elusión fiscal y, específicamente, sobre la norma general antielusiva introducida en el sistema tributario chileno con la Ley N°20.780. Asimismo, tiene por finalidad difundir problemáticas actuales de política tributaria a fin de colaborar con el desarrollo científico del Derecho tributario en Chile.

Esta obra es el resultado de la labor colaborativa de 28 académicos y académicas, investigadores, estudiantes y profesionales del Derecho tributario. Los 25 trabajos que constituyen esta obra formaron parte de las III Jornadas Académicas de Derecho Tributario, realizadas el 11 y 12 de noviembre de 2021, organizadas por la Facultad de Ciencias Jurídicas y Sociales de la Universidad Austral de Chile.

Estructuralmente, esta obra consta de dos partes. La primera parte agrupa 13 artículos sobre el fenómeno de la elusión fiscal; la segunda, agrupa 12 artículos con problemáticas actuales sobre política tributaria. Cada uno de los trabajos que son parte de esta obra fueron sometidos al sistema *doublé blind review*, permitiendo otorgar objetividad al proceso de selección de los trabajos postulados y cumplir con los estándares que exige la comunidad académica.

La primera parte de esta obra, dedicada a la Elusión fiscal, comienza con el trabajo "Normas generales antielusión y derechos del contribuyente" de la Dra. María Pilar Navarro, académica del Instituto de Ciencias Sociales de la Universidad de O'Higgins; tiene por finalidad analizar las tensiones que existen entre el estatuto general antielusivo y los derechos de los contribuyentes.

El trabajo "La ¿generalidad? de la norma general antielusiva chilena de Sergio Alburquenque, académico de la Facultad de Derecho de la Universidad Diego Portales, tiene por finalidad analizar si la norma general antielusiva chilena satisface plenamente el requisito de generalidad que caracteriza a las cláusulas generales antielusión.

El trabajo "La economía de opción y la norma general antielusiva" de Cristóbal Cabeza, estudiante de Derecho de la Universidad de O'Higgins, tiene por finalidad analizar la economía de opción, reconocida como planificación tributaria lícita, y su relación con el abuso de las formas jurídicas y la simulación tributaria, como modalidades de la norma general antielusiva chilena.

El trabajo "Sobre la simulación en el Código tributario" de Víctor Rojas, académico de la Universidad Adolfo Ibáñez y Resolutor Titular del Tribunal Tributario y Aduanero de Valparaíso, tiene por finalidad analizar la institución de la simulación como modalidad de la norma general antielusiva chilena y como conducta que configura delitos tributarios.

El trabajo "El concepto de abuso del Código tributario y el propósito del contribuyente" de Gonzalo Vergara, académico de la Pontificia Universidad Católica de Chile, Universidad de Concepción y Universidad de Los Andes, tiene por finalidad analizar cuál es la función que podría cumplir la intención del contribuyente en la configuración del abuso de las formas jurídicas, modalidad de la norma general antielusiva chilena.

El trabajo "El impacto de la sostenibilidad tributaria sobre las cláusulas antielusivas" de Felipe Yáñez, académico de la Universidad Finis Terrae, tiene por finalidad analizar la función que puede cumplir la sostenibilidad tributaria como criterio de interpretación o aplicación de la normativa antielusiva general o especial.

El trabajo "La determinación de la elusión y la nulidad de los actos" de Andrés Durán, Magíster en Tributación por la Universidad de Chile, analiza la relación entre el Derecho tributario y otras áreas del Derecho privado, a fin de determinar el alcance de las atribuciones de la Administración tributaria frente a los actos de particulares que afecten el cumplimiento de las obligaciones tributarias.

El trabajo "La facultad de tasación a la luz del principio de capacidad contributiva" del Dr. Eduardo Irribarra, académico de la Facultad de Economía y Negocios de la Universidad de Chile, tiene por finalidad evaluar la constitucionalidad de la facultad de tasación del Servicio de Impuestos Internos en relación con el principio de capacidad contributiva.

El trabajo "Gobierno corporativo familiar. Un estudio frente a la elusión tributaria" de Antonio Faúndez, académico de la Pontificia Universidad Católica de Valparaíso, y de quien suscribe, Dra. Patricia Toledo, académica de la Universidad Austral de Chile, tiene por finalidad analizar si las decisiones del gobierno familiar, adoptadas dentro del contexto de una empresa familiar, podrían ser consideradas razones suficientes para superar el test de relevancia y, por tanto, no configurar el abuso de las formas jurídicas como modalidad de la norma general antielusiva chilena.

El trabajo "La legislación tributaria desde los principios jurídicos: un análisis con ocasión de las obligaciones tributarias y las normas antielusión" de Patricio Masbernat, académico de la Facultad de Derecho de la Universidad Santo Tomás, tiene por finalidad analizar la posibilidad de formular una legislación basada en principios con el objeto de que el sistema tributario responda de manera más adecuada a los desafíos de regular conductas y resolver conflictos, en el contexto de la norma general antielusiva.

El trabajo "Analogía e interpretación extensiva en el contexto de la norma general antielusiva" de Constanza Cumian, estudiante de Derecho de la Universidad Austral de Chile, tiene por finalidad analizar la distinción entre interpretación extensiva y analogía en materia tributaria, en el contexto de la aplicación de norma general antielusiva.

El trabajo "El principio de tipicidad y la infracción imputable por aplicación de la norma antielusiva general en el caso peruano" de Gonzalo Escalante, académico de Derecho tributario en la Universidad Católica San Pablo en Perú, tiene por finalidad analizar la aplicación del principio de tipicidad en relación con la infracción del artículo 178 N° 9 del Código tributario peruano, que persigue la realización de actos calificados como elusivos de acuerdo con la norma antielusiva general peruana.

El trabajo "Formalismo, elusión fiscal y el análisis económico del cumplimiento tributario" de Maira Acotirene Dario da Cruz, estudiante del Máster en Derecho tributario en la Universidad Católica de Brasilia en Brasil, tiene por finalidad es estudiar el fenómeno de la elusión fiscal desde la perspectiva económica del cumplimiento tributario.

La segunda parte de esta obra, dedicada a la Política tributaria, comienza con el trabajo "Crisis de la reserva tributaria y elusión. Problemas teóricos y dogmáticos" de Hugo Osorio, académico de la Universidad Austral de Chile y Juez Tributario y Aduanero de la Región de Los Ríos; tiene por finalidad abordar la crisis del principio de reserva de ley en materia tributaria en relación con la lucha contra la elusión.

El trabajo "La retroactividad tributaria como límite a la libertad de configuración de las normas tributarias: fundamentos" del Dr. Álvaro Magasich, Académico de Derecho tributario de la Escuela de Derecho de la Pontificia Universidad Católica de Valparaíso, tiene por finalidad analizar las razones jurídicas que justifican la limitación de aplicar leyes tributarias con efecto retroactivo.

El trabajo "El principio de *reformatio in peius* en materia tributaria" de Abel Hidalgo, Profesor Invitado en la Universidad de Chile y en la Universidad Adolfo Ibáñez, tiene por finalidad analizar la aplicación de la prohibición de reforma en perjuicio de los contribuyentes cuando, en ejercicio de sus derechos, impugnan actos administrativos o judiciales en materia tributaria.

El trabajo "La resolución de conflictos tributarios en Chile. Actualidad y futuro" de Sergio Endress, académico de la Universidad de Chile, tiene por finalidad analizar críticamente el funcionamiento de los tribunales tributarios y aduaneros como sede para resolver los conflictos tributarios en Chile.

El trabajo "Titularidad del ejercicio de la acción penal en delitos tributarios. Problemáticas" de Margarita Herrera, estudiante de Derecho en la Universidad de O'Higgins, tiene por finalidad revisar y proponer soluciones a la problemática sobre la titularidad de la acción penal en delitos tributarios en Chile.

El trabajo "El principio de transparencia algorítmica como mecanismo de fiscalización tributaria" de Pedro Gálvez, egresado de Derecho de la Pontificia Universidad Católica de Valparaíso, tiene por finalidad analizar críticamente el uso técnicas de inteligencia artificial en procedimientos de fiscalización tributaria.

El trabajo "*Tax compliance,* una aproximación necesaria" de José Luis Caamaño y Nicolás Montalva, ambos Magíster(c) en Gestión, mención tributación nacional, de la Pontifica Universidad Católica de Valparaíso, tiene por finalidad reflexionar sobre la relevancia del *compliance* tributario como manifestación de la responsabilidad social empresarial.

El trabajo "Los riesgos jurídicos presentes en la toma de decisiones automatizadas en actividades de fiscalización tributaria" de Roberto Padilla, Doctor(c) en Derecho en la Universidad de Talca y académico en la Universidad Autónoma de Chile, tiene por finalidad reflexionar sobre los riesgos de usar herramientas digitales para la toma de decisiones automatizadas en el ámbito de las actividades fiscalizadoras en materia tributaria.

El trabajo "Política tributaria y filantropía: análisis del escenario actual de las donaciones en Chile" de Felipe Valenzuela, abogado y diplomado en Filosofía política y ética en la Universidad Adolfo Ibáñez, tiene por finalidad analizar críticamente el régimen regulatorio de las donaciones en Chile.

El trabajo "El sentido del tributo" de Andrés Fajardo, estudiante de Derecho de la Pontificia Universidad Católica de Valparaíso, estudia el desarrollo del concepto de tributo que deriva de la Constitución económica chilena, a fin de determinar su función como criterio de interpretación jurídica.

El trabajo "Breve historia del tiempo en el Derecho tributario" de Sergio Caro, Magíster en Derecho público de la Universidad de Concepción, y Carolina Figueroa, Magíster en Derecho tributario de la Universidad de Concepción, tiene por finalidad analizar la relevancia de los elementos temporales en instituciones del Derecho tributario.

Finalmente, el trabajo "Cultura jurídica tributaria" de Amalia Campos, Magíster en Tributación de la Facultad de Economía y Negocios de la Universidad de Chile, tiene por finalidad reflexionar sobre la relevancia de realizar un cambio en la cultura tributaria chilena como medio para erradicar la evasión fiscal.

Agradezco a la Agencia Nacional de Investigación y Desarrollo por el financiamiento del Proyecto Fondecyt de Iniciación N° 11190344, titulado «Elusión fiscal. Hacia la construcción de una teoría normativa para la interpretación de la norma general antielusiva en el Derecho tributario chileno», del cual soy Investigadora responsable. Asimismo, agradezco a Francisca Díaz Williams, abogada y Magíster en Derecho Tributario en la Universidad de Concepción, por su valiosa colaboración en la labor de edición de estos trabajos.

Confío en que esta obra será un aporte en temas sobre Elusión fiscal, Norma general antielusiva y Política tributaria; de este modo, seguiremos avanzando en la tarea de fortalecer la investigación científica del Derecho tributario en Chile.

Dra. Patricia Toledo Zúñiga
Coordinadora.

Valdivia, febrero de 2023.

Discurso Inaugural
de las III Jornadas Académicas
de Derecho Tributario

El año 2019, en la Universidad Austral de Chile nos planteamos la tarea de crear un espacio académico para discutir y reflexionar sobre el Derecho tributario. Fue así, como en diciembre de 2019 realizamos la Primera Jornada Austral de Derecho Tributario. A poco andar nos encontramos con dos académicos: el Dr. Antonio Faúndez y el Dr. Francisco Saffie, quienes, preocupados por fortalecer el Derecho tributario de nuestro país, organizaron la Primera Jornada Académica de Derecho Tributario, cuya sede fue la Pontificia Universidad Católica de Valparaíso, el año 2019.

El verdadero trabajo académico es colaborativo y fue así como el Dr. Faúndez, el Dr. Saffie y yo nos unimos para trabajar en equipo y formamos el Comité Académico de las Segundas Jornadas Académicas de Derecho Tributario, cuya sede fue la Universidad Adolfo Ibáñez, el año 2020.

Este año 2021 tuvimos la oportunidad de organizar estas Terceras Jornadas Académicas de Derecho Tributario, cuya sede es la Universidad Austral de Chile. En esta tarea actuamos siempre guiados por la organización de unas jornadas abiertas, plurales, paritarias y gratuitas.

Por ello, ampliamos el Comité Académico e invitamos a Aída Gana, Matías Pascuali y a Ricardo Guerrero, a quienes agradezco haberse sumado a esta linda tarea.

Siempre hemos intentado que nuestras jornadas se realicen en torno a un tema actual y de relevancia nacional. Este año escogimos «Elusión fiscal y Política Tributaria». Para inaugurar estas jornadas pensamos en un referente en los estudios sobre elusión fiscal: el Dr. Carlos Palao Taboada, Doctor en Derecho por la Universidad de Bolonia, Catedrático Emérito de la Universidad Autónoma de Madrid.

Hemos organizado estas jornadas con mucho cariño y nuestro trabajo rindió sus frutos porque la invitación para exponer en nuestras jornadas fue acogida favorablemente por más de 40 académicos y académicas, investigadores, estudiantes y profesionales del Derecho tributario. ¡Muchas gracias a todos y todas quienes nos remitieron sus trabajos para hacer posible estas jornadas!

Seleccionamos 38 trabajos, provenientes de más de 20 instituciones. Escucharemos a representantes de las siguientes universidades chilenas: Pontificia Universidad Católica de Chile, Pontificia Universidad Católica de Valparaíso, Universidad Adolfo Ibáñez, Universidad Austral de Chile, Universidad Autónoma de Chile, Universidad Católica de Temuco, Universidad de Chile, Universidad de Concepción, Universidad de La Frontera, Universidad de La República, Universidad de Los Andes, Universidad de O'Higgins, Universidad del Desarrollo, Universidad Diego Portales y Universidad Santo Tomás.

Además, saludamos especialmente a quienes provienen de instituciones extranjeras: Juan Frers de Argentina, Maira Acotirene Dario da Cruz de Brasil, Ana Belén Macho de España y Gonzalo Escalante de Perú.

Este año decidimos crear un espacio especial para que estudiantes de pregrado de Derecho tributario tuvieran la oportunidad de participar de nuestras jornadas. Con mucho agrado les cuento que escucharemos los trabajos de: Andrés Fajardo, Constanza Cumian, Cristóbal Cabeza, Margarita Herrera, Pedro Gálvez y Víctor Velásquez.

Quiero expresar mi agradecimiento a la Agencia Nacional de Investigación y Desarrollo por el financiamiento del Proyecto Fondecyt de Iniciación N° 11190344, titulado «Elusión fiscal. Hacia la construcción de una teoría normativa para la interpretación de la norma general antielusiva en el Derecho tributario chileno», del cual soy Investigadora responsable.

Agradezco a la Oficina de Vinculación con el Medio de la Facultad de Ciencias Jurídicas y Sociales de la Universidad Austral de Chile, desde donde asumimos la tarea de organización de estas jornadas. Permítanme agradecer a nuestra periodista Viviana Cárdenas y a nuestra Ingeniera en Informática Elsa Sánchez.

Finalmente, agradezco a la Facultad de Ciencias Jurídicas y Sociales de la Universidad Austral de Chile porque es un orgullo pertenecer a una Facultad donde se realiza el trabajo académico de manera colaborativa y asociado a los más altos estándares de calidad.

¡Muchas gracias!

DRA. PATRICIA TOLEDO ZÚÑIGA

Valdivia, 11 de noviembre de 2021.

PRIMERA PARTE
«ELUSIÓN FISCAL»

Normas generales antielusión y derechos del contribuyente

POR MARÍA-PILAR NAVARRO-SCHIAPPACASSE

RESUMEN: El presente trabajo analiza las tensiones que existen entre el estatuto general antielusivo y los derechos de los contribuyentes. Así, busca determinar si las excepciones legales a dichas facultades se encuentran justificadas, y precisarlas implicancias prácticas derivadas de la duplicidad de regulación de la buena fe en el Código Tributario. Por último, plantea la problemática derivada de los puntos de contacto entre la obligación del contribuyente de colaborar en la fiscalización tributaria y la garantía penal a guardar silencio o no autoincriminarse.

PALABRAS CLAVE: Normas generales antielusión — derechos de los contribuyentes — derecho a la no autoincriminación.

I. INTRODUCCIÓN

Las normas generales antielusión chilenas —abuso de las formas jurídicas y simulación[1]—, pese a que aún no han sido aplicadas por el Servicio de Impuestos Internos, han generado gran interés en la doctrina tributaria chilena, que ha examinado sus distintos aspectos dogmáticos y teóricos. Un aspecto que resulta interesante de abordar, y respecto del cual no se conocen trabajos

---

[1]   Doctora en Derecho por la Universidad de Barcelona, académica del Instituto de Ciencias Sociales de la Universidad de O'Higgins. Agradecimientos al Fondecyt de Iniciación N° 11200366 "Bases para la construcción de una teoría general del régimen sancionatorio previsto en Chile para combatir las conductas elusivas".
    Regulados en los artículos 4° ter y 4° quáter del Código Tributario, respectivamente.

concretos, se refiere a la relación que existe entre esta normativa y los derechos del contribuyente[2].

En este sentido, la relación más evidente se refiere a la opción que le asiste a toda persona de organizar sus negocios de la manera que sea fiscalmente más favorable[3]. Dicha posibilidad no es más que una aplicación al ámbito tributario del principio de autonomía de la voluntad que rige en el Derecho civil, y que constitucionalmente aparece recogido en el artículo 19 N° 21 de la Constitución, por lo que resulta indispensable compatibilizar dicho principio en el ámbito tributario con la posibilidad de prescindir de la forma jurídica elegida o que el contribuyente aparenta haber implementado.

Ahora bien, más allá de esta primera relación entre los derechos de los contribuyentes y las normas generales antielusivas, existe un segundo ámbito de conexión, a partir de lo dispuesto en el artículo 8° bis del Código Tributario, tras los cambios que introdujo la Ley N° 21.210. Así, en supuestos de elusión se ven limitados los derechos de los números 5 y 6. En consecuencia, es necesario analizar si dichas limitaciones se justifican, ya que existe todo un estatuto jurídico-tributario protector de estos derechos que no resulta aplicable. A mayor abundamiento, la regulación de la buena fe en el artículo 4° bis del Código Tributario a propósito de la normativa antielusiva supone dos problemas interpretativos: el ámbito en el que se aplica la calificación, por su relación con el numeral 13 del artículo 8° bis, y el ámbito propio de la presunción de buena fe consagrada en su numeral 19.

---

[2]   Se hace presente que en este trabajo no se analizarán derechos o garantías del contribuyente en el contexto del procedimiento judicial del artículo 160 bis del Código Tributario.

[3]   García Novoa, 2004, p. 246. En palabras de Kruse, 1978, p. 215, no se impide a las personas contribuir de forma tal que paguen los menos impuestos posibles, sino que lo que ocurre es que "una configuración complicada, torpe, etc. [artificiosa, evidente, contrasentido y poco clara], es inadecuada, si ha sido elegida únicamente con la finalidad del ahorro del impuesto" y esto puede dar lugar a un abuso de las formas.

Finalmente, el análisis se hace cargo de una problemática general del Derecho tributario, toda vez que resulta necesario identificar si los antecedentes obtenidos durante una fiscalización en la que inicialmente se pretendió aplicar el abuso o la simulación de los artículos 4° ter y 4° quáter, respectivamente, pueden ser luego utilizados exclusivamente para fundamentar la persecución penal. Es decir, corresponde identificar si tal proceder vulnera el derecho a no autoincriminarse que rige en materia penal.

Para ello el análisis se dividirá en tres partes. En la primera, se delimitará el ámbito de aplicación de las normas generales antielusión y se las pondrá en relación con el principio de la autonomía de la voluntad. En la segunda, se analizarán los derechos de los contribuyentes que reconocen una excepción en la aplicación de las normas reguladas en los artículos 4° bis y siguientes del Código Tributario, así como las tensiones que genera la regulación de la buena fe a propósito de la normativa general antielusiva. En la tercera, se hará referencia a las particularidades que presenta la persecución penal en supuestos de simulación y los problemas que esto genera a nivel de derecho a no autoincriminarse. Para finalizar, se hará referencia a las principales conclusiones a las que se arribó.

II. NORMAS GENERALES ANTIELUSIÓN Y SU RELACIÓN CON LA LIBERTAD DE DESARROLLAR UNA ACTIVIDAD ECONÓMICA

En Derecho privado rige el principio de la autonomía de la voluntad y el subprincipio de libertad contractual, según el cual, por regla general, las partes pueden elegir contratar o no, determinar la persona del co-contratante y estipular el contenido del contrato. A continuación, en el ámbito empresarial esta facultad de toda persona de obligarse con la sola voluntad tiene reconocimiento constitucional expreso, pues el artículo 19 N° 21 de la Constitución reconoce el derecho de toda persona "a desarrollar cualquier actividad económica". Con todo, este derecho no es absoluto, pues la propia disposición constitucional señala que dicha actividad no debe ser contraria a la moral, al orden público o a la seguridad nacional, y ha de respetar las normas legales que la regulan[4]. Dentro de estas normas legales se encuentran, precisamente, las disposiciones tributarias.

Por lo demás, en el Derecho público la ley es la fuente y medida de toda la actuación estatal, pues en los artículos 6° y 7° se consagra el principio de legalidad en la actuación administrativa, indicándose que los particulares, en cambio, pueden hacer todo aquello que no esté expresamente prohibido.

Estos dos aspectos mencionados, la autonomía de la voluntad privada y su dimensión constitucional, deben ser puestas en relación con los preceptos tributarios.

Así, en el ámbito impositivo, con independencia de la validez o invalidez civil de los actos o contratos para fines tributarios, en tanto tales actos o contratos no sean dejados sin efecto y se verifiquen los presupuestos de un hecho gravado, surgirá la obligación tributaria principal consistente en enterar dinero en arcas fiscales. Luego, si ello no acontece, se está ante un ámbito no gravado.

Las normas generales antielusivas alteran el panorama descrito, pues suponen una intervención en la autonomía de la voluntad privada, limitándola en sede tributaria[5]: si bien efectos fuera del ámbito impositivo se mantienen y, por tanto, el Derecho privado continúa reconociéndole fuerza obligatoria a esa voluntad manifestada, el Servicio de Impuestos Internos puede prescindir de los actos o contratos considerados como elusivos, esto es, que

---

[4]   Guerrero, 2020, pp. 228, 252 y ss.
[5]   Matus, 2017, p. 71 se refiere a esta realidad como la tensión entre el principio de legalidad tributaria y el de autonomía privada. Véase la sentencia del Tribunal Tributario y Aduanero de la Región de los Ríos, 21.02.2019, RIT GR-11-000019-2018, considerando 27° que expresamente declara que la autonomía de la voluntad civil encuentra su límite en su ejercicio abusivo, lo que tiene lugar cuando resultan aplicables las normas generales antielusión.

verifican los presupuestos del abuso de las formas jurídicas y/o de la simulación.

En efecto, las normas generales antielusivas corresponden a preceptos que buscan combatir la elusión con un carácter general, sin que estén supeditadas a un ámbito específico de la tributación, y que tienen pretensión de continuidad en el tiempo, toda vez que se aplicarán incluso para evitar la elusión de normativas que se introducirán al sistema tributario en el futuro. Por ello, tiende a conceptualizárselas a partir de las características de su presupuesto normativo que "se formula de manera amplia y resultan, por tanto, aplicables a un número indefinido y extenso de casos concretos. La estructura normativa de las cláusulas generales se define por una prevalencia de la generalidad y abstracción de la norma atributiva de potestades"[6].

El abuso de las formas jurídicas es una figura recogida en el artículo 4° ter del Código Tributario y que implica que si se verifican sus presupuestos, independientemente de la validez del acto jurídico o del conjunto de ellos, para fines tributarios se prescindirá de los efectos derivados de tales actos. Esto ocurrirá cuando concurra un ahorro impositivo[7] y los actos o contratos individualmente considerados o en su conjunto no generen resultados o efectos jurídicos o económicos relevantes, distintos del meramente tributario. Ese resultado lo puede producir para el mismo contribuyente, como para un tercero.

En este punto es importante destacar que los efectos son alternativos: pueden ser jurídicos o económicos. Si bien lo normal será que concurran ambos, basta que concurra uno para que no se aplique el abuso[8]. Y, adicionalmente, dichos efectos deben ser relevantes, esto es, han de tener una entidad tal que justifiquen

---

[6]   García Novoa, 2008, p. 14.
[7]   Se evite total o parcialmente la realización del hecho gravado, o se disminuya la base imponible o la obligación tributaria, o se postergue o difiera el nacimiento de dicha obligación.
[8]   Navarro *et al.*, 2021, p. 28.

la forma jurídica que se utilizó[9]. Esto, por ejemplo, no acontece en el caso Coca Cola Embonor con SII —anterior a la normativa general antielusiva—, en que el juez señala que toda la estructura contractual implementada no da cuenta de una gestión eficiente para la compra de las plantas, sino que por el contrario generó la duplicación del costo de los activos, "que van a acarrear pérdidas tributarias en Chile de manera artificial, pero que disminuye o evita el pago de impuestos a la renta; a favor de la producción de utilidades, también artificial, en la Filial extranjera, ubicada en un territorio donde no existe la carga de los impuestos a la renta; por lo que, tratándose de costos artificiales, evidentemente no corresponden a aquellos necesarios para producir la renta"[10].

Si se verifican estos presupuestos, será exigible la obligación tributaria que emana de los hechos imponibles establecidos en la ley.

La contrapartida del abuso de las formas jurídicas es la economía de opción. Si el acto jurídico se implementó y no verifica los presupuestos del abuso de las formas jurídicas, y no se está ante un supuesto de simulación, es necesario entender que la legislación acepta ese ahorro tributario. Si bien hay quienes consideran que la economía de opción es una excepción al abuso de las formas jurídicas[11], se comparte más bien la postura de quienes consideran que la relación entre ambas figuras se da a nivel de ámbitos de aplicación: "a mayor amplitud del concepto de economía de opción, menor será el ámbito de aplicación del abuso de las formas jurídicas, y a la inversa, a mayor ámbito de aplicación del abuso de las formas jurídicas, menor será el que le corresponda a la economía de opción"[12]. Este último aspecto resulta esencial para comprender lo que se persigue con la normativa antielusión: no todo ahorro tributario se dejará sin efecto, sino que hay un

---

[9] Navarro *et al.*, 2021, p. 29.
[10] Sentencia del Tribunal Tributario y Aduanero de la Región de Arica y Parinacota, 3.04.2013, RIT GR-01-00003-2011, considerando 49°.
[11] Seguel, 2019, pp. 227 y s.
[12] Navarro *et al.*, 2021, p. 26.

ámbito permitido en el que las personas pueden planificar su tributación, que supone que no se abusa de las formas jurídicas, ni se oculta un hecho efectivamente realizado.

A continuación resulta necesario conceptualizar la simulación para fines tributarios. Si bien desde el punto de vista punitivo esta conducta pudiera ser más cercana a la evasión y, por lo mismo, dar lugar a la configuración de un delito tributario, desde la perspectiva de la correcta determinación de la obligación tributaria esta figura se cataloga como antielusiva. El presupuesto de hecho consiste en la disimulación de ciertos aspectos[13] a través de actos o contratos. La consecuencia derivada de la realización de este presupuesto de hecho se refiere a que se aplicarán los impuestos a los hechos efectivamente realizados por las partes[14].

No es complejo explicar desde un punto de vista tributario la razón por la cual se someten a gravamen planificaciones en las cuales existe simulación, pues se crea una apariencia que oculta la realidad. Así, el contribuyente aparenta la celebración de un acto jurídico que en verdad no es el que se indica y, constatada la falsedad, se grava aquel efectivamente realizado. Lo que existe es una vulneración directa de la norma. Se podría decir que en este punto se hace primar la voluntad realmente manifestada y, en definitiva, se refuerza el principio de autonomía de la voluntad. Cabe recordar que la simulación civil priva de fuerza el acto simulado respecto de las partes, que se deberán regir por el acto real que estaba oculto, mientras que para terceros prima el acto ostensible, a menos que quieran hacer valer el realmente ejecutado, para lo cual deberán acreditarlo[15].

---

[13] Configuración del hecho gravado del impuesto o la naturaleza de los elementos constitutivos de la obligación tributaria, o su verdadero monto o data de nacimiento.

[14] Ello explica las posturas que consideran que solo recoge la simulación relativa, pues tras el acto aparente debe existir otro efectivamente realizado, situación que no acontece en la simulación absoluta. Véase NAVARRO, 2021, pp. 276 y ss.

[15] VIAL DEL RÍO, 2019, pp. 144 y ss.

En cambio, cuando lo que existe es una infracción indirecta a la normativa, pues la forma jurídica utilizada es querida y válida desde una perspectiva civil, pero lo que se busca es burlar la norma de gravamen tributaria, la explicación se complejiza, ya que entran en tensión las normas que regulan la autonomía de la voluntad civil con las normas imperativas tributarias que determinan los casos en que las personas deben contribuir al sostenimiento del gasto público. Inicialmente el proyecto de la Ley N° 21.210 intentó decantar esta tensión privilegiando la autonomía de la voluntad y la validez civil por sobre la vulneración de la normativa tributaria. Primero, porque la economía de opción se intentó vincular a que el efecto generado por la planificación tributaria fuese aceptado por la legislación en general, y civilmente los actos válidos crean derechos y obligaciones, los extinguen o modifican, con lo cual no era sencillo identificar los casos que excedieran a la economía de opción. Y segundo, ya que se especificaba que la interpretación y aplicación de las normas tributarias de los actos y de los contratos se debía realizar conforme con las reglas de derecho común, es decir, civiles. Ello podía dar cabida a la autonomía de la voluntad por sobre la normativa general antielusiva[16].

En definitiva, las normas generales antielusivas suponen una limitación a la autonomía de la voluntad, pero que no es arbitraria, ya que se explica por la vulneración directa o indirecta que se produce al ordenamiento tributario[17] y, además, encuentra su fundamento en el artículo 19 N° 21 del texto constitucional. Esta ilicitud tributaria no produce efectos en el ámbito civil: rige el principio de conservación del acto jurídico[18]. Por tanto, se estima que esta primera contradicción no es tal, y que la autonomía de

---

[16]   Navarro *et al.*, 2021, p. 22. Para una visión crítica de esta propuesta, véanse Saffie, 2020, pp. 88 y s., y Guerrero, 2018.

[17]   Véase Ugalde, 2018, p. 16.

[18]   Taveira, 2008, pp. 92, 163, 201, 204. Sobre la problemática relativa a la declaración de la simulación en el ámbito tributario y su relación con los efectos que esto pudiera provocar en el ámbito civil véase Ferreiro, 2001, p. 16, nota 40.

la voluntad permanece incólume en el ámbito civil y será reconocida en el ámbito tributario si la actuación del contribuyente respeta la legalidad vigente, sin incurrir en supuestos de abuso de las formas jurídicas o simulación.

III. NORMAS GENERALES ANTIELUSIÓN Y LOS DERECHOS DEL CONTRIBUYENTE RECONOCIDOS EN EL ARTÍCULO 8° BIS DEL CÓDIGO TRIBUTARIO

La potestad tributaria está sujeta a una serie de principios que rigen su ejercicio[19] y que pueden ser vistos como garantías de los contribuyentes. No obstante, legislaciones de distintas tradiciones jurídicas[20], entre las que se encuentra la chilena, han optado por consagrar una gama de derechos y garantías a favor de los contribuyentes[21], lo que en Chile se ha plasmado en un catálogo que contiene el artículo 8° bis del Código Tributario. El listado del artículo 8° bis se agrega a la tutela general de derechos que ya contemplaba la Constitución y la Ley N° 19.880[22], y que ha permeado a la legislación tributaria armonizando el Código del ramo con las tendencias modernas en esta materia[23]. Su tutela tiene lugar a través de un sistema que combina un recurso administrativo con acciones judiciales. El compromiso asumido al reconocer este catálogo consiste en "tener una administración tributaria que respete al contribuyente y que actúe con profesionalismo"[24].

---

[19]   ASTE, 2020, p. 8. MARTÍNEZ, 2020, p. 4.

[20]   POLANCO, 2020, p. 32.

[21]   PIÑONES, 2019, p. 369.

[22]   Durante la tramitación de la Ley N° 20.420 se entregó por el Subdirector Jurídico de la época una minuta elaborada por el Servicio de Impuestos Internos en que señalaba que el proyecto de ley recogía el contenido de los derechos explicitados en la Circular SII N° 41, de 2006. Biblioteca del Congreso Nacional, 2010, p. 45.

[23]   MARTÍNEZ, 2020, p. 89.

[24]   POLANCO, 2020, p. 32.

Los derechos del contribuyente son reconocidos legalmente en el año 2010 a través de la reforma que supuso la Ley N° 20.420. Más allá del hecho de que el catálogo los enumeró, el mayor aporte "fue de carácter cultural, toda vez que permitió precisamente la internalización de una cultura institucional por parte del Servicio y de un empoderamiento del ciudadano común en relación a la protección de determinadas garantías de los contribuyentes, generando un efecto general positivo en las relaciones que se producen a diario entre ambas partes"[25]. Así, se conjugaron derechos que constituyen principios de relación, de buenas costumbres y aspectos procedimentales, con otros de mayor contenido, que dicen relación con que se garantice que la actuación del Servicio de Impuestos Internos se realizará de manera racional y oportuna[26].

De todos modos, la Ley N° 21.210 del año 2020 amplió el catálogo de manera considerable, ya que dotó de mayor contenido a estos derechos e incorporó una nueva vía de reclamo cuando son vulnerados directamente ante el Servicio de Impuestos Internos a través del recurso de resguardo —que busca que la propia Administración resuelva casos de vulneración de los derechos del contribuyente[27]—, junto con la incorporación de una institucionalidad que pretende proteger los derechos de los contribuyentes, como es la Defensoría del Contribuyente (DEDECON).

Si bien la previsión de un recurso administrativo que permita al Servicio de Impuestos Internos corregir directamente actuaciones que atenten contra los derechos del contribuyente supone la administrativización de una atribución de control propia de los Tribunales Tributarios y Aduaneros —que no existe en el ámbi-

---

[25] Casas, 2020, p. 79.
[26] Valdivia, 2010, p. 272.
[27] Para Martínez, 2020, p. 166, el recurso de resguardo procede en contra de "toda vulneración de derechos producto de un acto u omisión del Servicio, es decir, en cualquier caso en que la Constitución o las leyes confieran al contribuyente un derecho [...] y no sólo [respecto de] los contemplados expresamente en el artículo 8° bis".

to aduanero—, la doctrina ha afirmado que los cambios van por un camino que parece correcto, pues por una parte se robustece a la Administración tributaria, dotándola de nuevas potestades y atribuciones y, por otra, existe una política pública que cambia el paradigma "en materia de los derechos del contribuyente, toda vez que busca equilibrar la posición fiscal versus quien paga los impuestos"[28].

Desde la perspectiva elusiva conviene revisar tres aspectos vinculados a derechos de los contribuyentes, que entran o pueden entrar en conflicto por las restricciones que supone implícita o explícitamente la normativa antielusiva de carácter general. Esto, por cuanto es indispensable que junto con consagrar cláusulas generales antielusivas, para su aplicación, la legislación establezca un estatuto que proteja los derechos del contribuyente.

III.1. Derechos expresamente limitados

Si se revisa el catálogo de derechos que contiene el artículo 8° bis del Código Tributario se constata que en supuestos de elusión de los artículos 4° bis, 4° ter, 4° quáter y 4° quinquies se limita o derechamente se hace excepción a lo dispuesto en sus numerales 5 y 6.

En efecto, el N° 5 limita la posibilidad de que el Servicio de Impuestos Internos inicie nuevamente un procedimiento de fiscalización respecto de partidas o hechos que hayan sido objeto de un proceso de fiscalización, sea en el mismo ejercicio o en los siguientes[29]. Como excepción la autoridad tributaria podrá realizar otro re-

---

[28] ALARCÓN, 2019, p. 10.
[29] Para estos efectos se considerará como un procedimiento de fiscalización aquel iniciado formalmente por el Servicio mediante una citación conforme al artículo 63, excluyendo revisiones iniciadas por otros medios, salvo que la revisión concluya formalmente con una rectificación, giro, liquidación, resolución o certificación que acepte los hechos o partidas objeto de la revisión. A juicio de CASAS, 2021, p. 127, su inclusión termina con la idea imperante en orden a que los actos a través

querimiento si aparecen nuevos antecedentes que puedan dar lugar a la aplicación de lo establecido en el artículo 4 bis, 4 ter, 4 quáter, 4 quinquies; es decir, si tienen aplicación las normas generales antielusión[30]. Esta idea se reitera luego en el artículo 59 del Código[31].

A su turno, el N° 6 establece el derecho a ser informado acerca del funcionario del Servicio de Impuestos Internos bajo cuya responsabilidad se tramitan los procesos en que tenga la condición de interesado el contribuyente. Sin embargo, ello no tendrá lugar en los procedimientos del artículo 4° quinquies del Código Tributario, esto es, cuando se esté tramitando el procedimiento administrativo previo al requerimiento del Director ante los Tribunales Tributarios y Aduaneros para que declaren la elusión.

Revisadas las limitaciones, pudiera considerarse razonable la posibilidad que se abre para que el Servicio de Impuestos Internos vuelva a iniciar un nuevo procedimiento cuando se está en presencia de la elusión, porque lo propio de la elusión consiste en "que las operaciones aparezcan a primera vista y contempladas aisladamente como perfectamente lícitas y productoras de sus efectos propios, especialmente en el plano del Derecho privado [...]. Es perfectamente normal y comprensible que el carácter ilícitamente elusivo de las operaciones se advierta solo tras un examen más detenido desde esta perspectiva"[32]. En este sentido, las planificaciones tributarias elusivas bien pueden pasar

---

de los cuales se determinan impuestos son provisionales en tanto no transcurran los plazos de prescripción.

[30] Véase al respecto lo instruido en la Circular SII N° 41, de 2021, p. 12.

[31] El proyecto original de la Ley N° 21.210, con todo, no contemplaba excepciones, sino que declaraba en el número 5 como derecho del contribuyente "Que no se vuelva a fiscalizar ni revisar ni en el mismo ejercicio ni en los períodos siguientes, las partidas, criterios jurídicos o antecedentes probatorios que ya fueron objeto de un proceso de fiscalización, sea que en dicho proceso se haya emitido o no una citación, un giro, liquidación o resolución". Esta redacción limitaba enormemente las facultades de fiscalización del Servicio de Impuestos Internos.

[32] Palao, 2014, p. 41.

desapercibidas para la Administración tributaria si no cuenta con todos los antecedentes necesarios. Por tal razón resulta atendible que frente a nuevos antecedentes pueda variar la calificación de la actividad desplegada por el contribuyente, pues de hecho en el emblemático caso Coca Cola Embonor con SII el contribuyente hizo valer que la estructura implementada había sido revisada y aceptada en el pasado por el ente fiscalizador, circunstancia que no fue decisiva en la resolución del caso.

Al respecto, el fallo de segunda instancia deja constancia de que una de las alegaciones del contribuyente fue que las operaciones que el ente fiscalizador impugnó mediante la resolución del año 2011 habían sido revisadas por el Servicio de Impuestos Internos "en procesos anteriores que datan del año 2004, operaciones de financiamiento que, agrega, han sido conocidas por el señalado Servicio, por cuanto fueron analizadas con ocasión de profundas y exhaustivas fiscalizaciones de las compañías del grupo"[33], agregando que los cuestionamientos fueron íntegramente esclarecidos en dichas oportunidades.

Frente a esta alegación la Corte de Apelaciones de Arica afirma que se trató de procesos de fiscalización efectuados a otro contribuyente y respecto de materias diversas a las cuestionadas por la resolución del año 2011, y agrega que no fue un argumento que se hiciera valer ni en la fase de fiscalización ni ante el *a quo*. Por tanto, no hay mayor análisis en la sentencia del punto, excepto por la ponderación del hecho de que el Servicio de Impuestos Internos dejó a salvo la posibilidad de volver a fiscalizar cuando en la Carta de Aviso de Término de Revisión señaló que "[s]e deja constancia que este aviso no libera al contribuyente de los impuestos que se adeuden o que resultaren adeudarse por *futuras revisiones que practique el servicio*, conforme al uso de sus facultades legales"[34].

---

[33] Sentencia de la Corte de Apelaciones de Arica, 6.06.2012, rol 3-2012, considerando 3°.
[34] Sentencia de la Corte de Apelaciones de Arica, 6.06.2012, rol3-2012, considerando 9° (cursivas en el original).

En cambio, no parece lógica la limitación al conocimiento del funcionario que lleva el caso de elusión, pues no se vislumbra la manera en que esta información pudiera afectar el desarrollo de las labores de fiscalización que debe desarrollar el Servicio de Impuestos Internos[35]. El punto seguramente no se refiere a la entidad de la diferencia de impuestos que se manejan, pues es altamente probable que la Dirección de Grandes Contribuyentes tramite frecuentemente casos de similar o mayor cuantía, pese a lo cual en dicho caso no se establece—ni podría establecerse— una excepción a este derecho básico de información por este solo hecho.

Debe señalarse también que, expresamente, el procedimiento del artículo 4° quinquies exige que se cite al contribuyente, con lo cual deberá ser informado del hecho de seguirse una auditoría tributaria en su contra previo a la presentación del requerimiento ante el Tribunal Tributario y Aduanero[36]. Además, la disposición señala el plazo en el cual se debe ocurrir a la justicia tributaria[37].

---

[35]   En este punto, el ente fiscalizador tampoco justifica la razón de esta excepción. Véase al respecto la Circular SII N° 12, de 2021, p. 4.

[36]   De todos modos, ni el artículo 63 del Código que consagra la citación ni la Circular SII N° 58, de 2000, indican como un elemento a informar la identidad del funcionario que lleva la auditoría tributaria.

[37]   Nueve meses contados desde la respuesta a la citación, si la hubo, o desde la citación misma si el contribuyente no contestó, salvo que el plazo de prescripción sea menor, caso en el cual deberá primar este. Ahora bien, en este punto surge una contradicción directa entre el plazo para citar que señala el artículo 4° quinquies y el que reconoce el artículo 59, toda vez que mientras el primero excluye la aplicación del artículo 59, el segundo señala que el lapso para citar el contribuyente es de 18 meses, ampliables por una sola vez por hasta seis meses más. Se estima que en este caso debiera primar lo dispuesto en el artículo 59 del Código, toda vez que su texto es incorporado en el año 2020 por la Ley N° 21.210, con lo cual rige el principio según el cual ley posterior deroga a ley anterior de manera tácita. Sobre este punto no existe pronunciamiento de la Circular SII N° 41, de 2021, p. 14,

En consecuencia, la aplicación del estatuto antielusivo de carácter general no solo supone la afectación justificada de la autonomía de la voluntad privada sino que, además, expresamente el legislador hace excepción en la protección de ciertos derechos de los contribuyentes en casos en que se verifican los presupuestos del abuso de las formas jurídicas y la simulación. Si bien parece razonable la posibilidad de iniciar un nuevo procedimiento de fiscalización si surgen antecedentes nuevos que hacen procedente la tramitación del procedimiento de calificación de abuso y simulación, no se vislumbran razones que justifiquen el hecho de que la identidad del fiscalizador que lleva el procedimiento administrativo permanezca oculta.

III.2. *Derecho que entra en colisión con la normativa general antielusiva: la presunción de buena fe*[38]

La consagración expresa de la buena fe respecto de la aplicación de las medidas generales antielusivas supone dos aspectos cuyo estudio se considera relevante: su relación con la buena fe general que consagra el artículo 8° bis del Código, y las implicancias prácticas respecto de la calificación.

---

que se limita a reproducir los supuestos que contempla el artículo 59 del Código Tributario.

[38] En este apartado se sigue muy de cerca lo previamente analizado en NAVARRO, 2021, pp. 118 y s., 226 y s. Los incisos 2° y 3° del artículo 4° bis del Código Tributario prescriben que:

"El Servicio deberá reconocer la buena fe de los contribuyentes. La buena fe en materia tributaria supone reconocer los efectos que se desprendan de los actos o negocios jurídicos o de un conjunto o serie de ellos, según la forma en que estos se hayan celebrado por los contribuyentes.

No hay buena fe si mediante dichos actos o negocios jurídicos o conjunto o serie de ellos, se eluden los hechos imponibles establecidos en las disposiciones legales tributarias correspondientes. Se entenderá que existe elusión de los hechos imponibles en los casos de abuso o simulación establecidos en los artículos 4° ter y 4° quáter, respectivamente".

III.2.1. Su relación con el derecho de los contribuyentes a que se presuma su buena fe

Antes de que se reconociera como derecho de los contribuyentes, la legislación antielusiva de carácter general contempló una disposición expresa que se refirió a la buena fe. En consecuencia, respecto del abuso y la simulación se establece la regla según la cual contribuyentes actúan de buena fe, pero su consagración no se realiza de manera directa, sino como obligación impuesta a la Administración tributaria[39].

Ahora bien, si se analiza lo que dispone el precepto se constata que para la Administración tributaria el deber de reconocer la buena fe del contribuyente no es absoluto y encuentra su límite en la elusión, ya que en los supuestos de abuso o simulación el contribuyente estará de mala fe, conclusión a la que se llega leyendo *a contrario sensu* este precepto. Esta interpretación no vulnera el principio de reserva legal que rige en materia tributaria, debido a que no se está creando un tributo[40].

De esta realidad normativa en otros trabajos se han derivado dos implicancias prácticas: la imposibilidad de ampararse en lo dispuesto en el artículo 26 del Código Tributario[41] y la ampliación del plazo de prescripción[42].

El primer efecto es consecuencia de la imposibilidad de cumplir con el requisito que exige buena fe a la hora de seguir la interpretación del SII efectuada en alguno de los documentos que el precepto señala. Ello explica, además, la previsión especial de una consulta en materia de elusión en el artículo 26 bis[43].

En lo que se refiere a la prescripción, se estima que procede la extraordinaria que aumenta el lapso a seis años contados desde la

---

[39]   Yáñez, 2014, pp. 238 y s.
[40]   Véase al respecto Toledo, 2020, p. 68.
[41]   Navarro, 2021, 171 y ss.
[42]   Navarro, 2020.
[43]   Navarro, 2021, pp. 172, 304 y s.

expiración del plazo legal en que debió efectuarse el pago en los impuestos sujetos a declaración. Ello, pues el legislador pondera *a priori* la conducta del contribuyente, señalando que está de mala fe en los supuestos de elusión[44], y el dolo es una forma de mala fe[45]. Luego, el inciso 2° del artículo 200 del Código Tributario exige que respecto de los impuestos de declaración exista una no presentación de la declaración o que esta sea maliciosamente falsa.

Esta presunción de mala fe *iuris et de iure* no se establece en otros ámbitos tributarios. Ello explica el estado de la jurisprudencia de la Corte Suprema a la hora de interpretar la exigencia del inciso 2° del artículo 200 del Código Tributario. Para el máximo tribunal chileno la malicia exigida es un elemento que debe ser acreditado por el Servicio de Impuestos Internos y no puede ser determinada exclusivamente por la subdeclaración de impuestos, sino que debe fundamentarse la razón por la cual dicha carencia conlleva aparejada una malicia que permita extender el plazo de prescripción[46]. Ello, por cuanto es una norma de excepción que debe ser interpretada restrictivamente, lo que implica acreditar la falsedad, y que esta sea maliciosa, es decir, se debe demostrar que es "producto de un acto consciente del declarante, quien supo o no pudo menos que saber que lo declarado no se ajusta a la verdad"[47].

La interpretación planteada en estas líneas guarda estrecha relación con lo prescrito en el artículo 100 bis del Código Tributario, que a propósito de la sanción aplicable al asesor tributario señala una prescripción aplicable directamente de seis años[48]. Por tanto, ambas normas están en armonía.

---

[44]   NAVARRO, 2020, pp. 45, 55 y ss.

[45]   ALESSANDRI *et al.*, 2009, p. 242.

[46]   Corte Suprema, 3.09.2018, Rol 92.881-2016, considerando 4°.

[47]   Corte Suprema, 6.02.2019, Rol 16.619-2017, considerando 7°.

[48]   En contra, BOETSCH, 2016, p. 157, para quien el plazo de prescripción para la declaración de abuso y simulación es el general. Concretamente, de tres años, razón por la cual el ilícito del artículo 100 bis del Código Tributario prescribiría anticipadamente —no en los seis años— si no se ha perseguido la elusión en el plazo antes indicado.

Se estima que la Ley N° 21.210 reafirma lo señalado en estas líneas, al regular de manera independiente la buena fe como derecho de los contribuyentes en el N° 19 del artículo 8° bis del Código Tributario. Si ambos preceptos están en vigor, la interpretación armónica de ambos debe llevar a concluir que tienen ámbitos de aplicación distintos, con diversos efectos: uno de carácter general y otro aplicable a los casos de elusión regidos por los artículos 4° bis y siguientes del Código Tributario.

Finalmente, es necesario hacerse cargo de un último aspecto, ya que se podría cuestionar que con este tipo de interpretación se está presumiendo la mala fe del contribuyente. Si eso fuese efectivamente lo que se hace con esta forma de comprender el artículo 4° bis del Código Tributario, tampoco se ve mayor objeción, incluso, desde una perspectiva civil, pues el artículo 707 del Código del ramo contempla una regla general que el legislador puede alterar, circunstancia que ocurre respecto de la alegación de un error de derecho en el inciso final del artículo 706 del referido Código, en que se presume *iuris et de iure* mala fe, sin que se conozcan críticas a esta presunción en dicho ámbito. Luego, si la buena fe de toda persona es algo que se presume legalmente, y que se puede demostrar que en un caso concreto no existió, no se ven mayores inconvenientes para que el legislador tributario la presuma respecto de los casos de elusión fiscal (abuso y simulación) en las cuales se está ante conductas no permitidas de vulneración del ordenamiento jurídico de mayor intensidad que un simple incumplimiento de la normativa.

III.2.2. La calificación en materia tributaria y su relación con la buena fe del artículo 4° bis del Código Tributario

Por último, hay un segundo aspecto cuyo examen resulta esencial en la relación entre el estatuto general antielusivo (consagración de la buena fe) y los derechos de los contribuyentes, referente a los contornos de la calificación.

En este sentido se ha señalado que la calificación consiste en "poner una etiqueta a ese acto o negocio, establecer a qué tipo normativo corresponde"[49], operación que también se denomina subsunción. Luego, en el ámbito tributario este proceso lo realizará la Administración tributaria, siendo el objeto de la calificación el hecho gravado (todos sus elementos), el que debiera ser indicativo de capacidad contributiva, y que aparecerá revestido de una determinada forma. En definitiva, la denominación dada a la forma por la o las parte(s) puede no coincidir con la naturaleza jurídica del acto ejecutado, lo que quedará de manifiesto cuando se examine su contenido (cláusulas respectivas)[50].

Todo lo relativo a la calificación y las posibilidades de actuación que en este ámbito le corresponden a la Administración tributaria pudiera no revestir mayores problemas de no ser porque el artículo 8° bis del Código Tributario en su numeral 13 introduce una norma que, dependiendo de cómo se interprete, puede llegar a concluir que el Servicio de Impuestos Internos solo puede calificar los actos y contratos en supuestos de elusión.

En efecto, el citado numeral establece como derecho de los contribuyentes "[t]ener certeza de que los efectos tributarios de sus actos o contratos son aquellos previstos por la ley, sin perjuicio del ejercicio de las facultades de fiscalización que corresponda de acuerdo con la ley". Si se compara la primera parte del enunciado calza exactamente con lo que prescribe el inciso 3° del artículo 4° bis del Código Tributario, a propósito de la buena fe en materia de normas generales antielusión.

Por tanto, resultará imprescindible determinar el sentido que se le dé al "ejercicio de las facultades de fiscalización" que contempla el artículo 8° bis N° 13 del Código, pues si se lo reduce a las facultades vinculadas a la aplicación del estatuto general antielusivo, se podría limitar la facultad general con que cuenta el

---

[49] PALAO, 2009, p. 133.
[50] Véase GARCÍA NOVOA, 2004, pp. 235 y ss.

Servicio de Impuestos Internos y, en general, de todo aplicador de una norma, para determinar si los actos o contratos se subsumen o no en el presupuesto de un precepto legal solo a este ámbito. En cambio, si se considera que la regla del número 13 es más general, abarcando todas las facultades de fiscalización que el ordenamiento jurídico le reconoce a esta Administración tributaria, el problema no existe.

Se estima que esta segunda lectura de la norma es la correcta, pues de otro modo se dejaría al Servicio de Impuestos Internos en una situación desmejorada en relación con las otras Administraciones y operadores del Derecho que sí podrían calificar los actos y contratos cuando aplican la ley a un caso concreto. Lo previamente señalado no obsta al hecho de aceptar que la última palabra en materia de calificación la tienen los tribunales de justicia, en este caso, aquellos con competencia tributaria. De todos modos, hay posturas que consideran que, con base a lo prescrito en este numeral, si el Servicio de Impuestos Internos quisiera atribuir a un acto un efecto jurídico diverso al previsto en la ley, resulta indispensable que utilice las herramientas legales, como es el caso del abuso o la simulación[51].

De tal importancia es la calificación en materia tributaria que expresamente ha sido reconocida por la jurisprudencia. Así, se ha señalado que en la lucha contra la elusión fiscal la última herramienta consiste en el uso de normas generales antielusión, contemplando la legislación otras vías previas para controlarla, como es, por ejemplo, la existencia de "ciertos espacios de control por medio de la recalificación o diversa subsunción de los negocios jurídicos que declaran los contribuyentes"[52].

Luego, la gran pregunta que surge a continuación es si la aplicación del abuso de las formas jurídicas —no la simulación que

---

[51]   Casas, 2021, p. 128.
[52]   Sentencia Tribunal Tributario y Aduanero de la Región de los Ríos, 21.02.2019, RIT GR-11-000019-2018, considerando 26°.

supone una ocultación de hechos a la autoridad tributaria— supone una cierta recalificación de hechos[53]: ¿cuál es el límite entre la recalificación general que puede utilizar el Servicio de Impuestos Internos en una fiscalización y aquella que tiene lugar cuando resulta aplicable el abuso?

Cuestionarse este aspecto cobra sentido desde el momento en que la recalificación en la aplicación de la norma general antielusiva está sujeta a un procedimiento especial y garantista, en el cual es un tribunal el que declara la elusión luego de sustanciado un procedimiento en el cual la Administración tributaria tiene la carga de la prueba, situación que no es la regla general en la fiscalización efectuada por el Servicio de Impuestos Internos. Y su importancia se acentúa si se tiene presente que existen pronunciamientos judiciales que indican que la facultad de recalificar contratos privados solo se consigna desde la modificación al Código Tributario que introdujo la Ley N° 20.780[54].

Con todo, parece razonable identificar un límite a la calificación que tiene lugar en un procedimiento normal de fiscalización a aquella que, más bien, se debe efectuar en el contexto de un procedimiento de elusión.

IV. EL DERECHO A NO AUTOINCRIMINARSE Y SU RELACIÓN CON LA APLICACIÓN DE LAS NORMAS GENERALES ANTIELUSIVAS

Finalmente, un aspecto que no dice relación directa con los derechos consagrados en el artículo 8° bis del Código Tributario,

---

[53] De hecho, la Circular SII N° 41, de 2016, p. 6 denomina al procedimiento del artículo 4° quinquies del Código Tributario como "procedimiento administrativo de calificación de actos o negocios como elusivos".

[54] Véase la sentencia de la Corte de Apelaciones de Concepción, 12.08.2015, Rol 84-2014, considerando 8°, que es luego revocada por la Corte Suprema, pero sin referirse a la calificación y su ámbito de aplicación en el Derecho tributario.

pues parecen no estar pensando en el ámbito penal o al menos sancionatorio[55], se refiere a la relación que existe o puede existir entre los antecedentes recabados durante una fiscalización para establecer la correcta determinación de la obligación tributaria —documentos y declaraciones juradas del contribuyente— y su posterior uso para fundamentar una querella o denuncia penal. En consecuencia, en este punto pudiera existir una cierta tensión entre las facultades de fiscalización propias del Servicio de Impuestos Internos y el derecho a no autoincriminación propio del ámbito procesal penal.

Este tema, de suyo polémico y escasamente tratado en la doctrina nacional[56], excede con creces las pretensiones del presente trabajo[57]. Sin embargo, tiene un punto de contacto con las normas generales antielusión, ya que el Servicio de Impuestos Internos ha instruido que cuando se concluya que se está en presencia de un posible ilícito tributario sancionable con pena privativa de libertad, no procede iniciar el procedimiento del artículo 4° quinquies del Código Tributario y reglamentado en la Circular N° 41, de 2016, sino que se deberán remitir los antecedentes al Comité de Análisis de Casos a fin de que este determine si se debe iniciar o no un procedimiento de recopilación de antecedentes.

---

[55] El Primer Tribunal Tributario y Aduanero de la Región Metropolitana, 15.05.2014, RIT ES-15-00077-2014, considerando 15°, parece extender la aplicación de los derechos de los contribuyentes también al ámbito infraccional, incluso, si el ilícito administrativo se enmarca en el contexto de una recopilación de antecedentes.

[56] Como excepción se puede mencionar a FLORES, 2014 y la investigación doctoral que está desarrollando CRISTIÁN YÁÑEZ en la Pontificia Universidad Católica de Valparaíso, cuyo nombre actual es "Análisis crítico comparativo de la recopilación de antecedentes y la investigación penal por delitos tributarios en Chile".

[57] En cambio, el punto ha sido tratado por el Tribunal de Justicia de la Unión Europea. Para una síntesis, de estos pronunciamientos véase SÁNCHEZ-ARCHIDONA, 2021, pp. 527 y ss.

Como se ha señalado, la simulación parece tener un carácter evasivo, pero mirado desde la perspectiva de la correcta determinación de la obligación tributaria a la simulación relativa se la sujeta al estatuto general antielusivo. En este sentido, y pese a que no se haya dado propiamente inicio del procedimiento administrativo de calificación de actos o contratos como elusivos, el Servicio de Impuestos Internos sí pudo haber recabado cierta información producto del ejercicio de sus facultades generales de fiscalización.

Si bien el punto ha sido debatido ante los tribunales chilenos, no parecen haber mayores cuestionamientos a la hora de determinar si el Servicio de Impuestos Internos puede utilizar luego esos antecedentes para fundamentar la denuncia o querella penal.

El Tribunal Constitucional ha señalado que no vulnera el artículo 19 N° 7, letra f) de la Constitución la obligación de declarar establecida en procedimientos jurisdiccionales no criminales[58]. Específicamente en materia tributaria ha declarado que la facultad de fiscalización consistente en citar a declarar bajo juramento al contribuyente contemplada en el artículo 34 del Código Tributario no es de aquellas que la Constitución concede exclusivamente al Ministerio Público en el marco de los procesos penales en que interviene, entendiendo que la recopilación de antecedentes no constituye investigación penal, sino que es una facultad de orden administrativo y que la actuación del Servicio de Impuestos Internos cuestionada se encuentra agotada al iniciarse la persecución penal[59]. Con todo, resulta interesante la consideración que efectúa el intérprete constitucional en orden a que el juez de garantía podría estimar que las pruebas que provienen del proceso

---

[58] Sentencia del Tribunal Constitucional, 20.08.2013, Rol 2.381-12, considerando 11°, a propósito de un requerimiento presentado en materia de libre competencia, precisando la idea de aplicación de los principios penales a ámbitos sancionatorios de manera matizada.

[59] Sentencia del Tribunal Constitucional, 31.12.2009, Rol 1.406-09, considerandos 8°-9°.

de recopilación de antecedentes efectuado por el Servicio de Impuestos Internos derivan de actuaciones o diligencias obtenidas con inobservancia de garantías fundamentales, pudiendo excluir del juicio oral los antecedentes probatorios recopilados en forma ilícita[60].

Si se revisa la jurisprudencia de los Tribunales Tributarios y Aduaneros, algunos consideran que no se vulnera el derecho a no autoincriminarse si se cita a declarar dentro de una recopilación de antecedentes, al tratarse de un procedimiento administrativo. Por tanto, procedería la infracción del artículo 97 N° 15 del Código cuando el contribuyente se niega a declarar, pues acota el derecho a guardar silencio a las declaraciones efectuadas ante el Ministerio Público y las policías[61]. Esto es criticable, debido a que este criterio no considera que si bien es una fase administrativa —como también lo son las declaraciones ante las policías y el ente persecutor penal— busca allegar antecedentes que fundamenten la denuncia o querella penal.

---

[60]   Sentencia del Tribunal Constitucional, 31.12.2009, Rol 1.406-09, considerando 16°-19°. Ahora bien, la motivación 12 del voto en contra de los Ministros Raúl Bertelsen Repetto y Hernán Vodanovic Schnake plantea que la aplicación de lo dispuesto en el artículo 34 del Código Tributario aplicado en un proceso de recopilación de antecedentes constituye una infracción al principio constitucional de interdicción de la autoincriminación consagrado en el artículo 19 N° 7 de la Constitución.

[61]   Sentencias del Tercer Tribunal Tributario y Aduanero de la Región Metropolitana, 30.09.2016 RIT ES-17-00286-2015, y de 19.10.2016, RIT ES-17-00285-2015. Véase también la sentencia del Tribunal Tributario y Aduanero de la Región del Biobío, RIT ES-10-00020-2016, de 1.09.2016, considerando 14°, confirmada íntegramente por la Corte de Apelaciones, 30.12.2016, Rol 84-2016. El contribuyente fue sancionado con la infracción del artículo 97 N° 6 del Código Tributario y su defensa señaló que procedía no entregar los antecedentes mientras no se aclarase la materia fiscalizada y la naturaleza de las mismas, así como la manera en la cual podría influir la entrega de los antecedentes en otros procesos sancionatorios en los que existe el derecho a no autoincriminarse.

Esta última circunstancia sí se toma en consideración por otra línea jurisprudencial[62], que declara que el derecho a guardar silencio para no autoincriminarse tiene sentido en sede de recopilación de antecedentes desde que su declaración "pudiere ser utilizada como elemento fundante, de contexto o indiciario de su responsabilidad"[63]. Y que agrega que el Servicio tiene en esta materia facultades prejudiciales y/o pre-formalización "de índole penal o [que] se relacionan con el juicio de mérito que la Administración tributaria realiza previo al ejercicio efectivo de la acción penal (querella o denuncia) o de la persecución de la sanción pecuniaria (la que también posee características y principios del ius puniendi estatal, según lo ha establecido la doctrina de los autos, la jurisprudencia constitucional y la jurisprudencia de la Excma. Corte Suprema chilena)"[64]. Por tanto, concluye que el derecho a guardar silencio debe ser reconocido en sede administrativa.

En la actualidad la duda planteada es más bien teórica, ya que el ente fiscalizador erróneamente considera que son vías excluyentes el cobro de los impuestos a través del artículo 4° quáter y la persecución de la responsabilidad penal[65], pese a lo cual bastaría un cambio de criterio vía circular —respetando los procedimientos legales establecidos al efecto—para que esta problemática cobre vigencia. Lo anterior, debido a que se estima que la simulación tributaria del artículo 4° quáter del Código perfectamente puede dar lugar, además, a la configuración de un ilícito tributa-

---

[62]   Véase al respecto la sentencia del Primer Tribunal Tributario y Aduanero de la Región Metropolitana, 15.05.2014, ES-15-00077-2014, que además relaciona la aplicación matizada de los principios del *ius puniendi* al ámbito sancionatorio con la presunción de inocencia y la carga de la prueba en el Servicio de Impuestos Internos.

[63]   Primer Tribunal Tributario y Aduanero de la Región Metropolitana, 15.05.2014, RIT ES-15-00077-2014, considerando 18°.

[64]   Primer Tribunal Tributario y Aduanero de la Región Metropolitana, 15.05.2014, RIT ES-15-00077-2014, considerando 18°.

[65]   Véase la Circular SII N° 41, de 2016, pp. 6 y ss.

rio si se cumplen con las exigencias del tipo[66]. De esta forma, se tensiona un deber puesto en relación con una garantía: el deber de colaboración que tiene el contribuyente en fase de fiscalización de los tributos[67], cuya inobservancia puede ser sancionada, con la garantía que le asiste en materia penal a toda persona a no autoincriminarse.

Luego, como se ha manifestado es "durante la fase o etapa administrativa que se sigue ante el Servicio de Impuestos Internos (en adelante SII) donde habitualmente se obtienen todos o casi todos los elementos, antecedentes, documentos y especialmente declaraciones autoinculpatorias de un contribuyente que posteriormente son empleadas para fundar una querella criminal, una acusación penal e incluso una sentencia judicial condenatoria"[68]. En consecuencia, si se concluye que tiene aplicación en este ámbito el derecho a no autoincriminarse, o a guardar silencio, esta garantía puede verse afectada.

Es cierto que en materia tributaria la prueba tiende a ser documental, porque se puede citar al contribuyente a prestar declaración jurada dejando constancia de su declaración por escrito y en etapa de fiscalización serán antecedentes escritos los que soliciten y que deberá acompañar el contribuyente[69]. Tampoco se puede desconocer que el derecho a no autoincriminarse tradicionalmente se vinculó a la prueba confesional. Por tanto, será necesario identificar si el derecho a guardar silencio o a no autoinculparse ampara o no este tipo de pruebas recopiladas antes de que el Ministerio Público inicie la investigación.

---

[66] Lo que se diga en lo sucesivo se referirá exclusivamente a la simulación, excluyendo del análisis el abuso de las formas jurídicas que, por su complejidad, requiere un estudio de mayor envergadura.

[67] En este sentido Barbato, 2019, p. 219 refiriéndose al deber de colaboración informativo que pesa sobre el contribuyente.

[68] Flores, 2014, p. 150.

[69] Berruezo, 2015, p. 63.

Sobre este punto, existen voces que señalan que cuando se fuerza al contribuyente a entregar documentación que pudiera ser autoincriminante sin que se le advierta que podría utilizarse posteriormente en una causa penal se afecta el derecho[70]; otros, plantean que si los antecedentes fueron obtenidos mediante coacción—entendida como empleada sobre el contribuyente contra su voluntad bajo amenaza de sanción— no debieran ser tenidos en cuenta[71]. Pero la discusión en Chile no se ha dado con la profundidad que la importancia de este tema amerita.

Se estima que para dar respuesta a las interrogantes planteadas es imprescindible dilucidar si la recopilación de antecedentes forma parte o no del proceso penal y, de ser así, cuándo inicia esta, debiendo con posterioridad precisarse si el derecho a no autoincriminarse solo se vincula con la declaración personal o comprende, además, la documentación que aporte. Esto reviste especial importancia en una temática como la tributaria, pues en los delitos tributarios debido al carácter técnico o especializado de su regulación[72] el ejercicio de la acción penal requiere de una autorización del Servicio de Impuestos Internos, de conformidad con lo dispuesto en el artículo 162 del Código Tributario[73]. De todos modos, debe indicarse que esto podría cambiar si se aprueba el proyecto de ley que se encuentra en segundo trámite constitucional en el Congreso[74].

---

[70] BERRUEZO, 2015, p. 63.

[71] SÁNCHEZ-ACHIDONA, 2021, p. 546 y ss.

[72] Véase NÚÑEZ Y SILVA, 2018, p. 154.

[73] El Ministerio Público solo puede iniciar la investigación de hechos constitutivos de delito tributario sancionados con pena privativa de libertad si se presenta denuncia o querella por parte del Servicio de Impuestos Internos, o bien, la querella la presenta el Consejo de Defensa del Estado, a requerimiento del Director de dicha Administración tributaria.

[74] Véase el boletín N° 13.205-07, ingresado por moción parlamentaria a la Cámara de Diputados el 15 de junio de 2020 y que el 8 de julio de 2021 fue remitido al Senado para iniciar el segundo trámite constitucional.

V. CONCLUSIONES

A partir del análisis efectuado que contrasta el estatuto general antielusivo y los derechos de los contribuyentes se puede concluir lo siguiente.

En primer lugar, que la autonomía de la voluntad consagrada constitucionalmente y que es un principio fundamental del Derecho civil patrimonial se ve limitada en materia tributaria, siendo admisible constitucionalmente que en supuestos de abuso y simulación la legislación permita prescindir de los efectos jurídicos derivados de planificaciones que no son una legítima economía de opción y que vulneran de manera directa o indirecta el ordenamiento jurídico.

En segundo lugar, parece razonable que se posibilite el inicio de un nuevo procedimiento de fiscalización en el artículo 8° bis N° 5 del Código cuando existen nuevos antecedentes que permiten aplicar el estatuto general antielusivo. Lo característico de la elusión es que si no se tienen a la vista todos los antecedentes su detección sea compleja. De hecho, esto fue lo que ocurrió en el emblemático caso Coca Cola Embonor con SII.

En tercer lugar, no se considera justificada la limitación que contempla el número 6 del artículo 8° bis del Código Tributario en orden a que en casos en que el Servicio de Impuestos Internos ha iniciado un procedimiento de calificación de la elusión no sea posible conocer la identidad del funcionario a cargo de la fiscalización. En este punto no se vislumbran los motivos que justifican esta restricción al derecho.

En cuarto lugar, en lo referente a la consagración de la buena fe en materia antielusiva (artículo 4° bis del Código Tributario), se es de la postura que el sentido que tiene —y que constituye su especialidad en relación con la presunción de buena fe del artículo 8° bis N° 19— radica en que determinado que existe abuso o simulación, se presume de derecho que el contribuyente está de mala fe, con todo lo que ello implica en materia de prescripción y en la no aplicación de lo dispuesto en el artículo 26 del Código Tributario.

Luego, en lo referente a la calificación, se estima que esta es una facultad general de la Administración tributaria que no solo tiene aplicación en supuestos de elusión; sin embargo, fuera de estas materias no puede ser utilizada como norma general antielusiva, siendo imprescindible precisar el ámbito de aplicación de una y otra.

Finalmente, se considera que es erróneo el criterio del Servicio de Impuestos Internos según el cual existe una incompatibilidad entre la correcta determinación de la obligación tributaria en casos de simulación (artículo 4° quáter del Código Tributario) y la persecución penal. Pero aún si esta interpretación no cambiase en el futuro, surge la duda acerca de si los antecedentes (declaración jurada del contribuyente y documentos que pudo aportar) en fase del acertamiento tributario pueden ser utilizados para fundamentar una denuncia o querella y, eventualmente, para condenar al contribuyente. El problema potencial que se presenta es la vulneración o no del derecho a no autoincriminarse, hecho que ha sido reconocido en alguna jurisprudencia de los Tribunales Tributarios y Aduaneros y en un voto de minoría del Tribunal Constitucional a propósito de la declaración prestada por el contribuyente ante el Servicio de Impuestos Internos en el contexto de un proceso de recopilación de antecedentes.

Es indispensable que junto con consagrar cláusulas generales antielusivas, para su aplicación, la legislación establezca un estatuto que proteja los derechos del contribuyente. De ahí la importancia de controlar que se contemplen los debidos resguardos para la utilización de esta normativa, siendo los analizados aquellos que no dicen relación con el procedimiento de declaración judicial de la existencia de abuso o la simulación y de la determinación de la responsabilidad respectiva.

VI. BIBLIOGRAFÍA

Alarcón Rojas, Javier, 2019: "Derechos del contribuyente: Defensoría de Derechos del Contribuyente (DEDECON) y su experiencia internacional", *Anuario de Derecho Tributario*, N° 11, pp. 38-52.

Alessandri, Arturo, Somarriva, Manuel y Vodanovic, Antonio, 2009: *Tratado de derecho civil. Partes preliminar y general*, (7ª edición), Santiago: Editorial Jurídica de Chile, Tomo II.

Aste Mejías, Christian, 2020: *Curso sobre Derecho y Código Tributario*, (8ª edición), Santiago: Thomson Reuters.

Barbato, Daniel, 2019: "La garantía de no autoincriminación a la luz del Derecho Penal Tributario", en Juan Manuel Álvarez Echagüe y José Maria Sferco (Dirs.), *Derecho Penal Tributario. Análisis integral y sistemático. Derechos y garantías fundamentales*, Buenos Aires: Ad-Hoc, pp. 215-233.

Berruezo, Rafael, 2015: *La autoincriminación en el Derecho Penal Tributario*, Montevideo: BdeF.

Biblioteca del Congreso Nacional, 2010: "Historia de la Ley N° 20.420". Disponible en https: //www.bcn.cl/historiadelaley/fileadmin/file_ley/4806/HLD_4806_37a6259cc0c1dae299a7866489dff0bd.pdf. [Fecha de consulta: 13.08.2021].

Boetsch Gillet, Cristián, 2016: *La norma general anti elusión. Análisis desde la perspectiva del Derecho privado*, Santiago: Ediciones UC.

Casas Farías, Patricio, 2020: "Modificaciones del artículo 8 bis del Código Tributario a partir de la modernización tributaria de la Ley N° 21.210: ¿una nueva relación entre los contribuyentes y el servicio de impuestos internos?", *Anuario de Derecho Tributario*, N° 12, pp. 76-93.

Casas Farías, Patricio, 2021: "Recurso de resguardo como mecanismo de control a favor de los contribuyentes en procesos de fiscalización", Yuri Varela Barraza (Ed.), *II Jornadas Chilenas de Derecho Tributario*, Santiago: Instituto Chileno de Derecho Tributario, pp. 123-130.

Ferreiro Lapatza, José Juan, 2001: "Economía de opción, fraude de ley, sanciones y delito fiscal", *Quincena Fiscal*, N° 8, pp. 9-24.

Flores Olivárez, Osvaldo, 2014: "Derecho del contribuyente a no autoinculparse en sede administrativa en Chile", *Revista de Estudios Tributarios*, N° 10, pp. 149-170.

García Novoa, César, 2004: *La cláusula antielusiva en la nueva LGT*, Madrid: Marcial Pons.

García Novoa, César, 2008: "Prólogo", en Taveira, Heleno, *Derecho tributario y Derecho privado. Autonomía privada, simulación y elusión tributaria* (trad. L. Criado Sánchez), Madrid: Marcial Pons.

Guerrero Bécar, José Luis, 2020: *La Constitución económica chilena. Bases para el cambio*, (2ª edición), Santiago: DER.

Guerrero, Ricardo, 2018: "Hecha la regla, hecha la trampa". Disponible en https: //www.df.cl/noticias/economia-y-politica/actualidad/hecha-la-regla-hecha-la-trampa/2018-11-22/094921.html. [Fecha de consulta: 30.08.2021].

Kruse, Heinrich Wilhelm, 1978: *Derecho tributario. Parte general* (trad. P. Yebra Martul-Ortega), Madrid: Editoriales de Derecho Reunidas S.A.

Martínez Cohen, Rafael, 2020: *Derechos del contribuyente y medios de fiscalización*, Santiago: Thomson Reuters.

Matus Fuentes, Marcelo, 2017: "La elusión tributaria y su sanción en la Ley Nº 20.780. Hacia un concepto de negocio jurídico elusivo", *Ius et Praxis*, Año 23, Nº 1, pp. 67-90.

Navarro Schiappacasse, María Pilar, 2020: "Particularidades de la prescripción en los supuestos de abuso de las formas jurídicas y simulación en el Código Tributario chileno", *Revista de Derecho (Coquimbo)*, Vol. 27, e: 44-67.

Navarro Schiappacasse, María Pilar, 2021: *Normas generales antielusión y su sanción en el derecho chileno*, Valencia: Tirant lo Blanch.

Navarro, Ma. Pilar; Toledo, Patricia; Magasich, Álvaro; Castillo, Ariel; Echeverría, Benjamín; Carreño, Carla; Romero, Darío; Pascuali, Matías; Rojas, Rodrigo; Alburquenque. Sergio, 2021: "Informe Subcomisión 6: Combate a la Elusión y Evasión". Disponible en https: //fesit.cl/wp-content/uploads/2021/06/Informe-Comision-6.-Combate-a-la-elusion-y-evasion-para-el-vd-2.pdf [Fecha de consulta: 01.10.2021].

Núñez Ojeda, Raúl y Silva Salse, Manuel, 2018: "La acción penal regulada en el artículo 162 del Código Tributario", *Revista de Derecho (Valparaíso)*, Vol. 51, pp. 145-172.

Palao Taboada, Carlos, 2009: "Algunos problemas que plantea la aplicación de la norma española sobre el fraude a la ley tributaria", en El Mismo, *La aplicación de las normas tributarias y la elusión fiscal*, Valladolid: Lex Nova, pp. 129-146.

Palao Taboada, Carlos, 2014: "Doctrina de los actos propios, comprobación de ejercicios anteriores y fraude de ley. (Comentarios a la STS de 4 de noviembre de 2013, rec. núm. 28/2010)", *Contabilidad y Tributación. Comentarios y Casos Prácticos*, Nº 376, pp. 4-48.

Piñones Cerda, Abel Ignacio, 2019: "Derechos y garantías de los contribuyentes: evolución y nuevas tendencias", en Marcelo Matus Fuentes y Pablo Martínez Muñoz (Coords.), *Estudios de Derecho económico, ambiental y tributario*, Santiago: Editorial Hammurabi, pp. 353-369.

Polanco Zamora, Gonzalo, 2020: "Derechos de los contribuyentes", en María Pilar Navarro Schiappacasse y Álvaro Pablo Magasich Airola (Coords.), *Reforma tributaria 2020: principales cambios*, Valencia: Tirant lo Blanch, pp. 27-58.

Saffie, Francisco, 2020: "Análisis de las modificaciones propuestas en el proyecto de 'modernización tributaria' a la regla interpretativa del Código Tributario y las normas antielusión como intento de privatización del derecho tributario", en María Pilar Navarro Schiappacasse y Álvaro Pablo Magasich Airola (Coords.), *Reforma Tributaria 2020: Principales Cambios*, Valencia: Tirant lo Blanch, pp. 83-126.

Sánchez-Achidona Hidalgo, Guillermo, 2021: "Derecho a la no autoincriminación y el deber de colaborar con la Hacienda", en Isaac Merino Jara (Dir.), *La protección de los derechos fundamentales en el ámbito tributario*, Madrid: Wolters Kluwer, pp. 525-556.

Seguel Malagueño, Luis, 2019: "Análisis del proyecto de modernización tributaria en materia de elusión y metodología", *Revista de Derecho Tributario*, Vol. 5, pp. 225-255.

Taveira, Heleno, 2008: *Derecho tributario y Derecho privado. Autonomía privada, simulación y elusión tributaria*(trad. L. Criado Sánchez), Madrid: Marcial Pons.

Toledo Zúñiga, Patricia, 2020: "Interpretación extensiva del Derecho Tributario y la prohibición de aplicación de la ley por analogía", en Antonio Faúndez Ugalde y Francisco Saffie Gatica (Coords.), *Interpretación de la ley tributaria*, Santiago: Thomson Reuters, pp. 59-71.

Ugalde Prieto, Rodrigo, 2018: *La elusión tributaria. El abuso de las formas jurídicas y la simulación*, Santiago: Editorial Jurídica de Chile.

Valdivia Villagrán, Francisco, 2010: "Consagración en el Código Tributario de los derechos de los contribuyentes", *Revista de Estudios Tributarios*, N° 2, pp. 267-278.

Vial del Río, Víctor, 2019: *Teoría general del acto jurídico*, (5ª edición), Santiago: Editorial Jurídica de Chile.

Yáñez Villanueva, Felipe, 2014: "Análisis de la nueva cláusula general antielusiva", *Revista de Estudios Tributarios*, N° 11, pp. 233-250.

Jurisprudencia

Circular SII N° 12, de 17 de febrero de 2021.

Circular SII N° 41, de 11 de julio de 2016.

Circular SII N° 41, de 2 de julio de 2021.

Circular SII N° 58, de 21 de septiembre de 2000.

Corte de Apelaciones de Arica, sentencia de fecha 6 de junio de 2012, Rol 3-2012.

Corte de Apelaciones de Concepción, sentencia de fecha 12 de agosto de 2015, Rol 84-2014.

Corte de Apelaciones de Concepción, sentencia de fecha 30 de diciembre de 016, Rol 84-2016.

Corte Suprema, sentencia de fecha 3 de septiembre de 2018, Rol 92.881-2016.

Corte Suprema, sentencia de fecha 6 de febrero de 2019, Rol 16.619-2017.

Primer Tribunal Tributario y Aduanero de la Región Metropolitana, sentencia de fecha 15 de mayo de 2014, RIT ES-15-00077-2014.

Tercer Tribunal Tributario y Aduanero de la Región Metropolitana, sentencia de fecha 30 de septiembre de 2016, RIT ES-17-00286-2015.

Tercer Tribunal Tributario y Aduanero de la Región Metropolitana, sentencia de fecha 19 de octubre de 2016, RIT ES-17-00285-2015.

Tribunal Constitucional, sentencia de fecha 20 de agosto de 2013, Rol 2.381-12.

Tribunal Constitucional, sentencia de fecha 31 de diciembre de 2009, Rol 1.406-09.

Tribunal Tributario y Aduanero de la Región de Arica y Parinacota, sentencia de fecha 3 de abril de 2013, RIT GR-01-00003-2011.

Tribunal Tributario y Aduanero de la Región de los Ríos, sentencia de fecha 21 de febrero de 2019, RIT GR-11-000019-2018.

Tribunal Tributario y Aduanero de la Región del Biobío, sentencia de fecha 1° de septiembre de 2016, RIT ES-10-00020-2016.

La ¿generalidad? de la norma general antielusiva chilena

POR SERGIO ALBURQUENQUE[1]

RESUMEN: En el presente trabajo se analiza comparativamente la «generalidad» de la «Norma General Antielusión» (NGA) introducida en el año 2014 en el ordenamiento tributario chileno. Nuestra hipótesis es que hay aspectos estructurales o sistémicos que pueden poner en entredicho la generalidad de la NGA chilena.

PALABRAS CLAVE: Elusión, Norma General Antielusión, generalidad.

I. INTRODUCCIÓN

La Ley N° 20.780, de 2014, sobre reforma tributaria, modificó distintas leyes tributarias, entre ellas, el Código Tributario (CT)[2]. Una de las modificaciones más novedosas, aunque no tan sorprendente a la luz de la trayectoria de la materia en otros ordenamientos, fue la introducción de la denominada "Norma General Antielusión" (NGA).

La NGA chilena, en nuestra opinión, comprende aspectos o elementos sustantivos (artículos 4 bis, 4 ter y 4 quáter), procedimentales y procesales (artículos 4 quinquies, 26 bis, 119 y 160 bis) y sancionatorios (artículo 100 bis), y solo la interpretación sistemática de todos ellos puede entregar claridad sobre su alcance o ámbito de aplicación.

---

[1]   Profesor de Derecho Tributario de la Facultad de Derecho de la Universidad Diego Portales. Candidato a Doctor en Derecho por la Universidad Complutense de Madrid. Dirección postal: Av. República 105, Santiago. Correo electrónico: sergio.alburquenque@mail.udp.cl

[2]   Decreto Ley N° 830, 1974.

El objetivo principal de este trabajo es intentar determinar si la NGA chilena satisface plenamente el requisito de la "generalidad" propia de las normas o cláusulas generales antielusión (GAARs en su sigla en inglés).

Las experiencias extranjeras permítenos clasificar las GAAR en más o menos moderadas o, lo que es lo mismo, en más o menos generales, en función de su extensión a todo el ámbito tributario o tan solo a una parte de él. Así, por ejemplo, hay GAAR que se circunscriben a algunos tributos y a una sola causal de procedencia; otras, en cambio, configuradas como principio o valor, tienen un alcance más extensivo. En definitiva, en este estudio intentaremos responder el siguiente interrogante: ¿Cuán "general" es realmente la GAAR o NGA chilena?

Nuestra hipótesis es que hay aspectos estructurales o sistémicos que pueden poner en entredicho la generalidad de la NGA chilena.

Este ejercicio reflexivo no es meramente teórico, ya que el estudio crítico de la materia tiene también importantes implicancias prácticas como, por ejemplo, el impacto de la NGA en la estructura y calidad de la legislación tributaria, la relación entre la NGA y las normas especiales antielusión (NEAs o "SAARs" en su sigla en inglés), etc.

En lo metodológico, tomaremos como punto de referencia el marco conceptual y los resultados de un análisis comparativo de las GAAR del Reino Unido e Italia[3], especialmente en lo concerniente a su generalidad, para luego contrastarlos con la normativa y la realidad antielusiva chilena. Al proceder de este modo, intentamos hacernos cargo de la crítica formulada por Marian en orden a que los cultores del Derecho Tributario comparado rara vez se citan entre sí y, por lo mismo, los estudios de esta naturaleza casi siempre comienzan desde cero[4]. Por tanto, no comenzaremos desde la nada.

---

[3]   CIPOLLINA, 2017.
[4]   MARIAN, 2010, p. 417.

II. LA GENERALIDAD DE LAS GAARs DEL REINO UNIDO E ITALIA: RESULTADOS DE UN ANÁLISIS COMPARATIVO

Conforme expresamos en la introducción, nuestro punto de referencia y contraste serán el marco conceptual y los resultados del análisis comparativo realizado por la profesora Silvia Cipollina sobre las "General Anti Avoidance (Abuse) Rules" en Italia[5] y en el Reino Unido[6].

En lo conceptual nos importa especialmente la parte del mencionado estudio relativo al dilema legislativo entre SAARs, TAARs o GAARs[7].

Respecto a los resultados del análisis comparativo, atendido el objeto de este trabajo, centraremos la atención en el análisis y en las conclusiones sobre la "generalidad" de las GAAR comparadas.

Antes de examinar estos dos aspectos, conviene hacer una breve referencia al método utilizado por Cipollina. No cabe duda del recurso al método comparativo, pero sin pretensión de completitud, sino que circunscrito a los aspectos principales e identitarios de las dos normativas que se contrastan, y con particular énfasis en los aspectos de política legislativa, históricos-evolutivos y de la circulación de modelos jurídicos[8]. En suma, una mezcla de métodos comparativos funcional, histórico y estructural[9].

Volviendo al primero de los aspectos indicados, el dilema legislativo, nuestra autora plantea que el legislador para enfrentar el problema de la elusión recurre a SAARs (legislación dirigida a incidir ex post sobre las prácticas elusivas más extendidas, pero en ámbitos específicos)[10], TAARs (*Targeted Anti Avoidance Rules*) o

---

[5]　Introducida en el año 2015.
[6]　Secciones 206-2015 del Finance Act 2013.
[7]　CIPOLLINA, 2017, p. 11 y siguientes.
[8]　CIPOLLINA, 2017, p. 6.
[9]　Comprende aspectos normativos, jurisprudenciales, doctrinales y prácticas administrativas.
[10]　CIPOLLINA, 2017, p. 17.

"Mini-GAARS" (son normas legales que tienen cierta especificidad sectorial, ya que no dice relación con una situación en particular o caso único, sino con un área jurídica determinada, por lo mismo, pese a tener un alcance limitado, tienden a tener una formulación amplia que en la práctica requiere ser restringida)[11] o a las GAARs (normas o cláusulas generales antielusión o antiabuso).

Por su parte, y en lo que respecta al segundo aspecto, a la pregunta cuánto son verdaderamente "generales" las normas objeto del ejercicio de comparación que realiza, concluye estableciendo algunas diferencias. La GAAR del Reino Unido se caracteriza por su "moderación" programática, nota que tiene una doble incidencia sobre el perímetro normativo, el cual se circunscribe específicamente (1) "a los acuerdos abusivos" y (2) "a algunos tipos de tributos"[12]. "La aplicación selectiva de la norma a algunas tipologías de tributos—complementa Cipollina— responde a una lógica de gradualidad de la disciplina, juzgándose oportuna la adquisición de experiencia aplicativa, antes de la extensión en clave general del ámbito normativo"[13]. En definitiva, la lógica pragmática de esta normativa, al menos en su fase inicial, es la aplicación no generalizada a todo el ámbito tributario[14]. El resultado, se concluye, "es una configuración normativa que no satisface plenamente el requisito de la generalidad, propio de la GAAR"[15].

---

[11]   Cuando entró en vigor la GAAR británica habían más de 300 TAARs en el Reino Unido (Cipollina, p. 11).

[12]   Cipollina, 2017, p. 21. Por ejemplo, se excluye el IVA (p. 22).

[13]   Cipollina, 2017, p. 21.

[14]   A partir del 17 de julio de 2013, la GAAR británica se aplica a los siguientes tributos: Income Tax, Capital Gains Tax, Inheritance Tax, Corporation Tax, any amount chargeble as if it were Corporporation Tax (ex. CFC), Petroleum Revenue Tax, Stamp Duty Land Tax and Annual Tax on Enveloped Dwellings. Desde 2014 se aplica también a la "National Insurance Contributions", "Diverted Profits Tax" (2015), y a contar del 15.09.2016 a "Apprenticeship Levy" (HMRC, "General anti-suse rule (GAAR) guidance", aprobada con efecto desde el 16 de julio de 2021, p. 11).

[15]   Cipollina, 2017, p. 22.

A una conclusión opuesta se arriba al examinar la GAAR italiana[16]. Por lo pronto, el marco regulatorio actual no está circunscrito a la fiscalidad de la empresa[17]. Asimismo, su introducción en el "Statuto del contribuente" (artículo 10-*bis*)[18] la convierte en

---

[16]   En todo caso, reconoce CIPOLLINA que la introducción de la actual GAAR italiana es consecuencia de una progresiva aproximación al modelo de la cláusula general (CIPOLLINA, 2017, p. 17).

[17]   Como si lo estaban la norma sectorial antielusiva del año 1990 y la norma "quasi-generale" del artículo 37-bis (CIPOLLINA, 2017, p. 23).

[18]   "Art. 10-bis. (Disciplina dell'abuso del diritto o elusione fiscale).
1. Configurano abuso del diritto una o più operazioni prive di sostanza economica che, pur nel rispetto formale delle norme fiscali, realizzano essenzialmente vantaggi fiscali indebiti. Tali operazioni non sono opponibili all'amministrazione finanziaria, che ne disconosce i vantaggi determinando i tributi sulla base delle norme e dei principi elusi e tenuto conto di quanto versato dal contribuente per effetto di dette operazioni.
2. Ai fini del comma 1 si considerano:
a) operazioni prive di sostanza economica i fatti, gli atti e i contratti, anche tra loro collegati, inidonei a produrre effetti significativi diversi dai vantaggi fiscali. Sono indici di mancanza di sostanza economica, in particolare, la non coerenza della qualificazione delle singole operazioni con il fondamento giuridico del loro insieme e la non conformità dell'utilizzo degli strumenti giuridici a normali logiche di mercato;
b) vantaggi fiscali indebiti i benefici, anche non immediati, realizzati in contrasto con le finalità delle norme fiscali o con i principi dell'ordinamento tributario.
3. Non si considerano abusive, in ogni caso, le operazioni giustificate da valide ragioni extrafiscali, non marginali, anche di ordine organizzativo o gestionale, che rispondono a finalità di miglioramento strutturale o funzionale dell'impresa ovvero dell'attività professionale del contribuente.
4. Resta ferma la libertà di scelta del contribuente tra regimi opzionali diversi offerti dalla legge e tra operazioni comportanti un diverso carico fiscale.
5. Il contribuente può proporre interpello ai sensi dell'articolo 11, comma 1, lettera c), per conoscere se le operazioni costituiscano fattispecie di abuso del diritto.
6. Senza pregiudizio dell'ulteriore azione accertatrice nei termini stabiliti per i singoli tributi, l'abuso del diritto è accertato con apposito atto, pre-

uno de los principios generales del ordenamiento tributario, los cuales no tienen áreas específicas del sistema tributario (se apli-

---

ceduto, a pena di nullità, dalla notifica al contribuente di una richiesta di chiarimenti da fornire entro il termine di sessanta giorni, in cui sono indicati i motivi per i quali si ritiene configurabile un abuso del diritto.
7. La richiesta di chiarimenti è notificata dall'amministrazione finanziaria ai sensi dell'articolo 60 del decreto del Presidente della Repubblica 29 settembre 1973, n. 600, e successive modificazioni, entro il termine di decadenza previsto per la notificazione dell'atto impositivo. Tra la data di ricevimento dei chiarimenti ovvero di inutile decorso del termine assegnato al contribuente per rispondere alla richiesta e quella di decadenza dell'amministrazione dal potere di notificazione dell'atto impositivo intercorrono non meno di sessanta giorni. In difetto, il termine di decadenza per la notificazione dell'atto impositivo è automaticamente prorogato, in deroga a quello ordinario, fino a concorrenza dei sessanta giorni.
8. Fermo quanto disposto per i singoli tributi, l'atto impositivo è specificamente motivato, a pena di nullità, in relazione alla condotta abusiva, alle norme o ai principi elusi, agli indebiti vantaggi fiscali realizzati, nonché ai chiarimenti forniti dal contribuente nel termine di cui al comma 6.
9. L'amministrazione finanziaria ha l'onere di dimostrare la sussistenza della condotta abusiva, non rilevabile d'ufficio, in relazione agli elementi di cui ai commi 1 e 2. Il contribuente ha l'onere di dimostrare l'esistenza delle ragioni extrafiscali di cui al comma 3.
10. In caso di ricorso, i tributi o i maggiori tributi accertati, unitamente ai relativi interessi, sono posti in riscossione, ai sensi dell'articolo 68 del decreto legislativo 31 dicembre 1992, n. 546, e, successive modificazioni, e dell'articolo 19, comma 1, del decreto legislativo 18 dicembre 1997, n. 472.
11. I soggetti diversi da quelli cui sono applicate le disposizioni del presente articolo possono chiedere il rimborso delle imposte pagate a seguito delle operazioni abusive i cui vantaggi fiscali sono stati disconosciuti dall'amministrazione finanziaria, inoltrando a tal fine, entro un anno dal giorno in cui l'accertamento è divenuto definitivo ovvero è stato definito mediante adesione o conciliazione giudiziale, istanza all'Agenzia delle entrate, che provvede nei limiti dell'imposta e degli interessi effettivamente riscossi a seguito di tali procedure.
12. In sede di accertamento l'abuso del diritto può essere configurato solo se i vantaggi fiscali non possono essere disconosciuti contestando la violazione di specifiche disposizioni tributarie.

can a todos los tributos). "La generalidad 'tout-court' de la norma antiabuso [italiana] encuentra, además, una ulterior confirmación en la lógica de la tutela de los derechos de los contribuyentes —'ratio' inspiradora de las disposiciones de principio del Estatuto— que equilibra la lógica de la salvaguarda del interés fiscal, evitando su abrumadora prevalencia"[19].

En síntesis, Cipollina nos enseña que, además de las SAARs y las GAARs, en algún punto intermedio, se ubica un tercer tipo de normativa antielusiva, las TAARs o "Mini-GAARS" (conocidas también como "normas sectoriales" o "semi-generales"). Asimismo, comprueba que pueden existir normas antielusivas propiamente generales (Italia) y otras no plenamente generales (Reino Unido), siendo notas determinantes para establecer dicha diferenciación las siguientes: ubicación de la norma, tributos a los que se aplique y el nivel de abstracción de las causales que la hagan procedente.

III. ¿LA «GENERALIDAD» DE LA NGA CHILENA?

En el apartado anterior han quedado explicitados algunos elementos y criterios que permitirían enjuiciar la "generalidad" de la normativa antielusiva o antiabusiva.

Corresponde ahora, con base en los mismos, analizar la "generalidad" de la NGA chilena, vigente en nuestro ordenamiento desde el 30 de septiembre de 2015, la que comprende —como dejamos apuntado en la introducción de este trabajo— aspectos sustantivos, procedimentales y sancionatorios.

El análisis en cuestión lo haremos sobre la base de ocho tópicos, algunos de los cuales corroboran el carácter "general" de la normativa y otros lo colocan en entredicho. Veamos.

---

13. Le operazioni abusive non danno luogo a fatti punibili ai sensi delle leggi penali tributarie. Resta ferma l'applicazione delle sanzioni amministrative tributarie".

19 CIPOLLINA, 2017, p. 23.

III.1. La ley tributaria no usa la expresión "general", pero este carácter puede derivarse de una interpretación sistemática y teleológica de las normas del Código Tributario

Si bien ninguna de las disposiciones legales mencionadas que integran la normativa antielusiva utilizan la locución "general", este carácter puede establecerse claramente de un estudio sistemático de esta, como también de antecedentes relativos a su establecimiento.

En clave sistemática, un primer aspecto a tener en consideración es la ubicación de la normativa que analizamos. En efecto, los referidos artículos 4 bis y siguientes se encuentran contenidos en el Código Tributario (nuestra ley general tributaria) y no en una ley tributaria especial. Por lo mismo, de acuerdo con lo dispuesto en el artículo 1 de dicho cuerpo legal, se aplicará a las materias de tributación fiscal interna que sean legalmente de competencia del Servicio de Impuestos Internos (SII). En este mismo sentido, debe tenerse presente que las disposiciones más sustantivas del referido conjunto de normas antielusivas, se aloja en el título preliminar del Código Tributario, específicamente en el Párrafo 1°, correspondiente a las "Disposiciones generales". Tampoco hay que perder de vista que la normativa en cuestión (artículo 4 bis y siguientes) se instala inmediatamente después del artículo 4, relativo a la aplicación e interpretación de las normas del Código Tributario.

Por otra parte, la "generalidad" se puede extraer por la contraposición que expresan algunas disposiciones del CT. Así, por ejemplo, el artículo 4 bis cuando señala que "[e]n los casos en que sea aplicable una norma especial para evitar la elusión, las consecuencias jurídicas se regirán por dicha disposición y no por los artículos 4° ter y 4° quáter". Lo mismo cuando el artículo 26 bis regula las "consultas sobre la aplicación de los artículos 4° bis, 4° ter y 4° quáter o de otras normas especiales antielusivas". En otras palabras, para nosotros resulta evidente que cuando estas normas tributarias aluden a las NEAs por contraposición a otra realidad normativa (contenida en los artículos 4° bis y siguientes), esa otra realidad es algo distinto y necesariamente más general.

Cabe recordar que Cipollina nos enseñó que la "generalidad" de la GAAR italiana, a propósito de su ubicación normativa, encuentra confirmación en la lógica de la tutela de los derechos de los contribuyentes que equilibra la lógica de salvaguarda del interés fiscal. Si intentamos aplicar este argumento a nuestro ordenamiento tributario, podríamos constatar que la NGA chilena —más allá de un par de referencias restrictivas— no está contenida en la regulación de los derechos de los contribuyentes (artículo 8 bis del CT)[20], aunque sí en el mismo cuerpo legal (Código Tributario). Además, el propio encabezado del artículo 8 bis no deja lugar a dudas en cuanto a que los derechos de los contribuyentes no se limitan a los enumerados en ella[21]. Al mismo tiempo, la estructura de la NGA, en todas sus dimensiones, da buena cuenta de la lógica del equilibrio entre el interés fiscal y la tutela de los derechos de los contribuyentes (el SII debe reconocer la buena fe de los contribuyentes, tiene la carga de probar el abuso o la simulación, la obligación de citar al contribuyente, el requerimiento judicial que se haga debe ser fundado, en fin, la decisión final sobre su aplicación corresponde a un órgano jurisdiccional independiente).

---

[20] El artículo 8 bis N° 5 reconoce a los contribuyentes el derecho a que el SII no vuelva a iniciar un nuevo procedimiento de fiscalización, no obstante, la autoridad tributaria podrá hacer un nuevo requerimiento de antecedentes, entre otros casos, cuando aparezcan "nuevos antecedentes que den lugar (…) a la aplicación de lo establecido en el artículo 4 bis, 4 ter, 4 quáter, 4 quinquies". Asimismo, conforme al N° 6 del mismo artículo, los contribuyentes tienen derecho a ser informados sobre los funcionarios del SII bajo cuya responsabilidad se tramitan los procesos en que tenga la condición de interesado, salvo que se trate "de los procedimientos del artículo 4 quinquies".

[21] "Artículo 8° bis. Sin perjuicio de los derechos garantizados por la Constitución Política de la República y las leyes, constituyen derechos de los contribuyentes, los siguientes: …."

En cuanto a la historia de la Ley N° 20.780, según el Mensaje del Ejecutivo uno de los objetivos era avanzar en medidas que disminuyan la evasión y la elusión[22], siendo una de las principales innovaciones que se propusieron, la "incorporación en el Código Tributario de una Norma General Antielusión, que permitirá al SII rechazar las ventajas tributarias obtenidas mediante planificaciones elusivas y sancionar a los contribuyentes y asesores tributarios que hayan participado en su diseño"[23].

III.2. La NGA no sería general porque no la aplica directamente la Administración tributaria

Hay autores que han intentado poner en duda la naturaleza de nuestra NGA afirmando "que en Chile NO existe y no contamos con una NGA, conforme a sus elementos propios y esencia, naturaleza jurídica, doctrina y principios que la rigen", sino más bien un "procedimiento judicial especial de reclamación"[24]. En su entendimiento, una NGA en sentido técnico es una "Facultad de la Administración Tributaria del Estado"[25], y como en Chile esta facultad no la tiene el SII, sino los TTA, la mal llamada NGA ha visto limitado severamente su campo de acción[26].

No participamos de esta visión, ya que como observa la profesora Navarro lo relevante son los efectos jurídicos y no los aspectos formales relativos a la aplicación de la NGA[27]. En otros términos,

---

[22]   Biblioteca del Congreso Nacional, Historia de la Ley N° 20.780, p. 5.
[23]   Biblioteca del Congreso Nacional, Historia de la Ley N° 20.780, p. 11.
[24]   UGARTE, 2019.
[25]   UGARTE, 2019.
[26]   Incluso se da a entender que esta configuración legal sería la causa de la nula aplicación de la NGA: "Lo anterior pese a que la realidad empírica de los hechos es muy clara, pues en lo que va de vigencia de dicha disposición legal, que ya lleva cuatro años, no ha habido o existido la tramitación de caso alguno sobre la materia en que se hubiere aplicado tal procedimiento judicial" (UGARTE, 2019).
[27]   NAVARRO, 2021, p.130.

no nos parece que la circunstancia de que la normativa antielusiva general comprenda una etapa jurisdiccional altere su naturaleza jurídica, suponer lo contrario implicaría elevar a la condición de elemento de la esencia la intervención de la Administración tributaria, calidad que obviamente no tiene, por más que otros ordenamientos, en lo procedimental, hayan tomado una opción legislativa distinta. Por lo demás, la visión que comentamos parece perder de vista que la normativa en cuestión considera una importante etapa administrativa que puede ser muy útil y conveniente desde la perspectiva de la protección del interés fiscal[28], ya que posiblemente se resuelvan ella una significativa cantidad de casos.

III.3. El hecho de que no exista todavía un pronunciamiento jurisdiccional aplicando la NGA no la hace menos "general"

Habiendo transcurrido a la fecha más de seis años desde la entrada en vigor de la NGA, no se conocen pronunciamientos de los órganos jurisdiccionales competentes[29] que apliquen dicha normativa. ¿Significa esto que la NGA no es tan "general"? Estimamos que la respuesta a esta cuestión ha de ser negativa.

A nuestro juicio, el hecho de que durante un periodo importante no existan pronunciamientos jurisdiccionales sobre la NGA, no debiese ser interpretado necesariamente como indicativo de su inaplicación o ineficacia, toda vez que puede suceder —no lo sabemos— que una cantidad no despreciable de casos se haya resuelto en la fase administrativa con la aceptación por los contribuyentes de las diferencias impositivas establecidas provisionalmente por el SII (creemos que la ley debería autorizar a este organismo a publicar en su sitio web las estadísticas sobre los casos terminados mediante acta de conciliación en la fase administrativa de aplica-

---

[28]   Artículo 4° quinquies del CT.

[29]   Según lo establecido en el artículo 119 del CT, serán competentes los Tribunales Tributarios y Aduaneros en cuyo territorio jurisdiccional tenga su domicilio el contribuyente.

ción de la NGA) o que simplemente los contribuyentes hayan moderado sus conductas elusivas a partir de la entrada en vigencia de la normativa en comento. En este último sentido, hay que tener en consideración que la introducción de la NGA también produce efectos didácticos, pedagógicos o disuasivos. En otros términos, aunque no lo podamos medir, puede haber sucedido que la entrada en vigor de la NGA haya disuadido a algunos contribuyentes y asesores de diseñar e implementar negocios abusivos o simulados, por temor a que estos fueran recalificados como elusivos y se aplicaran las sanciones correspondientes. Igualmente, puede ocurrir que la Administración tributaria no estaba preparada técnicamente para aplicarla en las fases en que a ella le corresponde llevarla adelante. En fin, puede acontecer, como se ha producido en otros países, que el limitado ámbito de aplicación se deba a ciertos problemas de técnica legislativa[30].

En el caso chileno, creemos puede haberse dado una combinación de estos factores. Aun cuando algunos de ellos pueden haber limitado en cierto modo el campo de aplicación de la NGA, otros son efectos de una norma "general" antielusión *"tout-court"*. En cualquier caso, y en lo que al efecto disuasivo respecta, debería tenerse presente que este no será eterno y, por lo mismo, si la NGA no se aplica en sede jurisdiccional en los próximos años puede acontecer que dicho efecto disminuya o desaparezca.

---

[30]　Es lo que ocurrió, por ejemplo, en Portugal donde la cláusula general anti-abuso fue introducida en el año 1999 y recién el 15 de febrero de 2011 fue conocida la primera sentencia de un tribunal superior que la aplica (Sentencia del Tribunal Central Administrativo Sur, proceso N° 4255/10, de 15.02.2011). En efecto, la versión original se introdujo en el Código de Procedimiento y Proceso Tributario y no en la Ley General Tributaria. Además, "se limitaba a distinguir entre una posible invalidez existente en el Derecho Civil y las consecuencias fiscales de los efectos jurídicos ya verificados en virtud de la celebración de un determinado negocio". "Así, solo en la versión revisada de la Ley General Tributaria vamos a encontrar una norma con mayor alcance" (Saldanha Sanches, 2006, pp. 165-166).

III.4. La NGA sería "general" porque no hay límites explícitos en cuanto a su aplicación solo a ciertos tributos

En la normativa general antielusiva chilena, a diferencia de la británica, no se establece un listado de tributos a los cuales exclusivamente se aplica, ni tampoco disposiciones que excluyan expresamente alguna figura tributaria. En este sentido, la NGA sería "general"[31].

Sin embargo, la conclusión anterior pudiese matizarse un tanto si es que consideramos que la normativa en cuestión se contiene en el Código Tributario, cuerpo legal que se aplica solo a los impuestos fiscales internos y, por ende, quedan excluidos de su órbita los impuestos fiscales externos[32]. Tampoco se aplica, por las mismas razones, a los tributos municipales. No están claras las razones por las que el legislador establece esta diferenciación limitadora del ámbito de aplicación de la NGA. ¿Será que no hay elusión en estos otros ámbitos tributarios?

Si hiciéramos, en segundo lugar, el ejercicio de analizar cada uno de los impuestos fiscales internos que integran nuestro sistema tributario, posiblemente concluiríamos que el mayor potencial aplicativo de la NGA sería respecto de algunos de los impuestos sobre la renta[33]. Hacer un ejercicio de estas características excede

---

[31]   "La característica central de este tipo de normas radica en el hecho de que no se refieren a uno o más hechos gravados específicos sino que a todo el conjunto de normas que los establecen o a un universo más o menos amplio" (AVILÉS, 2014, p. 221).

[32]   Estos se rigen por la Ordenanza General de Aduanas, cuerpo normativo que no contiene una NGA.

[33]   Se nos ocurre que en el caso del IVA, considerando su normativa y su estructura, pudiese ser suficiente para resolver una parte importante de las operaciones elusivas el recurso a la propia batería de mecanismos antielusivos y evasivos: hechos imponibles amplios (claramente antielusivos, especialmente la definición de venta), la contraposición de intereses entre los contribuyentes en relación al débito y crédito fiscal, la facultad del SII de tasar el valor del terreno en la venta de bienes inmuebles, limitaciones al uso del crédito fiscal, etc.

los límites de este trabajo, además, solo podría realizarse cuando se cuente con datos y sentencias sobre la aplicación de la NGA.

III.5. En cuanto a las causales de procedencia la NGA chilena sería general

Dos son los supuestos legales que determinan la existencia de elusión a los efectos de la aplicación de la NGA: el abuso de las formas jurídicas y la simulación.

A primera vista, se trata de causales de procedencia con un grado de abstracción necesario para satisfacer el requisito de la "generalidad" propio de las GAARs. En todo caso, el campo de acción efectivo de estos presupuestos aplicativos, especialmente en el caso de la simulación, puede terminar siendo muy limitado por el concurso todavía no resuelto entre la simulación elusiva y la simulación evasiva. También será importante el alcance que se otorgue a las opciones tributarias más económicas o economías de opción. Por lo mismo, conviene examinar un poco más en detalle estas instituciones.

III.5.1. Abuso de las formas jurídicas

El artículo 4 ter del CT expresa que se "entenderá que existe abuso en materia tributaria cuando se evite total o parcialmente la realización del hecho gravado, o se disminuya la base imponible o la obligación tributaria, o se postergue o difiera el nacimiento de la obligación, mediante actos o negocios jurídicos que, individualmente considerados o en su conjunto, no produzcan resultados o efectos jurídicos o económicos relevantes para el contribuyente o un tercero, que sean distintos de los meramente tributarios a que se refiere este inciso".

En consecuencia, para que exista abuso de las formas jurídicas se requiere que: (a) exista una ventaja tributaria consistente en evitar total o parcialmente la realización del hecho gravado, disminuir la base imponible o la obligación tributaria o postergar o diferir el nacimiento de dicha obligación; (b) la ventaja se obtenga mediante (elemento medio) actos o negocios jurídicos individuales o conjuntos; y(c) no produzcan (elemento resultado) resultados o efectos jurídicos o económicos relevantes para el contribuyente o un tercero, que sean distintos de los meramente tributarios (que sean diferentes del ahorro tributario).

¿Qué se debe entender por "resultados o efectos jurídicos o económicos relevantes, que sean distintos de los meramente tributarios"? Dicha expresión es muy parecida a la que se contiene en el artículo 15 de la Ley General Tributaria (LGT) española[34].

La doctrina española ha discutido en torno a esta expresión —clave para definir los contornos del abuso de las formas jurídicas— su conexión con la doctrina del *"business purpose test"* (motivo económico válido).

En efecto, para algunos autores, como Palao Taboada, la circunstancia b) del artículo 15 de la LGT "tiene su antecedente doctrinal en el *business purpose test* de la jurisprudencia norteamericana, según la cual la aceptación a efectos fiscales de la calificación pretendida por el contribuyente para la operación exige que la forma utilizada tenga una justificación distinta de la mera reducción de impuestos"[35]. En cambio, otros autores, aceptando "que existe una enorme similitud entre el juicio de efectos diferenciadores del artículo 15 de la LGT y las doctrinas anti-elusión anglosajonas", piensan "que la semejanza se limita a la parte objetiva o real del doble juicio de la sustancia económica, sin que encontremos en la cláusula de conflicto española referencias concretas al

---

[34]　"1. Se entenderá que existe conflicto en la aplicación de la norma tributaria cuando se evite total o parcialmente la realización del hecho imponible o se minore la base o la deuda tributaria mediante actos o negocios en los que concurran las siguientes circunstancias:
b) Que de su utilización no resulten efectos jurídicos o económicos relevantes, distintos del ahorro fiscal y de los efectos que se hubieran obtenido con los actos o negocios usuales o propios".

[35]　Palao Taboada, 2009, pp. 258-259.

business purpose en sentido estricto". Esto significa que se deberá efectuar "el análisis de los efectos de las operaciones realizadas y no el de la intención, finalidades, motivos o razones tomados en cuenta por el sujeto pasivo en su realización"[36].

¿Cuál concepción recoge nuestra NGA? ¿Se debe realizar un test subjetivo (centrado en los motivos)? ¿Se debe realizar un test objetivo (centrado en los resultados)? o ¿Se debe realizar un doble juicio o test?

Conviene precisar que los juicios subjetivo y objetivo se vinculan con la denominada "doctrina de la sustancia económica", es decir, aquella "destinada a impedir la aplicación de cualesquiera beneficios fiscales en caso de operaciones que, pese a ser formalmente válidas, carezcan de sustancia económica"[37].

Desde el punto de vista del elemento objetivo, se exige que la operación sea susceptible de producir alguna repercusión económica relevante distinta del mero ahorro tributario, es decir, resulta necesario que "la operación modifique notoriamente el estatus económico del contribuyente, al margen de toda consideración fiscal"[38]. Por ende, el resultado obtenido no puede consistir, exclusivamente, en una reducción de la carga tributaria.

Por su lado, el elemento subjetivo supone enjuiciar la intención, los motivos del contribuyente al efectuar la operación. En todo caso, se trataría de buscar "no tanto las razones que han llevado al contribuyente a su realización —las cuales pertenecen a la esfera del *animus* y, por ende, devienen difícilmente verificables—, cuanto al objetivo perseguido mediante la misma; objetivo este que no ha de consistir únicamente en el disfrute de un tratamiento tributario favorable". En términos más directos, "el propósito fundamental subyacente a la transacción no puede estribar en el simple ahorro fiscal, sino que ha de tener un perfil empresarial,

---

[36] Marín, 2009, pp. 118-119.
[37] Martín, 2013, p. 109.
[38] Martín, 2013, p. 149.

mercantil, comercial o de negocios, pretendiéndose con aquélla la obtención de un beneficio, la racionalización de la estructura societaria, la mejora de su posición en el mercado o cualquier otro efecto beneficioso para el contribuyente"[39]. En consecuencia, para superar el test de la doctrina de la sustancia económica desde su punto de vista subjetivo, es necesario revisar "la idoneidad de la operación para lograr el propósito no fiscal —o, cuando menos la existencia de una posibilidad razonable de obtenerlo a través de ella—"[40]. En esta misma línea, se ha planteado que será importante si la operación tiene o no un propósito económico, empresarial o de negocios que tenga cierta credibilidad (*"credible business purpose"*)[41].

Volviendo al sistema tributario chileno, nos parece que si se atiende estrictamente al tenor literal del artículo 4° ter ("que no produzca resultados o efectos jurídicos o económicos relevantes, que sean distintos de los meramente tributarios"), y a la falta de referencia expresa en la misma norma al propósito de negocio, motivo económico válido o legítima razón de negocios, podría sostenerse que nuestra NGA recoge una concepción objetiva de la elusión. De esta forma, en el análisis de la sustancia solo se examinarán los efectos jurídicos y económicos de las operaciones realizadas por los contribuyentes (y no sus motivaciones, intenciones u objetivos), efectos que deberán tener una relevancia suficiente al margen de las consecuencias tributarias perseguidas o alcanzadas. Dicho de otro modo, la existencia de abuso debería detenerse necesaria y exclusivamente en el juicio sobre los efectos jurídicos o económicos relevantes distintos del ahorro tributario.

Sin embargo, no puede obviarse el hecho de que la legítima razón de negocios (motivo económico válido o propósito negocial) es una doctrina que ha venido ejerciendo influencia en nuestro ordenamiento jurídico (hay ciertas normas antielusión que exi-

---

[39] MARTÍN, 2013, p. 136.
[40] MARTÍN, 2013, pp. 136-137.
[41] Internal Revenue Service, 2011.

gen su justificación[42]). Con esto, lo que queremos expresar es que no podría descartarse por completo que la norma NGA suponga también la realización de un juicio subjetivo (es decir, un doble test). En esta misma línea, cabe observar que nuestra norma NGA —a diferencia de la norma antielusión española— se refiere a la buena fe, a la cual se le ha reconocido en el ámbito del derecho privado una vertiente subjetiva consistente en la conciencia o estado de conciencia del sujeto sobre una determinada situación[43]. Paralelamente, debe tenerse presente que hay ordenamientos (ej., alemán), en los cuales si bien la NGA no alude expresamente al motivo o intencionalidad[44], sus tribunales la han interpretado de manera amplia incluyendo una referencia a la finalidad económica de la operación supuestamente elusiva, señalando que "hay abuso cuando se utiliza una forma inadecuada al fin económico"[45].

En el mismo artículo 4° ter del CT se establece igualmente que "es legítima la razonable opción de conductas y alternativas contempladas en la legislación tributaria. En consecuencia, no constituirá abuso la sola circunstancia que el mismo resultado económico o jurídico se pueda obtener con otro u otros actos jurídicos que derivarían en una mayor carga tributaria; o que el acto jurídico escogido, o conjunto de ellos, no genere efecto tributario alguno, o bien los genere de manera reducida o diferida en el tiempo o en menor cuantía, siempre que estos efectos sean consecuencia de la ley tributaria". Por lo tanto, se le reconoce algún valor —a

---

[42]   Por ejemplo, el artículo 64 del CT respecto de otros procesos de reestructuración de grupos empresariales, y para los efectos de que el SII no ejerza su facultad de tasación.

[43]   GUZMÁN, 2002, p. 20 y ss.

[44]   Parágrafo 42 Ordenanza Tributaria alemana: "Abuso de las posibilidades de configuración jurídica. La ley tributaria no podrá ser eludida mediante el abuso de las posibilidades de configuración jurídica que ofrece el derecho. En caso de abuso nacerá el crédito tributario tal como hubiera nacido con arreglo a la configuración jurídica adecuada a los hechos económicos".

[45]   RUIZ, 2006, p. 79.

efectos tributarios— a la autonomía de la voluntad y a la libertad contractual de los contribuyentes, como asimismo cierta legitimidad al ahorro tributario, siempre que este —y aquí el límite— sea consecuencia de la ley tributaria. Asimismo, no debe pasarse por alto la circunstancia de que la norma diga que es "legítima la razonable opción de conductas y alternativas", ya que con ello se está dando a entender que la aplicación de la NGA va a suponer un juicio de razonabilidad, es decir, será clave la existencia o no de buenas razones (jurídicas o económicas) que justifiquen los objetivos o efectos alcanzados o perseguidos con una determinada operación.

Algunos autores españoles, a propósito del artículo 15 de la LGT y la legitimidad que esta disposición le otorga al ahorro tributario, expresan que esta no sería una NGA, ya que no prohíbe toda conducta que persiga el ahorro tributario[46]. En suma, según este entendimiento, solo sería "general" la norma antielusiva que prohíba cualquier forma de ahorro tributario. En esta línea, la NGA chilena no sería "general", dado que de igual forma que la española, legitima el ahorro tributario. Quizás el argumento pueda parecer un tanto extremo, pero no deja de llevar razón en cuanto a que mientras más numerosas sean las formas de ahorro fiscal otorgadas por el ordenamiento tributario a los contribuyentes, más acotado será el ámbito de cobertura de la NGA.

---

[46] "El art. 15 de la LGT no es un precepto general antielusivo, en el sentido de prohibir toda aquella conducta que persiga un ahorro fiscal. Al contrario, legitima por vez primera de forma expresa la plena admisión del ahorro fiscal cuando concurre con otros efectos jurídicos o económicos del acto o negocio realizado, al acoger el concepto de *ahorro fiscal* en la redacción misma de este precepto de la LGT. Su finalidad es, más bien, la de asegurar un buen uso de las normas del ordenamiento en su conjunto; de forma que cuando el agente se ampare en el principio de autonomía de la libertad entre las partes para configurar un determinado negocio, dicho negocio responda a su verdadera causa. Y, en consecuencia, evitar que se acuda a un determinado negocio, deformando su finalidad intrínseca, con el único motivo de conseguir un ahorro fiscal" (PONT CLEMENTE, 2006, p. 42.).

III.5.2. Simulación

El artículo 4° quáter dispone que se "entenderá que existe simulación, para efectos tributarios, cuando los actos o negocios jurídicos de que se trate disimulen la configuración del hecho gravado del impuesto o los elementos constitutivos de la obligación tributaria, o su verdadero monto o data de nacimiento".

Conforme a lo anterior, la simulación tributaria supone: (i) la existencia de un acto o negocio disimulado o real, (ii) un acto o negocio simulado o aparente que configure un hecho gravado o los elementos constitutivos de la obligación tributaria y (iii) la concurrencia de una ventaja tributaria.

En este tipo de situaciones, "los impuestos —complementa la misma norma— se aplicarán a los hechos efectivamente realizados por las partes, con independencia de los actos o negocios simulados".

La incorporación de la simulación en la NGA no ha sido pacífica, particularmente sobre cómo diferenciar la simulación elusiva de la simulación evasiva (la simulación es también una de las condiciones del tipo de ciertos delitos tributarios). Naturalmente, mientras no se llegue a algún consenso o criterio razonable al respecto, la aplicación de la NGA en lo concerniente a esta causal puede llevar a la Administración tributaria a inclinarse por la vía penal antes que por la elusiva. En efecto, el SII ha sostenido que la simulación elusiva (artículo 4 quáter) es diversa de aquella a que se refiere el artículo 97 N° 4 del CT (delito tributario), y la diferencia estaría en su opinión en el elemento subjetivo, "ya que la simulación para efectos del derecho penal tributario exige elementos subjetivos (culpa o dolo) que no son necesarios de considerar para determinar que un determinado acto o contrato es elusivo por simulado"[47]. Pasa por alto la autoridad tributaria que toda simulación tributaria supone una fase subjetiva (finalidad

---

[47]   Servicio de Impuestos Internos, Circular SII N° 65 de 2015.

consciente y perseguida, principalmente, de disminuir la carga tributaria). Si ello es así, ¿cómo distinguir el elemento subjetivo de la simulación elusiva del elemento subjetivo de la simulación evasiva?

El Ejecutivo intentó introducir, en el marco de la tramitación de la Ley N° 21.210, algo de claridad en la materia, pero este cambio no fue aprobado por el Congreso Nacional. Una primera precisión que se proponía era explicitar que "puede configurar elusión tanto la simulación absoluta como la relativa"[48]. En segundo lugar, se intenta armonizar la simulación evasiva con algunos tipos penales. "La entidad de la respuesta —se indicaba— del ordenamiento jurídico en uno y otro caso es evidente: en materia de elusión, se está defraudando la finalidad de la ley a efectos de obtener indebidamente un ahorro tributario, por lo que amerita desconocer la apariencia de la operación. En cambio, es mucho más grave el caso de quien mediante simulación lleva a cabo alguna de las figuras antes indicadas, y que requieren una sanción penal"[49]. O sea, cuando la simulación fuese menos grave y tuviera como propósito defraudar la ley tributaria para conseguir un ahorro tributario indebido, correspondería aplicar la NGA. Lo complejo de esto es que el delito tributario también supone el ánimo de defraudar al Fisco.

La introducción en el Código Tributario Nacional de Brasil (CTN)[50] de una NGA[51], y los términos en que está redactada, parecida en lo que se refiere a la simulación a la NGA chilena, llevó a la doctrina de ese país a plantearse la siguiente pregunta: ¿Norma

---

[48]   Biblioteca del Congreso Nacional, Historia de la Ley N° 21.210, p. 16.
[49]   Biblioteca del Congreso Nacional, Historia de la Ley N° 21.210, pp. 16 y 17.
[50]   En el año 2001.
[51]   Parágrafo único del artículo 116 del CTN: "A autoridade administrativa poderá desconsiderar atos ou negócios jurídicos praticados com a finalidade de dissimular a ocorrência do fato gerador do tributo ou a natureza dos elementos constitutivos da obrigação tributária, observados os procedimentos a serem estabelecidos em lei ordinária".

antielusiva o antievasiva?[52] Según explica Lobo Torres, algunos autores argumentaron que se trabaja de una norma antievasiva (anti simulación) y, por tanto, inconstitucional, otros en cambio (entre los cuales el propio Lobo Torres), sostienen la tesis de que se trata de una NGA[53].

En la simulación elusiva —según Lobo Torres— el fingimiento no ocurre con relación al hecho imponible concreto, sino con referencia al "hecho generador abstracto" definido en la ley, "*que é destorcido na subsunção*". Citando a Tipke agrega que "[f]ingidaes solo la forma jurídica correspondiente, no el hecho económico"[54]. Agrega que la elusión "se refiere a hechos realmente acaecidos, que tuvieron la subsunción malograda". "En la simulación —continúa—, por el contrario, el hecho o no existió (...) o solo era parcialmente verdadero"[55]. En cuanto al sentido y alcance de la expresión "con la finalidad de disimular", puntualiza que disimular "[p]uede ser tomada en dos sentidos: a) como mecanismo de simulación, como hicieron los juristas de índole formalista; b) como ingrediente de la elusión, en la línea del modelo francés, que adoptamos"[56]. Dicho de otro modo, el artículo 116, párrafo único, se refiere "a la disimulación del *hecho generador abstracto* y no a la simulación del *hecho generador concreto*. El acto o negocio practicado (hecho generador concreto) no es disimulado, sino *disimulador* de la verdadera comprensión del hecho generador abstracto, lo que, sin duda, es una de las características de la elusión"[57].

Una interpretación de este tipo podría tener algún sentido si tomamos parcialmente la normativa general antielusión chilena, en aquella parte en que coinciden las normativas de ambos paí-

---

52   LOBO TORRES, 2006, p. 243.
53   LOBO TORRES, 2006, p. 243 y siguientes.
54   LOBO TORRES, 2006, p. 253.
55   LOBO TORRES, 2006, p. 253.
56   LOBO TORRES, 2006, p. 254.
57   LOBO TORRES, 2006. pp. 256-257.

ses, pero la diferencia está en que la NGA chilena, en contraste de la brasileña, habla expresamente de simulación y de abuso de las formas jurídicas, como causales de aplicación diversas. En este escenario, las soluciones para este problema que se nos ocurren en este momento son dos: (1) reformular la NGA en el sentido de integrar la "disimulación" dentro de una causal genérica y única de procedencia de esta (solución que haría posible una interpretación conciliadora como la que acabamos de exponer) o (2) derechamente eliminar la simulación elusiva y dejar la simulación circunscrita a los tipos penales.

III.6. *Límite inferior de la NGA restringe su ámbito de aplicación y su generalidad*

El inciso 2° del artículo 4° quinquies estatuye que la declaración de la elusión solo podrá ser requerida cuando las diferencias de impuestos determinadas provisionalmente por el SII exceden de 250 UTM a la fecha de presentación del requerimiento[58].

¿Cuál es la razón de ser de este límite inferior? ¿Por qué dejar fuera del perímetro aplicativo de la NGA un número importante de casos (todos aquellos que a esta fecha no superen 13.5 millones de pesos)? Preguntas similares se plantearon durante el debate parlamentario[59], pero que no obtuvieron una respuesta satisfactoria de parte del Ministro de Hacienda de la época[60].

---

[58] De este modo, si el requerimiento se presentara hoy 09.12.2021, la cantidad equivalente en pesos sería $13.542.750.

[59] El diputado Macaya, en relación con las 250 UTM, pregunta "cómo se llega a esa cifra" (Biblioteca del Congreso Nacional, Historia de la Ley 20.780, p. 324). Más tarde reitera la duda en los siguientes términos: "¿Cómo y por qué se llegó a esa cifra? ¿Cuál es la razón de pensar que, existiendo una diferencia de 250 UTM en impuestos, que no es poca cantidad de dinero, dicho servicio no haga uso de esas facultades?" (Biblioteca del Congreso Nacional, Historia de la Ley 20.780, p. 711).

[60] El ministro Arenas, en cuanto al límite inferior, se limitó a señalar "que lo que está haciendo es precisar cuando se gatilla esta norma gene-

En suma, si no existe una explicación razonable para un límite inferior de esta entidad, y cuesta imaginarse cuál pudiese ser (y circunscribirla a los casos más graves en cuantía para nosotros no lo es), somos de la opinión de que debiese eliminarse, toda vez que reduce injustificadamente el ámbito de aplicación y generalidad de la NGA.

III.7. La introducción de una NGA no ha contribuido a reducir la densidad de la normativa tributaria

Entre los rasgos efectos característicos de las NGA o GAAR, en estrecha relación a su carácter general, está que su introducción en un sistema tributario debiese contribuir a disminuir la densidad normativa de este y su complejidad.

Dicho de otro modo, la incorporación de una NGA debería producir el efecto de disminuir la cantidad de normas específicas o especiales antielusión o que solo se adicionen aquellas que sean estrictamente necesarias en armonía con la NGA.

Nos parece que esto no viene aconteciendo todavía en Chile. Bastaría para confirmar este aserto con hacer un examen de las reformas tributarias introducidas en nuestro ordenamiento con posterioridad a la Ley N° 20.780[61]. En este sentido, sería conveniente que el legislador (y la Administración tributaria que también participa en el proceso legislativo), en las futuras reformas que ya se anuncian, tome conciencia de que el fortalecimiento de la NGA no pasa por el establecimiento de más normas especiales para luchar contra la elusión, ya que como nos enseña Lopes Courinha[62] su utilización genera diversos problemas para el sistema tributario: funcionan de modo rígido; conducen a nuevas formas de elusión, a veces sugerida por la propia NEA; contribu-

---

ral antielusión" (Biblioteca del Congreso Nacional, Historia de la Ley 20.780, p. 327).
[61] Ley N°21.210, 2020.
[62] Lopes Courinha, 2004, p. 94 y siguientes.

yen a complejizar la normativa tributaria, ya de sí densa y poco accesible; implican en ocasiones desproporción de la reacción).

En suma, hasta ahora en Chile, se ha dado una sola de las caras de lo que Cubero Truyo denomina la "paradoja del principio de generalidad: la culpa de la complejidad y el mérito de la sencillez"[63].

III.8. *La convivencia un tanto inorgánica y asistemática de NEAs, TAARs y NGA condiciona la aplicación y generalidad de esta última*

Todos los ordenamientos tributarios tienen NEAs. Estas suelen ser diversas y previas a la introducción de una NGA. El ordenamiento tributario chileno no es la excepción.

Siendo consciente de esta realidad creemos, el legislador en el inciso 4° del artículo 4° bis CT, establece que en "los casos en que sea aplicable una norma especial para evitar la elusión, las consecuencias jurídicas se regirán por dicha disposición y no por los artículos 4° ter y 4° quáter".

En una primera lectura, pareciera que el legislador tributario junto con asumir la existencia previa de NEAs establece una norma con ciertas pretensiones armonizadoras de eventuales concursos entre estas y la NGA. Con todo, no indica que se entenderá por normas especiales antielusión. Cuál sea el alcance de la citada regla de preferencia y la noción de NEA y su alcance, son materias determinantes para la determinación del perímetro de acción y la generalidad de la NGA.

---

[63] "En relación con la deseable simplificación del ordenamiento tributario, la nota de la generalidad ofrece una doble cara: — El principio de generalidad en cuanto acarrea una extensión de la base aplicativa, representa un factor evidente de complicación de las disposiciones tributarias. — El principio de generalidad, en cuanto tendencia a la uniformidad del tratamiento, sin distinciones individuales, favorece la claridad estructural y la sistematicidad de las construcciones jurídico-positivas" (Cubero, 1997, pp. 31-32).

Si tomamos ahora el marco conceptual propuesto por Cipollina, autora —recordemos— que además de las NEAs o SAARs y las
NGA o GAARs reconoce la existencia de una tercera categoría de
normativa antielusiva, las TAARs, y lo proyectamos sobre el sistema tributario chileno, cabría interrogarse sobre la existencia en
Chile de TAARs. Si la respuesta a esta cuestión es afirmativa, se
coloca una segunda cuestión: ¿Se encuentran sistematizados estos
distintos mecanismos antielusivos? Nuestra premisa es que existen
TAARs en la legislación tributaria chilena (en el sentido de normas sectoriales que tienen un ámbito de aplicación más amplio
y flexible que las NEAs, incluso similar o próximo al campo de
acción de las NGA) y que hay una convivencia un tanto inorgáni-
ca y asistemática de este tipo de normas y las NEAs y la NGA. En
los párrafos siguientes nos haremos cargo de esta problemática,
pero antes intentaremos arrojar algo de luz sobre la regla de preferencia del artículo 4 bis del CT y sobre el sentido y alcance de la
expresión "norma especial para evitar la elusión". Veamos.

El SII mediante Circular N° 65 de 23 de julio de 2015, en ejercicio de sus facultades interpretativas, respecto del mencionado
inciso cuarto del artículo 4 bis, sostiene que la normativa general
antielusión no se aplicará cuando la situación específica de que se
encuentre regulada en distintas normas del CT y otras leyes tributarias que enumera ilustrativamente[64]. Es decir, en opinión del SII en
los casos que resulten aplicables dichas normas particulares antielusión u otras se regirán por estas y no por la NGA. En suma, para el
SII la NGA tendría una aplicación "excepcional" o supletoria.

Según opinión de algunos autores, el SII al realizar una enumeración abierta de casos de normas antielusivas especiales, produce el

---

[64] Disposiciones sobre tasación del artículo 64 del CT, normas sobre "gastos rechazados" del artículo 21 de la LIR, sobre "justificación de inversiones" de los artículos 70 y 71 de la LIR, por el N° 8 del artículo 17 de la
LIR (tratamiento tributario de las ganancias de capital), por el artículo
41 E de la LIR (precios de transferencia), por el artículo 41 F de la LIR
(exceso de endeudamiento) y por el artículo 63 de la Ley N°16.271,
sobre Impuestos a las Herencias y Donaciones.

"efecto práctico" de restringir sus facultades "por vía normativa, en casos que el legislador no previó"[65]. ¿Qué es lo que quiso prever el legislador al introducir al CT el citado inciso cuarto del artículo 4 bis?

Otros autores entienden que en dicha disposición se contiene un "reconocimiento del principio de especialidad"[66], una "reiteración del principio que consagra que la regla general posterior no deroga a una especial anterior"[67], una combinación de los principios anteriores[68], un problema atendida la existencia de una gran cantidad de NEAs "lo que puede llevar a que, en la práctica, el ente fiscalizador evite aplicar las disposiciones generales porque, en estos casos, como prescribe el artículo 4 bis del Código Tributario 'las consecuencias jurídicas se regirán por dicha disposición', esto es, la especial"[69], etc.

A la vista de todo ello, es notorio que la fórmula para armonizar la NGA y las NEAs, contenida en el CT, puede generar en la práctica un vaciamiento o negación de la existencia de la NGA. Con alguna razón se ha dicho por un sector de la doctrina es-

---

[65] GARATE, 2015, pp. 3-4.

[66] "En todos estos casos, como bien afirma la Circular 65, no tendrá aplicación la Norma General Anti Elusión, con lo cual se evita una suerte de *non bis in ídem* respecto de una misma situación. Consecuencia de ello es que si en una determinada fiscalización el SII opta perseguir la responsabilidad tributaria del contribuyente con base en una norma especial, y no tiene éxito finalmente en tal cometido, le está vedado intentar con posterioridad la declaración de abuso o simulación en base a la norma general" (BOETSCH, 2016, pp. 102-104).

[67] VERGARA, 2016, p. 347.

[68] "Finalmente, el artículo 4 bis explicita la preeminencia que tienen las normas específicas antielusivas frente a esta nueva CAAR. Aunque desde el punto de vista lógico esta precisión no era necesaria, por aplicación del principio de especialidad (lex specialis derogat legi generali), es loable que el legislador haya querido dejar clara constancia de este orden de precedencia, a fin de guiar al intérprete en la correcta interpretación de estas normas, cuestión que —como hemos visto— se hecha de menos en el resto del articulado" (YÁÑEZ, 2014, p. 240).

[69] NAVARRO, 2021, pp. 192-193.

pañola, enjuiciando el artículo 15 de la LGT, una de las normas
—recordemos— que inspiraron nuestra NGA, que "[l]a inexistencia de un precepto general antielusivo se pone todavía más de
manifiesto, por la regulación en el ordenamiento tributario de
preceptos concretos que tratan de evitar posibles conductas frau-
dulentas, dado que si es necesario descender a lo concreto es por
la insuficiencia o la carencia de una norma general"[70].

Consciente creemos de esta problemática, mediante el proyecto
de ley que se transformó luego en la Ley N° 21.210, el Ejecutivo intentó modificar el artículo 4 bis agregando una definición un tanto
tautológica de normas especiales antielusión[71] y nuevas reglas para
la armonización de la interacción de las NEAs y la NGA en casos
de eventuales concursos en el seno del sistema tributario. En esta
última línea, se precisa que la posibilidad de usar la NGA preclui-
ría una vez que el SII haya citado, liquidado o girado un impuesto
aplicado una NEA. Por su lado, en caso de que el SII cite al contribuyente en la fase administrativa de aplicación de la NGA (artículo
4 quinquies), precluirá la facultad de aplicar la NEA respecto de los
mismos actos o contratos. La idea, al parecer, era pasar de la aplicación supletoria de la NGA a la aplicación alternativa preclusiva
hecha la opción por parte del SII[72]. Sin embargo, esta modificación
no fue aprobada en primer trámite Constitucional ante la Cámara
de Diputados, por tanto, el problema sigue abierto.

Lo razonable en el futuro sería que se introduzca una definición legal clara y precisa de NEA[73] y reglas que delimiten qué si-

---

[70]   Pont Clemente, 2006, p. 43.
[71]   "Para estos efectos, se entenderán normas especiales antielusión aque-
       llas que permitan tasar la base imponible o el precio o valor, establecer
       sistemas de tributación en base a renta presunta, establecer normas es-
       peciales para rebajar gastos y, en general, las que facultan al Servicio
       para aplicar normas especiales de tributación" (Biblioteca del Congre-
       so Nacional, Historia de la Ley N° 21.210, p. 24).
[72]   Biblioteca del Congreso Nacional, Historia de la Ley N° 21.210, p. 24.
[73]   Las NEA son normas legales que tienen por objetivo combatir la elu-
       sión en áreas específicas, mediante la creación de presunciones, inver-

tuaciones quedan comprendidas por unas u otras figuras. Incluso más, tal vez sea el momento de hacer una revisión completa de las NEAs y, a partir de ella, tomar la decisión por los órganos competentes de reducir su número.

En lo concerniente la existencia en nuestro ordenamiento de TAARs o "Mini-GAARS", recordemos que Cipollina las entiende como normas legales que tienen cierta especificidad sectorial, ya que no dicen relación con un área jurídica determinada y, por lo mismo, pese a tener un alcance limitado, tienden a tener una formulación amplia. En otros términos, como dice Lopes Courinha, aquella tercera especie denominada "cláusulas sectoriales anti-abuso[74] o antielusivas" que se ubican en la "confluencia" entre las NEAs y la NGA y "que comulgan de ciertas características de ambas"[75]. Señala como ejemplos de esta tercera especie, además del régimen tributario de las ganancias de capital y de los gastos deducibles, entre otros, la normativa sobre que regula la tributación de los instrumentos financieros derivados[76].

---

siones de la carga de la prueba y el rechazo de ciertos gastos (SALDANHA SANCHES, 2006, p. 199).

[74] En Chile, MASSONE, 2013, p. 478 y siguientes, se refiere a esta categoría sectorial señalando: "Las cláusulas anunciadas están presentes en varios países. Entre ellos, podemos mencionar Italia y Chile". En cuanto a nuestro ordenamiento, señala como ejemplo el artículo 12 de la Ley N° 20.544 (MASSONE, 2013, p. 498).

[75] LOPES COURINHA, 2004, p. 103. Complementa el mismo autor (p., 104): "O modo de atuação é, sem dúvida, próprio de uma CGAA, com a aplicação da norma de incidência que melhor se adapte aos efeitos económicos e práticos do acto ou operação, ainda que eventualmente prescindindo do elemento intelectual; mas quanto á abrangência, encontra-se mais próxima da norma especial anti-abuso, por se delimitar em referência a um dado imposto, ou sector de tributação (ex.: regime das mais valias, regime das deduções, etc.)".

[76] "Em Portugal, pode referir-se o artigo 78.°/n.° 11 CIRC, que regula exclusivamente os instrumentos financeiros derivados, sujeitando os mesmos a regra da prevalência da substância económica sobre a forma adoptada, permitindo que sejam 'recaracterizados' para efeitos tributários, o que equivale a permitir a qualificação económica de estes

Ahora bien, si proyectamos estas ideas a nuestro ordenamiento tributario, sin ningún ánimo de exhaustividad, podrían ser calificados como "Mini-GAARS", por ejemplo, las normas relativas a las ganancias de capital (artículo 17 N° 8 de la LIR y demás disposiciones complementarias), la normativa sobre gastos deducibles (artículos 31, 33 y 21 de la LIR) y los artículos 6, 12, 13 y 14 de la Ley N° 20.544, sobre tratamiento tributario de los instrumentos derivados. Detengámonos por un momento en esta última normativa. Lo primero que se puede destacar es que la ley y artículos en cuestión se aplican exclusivamente a los instrumentos derivados, pero no a un caso en particular, sino a la "tributación de los instrumentos derivados en general". En segundo término, salta a la vista que las normas antielusivas son múltiples. El artículo 6 condiciona y limita la deducción de gastos en el caso de pagos al exterior[77]. Luego, el artículo 12, establece la regla de la prevalencia de la sustancia económica por sobre la forma adoptada[78]. Por su parte, el artículo 13 condiciona y restringe también la deducción de pérdidas y gastos, aplicando en caso de incumplimiento lo

---

instrumentos (como contemplada no artigo 11.°/n.° 3 LTG)" (Lopes Courinha, 2004, p. 105).

[77] "No se aceptará la deducción como gastos de las cantidades pagadas o adeudadas que no cumplan con las condiciones señaladas en este artículo, las que quedarán sujetas a lo previsto en el artículo 21 de la Ley sobre Impuesto a la Renta".

[78] "Artículo 12.- Norma de control. Sin perjuicio de lo establecido en el artículo 21 y siguientes del Código Tributario, el Servicio de Impuestos Internos verificará el cumplimiento de los requisitos y condiciones señalados en esta ley. Para estos efectos, y cuando una o un conjunto de transacciones con derivados sea similar a otra transacción u operación, dicho Servicio deberá aplicar los impuestos que correspondan a dichas transacciones. Para que esto proceda, el Servicio deberá establecer, de manera fundada, que la respectiva operación no ha obedecido a una legítima razón de negocios y que existen razones fundadas para determinar que mediante su celebración se ha pretendido como propósito encubrir un retiro de utilidades tributables o un crédito que debió tributar de acuerdo a las disposiciones de la Ley sobre el Impuesto a la Renta".

prescrito en los artículos 33 y 21 de la LIR. Por último, el artículo 14 faculta al SII para tasar los precios o valores pactados por las partes en los derivados, "en los casos en que sean notoriamente inferiores o superiores a los corrientes en plaza o de los que normalmente se cobren en convenciones de similar naturaleza, considerando las circunstancias en que se realiza la operación". En suma, a nuestro entender, esta normativa cumple claramente con los requisitos que señala la doctrina extranjera para ser categorizada como una TAAR.

Comentarios aparte merece la facultad de tasación del SII contenida en el artículo 64 del CT. Ya hemos visto que no se duda en calificarla como una NEA. Sin embargo, atendido su función y ámbito de aplicación, para nosotros sería algo más que una TAAR, una normativa cuasi general. Veamos.

Por lo pronto, esta facultad que permite al SII determinar la base imponible con los antecedentes que obren en su poder, desconsiderando los precios o valores fijados por las partes, se ubica en el Código Tributario, es decir, en la normativa general tributaria.

Enseguida, no está circunscrita a un tributo en particular ni a un único caso o sector[79]. En efecto, el artículo 64 se aplica en todos aquellos casos en que procede aplicar impuestos cuya determinación se basa en el precio o valor de bienes muebles o inmuebles, salvo ciertas excepciones legales. En este sentido, por ejemplo, encontramos remisiones al artículo 64 del CT, en el artículo 17 N° 8, inciso 4°, de la Ley de Impuesto sobre la Renta

---

[79]   El Mensaje del Ejecutivo con el cual se inició el trámite del proyecto de la Ley N° 21.210 proponía introducir algunos cambios para otorgar certeza jurídica a los contribuyentes, pero sin alterar su naturaleza y finalidad. Aunque esta modificación no prosperó, llama la atención que el proyecto en cuestión, con algún sentido en nuestra opinión, también proponía introducir la siguiente denominación al CT: "Norma general de tasación" (Biblioteca del Congreso Nacional, Historia de la Ley N°21.210, p. 15).

(LIR)[80], en los artículos 2 N° 2, 16 y 17 de la Ley de IVA[81], artículo 50 de la Ley de Impuesto a las Herencias, Asignaciones y Donaciones[82], artículo 7 bis, N° 2, inciso final, de la Ley sobre Impuesto Territorial[83]. Hay otras leyes tributarias en que en algún momento se aplicó la facultad de tasación. Es el caso del artículo 5 inciso segundo de la Ley de Timbres y Estampillas[84]. De igual modo, hay cuerpos legales que sin aludir directamente al artículo 64 del CT, consagran disposiciones de tenor y finalidad similares. Así, por ejemplo, el ya transcrito artículo 14 de la Ley N° 20.544. En fin, también remiten a la facultad de tasación del CT los artículos 10 y 11 de la Ley N° 21.078[85].

Por último, la finalidad del artículo 64 del CT es claramente antielusiva, ya que busca evitar que los contribuyentes manipulen a su favor los precios de mercado para no configurar el hecho imponible o reducir la carga tributaria. La tasación cuestiona el precio o valor acordado por las partes. Por lo general, la tasación es practicada por la Administración tributaria cuando el valor asignado por las partes a un acto o negocio es inferior al comercial, pero también cuando el precio fijado es superior al valor de mercado[86].

---

[80] Hay remisiones o referencias en otras normas de la LIR: artículo 10, inciso 3°, letra a); artículo 15, inciso 5°; artículo 21; artículo 31, N° 9; artículo 34, D); artículo 38; artículo 64 ter; artículo 74; y artículo 104.

[81] Decreto Ley N° 825, 1974.

[82] Ley N° 16.271, 1965.

[83] Ley N° 17.235, 1969.

[84] "En el caso de compraventa, permuta, dación en pago o cualquiera otra convención traslaticia de dominio de bienes corporales o de cuotas sobre los mismos, a que se refiere el N° 5 del artículo 1°, el impuesto se aplicará sobre el valor del contrato con mínimo del avalúo fiscal y sin perjuicio de la facultad del Servicio de Impuestos Internos para tasar el inmueble o cuota que corresponda, en conformidad a las normas del Código Tributario".

[85] Sobre transparencia del mercado del suelo e impuesto al aumento de valor por ampliación del límite urbano.

[86] Artículo 17, N° 8, inciso quinto de la LIR.

En definitiva, puede aceptarse o no la tercera especie norma antielusión, pero lo que resulta indiscutible es que en nuestro sistema tributario coexisten mecanismos legales para luchar contra la elusión con distinta amplitud en cuanto a su radio de acción (parafraseando a Hart, normas de textura más o menos abierta), distintas realidades que urge reconocer y sistematizar, especialmente, para que la NGA cumpla su función general propia.

IV. CONCLUSIONES

El objetivo principal de este trabajo era dar respuesta a la cuestión acerca de cuán "general" es nuestra NGA, previa definición de un marco conceptual y la presentación de los resultados de un estudio comparativo. Llegados a este momento, podemos establecer las siguientes conclusiones:

1. Silvia Cipollina nos enseña que, además de las SAARs y las GAARs, en algún punto intermedio, existe un tercer tipo de normativa antielusiva, las TAARs o "Mini-GAARS", conocidas también como "normas sectoriales" o "semi-generales".

2. Asimismo, comprueba que pueden existir normas antielusivas propiamente generales (Italia) y otras no plenamente generales (Reino Unido), siendo notas determinantes para establecer dicha diferenciación: la ubicación de la norma, los tributos a los que se aplique y el nivel de abstracción de las causales que la hagan procedente.

3. Proyectando dicho marco conceptual y las conclusiones del análisis comparativo al ordenamiento tributario chileno, y a la NGA introducida en el 2014 en particular, concluimos que hay aspectos estructurales o sistémicos que ponen en entredicho la "generalidad" de la NGA chilena: hay tributos que están excluidos de su ámbito de aplicación, incerteza sobre el campo de acción efectivo de sus presupuestos aplicativos, falta de conciencia del legislador de la necesidad de disminuir las NEAs, existencia de un límite inferior

de aplicación sin una justificación razonable, presencia de diversas especies de normas antielusivas (GAAR, SAARs y TAARs) no armonizadas.

4. Sería razonable que estos aspectos se tuvieran en cuenta en futuras reformas de la normativa antielusiva. No hacerlo, podría implicar el riesgo de convertir la NGA en una NRA (Norma "Residual" Antielusión).

V. BIBLIOGRAFÍA

Avilés Hernández, Víctor Manuel, 2014: *Legalidad tributaria y mecanismos antielusión* (2ª edición), Santiago: Editorial Jurídica de Chile.

Biblioteca del Congreso Nacional: "Historia de la Ley N° 20.780". Disponible en: http: //www.leychile.cl/Navegar?idNorma=1067194. [Fecha de consulta: 12.12.20216]

Biblioteca del Congreso Nacional: Historia de la Ley N° 21.210. Disponible en: https: //www.bcn.cl/historiadelaley/nc/historia-de-la-ley/7727/[Fecha de consulta: 12.12.2021]

Boetsch Gillet, Cristián, 2016: *La norma general anti elusión. Análisis desde la perspectiva del Derecho privado*, Santiago, Ediciones UC.

Cipollina, Silvia, 2017: "Le 'General Anti Avoidance (Abuse) Rules' in Italia e nel Regno Unito: un'analisi comparatistica", *Rivista di diritto finanziario e scienza delle finanze*, LXXXI, 1, I.

Cubero Truyo, Antonio, 1997: *La Simplificación del Ordenamiento Tributario (Desde la perspectiva constitucional)*, Madrid: Marcial Pons.

Garate González, Cristian, 2015: "Normas General Antielusiva en Chile (General Anti-Avoidance Regulation in Chile)". Disponible en: https: // ssrn.com/abstract=2642530to[Fecha de consulta: 10.12.2021]

Guzmán, Alejandro, 2002, "La buena fe en el Código Civil de Chile", *Revista Chilena de Derecho*, Vol. 29 N° 1.

HM Revenue &Customs, 2021: "General anti-abuse rule (GAAR) guidance". Disponible en: https: //www.gov.uk/government/publications/tax-avoidance-general-anti-abuse-rules[Fecha de consulta: 11.12.2021]

Internal Revenue Services, *IRS Guidance for Examiners and Managers on the Codified Economic Substance Doctrine and Related Penalties*, 15 October 2011. Disponible en: https: //www.taxnotes.com/research/federal/irs-guidance/lb%2526i-%2526-lmsb-directives/irs-issues-lb%2526i-directive-on-codified-economic-substance-doctrine-and/1fbwc[Fecha   de   consulta: 12.12.2021]

Lobo Torres, Ricardo, 2006: *Normas de interpretação e Integração do Direito Tributário*, (4ª edição), Rio de Janeiro: Renovar.

Lopes Courinha, Gustavo, 2004: *A Cláusula Geral Anti-Abuso no Direito Tributário. Contributos para a sua Compreensão*, Coimbra: Almedina.

Marian, Omri, 2010: "The Discursive Failure in Comparative Tax Law", *American Journal of Comparative Law*, Volume 58, Issue 2.

Marín Benítez, Gloria, 2009: *La Relevancia Jurídica de la Motivación Fiscal. Influencia del «Bussiness Purpose» en el Ordenamiento Tributario Español*, Madrid: Ed. Dykinson.

Martín López, Jorge, 2013: "La doctrina estadounidense de la sustancia económica como norma general antiabuso en materia tributaria: análisis jurídico de su codificación", *Revista Española de Derecho Financiero*, n° 157.

Massone Parodi, Pedro, 2013: *Principios de Derecho Tributario. Aspectos Generales*, Tomo I, (3ª edición), Santiago: Thomson Reuters.

Navarro Schiappacasse, María Pilar, 2021: *Normas generales antielusión y su sanción en el derecho chileno*, Valencia: Tirant lo Blanch.

Palao Taboada, Carlos, 2009: *La aplicación de las normas tributarias y la elusión fiscal*, Valladolid: Ed. Lex Nova.

Pont Clemente, Joan-Francesc, 2006: *La Simulación en la nueva LGT,* Madrid: Marcial Pons.

Ruiz Almendral, Violeta, 2006: *El Fraude a la Ley Tributaria a examen. Los problemas de la aplicación práctica de la norma general anti-fraude del artículo 15 de la LGT a los ámbitos nacional y comunitario*, Navarra: Ed. Aranzadi.

Saldanha Sanches, José Luis, 2006: *Os Limites do Planeamento Fiscal. Substância e Forma no Direito Fiscal Português, Comunitário e Internacional*, Coimbra: Coimbra Editora.

Servicio de Impuestos Internos, Circular N° 65, de 23 de julio de 2015, imparte instrucciones acerca de las normas incorporadas en el Código Tributario por la Ley N° 20.780, en materia de medidas antielusión.

Ugarte, Alfredo, 2019: "A propósito de autoengaño: Norma Antielusiva y Procedimiento Judicial", El Mostrador, 23 de agosto de 2019. Disponible en: https://www.elmostrador.cl/mercados/destacados-mercado/2019/08/23/a-proposito-de-autoengano-norma-antielusiva-y-procedimiento-judicial/[Fecha de consulta: 11.12.2021]

Vergara Quezada, Gonzalo, 2016: *Norma Antielusiva General. Sobre los fines en nuestras leyes tributarias*, Santiago: Editorial Libromar.

Yáñez Villanueva, Felipe, 2014: "Análisis de la nueva cláusula general antielusiva", *Revista de Estudios Tributarios*, n° 11. Disponible en: https: //revistaestudiostributarios.uchile.cl/index.php/RET/article/view/40726. [Fecha de consulta: 11.12.2021]

Normativa citada

Decreto Ley 824, aprueba texto que indica de la Ley sobre Impuesto a la Renta, publicado el 31 de diciembre de 1974.

Decreto Ley 825, Ley sobre Impuesto a las Ventas y Servicios, publicado el 31 de diciembre de 1974.

Decreto Ley 830, sobre Código Tributario, publicado el 31 de diciembre de 1974.

Finance Act 2013, publicado el 01 de abril de 2013.

Lei N° 5.172, Código Tributário Nacional, publicado el 27 de octubre de 1966.

Legge 27/07/2000 n° 212, Statuto del contribuente, publicado el 31 de julio de 2000.

Ley 16.271, Ley de Impuesto a las Herencias, Asignaciones y Donaciones, publicada el 10 de julio de 1965.

Ley 17.235, fija texto refundido, sistematizado y coordinado de la Ley sobre Impuesto Territorial, publicada el 24 de diciembre de 1969.

Ley 58/2003, General Tributaria, publicada en el BOE el 18 de diciembre de 2003.

Ley 20.544, regula el tratamiento tributario de los instrumentos derivados, publicada el 22 de octubre de 2011.

Ley 20.780, reforma tributaria que modifica el sistema de tributación de la renta e introduce diversos ajustes al sistema tributario, publicada el 29 de septiembre de 2014.

Ley 21.078, sobre transparencia del mercado del suelo e impuesto al aumento de valor por ampliación del límite urbano, publicada el 15 de febrero de 2018.

Ley 21.210, moderniza la legislación tributaria, publicada el 24 de febrero de 2020.

La economía de opción y la norma general antielusiva

POR CRISTÓBAL CABEZA BARAHONA[1]

RESUMEN: El presente trabajo analiza la norma general antielusiva con especial énfasis en la figura de la economía de opción, enmarcándose esta dentro de un concepto tripartito de planificación tributaria. Asimismo, se examina la figura del art. 100 bis del Código Tributario como la demostración legal de la existencia del concepto planificación tributaria sin consideraciones de licitud o ilicitud. Por último, se analiza la delimitación de la economía por normas generales antielusivas.

PALABRAS CLAVE: Norma general antielusiva — economía de opción — planificación tributaria.

I. INTRODUCCIÓN

La reforma tributaria que introdujo en nuestro ordenamiento una norma general antielusión no ha quedado exenta de controversias, desde la dictación de la Ley N°20.780 se han generado discusiones y críticas sobre la aplicación y consecuencias que acarrearía esta norma que pretende la antielusión mediante la aplicación en ciertos supuestos, de las figuras del abuso de las formas jurídicas y la simulación, reguladas actualmente en los artículos 4° ter y 4° quáter del Código Tributario, sin embargo, esta norma no se agota con estas dos figuras.

En este sentido, una tercera figura, nos ha hecho plantearnos sobre una posible y fuerte pugna entre el derecho privado y el derecho tributario, entendiendo que el derecho tributario

---

[1]   Estudiante de Derecho, Universidad de O'Higgins

tiene una finalidad propia tendiente a la recaudación pública mediante el tributo y que, por otro lado, el derecho privado firmemente asentado en la autonomía de la voluntad y la libertad contractual, dejarían al contribuyente en libertad para buscar su beneficio propio y no el del Fisco, que como señala el profesor López Santa María, la autonomía de la voluntad se basta a sí misma y presupone libertad para crear los derechos y obligaciones que se plazcan[2], y en el mismo sentido el profesor Alessandri afirma que la autonomía de la voluntad es "la libertad con la que gozan los particulares para pactar los contratos que plazcan"[3]. Los contribuyentes en este sentido también gozan de aquella libertad, así pueden hacer estos de sus negocios lo que les sea más beneficioso. Esto se ve plasmado en esta tercera figura que es la economía de opción, pero ¿cómo se puede sistematizar y armonizar esta figura en nuestro ordenamiento y sobre todo dentro de la norma general antielusiva? Y ¿hasta qué punto llega aquella libertad?

Estas y otras cuestiones serán abordadas en este trabajo, para tal efecto, el trabajo se dividirá en tres partes: en la primera parte se analizarán las figuras principales de la norma general antielusiva —el abuso de las formas jurídicas y la simulación—; en la segunda parte se analizará la figura de la economía de opción, se dará además en esta sección una noción tripartita de planificación tributaria que tendría su demostración legal en el artículo 100 bis y se hará mención además a lo que nuestra Excma. Corte Suprema y ciertos Tribunales Tributarios y Aduaneros han entendido por economía de opción y planificación tributaria; y finalmente, en la tercera parte se analizarán los límites de la economía de opción.

---

[2]   LÓPEZ SANTA MARÍA, 2010, p. 191.
[3]   ALESSANDRI, 2004, p.10.

II. LA NORMA GENERAL ANTIELUSIVA Y SUS DOS INSTITUCIONES O FIGURAS PRINCIPALES, EL ABUSO DE LAS FORMAS JURÍDICAS Y LA SIMULACIÓN

Con la entrada en vigor de la Ley N° 20.780 y por consiguiente de la introducción de los artículos 4°ter y 4° quáter al Código Tributario, se introdujo en nuestro ordenamiento una norma general antielusiva, en este sentido si bien el contribuyente tiene libertad para configurar sus negocios de la forma que le sea más conveniente, este tendrá que respetar el ordenamiento jurídico pues pudiera ser catalogada su actuación según los artículos antes mencionados como abuso de las formas jurídicas o simulación.

Las normas generales antielusivas permiten señalar que aquellas planificaciones que verifiquen los presupuestos de hecho de las figuras que allí se prescriban son elusivas y que, por tanto, son contrarias al Derecho tributario[4].

En este sentido, el abuso de las formas jurídicas está prescrito en el art.4° ter del Código Tributario, esta presenta como premisa la evitación total o parcial del hecho gravado, o que se disminuya la base imponible, o la obligación tributaria, o se postergue, o difiera el nacimiento de dicha obligación. Según la profesora Navarro estos serían sus presupuestos genéricos de procedencia[5], o como señala el profesor Yáñez sus hipótesis[6]. No obstante, el acontecimiento de estas debe alcanzarse mediante actos o negocios o un conjunto de estos que terminen no produciendo resultados jurídicos o económicos de relevancia distintos de los meramente tributarios. Realizados estos requisitos estaríamos frente a abuso de las formas jurídicas en términos generales.

La figura de abuso de las formas jurídicas no es una figura sin controversias, si bien no es la finalidad de este trabajo, cabe

---

4   NAVARRO, 2019, p. 235.
5   NAVARRO, 2019, p. 235.
6   YÁÑEZ, 2014, pp.241-242.

hacer ciertas menciones que se consideran relevantes. Como bien a apuntado el profesor Yáñez, se limitó mediante la introducción de este precepto la primacía de la naturaleza jurídica, quedando solo para la interpretación de normas que establezcan hechos gravados, así entendida la norma en su tenor literal, podría eludirse mediante abuso de las formas jurídicas aquellas normas tributarias que no establezcan hechos gravados[7]. Por otro lado, la figura de abuso de las formas jurídicas debiera exigir un *test* de artificialidad, que será precisamente lo que diferenciará al abuso de las formas jurídicas de la economía de opción[8].

Por su parte, la simulación está consagrada en el artículo 4° quáter del Código Tributario, esta tiene como presupuesto que se disimule la configuración del hecho gravado del impuesto o la naturaleza de sus elementos constitutivos o su verdadero monto o data de nacimiento, teniendo como consecuencia la realización de este presupuesto que se apliquen los hechos efectivamente realizados por las partes. Lo relevante en este caso como señalan los profesores Ugalde y García, es que estos actos jurídicos ficticios tienen como propósito ocultar la realidad[9].

Finalmente, sobre este punto, cabe mencionar cuestiones que se consideran relevantes en el análisis de esta figura, puesto que, la inserción de la simulación mediante la norma general antielusiva en nuestra legislación no ha quedado exenta de críticas, y si bien no es la finalidad de este trabajo, se tiene como relevante para una correcta concepción de esta figura. Como bien ha apuntado el profesor Yáñez en términos de reproche o castigo, resulta incorrecto o impropio castigar el abuso de las formas jurídicas en los mismos términos que a la simulación, así el legislador chileno termina castigando actos abusivos, que normalmente solo reciben un reproche patrimonial en igualdad con una actuación mucho

---

[7] YÁÑEZ, 2014, p.241.
[8] NAVARRO, 2019, p. 235 véase también en OSORIO, 2015, p. 48-49.
[9] UGALDE Y GARCÍA, 2010, p. 126.

más severa como lo es la simulación, que incluye además sanciones de tipo penal[10]. Por otro lado, como bien señala la profesora Navarro y otros, el legislador al regular la simulación en el art.4°-quáter, equipara a la elusión con la evasión, la simulación tendría una naturaleza evasiva más que elusiva[11], pues según el profesor Hensel se trataría de un "incumplimiento (culpable) de un crédito nacido y válido, en virtud de la realización del presupuesto de hecho"[12].

En definitiva, estas dos figuras tendrían implicancias en la economía de opción, que se revisará en el apartado siguiente.

III. UNA TERCERA FIGURA, LA ECONOMÍA DE OPCIÓN

Tal como se señaló en la introducción, la autonomía de la voluntad juega un papel fundamental en el desarrollo libre de los negocios de las personas, en este sentido el Derecho tributario si bien tiene cuestiones especiales en su aplicación y desarrollo, sus normas no pueden excluirse de las normas generales de nuestro ordenamiento jurídico, que en definitiva consagran esta libertad de escoger lo más beneficioso para los intereses particulares por sobre los intereses del Fisco, pero con límites.

El concepto economía de opción fue acuñado por primera vez en 1952 por el profesor Larraz, quien utilizó esta expresión para diferenciar esta clase de actuación del fraude a la ley, pero también de otros conceptos como la simulación y el abuso del derecho[13].

En términos generales la economía de opción puede ser definida bajo los términos del profesor García Novoa, quien señala que esta es una facultad de los particulares en el marco de la lega-

---

[10]   Yáñez, 2014, pp.246-247.
[11]   Navarro, 2019, p. 235.
[12]   Hensel, 2005, p. 230. Nota 164 en Navarro, 2019, p. 235.
[13]   Lárraz, 1952, pp. 58 y s.s.

lidad para adoptar las fórmulas más convenientes teniendo como finalidad minimizar la carga fiscal[14].

Por otro lado, también es acertada la noción de los profesores Ugalde y García en nuestra doctrina, quienes señalan que la planificación tributaria consiste en la facultad de elegir entre alternativas licitas de organización de negocios o actividades del contribuyente con el fin de obtener como resultado un ahorro tributario[15]. Sin embargo, este concepto recién esbozado se corresponde precisamente al concepto de economía de opción, que es diferente del concepto planificación tributaria. En el siguiente apartado se analizará la relación género-especie de ambos conceptos.

Ahora bien, se comparte lo indicado por el profesor Osorio cuando señala que es conveniente precisar este concepto mediante definiciones estipulativas. Como tal, estas no pueden ser consideradas como verdaderas o falsas, simplemente son útiles o aspiran a serlo. Esta utilidad permite facilitar las distinciones entre los distintos conceptos y delimitarlos[16], así economía de opción debiera ser entendida como una facultad legítima de los contribuyentes dentro del marco de la legalidad que tiene como finalidad la elección de una opción menos gravosa o de lleno un ahorro fiscal.

III.1. Economía de opción en el ordenamiento jurídico chileno

Entrándonos en nuestra legislación, el término economía de opción no está regulado expresamente, pero se ha señalado por parte de la doctrina que esta figura se desprendería del inciso 2° del artículo 4° ter que señala que "Es legítima la razonable opción de conductas y alternativas contempladas en la legislación tributaria. En consecuencia, no constituirá abuso la sola circunstancia que el

---

[14]   GARCÍA NOVOA, pp. 102-103.
[15]   UGALDE Y GARCÍA, 2010, p. 162. Véase también MAGASICH, 2016, pp. 60-68.
[16]   OSORIO, 2018, pp. 207-208.

mismo resultado económico o jurídico se pueda obtener con otro u otros actos jurídicos que derivarían en una mayor carga tributaria; o que el acto jurídico escogido, o conjunto de ellos, no genere efecto tributario alguno, o bien los genere de manera reducida o diferida en el tiempo o en menor cuantía, siempre que estos efectos sean consecuencia de la ley tributaria". Se puede desprender que, para que exista economía de opción debe existir razonabilidad, se debe efectuar por la vía prevista para tal, o sea, se deben utilizar conductas y alternativas contempladas en la legislación tributaria, y los resultados o efectos deben ser consecuencia de la ley.

Lo anterior, deja algunas dudas. El profesor Walker plantea que el legislador no fue lo suficientemente claro en la redacción, en el sentido de que no hay claridad en lo que se debe entender por razonable, y además la norma tendría ciertos problemas[17]. Se pudiera pensar que a lo que se refiere nuestro legislador al hablar de razonable es que la actuación sea proporcional, pero nuevamente estaríamos en el mismo problema, qué entenderemos por proporcional, parte de la doctrina ha señalado que proporcional es cuando existe correspondencia entre el acto realizado y el efecto jurídico o económico que se produzca mediante aquel acto[18]. En otro sentido, quizás el legislador al referirse mediante el vocablo razonable se refería a su sentido más literal, "perteneciente o relativo a la razón"[19], y por tanto, pudiese pensarse que el legislador se refiere a una "rectitud en las operaciones o derecho a

---

[17] WALKER, 2017, P.134

[18] FUNDACIÓN DE ESTUDIOS SISTÉMICOS TRIBUTARIOS, 2021, pp. 20-27. Aquello además fue afirmado por el Servicio de Impuestos Internos, se señala, que debe existir una correlación entre la razón o efecto económico que se pretende con las operaciones o actos que se ejercen, además se exige que las razones o efectos económicos que se pretendan deben tener un impacto real, por tanto, no deben ser meras expectativas. SERVICIO DE IMPUESTOS INTERNOS 15.03.2019, OFICIO N°778/2019, pp. 2-3.

[19] Según la RAE, razonable es adecuado con la razón. Aquello quiere decir que la actuación debe adecuarse con la razón.

ejecutarlas"[20], en tal sentido, se estaría refiriendo a que precisamente las conductas deben estar contempladas o permitidas en la legislación tributaria y por tanto, si se sigue la ley tributaria, el contribuyente tendría derecho a ejecutar tales conductas. Sin duda alguna, los planteamientos antes esbozados no son suficientes para definir el vocablo utilizado por el legislador, y aquello trae como consecuencia que exista un gran espacio discrecional que dejó nuestro legislador en manos del Servicio de Impuestos Internos y del juez.

Ahora bien, el fundamento de lo que podamos entender por economía de opción no solo nace desde el artículo 4 ter inc.2°, sino que también se desprende del artículo 19 n°21 de la Constitución Política de la República, al reconocer el derecho a desarrollar cualquier actividad económica que no sea contraria a la moral, al orden público o a la seguridad nacional, respetando las normas legales que la regulen. Esto significa que, aunque se estimase que no existe en la legislación tributaria la economía de opción, esta tendría reconocimiento a nivel constitucional, con todas las implicancias que aquello conlleva.

Este reconocimiento tanto en la legislación tributaria en particular como en la actual Constitución Política, tiene como presupuesto, la idea de que la economía de opción siempre deberá tener como fundamento la ley, sobre esto último, ley debe ser entendida no únicamente en base a su escrituración sino que también debe ser entendida teniendo en consideración la voluntad soberana, pues al legislador le es imposible prever todas las maniobras que puede llevar a cabo el contribuyente para obtener un ahorro tributario[21]. Así para el legislador, no basta

---

[20]   Recurriendo a la RAE, razón es entre otras cosas "Justicia, rectitud en las operaciones, o derecho para ejecutarlas", en este sentido, razón es dar rectitud o justificación (legal) a las operaciones realizadas por el contribuyente, en la medida en que aquello se advierta, el contribuyente tendrá un derecho a ejecutar tales operaciones.

[21]   En este sentido, se comparte lo señalado por el profesor SAFFIE "Una cláusula general antielusión cambia la cultura jurídica y sirve de base

la mera utilización de los medios previstos en la ley, sino que agregó que aquella utilización debe ser razonable, esto último será aquello que en definitiva diferenciará a la economía de opción de una actuar elusivo, pues en la medida en que el actuar no sea razonable o no atienda a la ley tanto en lo escrito como en su espíritu, aquel actuar se entenderá en los términos de la norma general antielusiva como elusión, no pudiendo quitar tal subsunción —en las figuras de abuso o simulación— mediante una interpretación extensiva y contra ley del derecho a ejercer cualquier actividad económica consagrado en la Constitución Política o mediante una interpretación extensiva y sin límites de la autonomía de la voluntad.

Como se puede apreciar, el concepto de economía de opción en nuestra legislación no ha escapado de problemas y críticas. No obstante, esta debe ser entendida como un actuar legítimo dentro de la planificación tributaria del contribuyente, pues tiene su sustento tanto en la legislación tributaria como en la Constitución Política actual. En aquel estado de cosas, cabe ahora entender los conceptos planificación tributaria y economía de opción, pues en nuestra doctrina ambos conceptos mayoritariamente se han tratado indistintamente como sinónimos.

---

para una interpretación sustantiva del Derecho tributario. Hace que el sistema pase de un formalismo jurídico, donde la ley se interpreta de la manera más literal y formal posible, a una interpretación que atiende a su función. No se trata de una definición abierta, que permita a la Administración "crear" Derecho tributario, sino que, en casos especiales y calificados, definidos por la ley como situaciones de abuso de las formas jurídicas o simulación, permite aplicar los impuestos que corresponden". La ley en este sentido debe ser interpretada en atención de la función de la norma general antielusiva, pues interpretarla de otra manera dejaría sin gran parte de la funcionalidad y aplicabilidad de la Norma general. SAFFIE, 2019. Véase también MAGASICH, 2016, p. 34 sobre LARRAZ.

III.2. *Planificación tributaria y economía de opción*

Los conceptos planificación tributaria y economía de opción han sido tratados indistintamente, así por ejemplo en nuestra doctrina los profesores Ugalde y García han señalado que planificación tributaria es sinónimo de economía de opción, así definen al primer concepto como: "la facultad de elegir entre varias alternativas lícitas de organización de los negocios o actividades económicas, o incluso renunciar a la realización de negocios o actividades, todo con el fin de obtener un ahorro tributario"[22], esta definición como tal, cae perfectamente en lo que entendemos como economía de opción.

Los conceptos planificación tributaria y economía de opción están en una relación de género-especie, siendo el primero el género y el segundo la especie. En este sentido, la profesora Benítez señala que las definiciones que consideran como elementos de la planificación fiscal a la licitud estarían definiendo un concepto diferente como lo es la economía de opción[23], en este aspecto, se comparte la definición de la profesora Navarro al señalar que "la planificación tributaria es una actuación llevada a cabo por el contribuyente que busca sustraerse del fenómeno tributario, o bien, reducir la carga impositiva sin que sea determinable a priori la licitud de esta"[24]. Por lo tanto, planificación tributaria podrá tener como sustento una legítima economía de opción, y recién allí, la planificación tributaria es lícita pues la economía de opción (su sustento o fundamento) se enmarca en la legalidad.

Por otro lado, y reafirmando la idea anterior, el Director del Servicio de Impuestos Internos en el marco de la tramitación de

---

[22]   UGALDE Y GARCÍA, 2010, en el mismo error, GONZÁLEZ JAIME, 2014, en "Notas sobre el procedimiento para declarar la existencia de abuso o simulación en el Proyecto de Reforma Tributaria (boletín 9290-05)", cuando utiliza la conjunción "o" con un valor inclusivo entre economía de opción y planificación tributaria.

[23]   NAVARRO, 2021, p. 44.

[24]   NAVARRO, 2021, pp.44-45.

la Ley N°20.899 señaló que: "la norma (norma general antielusiva) sólo aplica cuando se trate de casos de abuso o simulación.
Una planificación tributaria que carezca de esos comportamientos nunca será cuestionada"[25]. En este sentido, el ente fiscalizador
estaría entendiendo que existen planificaciones tributarias que
caen en algún presupuesto de ilicitud, pues si se da que una planificación tributaria cae en los presupuestos de hecho, ya sea de
abuso o simulación, esta no dejará de ser una planificación tributaria, sino que se entenderá únicamente que esta es ilícita, y por
tanto, si una planificación tributaria no cae en tales presupuestos,
se entenderá que esta tiene como fundamento una legítima economía de opción siendo en consecuencia lícita.

En efecto, el término planificación tributaria no debiera ser
utilizado como sinónimo de economía de opción, sino que debiera reconocerse en una relación género-especie. Por ende,
compartimos lo señalado por la profesora Navarro, planificación
tributaria es la actuación del contribuyente que busca minimizar
su carga fiscal, cada ordenamiento define lo que considera licito
o ilícito, la ilicitud por tanto es un concepto con alcance relativo,
que dependerá de cada legislación[26], no siendo posible calificar
por consiguiente a una planificación tributaria como licita o ilícita a priori y por tanto, no siendo posible utilizarse indistintamente
como sinónimos la figura de la planificación tributaria con la de
la economía de opción.

III.2.a) Nociones jurisprudenciales sobre la economía de opción y la planificación tributaria

Como se ha demostrado a lo largo de este trabajo, el legislador dejo cuestiones de gran relevancia para el entendimiento del
Servicio de Impuestos Internos y del juez, no obstante, la jurisprudencia no ha sido clara al enfrentar los conceptos economía de

---

[25]   Historia de la Ley N°20.899, pp. 119.
[26]   Navarro, 2021, p.46.

opción y planificación tributaria y tampoco existe asaz jurisprudencia sobre el tema.

Nuestra Excma. Corte Suprema, al afrontar el ya bullado caso Pablo Andrés Gajardo Muñoz con Servicio de Impuestos Internos, sigue la doctrina que define planificación tributaria como sinónimo de economía de opción, así entiende por esta "la facultad de elegir entre varias alternativas lícitas de organización de los negocios o actividades económicas, o incluso renunciar a la realización de negocios o actividades, todo con el fin de obtener un ahorro tributario"[27]. Estos conceptos no son sinónimos, pues la economía de opción es la facultad dentro de la legalidad para que los contribuyentes planifiquen sus tributos de tal forma que el efecto de aquella planificación sea admitido por el Derecho, de manera que, planificación tributaria no es más que "el plan general organizado para obtener el objetivo de un menor pago de impuestos sea su resultado lícito y legítimo, o no"[28]. En el mismo error incurre el Tribunal Tributario y Aduanero del Bío-Bío al señalar que "planificación o economía de opción, consiste en la facultad de elegir entre varias alternativas lícitas de organización de los negocios o actividades, todo con el fin de obtener un ahorro tributario"[29] (concepto de economía de opción de los profesores Ugalde y García), pero agrega el tribunal que, el tema de la planificación o elusión, no es un tema que siempre conlleva a lo ilegal o ilícito, y no permite una calificación a priori, sino que debe siempre analizarse cada situación en particular[30][31]. Sobre el fallo antes mencionado, cabe hacer una precisión, sobre la calificación de elusión como licita e ilícita se comparte lo señalado por el profesor Vergara, "la diferencia entre la elusión lícita e ilícita

---

[27]   NAVARRO, 2019, p. 183.

[28]   MARÍN BENÍTEZ, 2013, p.42enNAVARRO, 2019, pp. 183-184.

[29]   Tribunal Tributario y Aduanero del Bío-Bío, 07-11-2013, RIT GR 12-9-0000386-0.

[30]   Tribunal Tributario y Aduanero del Bío-Bío, 07-11-2013, RIT GR 12-9-0000386-0.

[31]   NAVARRO, 2021, p. 54.

está en que la elusión ilícita viola la letra de la ley, en cambio, la elusión lícita se conformaría con ella, lo cual parece un error"[32], sobre esto mismo, el profesor Vergara señala que "la elusión es una infracción indirecta a una norma tributaria, en la que se ven quebrantados sus propósitos pero no su letra"[33].

Ahora bien, jurisprudencia a favor de la postura que diferencia estos conceptos es escasa, pero se puede citar como ejemplo la sentencia del Tribunal Tributario y Aduanero de Coquimbo que señala que "por la complejidad del sistema tributario frecuentemente trae aparejada la existencia de las llamadas planificaciones, que por regla general se estiman lícitas. Sin embargo, por encontrarse con frecuencia en el límite de lo que la Ley permite, han de examinarse con especial celo, a objeto que el contribuyente no burle con maniobras que únicamente se explican en función de la elusión del cumplimiento tributario"[3435], en este sentido, el tribunal estimaría que existen planificaciones tributarias ilícitas cuando el contribuyente se aleje de la legalidad, y que existen planificaciones tributarias lícitas cuando la planificación se encuentra dentro de aquello que la ley permite.

Lastimosamente, las sentencias señaladas son del año 2013, previas a la dictación de la Ley N°20.780, de todas formas, con lo recabado es posible señalar que no existe unanimidad en la jurisprudencia sobre los conceptos planificación tributaria y economía de opción.

Ahora bien, el Servicio de Impuestos Internos ha hecho en algunas ocasiones tal diferencia. En el ciclo de charlas sobre las modificaciones introducidas al Código Tributario por la Ley N°20.780 el ente fiscalizador señaló que existen planificaciones tributarias elusivas ergo ilícitas dentro del marco de la norma ge-

---

[32] VERGARA, 2016, p. 230.
[33] VERGARA, 2016, p. 240.
[34] Tribunal Tributario y Aduanero de Coquimbo, 29-04-2013, RIT GR 06-000058-2012.
[35] NAVARRO, 2021, p. 55.

neral antielusiva, y además señaló que existe la llamada economía de opción, en este caso el Servicio de Impuestos Internos la equipara a "la posibilidad de elegir entre dos o más fórmulas jurídicas que la ley ofrece, con sus correlativos contenidos económicos y tratamientos tributarios diferentes, pudiendo todas ellas servir al fin práctico o resultado real que el contribuyente se propone alcanzar" no pudiendo además el contribuyente defraudar la Ley[36]

III.2.b) La necesidad de una concepción tripartita de la planificación tributaria

Si se sigue la precedente noción de planificación tributaria, como una operatoria del contribuyente que tiene como objeto final el menor pago de impuestos, esta dará lugar a una clasificación. Así surge la distinción tripartita de planificación tributaria[37]. De esta forma, el concepto planificación tributaria sería divido en tres, en economía de opción, elusión y evasión. Sin duda alguna, este planteamiento trae aparejada la pregunta de cómo hacer una línea divisoria entre estas tres figuras, en nuestro ordenamiento hacer tal distinción es significativo de entrar a una zona gris que el legislador ha dejado hasta ahora para el Servicio de Impuestos Internos y los tribunales, pero en términos generales se puede decir que, la economía de opción va a tener efectos amparados por la ley y que se llegará además a tales efectos mediante conductas

---

[36]   Ciclo de charlas internas/ implementación reforma tributaria 2015 modificaciones al Código Tributario introducidas por la Ley N°20.780, EXPOSICIÓN SUBDIRECTOR CRISTIAN VARGAS, PABLO CORVALÁN, 2014.

[37]   NAVARRO, 2021, pp. 46-49. Véase también pero con leves diferencias, el profesor Hugo Osorio señala que "Dentro de las Planificaciones Tributarias se entenderá que existen dos subgrupos: "Economía de Opción", que es la elección de las opciones menos gravadas que en forma explícita o implícita entrega el legislador; y "Elusión", que es el uso de formas jurídicas lícitas y no simuladas, pero inusuales y/o artificiosas, que logran evitar que el resultado jurídico obtenido coincida con el hecho gravado previsto por el ordenamiento tributario". OSORIO, 2018, pp. 207-208 y MAGASICH, 2016, pp. 31-40.

prescritas o permitidas implícitamente por la ley. De esta manera, esta distinción se hace necesaria, puesto que, la eliminación de esta línea divisoria trae como consecuencia la merma de la libertad del contribuyente para hacer de sus negocios lo menos onerosos posibles[38], en este sentido es clarificador lo señalado por la profesora Benítez, los limites sobre ambos conceptos "serán los que determinen el ámbito de la lícita planificación fiscal en cada ordenamiento"[39].

Ahora bien, dentro de nuestro ordenamiento, uno pudiera preguntarse sobre la necesidad de esta concepción tripartita. Esta concepción aporta un contenido necesario, pero quizás no suficiente para el esclarecimiento de la zona gris que existe entre las figuras de la norma general antielusiva chilena, pues el legislador no ha presupuestado con necesaria claridad esta norma, dejando gran parte del esclarecimiento de esta norma al juez. No obstante, la línea divisoria entre la economía de opción, la elusión y la evasión son necesarias para aplicar precisamente la norma general antielusiva, pues en la primera, el agente no llevará a cabo ninguna maniobra elusiva. De todas formas, pareciera que se necesita un esclarecimiento por parte del legislador.

III.2.c) El artículo 100 bis del Código Tributario como la demostración positiva de la necesidad de prescindir del contenido de licitud o ilicitud a priori de la planificación tributaria

La Ley N°20.780 no solo trajo consigo figuras aplicables directamente al contribuyente, sino que también la figura que hoy rige el artículo 100 bis del Código Tributario que castiga al asesor tributario, la Ley N°21.210 clarificó que no puede cometer este ilícito el contribuyente, está únicamente pensada para el asesor tributario.

---

38 NAVARRO, 2021, pp. 47-48.
39 MARÍN BENÍTEZ, 2009, pp. 26.

Señala el artículo 100 bis "con excepción del contribuyente, que se regirá por lo dispuesto en los artículos 4° bis y siguientes, la persona natural o jurídica respecto de quien se acredite haber diseñado o planificado los actos, contratos o negocios constitutivos de abuso o simulación, según lo dispuesto en los artículos 4° ter, 4° quáter, 4° quinquies y 160 bis de este Código...". Como correctamente ha señalado la profesora Navarro, el legislador en esta disposición no ha querido ser redundante al disponer que se sancionará al que diseñe o planifique. "El diseño está pensado como una planificación en masa que el asesor fiscal solo adapta a las necesidades particulares del contribuyente; en cambio, la planificación supone la elaboración de un entramado negocial, hecho a la medida del contribuyente"[40]. En este sentido, estas dos conductas se pueden entender bajo la concepción que anteriormente se utilizó para explicar el concepto planificación tributaria que, en definitiva, busca reducir el ámbito tributable del contribuyente, el art. 100 bis es clarificador al señalar que si el diseño o planificación cae en el presupuesto de hecho de las figuras de abuso o simulación esta se entenderá como ilícita. Por tanto, el hecho de que el artículo 100 bis señale la existencia de una planificación o un diseño (planificación tributaria en términos generales) con finalidad elusiva, el art. 100 bis estaría haciendo referencia también a que esta planificación tributaria (planificación o diseño) es ilícita, reconociendo, por tanto, la existencia de planificaciones tributarias que prescinden de la economía de opción, pues esta última y como se sostuvo anteriormente, siempre deberá acatar tanto la ley en su parte escrita como en su espíritu o voluntad, no pudiendo caer en ningún caso en los presupuestos de abuso o simulación.

En definitiva, el art. 100 bis hace más claro el argumento de que existen planificaciones tributarias ilícitas (cuando caen en los presupuestos de hecho de las figuras de abuso o simulación) y que, por tanto, el término planificación tributaria no podría ser

---

[40] NAVARRO, 2019, p. 241.

analizado solo desde la perspectiva de la licitud de la economía de opción, sino que también desde la elusión y la evasión.

IV. LOS LÍMITES DE LA ECONOMÍA DE OPCIÓN

Tal como se señaló en la introducción de este trabajo, los particulares tienen la facultad de escoger lo que para estos les sea más beneficioso, pero, esta actuación está sujeta a límites. La figura de la economía de opción, tal como fue acuñada párrafos más arriba, tiene como marco un actuar dentro de la legalidad, pero esto es una zona gris que constantemente produce discrepancias entre lo que reconozcamos como un actuar elusivo o evasivo y una legítima economía de opción, así la profesora Benítez ha señalado que los límites "serán los que determinen el ámbito de la lícita planificación fiscal en cada ordenamiento"[41], es así como se deberá analizar caso a caso y detalladamente si conforme a los hechos se comprueba la existencia o no de elusión en los términos de la norma general.

En esa misma línea, se entendería que una economía de opción será tal, cuando no verifique presupuestos de hechos ni de abuso de las formas jurídicas y en nuestra legislación paradigmáticamente de simulación[42], en cambio, sí verifica el presupuesto de hecho de estas figuras habrá elusión[43] y no una legítima economía de opción. En este sentido, mientras más amplitud se le otorgue a la figura de la economía de opción, menor aplicabilidad tendrá la figura del abuso y la simulación, y viceversa.

La doctrina que señala que el ámbito de aplicación de una economía de opción está restringido por el presupuesto de hecho de la norma general antielusiva y que por tanto, no pudiera estar su

---

[41]   Marín Benítez, 2009, pp. 26.

[42]   Esto porque y como se señaló anteriormente, la simulación es más bien una figura perteneciente a la evasión, la verificación del hecho gravado ya se produjo. Véase, por ejemplo, Vergara, 2016, pp. 230-240.

[43]   Fundación de Estudios Sistémicos Tributarios, 2021, pp. 20-27.

jeto un caso de economía de opción en el presupuesto de hecho de las figuras de la norma general no es unánime, así entre otros, el profesor Yáñez señala que, la norma general antielusiva chilena no ha sabido responder a una cuestión que él estima como el ejemplo clásico de economía de opción —el caso de las hipótesis de postergación o diferimiento de la obligación tributaria—, en este sentido para el profesor Yáñez por medio de la norma general se estaría previendo una forma de economía de opción como una conducta objetable[44].

No obstante lo anterior, nos parece acertada la doctrina que señala que el límite de la economía de opción se encuentra precisamente en los presupuestos de hecho de las figuras del abuso y la simulación, sin embargo, se considera que el legislador debe precisar la figura de la economía de opción pues a pesar de la consideración anterior esta figura es difícil de armonizar dentro de la norma general, de modo que nuestro legislador debiera repensar esta institución con una clara visión de que la economía de opción es una opción legítima reconocida en nuestra legislación tributaria y sustentada además en la Constitución Política.

V. CONCLUSIONES

En nuestra legislación tributaria se introdujo una norma general antielusiva, siguiendo sistemas jurídicos que han intentado perseguir la elusión mediante esta clase de normativas. En este sentido la norma general antielusiva chilena sanciona dos supuestos principalmente, el abuso de las formas jurídicas y la simulación, considerándose estas figuras elusivas.

Al respecto, el artículo 4.ter además de brindar la figura del abuso de las formas jurídicas, prescribe implícitamente la figura de la economía de opción, que ante todo debe ser entendida

---

[44]   YÁÑEZ, 2014, pp. 247.

como una opción legítima que tienen los contribuyentes para rebajar su carga tributaria dentro de un marco de legalidad, entendiendo por esta última, no sólo aquello que se prescribe en la ley propiamente tal, sino que también la voluntad o espíritu de esta.

El legislador chileno no fue lo suficientemente claro al momento de la redacción de la norma general antielusiva, a consecuencia de esto, las figuras elusivas prescritas en la norma general antielusiva no se dejan delimitar con completa claridad con la figura de la economía de opción, así, por ejemplo, se requeriría de un test de artificialidad para diferenciar el abuso de la economía de opción.

En este contexto, la figura de la economía de opción no debe ser utilizada como sinónimo de planificación tributaria, estos son dos conceptos distintos que se ven envueltos en una relación género-especie, donde la planificación tributaria puede ser sustentada, por un lado, por una legítima economía de opción, pero, por otro lado, puede estar sustentada en una figura elusiva o evasiva, aquello formaría lo que se conoce como la tripartita de la planificación tributaria. Por consiguiente, el concepto de planificación tributaria no puede ser calificado a priori como licito o ilícito, sino que se debe analizar caso a caso y allí recién verificar si aquella planificación cumple o no con la legalidad y razonabilidad requerida.

En relación con lo antes dicho, el artículo 100 bis es clarificador, pues señala que existen planificaciones tributarias (diseños o planificaciones de actos jurídicos) ilícitas. Rompiendo con este paradigma de que solo existen planificaciones tributarias lícitas y que, por tanto, no se puede asimilar aquel concepto con el de economía de opción.

Ahora, sobre los límites de la economía de opción, esta será legítima y posible en la medida que no caiga en el presupuesto de hecho de las figuras de abuso de las formas jurídicas o de la simulación y además que la actuación del contribuyente sea razonable, en este sentido, mientras más extenso consideremos el espacio donde puede existir abuso o simulación, menos extenso será el espacio para configurar una legítima economía de opción.

A fin de cuentas, la legislación tributaria chilena quiso impactar y ponerse a la vanguardia de otros ordenamientos, pero la estructuración de la norma terminó creando espacios de oscuridad lo suficientemente fuertes como para no saber con completa claridad dónde están los límites de las figuras elusivas con la economía de opción, dejando, por tanto, esa carga al Servicio de Impuestos Internos y al juez. De esta manera nuestro ordenamiento podrá armonizar la norma general antielusiva y la libertad de los contribuyentes que se refleja en la economía de opción, en la medida, en que se precise por parte del legislador el contenido y estructura de esta, dentro de un marco que resguarde la legalidad tanto en lo escrito como en el espíritu de la norma, como la seguridad de los contribuyentes y la necesaria reciprocidad en nuestro sistema tributario.

VI. BIBLIOGRAFÍA

Doctrina

Alessandri Rodríguez, Arturo, 2004: *De los contratos*, Santiago: Editorial Jurídica de Chile.

García Novoa, César, 2004: *La cláusula antielusiva en la nueva LGT*, Madrid: Marcial Pons.

Hensel, Albert, 2005: *Derecho tributario* (trad. A. Báez, M. González-Cuellar y E. Ortiz), Madrid: Marcial Pons EN Navarro Schiappacasse, María Pilar, 2019: "La sanción en los supuestos de abuso o simulación como un caso de compliance regulado en materia administrativa". *Revista de derecho (Valdivia)*, Volumen XXXII — N°2, pp 231-250. Disponible en https://dx.doi.org/10.4067/S0718-09502019000200231 [fecha de consulta: 6.11.2021].

Historia de la Ley N° 20.899. Disponible en https://www.bcn.cl/historia-delaley/nc/historia-de-la-ley/4829/ [fecha de consulta: 6.11.2021].

Larraz, José, 1952: "Metodología aplicativa del derecho tributario", Madrid: Editorial Revista de Derecho Privado.

López Santa María, Jorge, 2010: "Los contratos. Parte general", 5ª edición, actualizada por Fabián Elorriaga De Bonis, Santiago: Abeledo Perrot.

Magasich Airola, Álvaro Pablo, 2016: "La derrotabilidad, fraude de ley y cláusula general antielusiva. Análisis desde el Derecho tributario español y chileno". Tesis para optar al grado de Doctor en Derecho y Ciencia Política. Universidad de Barcelona.

Marín Benítez, Gloria, 2013: "¿Es lícita la planificación fiscal? Sobre los defectos de neutralidad y consistencia del ordenamiento tributario". Valladolid, Lex Nova. EN Navarro Schiappacasse, María Pilar, 2019: "La evolución en la jurisprudencia de la Excma. Corte Suprema en la concepción de la elusión fiscal". *Revista de Estudios Tributarios,* Volumen XX, 169-191. Disponible en: https: //revistaestudiostributarios.uchile.cl/index.php/RET/article/view/52350/55009 [fecha de consulta: 6.11.2021].

Marín Benítez, Gloria (2009): "La relevancia jurídica de la motivación fiscal: Influencia del "business purpose" en el ordenamiento tributario español". Valladolid, Editorial Dykinson, S.L. (1er edición).

Navarro Schiappacasse, María Pilar, 2020: "Análisis crítico de la regulación de simulación en el derecho tributario chileno tras la ley n. 20.780: correcta determinación de la obligación tributaria y aspectos sancionatorios". *Revista do Programa de Pós-Graduação em Direito da UFC,* Volumen XL — N°1, pp 267-284. Disponible en: http: //www.periodicos.ufc.br/nomos/article/view/60374/162328 [fecha de consulta: 6.11.2021]

Navarro, M.P., Toledo, P., Magasich, A., Castillo, A., Echeverría, B., Carreño, C., Romero, D., Pascuali, M., Rojas, R., Alburquenque, S., Ugarte, A., Sánchez, T., (29 de junio de 2021). Informe subcomisión 6: combate a la elusión y evasión. Recuperado el 13.11.201, de FESIT | Fundación de Estudios Sistémicos Tributarios: https: //fesit.cl/wp-content/uploads/2021/06/Informe-Comision-6.-Combate-a-la-elusion-y-evasion-para-el-vd-2.pdf

Navarro Schiappacasse, María Pilar, 2019: "La evolución en la jurisprudencia de la Excma. Corte Suprema en la concepción de la elusión fiscal". Revista de Estudios Tributarios, Volumen XX, 169-191. Disponible en: https: //revistaestudiostributarios.uchile.cl/index.php/RET/article/view/52350/55009[fecha de consulta: 6.11.2021].

Navarro Schiappacasse, María Pilar. 2021: "Normas generales antielusión y su sanción en el derecho chileno", Valencia: Tirant lo Blanch.

Navarro Schiappacasse, María Pilar, 2019: "La sanción en los supuestos de abuso o simulación como un caso de compliance regulado en materia administrativa". *Revista de derecho (Valdivia),* Volumen XXXII, pp 231-250. Disponible en https: //dx.doi.org/10.4067/S0718-09502019000200231 [fecha de consulta: 6.11.2021].

OSORIO MORALES, Hugo, 2018: "¿INTERPRETACIÓN ECONÓMICA COMO HERRAMIENTA DE LUCHA CONTRA LA ELUSIÓN EN CHILE?". *Revista de Estudios Tributarios*, volumen XIX, pp205-227. Disponible en https: //revistas.uchile.cl/index.php/RET/article/view/51006/53427 [fecha de consulta: 6.11.2021].

OSORIO MORALES, Hugo, VILDÓSOLA GODOY, Carla, 2015. ELUSIÓN: el abuso de las formas jurídicas en la reforma tributaria del año 2014. Santiago, Chile: Universidad de Chile— Facultad de Economía y Negocios. Disponible en http: //repositorio.uchile.cl/handle/2250/137669 [fecha consulta: 18.11.2021]

SAFFIE GATICA, Francisco, 26 de octubre de 2019: "Los impuestos no son armas: repensando los vínculos sociales tras el 18/O". Recuperado el 15.11.2021, de Ciper Chile: https: //www.ciperchile.cl/2019/10/26/los-impuestos-no-son-armas-repensando-los-vinculos-sociales-tras-el-18-o/

UGALDE PRIETO, Rodrigo y GARCÍA ESCOBAR, Jaime 2010. "Elusión, planificación y evasión tributaria". 4ª edición. Santiago, Legal Publishing.

VERGARA QUEZADA, Gonzalo, 2016: "La despenalización de la simulación por la Ley N°20.780". *Revista de Estudios Tributarios,* Volumen XVI, pp. 223-276. Disponible en https: //revistaestudiostributarios.uchile.cl/index.php/RET/article/view/44767/46823 [fecha de consulta: 7.11.2021].

VERGARA QUEZADA, Gonzalo, 2016: "¿Se han resuelto en Chile casos de lo que doctrinariamente podemos considerar elusión?". *Revista de Estudios Tributarios*, Volumen XIV, pp 199-238. Disponible en: https: //revistaestudiostributarios.uchile.cl/index.php/RET/article/view/40286/41838 [fecha de consulta 7.11.2021]

WALKER M, Ricardo, 2018: "Hacia una interpretación jurídica de la economía de opción y el abuso en la norma general antielusión del código tributario". *Revista de Estudios Tributarios,* Volumen XVIII, pp 127-159. Disponible en https: //revistas.uchile.cl/index.php/RET/article/view/48163/51093 [fecha de consulta: 8.11.2021].

YÁÑEZ VILLANUEVA, Felipe, 2014: "Análisis de la nueva cláusula general antielusiva", *Revista de Estudios Tributarios,* Volumen XI, pp 233-250. Disponible en https: //revistaestudiostributarios.uchile.cl/index.php/RET/article/view/40726/42286 [fecha de consulta 6.11.2021].

Jurisprudencia judicial

TRIBUNAL TRIBUTARIO Y ADUANERO DEL BIO-BIO, sentencia de fecha 7 de noviembre de 2013, RIT GR 12-9-0000386-0.

TRIBUNAL TRIBUTARIO Y ADUANERO DE COQUIMBO, sentencia de fecha 29 de abril de 2013, RIT GR 06-000058-2012.

Jurisprudencia administrativa

SERVICIO DE IMPUESTOS INTERNOS, Oficio N°778-2019, de 15 de marzo de 2019.

SERVICIO DE IMPUESTOS INTERNOS, Presentación del ciclo de charlas internas. Modificaciones al Código Tributario introducidas por la Ley N°20.780. Noviembre 2014, de 4 de noviembre de 2014.

Sobre la simulación en el Código Tributario

Por Víctor Rojas Fuentes[1]

Resumen: El presente trabajo tiene por objetivo examinar la regulación de la simulación en el Código Tributario desde una perspectiva histórica, considerando el desarrollo doctrinal y jurisprudencial de la simulación civil, la forma en que opera la institución en el Derecho Tributario, esto es, como hipótesis de las Normas Generales Antielusivas (en adelante "NGA") y como conductas de los delitos tributarios contemplados en el artículo 97 N°4 y N°24 del Código Tributario, abordando lo relativo a si la simulación tributaria es de aplicación general en el Código y si resulta procedente la despenalización planteada por parte de la doctrina.

Palabras clave: Simulación, Voluntad, Elusión, Norma General Antielusiva, Delitos Tributarios.

I. INTRODUCCIÓN

La simulación como institución del derecho, es acaso una de las más complejas y difusas del ordenamiento jurídico, tanto por las confusiones conceptuales que puede generar con instituciones como el fraude a la ley, la reserva mental y las declaraciones no serias, como por no haber sido tratada de forma expresa en la legislación común, entre otras razones.

[1] Licenciado en Ciencias Jurídicas, Pontificia Universidad Católica de Chile. Diplomado en Planificación Tributaria, Universidad de Chile. Magíster en Dirección y Gestión Tributaria, Universidad Adolfo Ibáñez. Resolutor Titular del Tribunal Tributario y Aduanero de Valparaíso. Correo Electrónico: vfrojasf@gmail.com.

A diferencia de lo que ocurre en materia civil, el legislador tributario si se ha referido a la simulación propiamente tal, tanto en ciertos delitos tributarios como en las denominadas Normas Generales Antielusivas (NGA) que incorporaron a la simulación como hipótesis de elusión.

En concreto, la simulación hoy se encuentra presente en el ordenamiento tributario como:

a) Conducta de los delitos contenidos en los artículos 97 N°4 inciso 3° y N°24 del Código Tributario e indirectamente, a través de cláusulas amplias que podrían comprenderla, en el caso de los incisos 1° y 2° del referido artículo 97, y como

b) Supuesto de elusión de conformidad a las NGA contenidas en los artículos 4 bis y siguientes del Código Tributario.

La incorporación de la institución en materias de evasión y elusión tributaria, genera ciertas dificultades a la hora de interpretar y aplicar las normas jurídicas en cuestión, por lo que mediante el presente estudio se pretende examinar a la simulación como institución de derecho común, la delimitación de sus efectos efectuada por la doctrina y la jurisprudencia, la evolución histórica de la simulación en el Código Tributario, su regulación como supuesto de elusión conforme a los artículos 4 bis y siguientes del Código y las relaciones existentes con los delitos tributarios que emplean a la simulación como conductas, especialmente en lo relativo a si la definición de la simulación tributaria es de aplicación general en el Código y sobre la despenalización alegada por parte de la doctrina.

I.1. Evolución histórica de la simulación en el Código Tributario

La simulación en materia tributaria ha estado presente en el Código Tributario desde la publicación del DFL N°190 del año 1960 que introdujo por primera vez al ordenamiento jurídico un Código Tributario que regulaba de forma sistemática las materias propias de la tributación fiscal interna.

Dentro de las materias reguladas por el Código, se incluyó en su Libro Segundo denominado *"De los apremios, y de las infracciones y sanciones tributarias"*[2], entre las cuales se encontraba la figura del artículo 97 N°4 que sancionaba una serie de conductas específicas[3] y una figura residual consistente en: *"el empleo de otros procedimientos dolosos encaminados a ocultar o desfigurar el verdadero monto de las operaciones realizadas o a burlar el impuesto"*[4].

Posteriormente, el 1 de enero de 1975 entró en vigencia el actual Código contenido en el DL N°830/74, que incluyó entre sus disposiciones al referido artículo 97 N°4, el que fue modificado en lo relativo a la pena de presidio o relegación que aumentó de a grado medio a máximo[5] y a la incorporación de un nuevo inciso segundo aplicable a los contribuyentes de IVA[6].

La modificación legal más relevante —previa a las Leyes N°20.780 y N°20.899— vino con la publicación del DL N°3443/1980, que, entre otras normas, cambió de manera relevante el artículo 97 N°4, modificando la pena de multa del inciso 1°[7], reemplazando en su totalidad el inciso 2°[8] e incorporando los

---

[2]   Específicamente, en su Título II sobre las infracciones y sanciones, Párrafo 1° sobre los contribuyentes y otros obligados.

[3]   Como, por ejemplo, como las declaraciones maliciosamente falsas que pudieran inducir a la liquidación de un impuesto inferior al que correspondiera, la omisión maliciosa en los libros contables de ciertos asientos, la adulteración y el falseamiento doloso de balances, el uso de boletas o facturas empleadas en operaciones anteriores.

[4]   Dicho delito se sancionaba con multa del cuarenta por ciento al doscientos por ciento del valor del tributo eludido y con presidio o relegación menores en sus grados mínimos a medios.

[5]   Cabe señalar que mediante el Decreto Ley N°1604 de 1976, la pena fue modificada eliminándose lo referido a la relegación y se incorporaron 3 numerales más al catálogo del artículo 97 del Código Tributario.

[6]   Cuya pena era la del inciso 1°.

[7]   Se modificó la sanción de pena de multa de 40% al 200% a 50% al 300%.

[8]   Se ampliaron los sujetos activos del tipo a los contribuyentes que actúan como agentes retenedores respecto de los impuestos sujetos a retención o recargo.

actuales incisos 3° y 4°, estableciendo en el tipo del inciso 3° de forma expresa y por primera vez, a la simulación como conducta para configurar el delito[9].

Luego, existieron otras modificaciones legales, como la Ley N°19.738 del año 2001 que incorporó el actual inciso final del artículo 97 N°4, la Ley N°19.885 del año 2003 que introdujo el delito contemplado en el numeral 24 del artículo 97 del Código relativo a aquellos contribuyentes de Impuesto a la Renta que simulen donaciones respecto de aquellas que otorgan beneficios tributarios y la Ley N°20.316 del año 2009 que modificó la redacción del referido numeral 24[10].

Finalmente, a contar del año 2015, y en razón de la Ley N°20.780 (y las posteriores modificaciones de la Ley N°20.899) se incorporó a la simulación como una de las hipótesis de elusión de conformidad a los artículos 4 bis y siguientes del Código Tributario.

Si bien el proyecto de ley sobre Modernización Tributaria que culminó con la publicación de la Ley N°21.210, intentó modificar de forma relevante la estructura de las NGA y la simulación en cuanto supuesto de aplicación, dichas propuestas no prosperaron

---

[9]   Luego, existieron otras modificaciones legales, como la Ley N°19.738 del año 2001 que incorporó el actual inciso final del artículo 97 N°4, la Ley N°19.885 del año 2003 que introdujo el delito contemplado en el numeral 24 del artículo 97 del Código relativo a aquellos contribuyentes de Impuesto a la Renta que simulen donaciones respecto de aquellas que otorgan beneficios tributarios y la Ley N°20.316 del año 2009 que modificó la redacción del referido numeral 24.

[10] En cuanto a las modificaciones incorporadas por la ley al delito en cuestión, se encuentra la eliminación de la expresión "en forma reiterada", la incorporación respecto a qué se entiende por contraprestación, la disminución de la pena asociada, esto es, de presidio menor en sus grados medios a máximos a de presidio menor en sus grados mínimo a medio, entre otros aspectos. Para más detalles, ver: https://www.bcn.cl/historiadelaley/nc/historia-de-la-ley/4739/

en la tramitación legislativa, permaneciendo, en definitiva, intacta la regulación.[11]

Como se puede observar, previo a la Ley N°20.780 que definió que se entiende por "simulación" para efectos tributarios, el Código Tributario empleaba a la simulación como conductas en determinados delitos sin que haya definido que se entendía por tal. Debido a lo anterior, la doctrina y el propio ente fiscal[12] interpretaron el concepto conforme a lo que se entiende por simulación en el derecho civil, por lo que es necesario revisar brevemente sus conceptos.

II. LA SIMULACIÓN Y SU REGULACIÓN EN EL DERECHO CIVIL

II.1. *Cuestiones generales*

La simulación como institución del derecho común, si bien no se encuentra regulada expresamente en la legislación civil, resulta indiscutible que tiene cabida en nuestro derecho, dada la interpretación y aplicación efectuada a nivel doctrinal y jurisprudencial sobre una serie de normas como el artículo 1707 en relación con los artículos 1545, 1546 y 1560, entre otras del Código Civil.

Existen múltiples definiciones de lo que se entiende por simulación, entre las que destaca la esbozada por Francesco Ferrara que señala que la simulación de los negocios jurídicos *"es la decla-*

---

[11] No obstante lo anteriormente indicado, si se generaron algunos cambios asociados a las NGAE, en cuanto se derogó la norma especial anti elusiva y el delito contenidos en el artículo 14 letra E) N°1, literal b) de la Ley de la Renta respecto a la posibilidad de emplear el uso de personas jurídicas en el exterior para efectos de eludir el Impuesto Global Complementario o adicional y las obligaciones de información sobre las inversiones en Chile o en el extranjero. Ver SAFFIE, 2020, pp. 117 y 118.

[12] Circulares N°54 de 1980 y 55 de 2003.

ración de un contenido de voluntad no real, emitida conscientemente y de acuerdo entre las partes, para producir, con fines de engaño, la apariencia de un negocio jurídico que no existe o es distinto de aquel que realmente se ha llevado a cabo"[13 y 14]

En cuanto a la doctrina nacional, destaca la definición esbozada por el profesor Avelino León que señala que: *"La simulación consiste en aparentar una declaración de voluntad que no se desea, contando con la aquiescencia de la parte a quien esa declaración va dirigida."*[15]

A nivel jurisprudencial, en una reciente sentencia, la Excma. Corte Suprema basada en la definición del profesor Peñailillo señaló que la simulación *"(...) se define como la disconformidad consciente entre la voluntad y su declaración convenida entre partes, con el fin de engañar a terceros. También, como el acuerdo en la celebración de un acto cuando en verdad se quiere celebrar otro o ninguno."*[16]

De las definiciones expuestas, se observan como elementos comunes, la existencia de un acto jurídico bilateral respecto al cual las partes no buscan darle eficacia, existiendo detrás del acto una intención oculta que puede referir a un acto diverso o derechamente no celebrar acto jurídico alguno.

---

[13]   FERRADA, 1960, p. 56.

[14]   Existen otras definiciones doctrinales destacadas, como por ejemplo, la de PLANIOL Y RIPERT que entienden por simulación *"cuando se hace a sabiendas una declaración inexacta o cuando se celebra una convención aparente cuyos efectos son modificados o suprimidos por otra convención contemporánea de la primera y destinada a permanecer en secreto"* o la de Josserand que señala que *"consiste, de parte de los autores del acto jurídico, en esconder al público la realidad, la naturaleza, los participantes, el beneficio o las modalidades de la operación realizada"*. Ver más en, PARRA LABARCA, 1994, pp. 207 y 208.

[15]   LEÓN, 1991 p. 103.

[16]   Excma. Corte Suprema, Causa Rol: C-12.987-2019. En este mismo sentido, ver causas roles C-8733-2014, 2950-2011 y 7259-2009.

II.2. Tipos de simulación

La simulación conforme a lo desarrollado por la doctrina puede clasificarse considerando:

a) La licitud o ilicitud de ella, dado que en el derecho privado rige el principio de la autonomía de la voluntad y el de libertad contractual, mediante el cual las partes son libres de pactar en los términos que estimen pertinentes e incluso emplear la simulación, en la medida que no sea contraria a la ley ni respecto de terceros y

b) El contenido del acto simulado.

De lo anteriormente expuesto, fluye la primera clasificación de la simulación, esto es, la simulación lícita y la ilícita.

II.2.1. La simulación lícita

La simulación lícita procede cuando la discrepancia entre la voluntad interna y la externa no tiene por objeto contravenir la ley ni perjudicar a los terceros[17].

Este tipo de simulación constituye la regla general[18] y se ha señalado que se encuentra reconocida en el artículo 1707 del Código Civil *"disposición que reconoce plena eficacia contractual a la contraescritura y sólo desconoce ese efecto respecto de terceros"*[19].

---

[17] En palabras del profesor BOETSCH, la simulación lícita es sumamente común y señala a modo de ejemplo lo que ocurre con las compraventas de inmuebles cuando se estipula en el contrato que el precio se paga en el mismo acto de la venta y en paralelo se suscribe entre las mismas partes las denominadas "instrucciones notariales" en las que se indica que los documentos representativos del precio a pagar quedan en poder del notario bajo la condición de ser liberados cuando se cumplan las condiciones pactadas, principalmente lo relativo a la inscripción conservatoria a nombre del comprador. Ver BOETSCH, página 125.
[18] En este sentido se pronuncia la Corte Suprema en causa Rol C-3597-2015.
[19] Parra, 1994, página 201.

II.2.2. La simulación ilícita

Por otra parte, la simulación ilícita es aquella que se celebra con la finalidad de contravenir la ley o de perjudicar a terceros. Este tipo de simulación, como ya hemos dicho, pese a no tener un reconocimiento expreso, a nivel doctrinal y jurisprudencial se reconoce que es contraria a derecho y conlleva sanciones civiles.

En materia civil, se ha señalado que la simulación ilícita adolece de causa ilícita, entendiendo que el motivo que induce al acto o contrato tiene por finalidad contrariar la ley y perjudicar a terceros, por lo que su sanción por regla general es la nulidad absoluta o la inexistencia.

Como se ha expuesto, la simulación consiste en la disconformidad entre la voluntad interna y la declarada, por lo que también puede presentarse de dos formas, esto es, de forma absoluta, cuando se expresa la celebración de uno o más actos o negocios, pero las partes no tienen intención alguna de contratar y de forma relativa, cuando se celebran uno o más actos o negocios aparentes que difieren del o los actos o negocios realmente convenidos. Lo anterior, da cuenta de dos tipos de simulación: la absoluta y la relativa.

II.2.3. La simulación absoluta

La simulación absoluta se configura cuando las partes de común acuerdo celebran en apariencia uno o más actos respecto a los terceros, pero que carecen de voluntad real y seria y no pretenden crear derechos y obligaciones entre las partes. En este tipo de simulación *"existe voluntad para fingir, pero no hay acuerdo para crear consecuencias jurídicas"*[20], por lo que el acto aparente es nulo por falta de voluntad y de causa[21].

---

[20]   Parra, 1994, página 356.
[21]   Ducci Claro, página 359.

En cuanto a la finalidad de este tipo de simulación, se ha señalado que *"(...) constituye el medio más frecuente al que acuden los deudores para hacerse insolventes en apariencia, escapando al deber de cumplir con las obligaciones que han contraído. En el caso de la simulación absoluta, el primer objetivo es producir una disminución ficticia del patrimonio o aumentar de forma aparente el pasivo del mismo"*[22].

II.2.4. La simulación relativa

En cambio, la simulación relativa a diferencia de la absoluta, sí supone la intención de generar un acto jurídico real y válido, pero el acto real se oculta bajo la apariencia de otro.

Como se observa, en este tipo de simulación existen dos actos, esto es, el acto simulado o que las partes han fingido realizar y el acto disimulado u oculto, que es el que las partes realmente han querido celebrar.

La diferencia entre el acto simulado o aparente y el disimulado u oculto, puede radicar en:

a) La naturaleza del acto, como ocurre con la donación disimulada detrás de una compraventa simulada y aparente; b) En el objeto, como cuando el acto simulado refiere a una cosa, pero el acto disimulado es respecto a otra; c) En el precio, como cuando se expresa que el valor de la cosa enajenada es menor al valor realmente pactado por las partes; d) En los sujetos o por interpósita persona, que ocurre cuando el acto simulado indica que contratan x e y, pero en el acto disimulado contratan x y z.

II.3. *Efectos jurídicos de la declaración de simulación*

En primer término, debe señalarse que la simulación debe ser declarada judicialmente, previo ejercicio de la acción de simula-

---

[22]   PARRA, 1994, p. 359. En el mismo sentido, DUCCI, 2005, p. 359.

ción, la que López Santa María definió como *"(...) una acción de certeza, meramente declarativa, sólo destinada a que el órgano jurisdiccional reconozca que detrás del acto jurídico que se tiene a la vista o no hay acto alguno, o existe otro acto distinto"*.[23 y 24]

Así las cosas, una vez declarada la simulación, se debe distinguir entre los efectos entre las partes, entendiéndose por tales, a aquellos *"que han concurrido con su consentimiento a perfeccionar el acto jurídico"*[25] y los efectos respecto de terceros[26].

II.3.1.   Efectos entre las partes

Entendiendo que la simulación es un engaño respecto de terceros, lo que prima entre las partes es la voluntad real conforme a lo dispuesto en el artículo 1707 del Código Civil[27].

De esta forma, en los casos de simulación absoluta, como no existió voluntad real de obligarse, en principio no se produce efecto alguno. Se dice en principio, pues una de las partes podría pretender exigir el cumplimiento del acto simulado, pero en tal caso la contraria podría oponer la excepción de simulación.

---

[23]   Ver López, 2017, p. 383.

[24]   En cuanto a los fundamentos de esta acción, la doctrina ha elaborado múltiples tesis, entre las que se encuentran que la acción se fundamenta en la acción pauliana, en cuanto sería una variante de esta última, otros señalan que tiene su origen en la acción subrogatoria, en cuanto los acreedores al impugnar la apariencia de un acto, no obran por derecho propio, sino ejerciendo los derechos del deudor y otros, se basan en el derecho de prenda general de los acreedores que tienen sobre el patrimonio del deudor. Para profundizar más, ver Ilabaca Labarca, 1994, pp 499 y ss.

[25]   Ducci, 2005, 360.

[26]   En cuanto a los terceros se puede distinguir entre los relativos, que son los cesionarios, sucesores o acreedores de las partes y los absolutos, para quienes los efectos del acto siempre le serán extraños.

[27]   Vial, 2003, p.147.

No obstante lo anterior, la declaración de la simulación absoluta y por ende, de la nulidad absoluta, debe ser efectuada por el juez de acuerdo a las reglas generales de la referida institución.[28]

En cuanto a la simulación relativa, prima la voluntad real de las partes contenida en el acto disimulado, sin que tenga valor entre estas el acto simulado o aparente.

II.3.2. Efectos respecto de los terceros

De acuerdo a lo dispuesto en el ya citado artículo 1707 del Código Civil, los terceros de buena fe (*los que desconocen la existencia de la simulación*) se encuentran protegidos, considerando lo relativo a las contraescrituras que no alcanzan publicidad, son inoponibles para ellos.

No obstante lo anterior, los terceros tienen la posibilidad de poder invocar tanto la voluntad real como la aparente.

Si deciden optar por la voluntad real, tendrán que solicitar al juez la declaración de simulación del acto o contrato. Si la declaración de simulación es absoluta, esto impide que los efectos del acto o serie de ellos produzcan efectos sobre los terceros. En cambio, si se declara la simulación relativa, los terceros pueden optar por los efectos que genera el o los actos simulados o bien, solicitar que dichos actos no generen sus efectos, a causa de un vicio que acarree su ineficacia jurídica.[29]

Si deciden hacer valer el acto o contrato aparente, el acto o contrato real les será inoponible por clandestinidad y tendrán la excepción de simulación.

Lo anterior solo aplica si los terceros se encuentran de buena fe, en caso contrario, las partes podrían hacer valer la voluntad real contenida en el acto oculto o disimulado.

---

[28] Ducci, 2005, p. 361.
[29] Vial, 2003, p.149.

Ya habiendo revisado la simulación civil y sus efectos, corresponde analizar las NGA y la simulación como supuesto de elusión según el Código Tributario.

III. LAS NORMAS GENERALES ANTI-ELUSIÓN Y SUS HIPÓTESIS: EL ABUSO DE LAS FORMAS JURÍDICAS Y LA SIMULACIÓN

III.1. Introducción

Uno de los principales cambios que introdujeron las Leyes N°20.780 y N°20.899 al ordenamiento tributario, fueron las NGA, contenidas en los artículos 4 bis a quinquies, 100 bis, 119 y 160 bis del Código Tributario y cuya vigencia comenzó el 30 de septiembre de 2015.

La lógica que subyace a la ley es que la elusión tributaria entendida como el cumplimiento formal de la ley haciendo inaplicable su espíritu, es inaceptable, dado los dañinos efectos que produce.

En este sentido, la elusión en nuestro sistema puede manifestarse bajo dos hipótesis, esto es, el abuso de las formas jurídicas y la simulación.

La calificación del acto o serie de ellos como *"abuso de las formas jurídicas"* o *"simulación"*, en nuestro sistema quedó a cargo de los Tribunales Tributarios y Aduaneros (TTA), previa solicitud de declaración de parte del Servicio de Impuestos Internos.

A fin de comprender con mayor profundidad el contenido de la normativa en comento, es que se hará una breve referencia a la tramitación legislativa de las Leyes N°20.780 y 20.899 y a la Ley N°21.210 respecto de los aspectos que intentó modificar.

III.2. Sobre el origen de las Leyes N°20.780 y N°20.899

III.2.1. Mensaje Presidencial N°24-362 de fecha 01 de abril de 2014

Cabe recordar, la introducción de las NGA al ordenamiento tributario se originó con el Mensaje N°24-362 de fecha 01 de abril de 2014 que dio inicio al proyecto de ley sobre Reforma Tributaria, el cual contenía entre sus principales propuestas el *"Velar porque se pague lo que corresponda de acuerdo a las leyes, avanzando en medidas que disminuyan la evasión y la elusión"*[30] y que culminaría con la publicación de la Ley N°20.780.

En este sentido, el fundamento para incorporar la normativa se basó en razones de equidad y justicia tributaria, fortalecimiento de la entidad fiscalizadora, aumento de la recaudación[31] y ciertamente, en compromisos internacionales asumidos por Chile, a fin de converger a *"a los estándares contra la elusión y evasión del proyecto "BEPS"*[32].

En cuanto a la regulación en específico, las NGA se concentraban básicamente en 5 numerales del artículo 7° del proyecto[33], cuyos fundamentos según la doctrina, radicaban en los artículos 15 y 16 de la Ley General Tributaria Española en relación con el artículo 42 de la Ordenanza Tributaria Alemana[34].

Respecto a la simulación como hipótesis, esta era algo diferente a la norma aprobada, pues el artículo 4 quáter en términos generales establecía que en los actos o negocios en que exista simulación, el hecho gravado será el efectivamente realizado por las partes, con independencia de los actos simulados y su inciso segundo disponía que le eran inoponibles al Servicio aquellos actos o negocios efectuados con la finalidad de disimular el hecho gravado del impuesto, o la naturaleza de los elementos constitu-

---

[30] Mensaje N°24-362 de fecha 01 de abril de 2014, página 6.

[31] De acuerdo con los objetivos indicados en el mensaje, "La meta de recaudación del conjunto de las medidas de la Reforma Tributaria será de 3, 02% del PIB. Esta meta se descompone en 2, 5% del PIB provenientes de cambios a la estructura tributaria y 0, 52% del PIB por medidas que reducen la evasión y la elusión."

[32] Mensaje, página 8.

[33] Ver Artículo 7° numerales 1, 2, 3, 4 y 21, páginas 63, 64 y 70 del Mensaje N°24-362 de fecha 01 de abril de 2014.

[34] Boetsch Gillet, 2016, p. 47 y ss. y Navarro Schiappacasse, 2021, p. 149.

tivos de la Obligación Tributaria, su verdadero monto o data de nacimiento.[35]

El ingreso del proyecto a la Cámara de Diputados generó un amplio debate, siendo las NGA un aspecto particularmente cuestionado, lo que no impidió que la Cámara aprobara el proyecto en general y en particular.

No obstante su aprobación, el proyecto sufrió importantes modificaciones en el Senado, las cuales se originaron principalmente por el denominado *"Protocolo de acuerdo por una reforma tributaria para un Chile más inclusivo"* de fecha 08.06.2014, documento que abordó una serie de aspectos a perfeccionar en las NGA.[36].

En cuanto a la simulación como hipótesis de las NGA, la principal novedad fue que se definió expresamente qué es lo que se entiende por simulación para efectos tributarios y se suprimió el inciso 2° que establecía la inoponibilidad de los actos respecto del Servicio de Impuestos Internos.

Los cambios propuestos permitieron que el proyecto finalmente pudiera ser aprobado, culminando de esta forma con la Ley N°20.780, la cual fue publicada con fecha 29 de septiembre de 2014.

III.3. Mensaje Presidencial N°1436-363 de fecha 09 de diciembre de 2015

Si bien la Ley N°20.780 fue publicada y sus disposiciones entraron en vigor de forma gradual, en diciembre del año 2014 se ingresó un nuevo proyecto que tuvo por objeto simplificar el sistema de tributación de Impuesto a la Renta junto a otras disposiciones legales.

---

[35] De acuerdo al mensaje, la declaración de los actos o negocios constitutivos de elusión era efectuada por el Servicio de forma administrativa.
[36] Más detalle, ver, p.6.

En materia de NGA, se propuso la creación de un Comité Consultivo que asesorara al Director en la decisión de requerir al Tribunal competente la declaración de abuso a las formas jurídicas o simulación, se amplía la legitimación para efectuar consultas no vinculantes a la Administración en los términos del artículo 26 bis, se aclara lo relativo a la multa aplicable al asesor contenida en el artículo 100 bis respecto del procedimiento aplicable, que la prescripción de la multa se suspende desde que se solicita su aplicación hasta que se encuentre firme y ejecutoriada la sentencia que acoja la declaración de abuso o simulación y normas que precisan de mejor manera el sentido y alcance de la entrada en vigencia de las NGA .

En la tramitación legislativa, en definitiva, solo prosperaron los cambios respecto a las consultas no vinculantes del artículo 26 bis del Código Tributario, a la multa aplicable al asesor en los términos del artículo 100 bis, lo relativo a la suspensión de la prescripción y el artículo 8° transitorio que a su vez interpretó lo dispuesto en el inciso 2° del artículo 15° transitorio de la ley N°20.780 en cuanto a la vigencia de las normas[37] publicándose la Ley N°20.899 el día 08 de febrero de 2016.

Tal como se indicó al comienzo, el proyecto de ley sobre "Modernización Tributaria" intentó introducir cambios relevantes tanto el Código como a las NGA, en general y sobre la simulación en específico.

Las propuestas modificatorias fueron bastantes, destacando especialmente lo propuesto mediante la incorporación de un nuevo inciso al artículo 4, en relación a la interpretación del derecho tributario como un derecho especial —que no posee principios o criterios propios en cuanto rama del derecho— respecto del derecho común, que detenta la calidad de derecho general.[38] por lo

---

[37]   El Servicio de Impuestos Internos interpretó la norma mediante la Circular N°42 de 2016.

[38]   Se intentó incorporar un inciso 2° al artículo 4 del Código del siguiente tenor: *"Sin perjuicio de lo anterior, la interpretación y aplicación de las dispo-*

que resulta relevante revisar en que consistían, pues ellas demuestran las formas de entender el derecho tributario del ejecutivo de
la época.

III.4. Mensaje Presidencial N°107-366 de fecha 23 de agosto de 2018, que inicia proyecto de ley que moderniza la legislación tributaria

Una vez entraron en vigor las NGA, las principales críticas de
las que fueron objeto las NGA fueron que generaban incerteza
jurídica y que, dada su complejidad, no han sido posible darles
una aplicación práctica, entre otros aspectos.

Considerando lo anterior, el Gobierno del presidente Piñera
con fecha 23.08.18 presentó un proyecto de ley que buscaba ajustar entre otros aspectos, las NGA y sus supuestos de aplicación.
Si bien el Ejecutivo en el mensaje reconoció que las normas han
generado *"(…)un efecto disuasivo de realizar planificaciones destinadas
a defraudar la finalidad de la normativa tributaria, a simular actos o
contratos, o a realizar tales actos, contratos o planificaciones sin causa u
objeto alguno"*[39] también consideró necesario incorporar *"(…)cier-
tos ajustes a la NGA, fundamentalmente contemplada en los artículos 4
bis, 4 ter, 4 quáter, 4 quinquies, 26 bis, 100 bis y 160 bis, todos del Código
Tributario ("CT"), a efectos de obtener una doble finalidad: primero, otorgar un mayor grado de certeza a los contribuyentes, en orden a qué pueden
y qué no pueden hacer; y, segundo, hacer que la NGA sea una herramienta
que, de modo eficiente, el Servicio pueda aplicar en la práctica."*[40], las que
a entender del Gobierno resultan *"sólo adecuaciones menores"*[41, 42].

---

siciones tributarias, de los actos jurídicos y de los contratos, deberá considerar
las normas de derecho común. En consecuencia, el intérprete debe considerar las
normas y criterios interpretativos recogidos por el ordenamiento jurídico común,
entre los que se cuentan los principios generales del derecho.".

[39] Mensaje N°107-366 de fecha 23 de agosto de 2018, página 16.
[40] Mensaje N°107-366 de fecha 23 de agosto de 2018, página 16.
[41] Mensaje N°107-366 de fecha 23 de agosto de 2018, página 16.
[42] Un análisis pormenorizado acerca de las propuestas de modificación se
encuentra en el artículo de Saffie.

En materia de simulación, el proyecto buscó incorporar al artículo 4 quáter la *"simulación absoluta"*, ello —probablemente— en respuesta a la posición de que la simulación contenida en el Código no la incluía e intentó excluir la aplicación de la simulación del artículo 4 quáter respecto de ciertos tipos penales contenidos en el Código Tributario, la Ley de Impuesto a las Herencias y Donaciones y el Código Penal[43]. En opinión de la doctrina las indicaciones apuntaban a *"(…) superar las críticas a la regulación del artículo 4 quáter del Código Tributario, que señalaron que con la regulación de la simulación en sede de fiscalización vinculada a la correcta determinación de la obligación tributaria, se había producido una derogación del delito tributario en los casos en que el tipo penal contempla el elemento normativo "simulación".*[44]

Las propuestas modificatorias en la materia, de acuerdo con parte de la doctrina adolecían de algunos errores[45], por lo que mediante la indicación N°049-376 de fecha 08 de mayo de 2019 se sustituyó la redacción original de la indicación al artículo 4 quáter por una expresión genérica que comprendía a *"los casos de simulación expresamente tipificados como delito en la legislación nacional, en cuyo caso prevalecerá la aplicación de la normativa que tipifica dichos delitos."*[46].

Tal como hemos señalado, resulta relevante destacar que si bien las modificaciones a las NGA y en especial al artículo 4 quáter no prosperaron estas: *"( )tenían el mismo objetivo de privatizar el derecho tributario. Al hacer referencia a las categorías del derecho civil*

---

[43] La letra c) del numeral 4 del artículo 1 del proyecto de ley señalaba: c) Intercálase entre la frase "en los que exista simulación" y el primer punto seguido (".") la siguiente frase: "absoluta o relativa, excepto los casos de simulación expresamente tipificados como delito conforme a lo dispuesto en los números 4°, 8°, 9°, 23, 24 y 25 del artículo 97, artículo 64 de la Ley sobre Impuesto de Herencias, Asignaciones y Donaciones, y artículo 470 número 8 del Código Penal". Mensaje, p. 26.

[44] NAVARRO, 2021, p. 279

[45] NAVARRO, 2021, p. 279.

[46] Mensaje N°049-376 de fecha 08 de mayo de 2019, p.5.

*para definir la simulación **se buscó derogar la definición de simulación propia del derecho tributario.** Además, se buscó eliminar la posibilidad de considerar que la simulación para efectos del derecho penal sea distinta de la simulación para efectos de la calificación de elusión. Todos los casos de simulación penal no podrían calificarse de simulación elusiva porque así se propuso expresamente. "*[47]

IV. ¿QUÉ ENTIENDE LA LEY TRIBUTARIA POR SIMULACIÓN?

Ya habiendo revisado la evolución normativa de las NGA en general y en lo relativo a la simulación, corresponde adentrarse a qué es lo que se entiende por simulación como causal de elusión conforme a la ley.

El actual artículo quáter del Código Tributario define que es lo que se entiende por simulación para efectos tributarios, indicando que: *"( ) Se entenderá que existe simulación, para efectos tributarios, cuando los actos y negocios jurídicos de que se trate disimulen la configuración del hecho gravado del impuesto o la naturaleza de los elementos constitutivos de la obligación tributaria, o su verdadero monto o data de nacimiento. "*

Una apreciación general a la definición legal permite observar que ella al emplear el verbo "disimular"[48], lo que en opinión de Ugalde implicaría que la norma comprendería solo los casos asociados a la simulación relativa del derecho civil y no a aquellos de la simulación absoluta[49 y 50].

---

[47]   Saffie, 2020, p.104.
[48]   En cuanto al verbo "disimular", cabe señalar que el diccionario de la Real Academia Española definió el verbo "disimular" como: "Ocultar o encubrir con astucia lo que se piensa o siente". Ver https: //dle. rae.es/disimular?m=form
[49]   Ugalde, 2016, p. 304.
[50]   Volveremos sobre el concepto de la simulación tributaria y su relación con la simulación civil.

Por su parte, el Servicio a través de la Circular N°65 del año 2015 interpretó las NGA, empleando el concepto esbozado por Ferrara para definirla[51], concluyendo que la simulación del artículo 4 quáter no comprende a la simulación absoluta *"principalmente porque no se ajusta a la hipótesis contenida en la norma que se analiza."* y que ella *"no se rige por las normas de los artículos 4° bis y 4° quáter".*

De esta forma, de los supuestos que comprende la simulación tributaria, el Servicio de Impuestos Internos distinguió entre:

- Simulación que afecta la configuración del hecho gravado,

- Simulación que afecta a los elementos constitutivos de la obligación tributaria,

- Simulación respecto del verdadero monto de la obligación tributaria,

- Simulación respecto de la fecha de nacimiento de la obligación tributaria.[52]

IV.1. Requisitos de la simulación tributaria

De acuerdo con lo descrito por la ley, para que se configure la simulación como causal de las NGA, deben cumplirse los siguientes requisitos:

1. Debe tratarse de actos o negocios jurídicos

Este requisito es esencial para poder configurar la hipótesis en comento, pues como bien se indicó precedentemente, la simulación tiene cabida en los actos jurídicos bilaterales, pues lo simulado en definitiva es el consentimiento de las partes.

---

[51]   Cita la definición esbozada por FRANCISCO FERRARA respecto al negocio simulado, esto es, "es el que tiene una apariencia contraria a la realidad o porque no existe en absoluto, o porque es distinto de como aparece".

[52]   Circular N°65 de 2015, páginas 14 y 15.

De acuerdo con Ugalde, lo anterior se confirma en la propia Circular, la que en lo pertinente dispone que en la simulación relativa existen a lo menos dos actos, esto es, el acto simulado que no manifiesta la real voluntad de las partes y el acto disimulado u oculto, que es el que configura el hecho gravado.[53]

2. Los actos o negocios jurídicos deben disimular: 2.1) La configuración del hecho gravado del impuesto; 2.2.) Los elementos constitutivos de la obligación tributaria; 2.3) El verdadero monto de la obligación tributaria y 2.4) La fecha de nacimiento de la obligación tributaria

2.1. La configuración del hecho gravado

De conformidad a este supuesto, lo que se busca ocultar o encubrir es la configuración de un hecho gravado, mediante uno o más actos simulados[54].

2.2. La naturaleza de los elementos constitutivos de la obligación tributaria

La hipótesis en cuestión apunta a ocultar o encubrir los elementos que constituyen la obligación tributaria respectiva mediante los actos jurídicos o negocios simulados.

Dentro de los elementos que configuran la obligación impositiva, podemos encontrar a los sujetos de la obligación, tanto activo como pasivo; el hecho gravado propiamente tal; la base imponible, tasas y exenciones. En opinión de Ugalde, también podrían encontrarse los elementos que digan relación con el nacimiento y exigibilidad de la obligación tributaria[55].

---

[53]   Navarro, 2016, p. 303.

[54]   A modo de ejemplo, el profesor Ugalde señala que dicha hipótesis se configuraría en un contrato de compraventa simulado en el que no existen ni la cosa ni el precio, lo que le reportaría al contribuyente comprador un gasto de tal entidad que le implica pasar de una Renta Líquida Imponible positiva a una negativa.

[55]   Ugalde Prieto, 2016, p. 305.

2.3. El verdadero monto de la obligación tributaria

Este supuesto aborda aquellos casos en que mediante actos jurídicos o negocios se busque ocultar o encubrir el verdadero monto, esto es la suma de la obligación tributaria respectiva, afectando en consecuencia a la base imponible del impuesto respectivo[56].

2.4. La data de nacimiento de la obligación tributaria

Este caso refiere a la celebración de actos jurídicos o negocios que buscan ocultar o encubrir la época de nacimiento de la obligación tributaria respectiva[57].

IV.2. *Efectos de la declaración de la simulación*

Como bien se señaló previamente, de acuerdo al artículo 4 quinques, la simulación debe ser declarada por parte del Tribunal Tributario y Aduanero competente a petición del Director del Servicio de Impuestos Internos y de conformidad al procedimiento establecido en el artículo 160 bis del Código, respecto de uno o más actos o negocios jurídicos que configuren las hipótesis de definidas en el artículo 4 quáter.

El efecto que dispone la ley una vez declarada la simulación mediante sentencia firme y ejecutoriada es que *"los impuestos se aplicarán a los hechos efectivamente realizados por las partes, con independencia de los actos o negocios simulados."*

Para parte de la doctrina señala que la ley tributaria al emplear la expresión *"con independencia de los actos o negocios simulados"* da-

---

[56] Un ejemplo de este supuesto podría ser la emisión de una boleta de honorarios por un monto mayor al realmente pactado por las partes, generando un gasto deducible mayor al que realmente corresponde en la Renta Líquida Imponible por parte del beneficiario de los servicios.

[57] Para el profesor UGALDE, un ejemplo de esta situación puede ser la celebración de un contrato en que se pacte una condición no real que implique que el ingreso obtenido se devengue en un periodo tributario distinto al que se habría devengado si no hubiese existido tal condición.

ría cuenta de que, bajo los actos o negocios aparentes, permanece oculto el o los actos o negocios reales y que por aplicación de las NGA, se desvirtúa la presunción de buena fe[58], por lo que una vez estos actos o negocios salen a la luz, se verifica el hecho gravado conforme a la ley[59].

En definitiva, el efecto que contempla la ley, es que al Servicio de Impuestos Internos en cuanto tercero de buena fe le resultan inoponibles el o los actos o negocios simulados, pudiendo liquidar y girar de acuerdo a la voluntad real, cuestión que refrenda el Servicio en la citada Circular estableciendo que: *"el caso de simulación relativa, judicialmente declarada por el tribunal tributario y aduanero, **los efectos tributarios que se generen dependerán de los hechos gravados que en realidad se configuren, más allá de los actos que los encubran.**"*[60].

Dado que el Servicio al interpretar las NGA lo hace en base a elementos propios de la simulación civil, también se pronuncia respecto a la simulación absoluta y sus efectos afirmando que en tales casos: *"los efectos tributarios serán aquellos que genera el o los actos celebrados de acuerdo a la forma elegida por las partes."*

IV.3. ¿Es la simulación tributaria igual o diversa a la del derecho civil?

De la revisión efectuada es posible constatar que la incorporación de la simulación del artículo 4 quáter trajo consigo una definición que, contrastada bajo la simulación del derecho civil, solo contempla casos propios de la simulación relativa, por lo que corresponde preguntarse acerca de si la simulación tributaria es igual o diferente a la simulación civil.

---

[58] Conforme al artículo 4 bis inciso 2° y además, en el artículo 8 N°19 como derecho del contribuyente.
[59] Navarro, 2021, p.277.
[60] Circular N°65 de 2015, página 15.

Lo anterior tiene consecuencias relevantes, por ejemplo, en la manera de entender el concepto de simulación en los casos de delitos tributarios que la emplean directa e indirectamente como conducta, especialmente considerando que a nivel doctrinal e incluso, el propio Servicio la ha entendido como si fuera la simulación civil.[61]

Un primer elemento para considerar es que existen diferencias entre lo regulado en el artículo 4 quáter y lo que se entiende por la simulación propia del derecho civil, fundamentalmente por el hecho de que la ley tributaria no contempla regulación sobre la simulación absoluta.

Si bien resulta claro que para el SII la definición de simulación se enmarca en el concepto propio civil, para parte de la doctrina, la simulación tributaria escapa a la clasificación tradicional esbozada por la doctrina civil. Al respecto, Boestch señala que *"la simulación tributaria escapa a la clasificación tradicional que distingue entre la simulación absoluta y relativa, ya que conforme al art. 4 quáter lo que importa no es que se pretenda encubrir que no se quería realizar acto alguno (como acontece en la simulación absoluta) o bien se pretende encubrir un acto distinto al declarado (como acontece en la simulación relativa), sino que lo que el contribuyente desea esconder es una de las cuatro cuestiones con incidencia exclusivamente tributaria"*[62]

Una posible respuesta a lo anterior la encontramos en la Circular N°65, que en lo pertinente dispone respecto a la simulación absoluta que: *"el legislador tributario no se ha referido a este tipo de simulación en la redacción de esta norma, toda vez que parece poco probable la hipótesis de que esta forma de negocios se utilice para aminorar los efectos tributarios de sus actos. En efecto, en ese caso el único acto realizado (simulado) es el que genera los efectos jurídicos y tributarios, incluyendo el respectivo pago del impuesto. Esta situación no se rige por las normas de los artículos 4° bis y 4° quáter."*[63].

---

[61]   Circular N°55 de 2003, p. 28.
[62]   BOETSCH, 2016, p.133.
[63]   Circular N°65, 2015, p.15.

Un segundo aspecto que considerar es que, si bien la simulación tributaria se asemeja a lo que se entiende por simulación relativa, la declaración judicial de esta no genera exactamente los mismos efectos que en materia civil. Por ejemplo, en materia civil el tercero de buena fe tiene la posibilidad de optar por el acto simulado o disimulado (a su conveniencia), pero en materia tributaria, el Servicio solo puede hacer valer los *"hechos efectivamente realizados por las partes, con independencia de los actos o negocios simulados"*, lo que equivale a afirmar que solo puede valerse de la voluntad real.

Lo anterior resulta de toda lógica, considerando que las NGA de acuerdo al artículo 4 bis del Código se enmarcan bajo el principio de legalidad, cuestión que implica que las obligaciones tributarias nacen a la vida del derecho, en la medida que verifique el presupuesto de hecho establecido en la ley y se hacen exigibles conforme a la naturaleza jurídica de los actos, hechos o negocios realizados por las partes y ello resulta manifiesto con la voluntad real que emana una vez se declare la elusión vía judicial.

De esta forma, pareciera ser que la simulación tributaria es un concepto diferente al de la simulación civil, tanto por la no regulación de los supuestos de la simulación absoluta; por los diferentes efectos que generan a los terceros tanto en la simulación civil como en la tributaria, pues responden a lógicas diversas, en el caso de la simulación del derecho civil, ella responde a la protección de los intereses personales[64], a diferencia de la simulación tributaria, que responde a la lógica propia del derecho tributario, manifestada en la capacidad contributiva[65][66].

De esta forma, asumiendo que el concepto de simulación tributaria del artículo 4 quáter es diverso al civil, resulta necesario revisar las figuras que emplean directa o indirectamente a la simulación como conducta de los delitos tributarios del artículo 97.

---

[64] SAFFIE, 2020, p.102.
[65] SAFFIE, 2020, p.100.
[66] Para profundizar, ver JARACH, DINO, 2004, p.73 y ss.

V. SOBRE LOS DELITOS TRIBUTARIOS CONTEMPLADOS EN LOS ARTÍCULOS 97 N°4 Y N°25 DEL CÓDIGO TRIBUTARIO Y LAS CONDUCTAS DESCRITAS EN LOS TIPOS VINCULADAS A LA SIMULACIÓN

Como ya se ha señalado, la simulación desde largo tiempo se encuentra presente como conducta en ciertos delitos tributarios contenidos en el Código Tributario, entre los que se puede destacar el inciso 3° del artículo 97 N°4, el artículo 97 N°25 e indirectamente los incisos 1° y 2° del artículo 97 N°4, por lo que se revisarán brevemente los principales elementos de los citados tipos penales.

V.1. El inciso 3° del artículo 97 N°4: Obtención fraudulenta de devoluciones

El referido inciso 3° establece que: "El que, **simulando una operación tributaria** o **mediante cualquiera otra maniobra fraudulenta,** obtuviere **devoluciones de impuesto que no le correspondan,** será sancionado con la **pena de presidio menor en su grado máximo** a **presidio mayor en su grado medio** y con **multa del cien por ciento al cuatrocientos por ciento de lo defraudado.**"

1.1. Elementos de la figura delictual:

a. **Sujeto activo:** De acuerdo con la expresión empleada por el legislador "el que" se ha entendido que el delito lo puede cometer cualquier persona, sea o no contribuyente[67].

b. **Conducta:** La norma establece que debe consistir en *"simular una operación tributaria"* como por ejemplo sería, una exportación simulada[68] o *"realizar otra maniobra fraudulenta que permita obtener una devolución de impuestos que no corres-*

---

[67] Massone, 2009, p. 365.
[68] García y Ugalde, p. 27.

ponde", como, por ejemplo, sería un aumento indebido del precio de la operación que da lugar a la devolución.[69]

Dada la descripción del delito, a nivel doctrinal y jurisprudencial se ha entendido que el delito es de aquellos denominados "de resultado", por lo que para su configuración debe materializarse la devolución indebida, sin que exista sanción para la tentativa o delito frustrado[70][71]. No obstante ello, existe jurisprudencia que considera que el referido delito admite iter criminis y se puede darse en calidad de consumado, tentativa y frustración[72].

V.2. El artículo 97 N°24: Simulación de donaciones

El numeral 24° del referido artículo dispone en lo pertinente que: "*Los contribuyentes de los impuestos establecidos en la Ley sobre Impuesto a la Renta, que (...) simulen una donación, en ambos casos, de aquellas que otorgan algún tipo de beneficio tributario que implique en definitiva un menor pago de algunos de los impuestos referidos, serán sancionados con la pena de presidio menor en sus grados mínimo a medio*".

1.1. Elementos de la figura delictual

a. **Sujeto activo:** De acuerdo a la ley, el sujeto activo del delito solo puede ser un contribuyente de los impuestos contenidos en la Ley sobre Impuesto a la Renta.

b. **Conducta:** En este punto, la conducta requerida consiste en simular dolosamente una donación, de aquellas que otorguen algún beneficio tributario que implique un

[69] García y Ugalde, p.27.
[70] En este sentido, Massone, 2009, p 366; García y Ugalde, p. 40 y 41.
[71] Excma. Corte Suprema, causas roles C-15443-2017, C-24668-2018 y C-28255-2018, que a su vez confirman sentencias de la I. Corte de Apelaciones de Santiago y del 1er Tribunal Tributario y Aduanero de la Región Metropolitana.
[72] Iltma. Corte de Apelaciones de Chillán, Causa Rol 243-2011 y Excma. Corte Suprema Causa Rol: 26.048-1996.

menor pago de los impuestos contenidos en la Ley de la Renta.

En cuanto a la simulación como conducta, el Servicio de Impuestos Internos mediante la Circular N°55 del año 2003 indicó que uno de los requisitos del tipo en análisis es que *"( ) se simule una donación, ya sea que se trate de una simulación absoluta o relativa. Habrá simulación absoluta si entre las partes no se ha celebrado acto o contrato alguno y relativa si se ha celebrado un contrato diferente a la donación."*[73]

Al igual que en materia de las NGA y la simulación como hipótesis, el ente fiscal emplea las categorías propias de la simulación civil para interpretar el sentido y alcance de la ley.

Respecto a la conducta, parte de la doctrina critica que la simulación deba ser dolosa, pues *"el concepto mismo de la simulación envuelve dolo"*[74].

V.3. Sobre las figuras residuales de los incisos 1° y 2° del artículo 97 N°4

Los incisos 1° y 2° contienen en sus descripciones respectivas figuras de orden genérico y en el caso del inciso 1°, residual, que dada su amplitud engloban casos en que se haya empleado la simulación.

En el caso del inciso 1°, la figura consiste en *"el empleo de otros procedimientos dolosos encaminados a ocultar o desfigurar el verdadero monto de las operaciones realizadas o a burlar el impuesto"*, a nivel doctrinal se ha entendido que los elementos que *configuran el delito son:*

a. Que el contribuyente en cuanto sujeto activo, haya empleado algún procedimiento doloso.

---

[73] Circular N°55 del año 2003, p. 28.
[74] Massone, 2009, p. 471

b. Que dicho procedimiento no esté expresamente tipificado en el propio artículo 97 N°4 ni en otras disposiciones
tributarias.

c. Que el procedimiento esté encaminado y sea apto para
ocultar o desfigurar el verdadero monto de las operaciones
realizadas o para burlar el impuesto[75].

En cuanto el inciso 2°, el tipo penal establece que : *Los contribu-*
yentes afectos al Impuesto a las Ventas y Servicios u otros impuestos sujetos
a retención o recargo, **que realicen maliciosamente cualquiera maniobra**
tendiente a aumentar el verdadero monto de los créditos o imputaciones
que tengan derecho a hacer valer, en relación con las cantidades que de-
ban pagar, *serán sancionados con la pena de presidio menor en su grado*
máximo a presidio mayor en su grado mínimo y con multa del cien por
ciento al trescientos por ciento de lo defraudado. "

Si bien la ley emplea una figura genérica respecto al aumento
de los créditos o imputaciones a las que el contribuyente tenga
derecho, ella refiere específicamente a los contribuyentes de IVA
u otros impuestos sujetos a retención o recargo.

En cuanto a la interpretación de la simulación en materia de
delitos, el Servicio de Impuestos Internos al menos a nivel administrativo, ha interpretado a la simulación bajo los parámetros
propios de la simulación civil, así lo ha hecho al menos en la Circular N°55 del 2003 a propósito del delito del artículo 97 N°24 del
Código[76][77].

Por otra parte, los Tribunales de justicia han resuelto casos en
que se encuentra la simulación como conducta, por ejemplo, en
casos de facturas falsas que aumentaron costos o gastos respecto de
contribuyentes del Impuesto de Primera Categoría, el aumento de

---

[75]   MASSONE, 2009, p. 490.
[76]   Respecto al artículo 97 N°4 inciso 3° que también emplea a la simula-
       ción como conducta, el Servicio en la Circular N°54 de 1980, no desa-
       rrolla que se entiende por tal.
[77]   Excma. Corte Suprema, Causa Rol C-28213-2014.

créditos fiscales de IVA ficticios mediante facturas ideológicamente falsas (servicios no prestados), utilización de créditos Sence, respecto de configuración de delitos del artículo 97 N°4 incisos 1°, 2° y 3°.

Sin embargo, no se ha desarrollado que se entiende por simulación, pese a que existen supuestos que podrían enmarcarse como casos de simulación absoluta como relativa[78].

VI. ¿ES LA SIMULACIÓN DEFINIDA EN EL ARTÍCULO 4 QUÁTER APLICABLE A LOS DELITOS CONTEMPLADOS EN LOS ARTÍCULOS 97 N°4 Y 25 DEL CÓDIGO TRIBUTARIO?

Si bien el artículo 4 quáter al definir la simulación establece que ella aplica *"para efectos tributarios"*, queda la interrogante de si dicha definición es extrapolable a los tipos penales que emplean a la simulación como conducta de forma específica y a aquellos que emplean una cláusula amplia que la comprende como tal.

Si se revisa la interpretación administrativa del Servicio, se puede observar que al menos en la Circular N°55 de 2003, aborda a la simulación en cuanto comportamiento del delito del artículo 97 N°24 del Código, conforme a los criterios y clasificaciones propias de la simulación civil, distinguiendo entre simulación absoluta y relativa.

Por otra parte, la jurisprudencia judicial no ha efectuado un mayor desarrollo respecto del concepto de simulación, pese a haber conocido casos en que la conducta se ha configurado y acreditado.

En este sentido, cabe preguntarse acerca del sentido y alcance de la simulación del artículo 4 quáter, dado que la propia norma dispone que ella tiene aplicación *"para efectos tributarios"*. Lo

---

[78]   Iltma. Corte de Apelaciones de Santiago, Causa Rol C-84-2018, Excma. Corte Suprema Causa Rol C-4492-2009, entre otras.

anterior es relevante para determinar si tiene un efecto general en todo el ordenamiento tributario incluyendo al derecho penal tributario o no.

Un primer aproximamiento sería entender la expresión *"para efectos tributarios"* circunscrita solo al derecho tributario, entendiéndolo como *"El conjunto de normas que regulan los derechos y obligaciones entre el Estado, en su calidad de acreedor de los tributos, y las personas a quienes la ley responsabiliza de su pago"*[79], excluyendo al derecho penal tributario. Dicha posición resulta coherente con entender a la simulación tributaria como un concepto diverso al del derecho común[80], cuya aplicación solo resulta aplicable a los actos o contratos que configuren elusión en los términos de los artículos 4 bis y siguientes del Código Tributario.

Por su parte, la posición fiscal si bien considera que la simulación del 4 quáter se enmarca en la simulación relativa del derecho civil, las hipótesis de simulación absoluta no son cubiertas por la definición. No obstante ello, si considera que la simulación de las NGA es diferente a la simulación del derecho penal tributario, pues las NGA no requieren la acreditación de los elementos subjetivos y al hecho de que ellas responden al principio de legalidad de los tributos[81].

Es decir, el Servicio de Impuestos Internos considera a la simulación civil como base de la institución, distinguiendo entre la simulación del 4 quáter que a su entender encuadra en los supuestos de la simulación relativa y la simulación absoluta que no es regulada por la norma y diferenciando a la simulación penal solo desde una perspectiva sustantiva (elementos subjetivos y fines de la institución) pero no conceptual, pues como ya hemos visto, respecto al delito del artículo 97 N°24, si distingue entre la simulación relativa y absoluta.

---

[79]   Valdés Costa, 2004, p.1.
[80]   Bedecarratz Scholz, 2019, p.3.
[81]   Circular N°65 N°2015, p.15.

Para parte de la doctrina, la simulación del 4 quáter efectivamente abarca solo lo que se entiende por simulación relativa, por lo que el resto de los casos *"que incluyen la conducta de simulación de forma expresa o tácita se restringen a los casos de simulación absoluta, es decir, aquella en la que tras el acto aparente no se oculta ningún otro acto"*[82].

VII. ¿EXISTE DESPENALIZACIÓN DE AQUELLOS DELITOS QUE REQUIEREN A LA SIMULACIÓN COMO CONDUCTA?

Otro de los aspectos que resultan controvertidos respecto de la simulación tributaria es la eventual despenalización que habría generado la incorporación del artículo 4 quáter respecto de la simulación como conducta de los delitos tributarios del articulo 97 N°4 y 24 del Código Tributario, principalmente por ser estas normas incorporadas con posterioridad a aquellas que emplean a la simulación como conducta y por conferir un tratamiento más beneficioso.

Como se indicó precedentemente, dicha tesis fue considerada por el ejecutivo de la época, quien propuso incorporar lo que se entiende por simulación absoluta a la simulación del artículo 4 quáter y diferenciarla del de la simulación penal, esto, es excluir su aplicación respecto de los casos en que procedan los delitos.

Respecto de dicha interpretación, se considera que no es efectiva, por las siguientes razones:

a. Un primer elemento diferenciador es que la definición de simulación que dispone el artículo 4 quáter, si bien contempla una serie de supuestos que se podrían verificar en la simulación relativa civil, es diversa a la civil, la que regularía a la simulación en materia penal.

---

[82] BEDECARRATZ, 2019, p.13 y MATUS, 2016, p.80.

b. Por otra parte, la simulación como hipótesis de las NGA, se enmarca dentro de las facultades que la ley le ha conferido a la Administración Fiscal para supervigilar el cumplimiento del principio de legalidad respecto de los hechos gravados, por lo que en la medida que el ente fiscal, emplee el procedimiento establecido en la ley y el Tribunal Tributario y Aduanero declare la simulación mediante sentencia firme y ejecutoriada, recién ahí se podrá determinar las obligaciones tributarias conforme a la voluntad real expresada en los actos o contratos disimulados. El ejercicio de la facultad no puede entenderse como una limitación u obstáculo para perseguir las responsabilidades penales por eventuales delitos.

c. Las NGA no poseen la naturaleza propia de una norma penal. En otras palabras, el ejercicio de las facultades que la propia ley le ha entregado al SII no pueden ser entendidas como sanciones penales.

d. Las NGA para su aplicación no requieren acreditar elementos subjetivos para su aplicación, a diferencia de los delitos tributarios.

e. Adicionalmente, el delito del inciso 3° si bien emplea a la simulación como conducta, la descripción del tipo penal es diferente a la simulación del 4 quáter, además de que a nivel jurisprudencial se ha entendido el delito como aquellos "de resultado", por lo que, para consumarse, debe necesariamente haberse obtenido una devolución improcedente, conducta evidentemente diversa a la descrita por el artículo 4 quáter.

VIII. CONCLUSIONES

Como se ha indicado, la simulación se encuentra presente en el Código Tributario tanto como conducta de ciertos delitos tributarios y como hipótesis de elusión de conformidad a las NGA.

Previo a la incorporación de las NGA, la simulación como conducta de los delitos ha sido interpretada, al menos por el ente fiscalizador, bajo los parámetros de la simulación en materia civil, la cual no está expresamente regulada, pero si ha sido reconocida a nivel doctrinal y jurisprudencial fundamentalmente por lo dispuesto en el artículo 1707 del Código Civil.

La definición de la simulación contenida en el artículo 4 quáter del Código, que conforme a la propia ley es *"para efectos tributarios"* se escapa a los conceptos doctrinales y clasificaciones de la simulación propia del derecho civil, lo cual ha llevado a una parte de la doctrina a sostener que dicha regulación es diversa a la del derecho común, pese a que el propio SII en la Circular N°65 de 2015 se basa en los criterios y clasificaciones del derecho civil para interpretar a la institución en comento.

En este sentido, pareciera que la definición de la simulación contenida en el artículo 4 quáter, por sus especiales características, debiera remitirse solo a la aplicación de las NGA propias del Derecho tributario y no a las figuras delictuales tributarias, que son propias del Derecho penal, pues si bien ambas contemplan a la simulación, en materia de NGA existe un concepto específico y ciertamente, son de naturaleza diversa y poseen distintas finalidades.

Finalmente, respecto a la tesis de la despenalización, se considera que ella no es tal, atendido a que el concepto de simulación civil solo tiene aplicación para efectos tributarios, que las NGA son normas especiales que permiten al ente fiscal determinar las obligaciones tributarias de acuerdo a la naturaleza jurídica propia de los actos celebrados realmente por las partes, que dicha normativa no detenta la naturaleza de una norma penal y ciertamente para su aplicación, no requiere la acreditación del elemento subjetivo, a diferencia de los delitos tributarios.

IX. BIBLIOGRAFÍA

Bedecarratz Scholz, Francisco Javier, 2019: Elusión y Evasión Tributaria: Entre la vía contravencional y la penal, Doctrina y Jurisprudencia Penal, N° Año 2019, Volumen 38

Boetsch Gillet, Cristián, 2016: La Norma General Anti-Elusión, Santiago, Ediciones UC.

Ducci Claro, Carlos, 2005: Derecho Civil. Parte General, Santiago, Editorial Jurídica de Chile.

Ferrara, Francesco, 1960: La simulación de los negocios jurídicos: https: // www.academia.edu/40538383/La_simulacion_de_los_negocios_juridi- cos_Francisco_Ferrara

Jarach, Dino, 2004: El Hecho Imponible, Buenos Aires, Abeledo Perrot.

León Hurtado, Avelino, 1991: La voluntad y la capacidad en los actos jurídi- cos, Santiago, Editorial Jurídica de Chile.

Massone Parodi, Pedro, 2009: Infracciones Tributarias, Santiago, Legal Pu- blishing.

Matus Fuentes, Marcelo, 2016: La elusión tributaria y su sanción en la Ley N° 20.780. Hacia un concepto de negocio jurídico elusivo, Revista Ius et Praxis, año 23, N°1.

Navarro Schiappacasse, María Pilar, 2021: Normas generales antielusión y su sanción en el derecho chileno, Valencia, Tirant lo Blanch.

Parra Labarca, Ricardo, 1994: La Simulación. Doctrina y Jurisprudencia, Santiago, Ediciones Jurídicas La Ley.

Saffie Gática, Francisco, 2020: "Análisis de las modificaciones propuestas en el proyecto de «Modernización Tributaria» a la regla interpretativa del Código Tributario y las normas antielusión como intento de privatiza- ción del derecho tributario", contenido en "Reforma Tributaria 2020: Principales cambios", Tirant Lo Blanch.

Ugalde Prieto, Rodrigo, 2018: La Elusión Tributaria. El abuso de las formas jurídicas y la simulación, Santiago, Editorial Jurídica de Chile.

Ugalde Prieto, Rodrigo y García Escobar, Jaime, 2005: Curso sobre Delitos e Infracciones Tributarias, Santiago, Legal Publishing.

Vergara Quezada, Gonzalo, 2016: Norma Antielusiva General. Sobre los fi- nes en nuestras leyes tributarias, Santiago, Editorial Libromar.

Vial del Rio, Víctor, 2003: Teoría general del Actos Jurídico, Santiago, Edito- rial Jurídica de Chile.

Ley N° 20.780, Reforma Tributaria que modifica el sistema de tributación de la renta e introduce diversos ajustes en el sistema tributario, publicada el 29 de septiembre de 2014.

Ley N° 20.899, Simplifica el sistema de tributación a la renta y perfeccio- na otras disposiciones legales tributarias, publicada el 08 de febrero de 2016.

El concepto de abuso del Código Tributario y el propósito del contribuyente

POR GONZALO VERGARA QUEZADA[1]

RESUMEN: El concepto de abuso del Código Tributario chileno no contempla como uno de sus elementos a la intención del contribuyente, que es propia del concepto de abuso utilizado en el derecho europeo y del que ha sido incluido en los convenios sobre doble tributación que contemplan la llamada cláusula del propósito principal. Por lo mismo, en este estudio se analiza si es posible recurrir a la intención del contribuyente para dar algún contenido a los conceptos jurídicos indeterminados que diferencian el concepto de abuso del Código Tributario de su excepción, que es la opción razonable del contribuyente, teniendo en cuenta que la ley no contempla parámetros objetivos para diferenciar los conceptos, ya que ambos están comprendidos por los mismos elementos.

PALABRAS CLAVE: Abuso, intención del contribuyente, conceptos jurídicos indeterminados.

I. INTRODUCCIÓN

Es fundamental definir un fenómeno para poder abordarlo seriamente, debido a que, si no determinamos las características y los elementos que componen aquello que nos proponemos estudiar, no es posible, por ejemplo, medirlo. Entonces, sin una definición de elusión tributaria en general o de abuso en parti

---

[1]   Abogado, Pontificia Universidad Católica de Valparaíso; Magíster en derecho con mención en Derecho Tributario, Pontificia Universidad Católica de Chile; profesor de Derecho Tributario en los programas de magíster de la Pontificia Universidad Católica de Chile, Universidad de Concepción y Universidad de Los Andes.

cular, no es factible cuantificar el problema analizado, por lo que tampoco será posible medir los efectos de la aplicación de una medida destinada a controlarlo.

A lo dicho antes, es posible agregar que, para muchos operadores políticos, puede resultar atractivo que un problema se mantenga difuso, porque así pueden declarar que él es muy grave o que no es relevante, invocando cifras que no admiten una verificación independiente. Luego, de igual manera, la falta de claridad del fenómeno les permite proclamar que ha sido exitosa o ha fracasado alguna medida aplicada, nuevamente, refiriéndose cifras que no son susceptibles de comprobación por terceros, debido a la ausencia de definiciones, métodos de cálculo y datos públicos que admitan una verificación por terceros. Esto implica que, en definitiva, no existe un análisis pragmático de las políticas públicas, las que quedan limitadas a satisfacer dogmas[2].

Adicionalmente, si solamente se emplea un hecho psíquico —como es el caso de la intención— para definir un fenómeno de relevancia jurídica, prácticamente se vuelve imposible medirlo, debido que ello implica que existiría claridad sobre cuáles son los hechos conocidos que se deben demostrar y, eventualmente, cuantificar, para establecer aquel hecho desconocido. Ello, considerando que, por regla general, nadie declara que un acto se lleva a cabo por motivaciones tributarias, por lo que estamos en un caso en el que se debe determinar la existencia una voluntad no declarada.

Por lo mismo, recurrir solamente a la intención del contribuyente para definir el abuso, crea un problema muy grande para efectos de tener una política pública basada sobre hechos comprobables empíricamente. Entonces, para la implementación de políticas públicas que sean susceptibles de algún tipo de medición

---

[2]   Precisamente, uno de los graves problemas de las reformas tributarias chilenas ha sido su discusión e implementación sin contar con datos confiables para poder evaluarlas. Cantuarias Rubio *et al.*, 2020, pp. 157-171.

comprobable, es necesario al menos definir de manera objetiva el fenómeno que se desea regular.

Además, en el caso de que una política pública afecte derechos protegidos por la Constitución, definir la conducta se vuelve más importante, por lo que el empleo de conceptos jurídicos indeterminados, sin que la ley contemple parámetros que permitan una aplicación objetiva de la correspondiente normativa, agrava el problema planteado, porque la apreciación de conceptos difusos o vagos, como la relevancia o la razonabilidad, será diferente para cada persona, dependiendo de los valores, ideales, tendencias políticas, etc., de quien deba decidir su contenido.

Entonces, definir la elusión sobre la base de conceptos jurídicos indeterminados, sin que se proporcionen patrones que permitan un control objetivo de la decisión crea problemas tanto constitucionales como de políticas públicas.

Pero la intención puede ser uno de los elementos del concepto de abuso para efectos fiscales, como lo ha demostrado la jurisprudencia europea, que considera que se ha abusado de la legislación cuando el contribuyente tiene la intención de aplicar una normativa más beneficiosa, para lo que se pone por medios artificiosos en el supuesto de hecho de esta, obteniendo un resultado contrario a los propósitos de dicha regulación.

Es importante destacar de lo dicho en el párrafo anterior que, respecto de la intención, la definición del derecho europeo contempla dos elementos adicionales, que evitan que el fenómeno quede reducido únicamente las apreciaciones que se puedan tener sobre el elemento psíquico que, por regla general, en el abuso no se expresan por parte del contribuyente, por lo que la intención se presumirá a partir de hechos que se puedan probar.

Pasando a nuestro país, respecto de la intención y la elusión, el Ejecutivo, en una actitud pre-beccariana[3], que no parece com-

---

[3]   Es importante recordar que esta es una normativa sancionatoria y, si se prueba en juicio el abuso, no se sanciona a quien —para efectos didác-

prender la necesidad de tipificar previamente una conducta en la ley para que ella esté sancionada, sostuvo durante la tramitación de la ley que estableció la normativa antielusiva general que nuestro "sistema tiene dificultades para sancionar las planificaciones que tienen el sólo propósito de sacar ventajas tributarias en la realización de una operación o conjunto de operaciones relacionadas entre sí"[4].

A pesar de que la declaración anterior —que se refiere a la intención del contribuyente y en nuestro derecho debe dar cuenta del propósito de esta normativa— fue repetida por las comisiones que analizaron esta regulación[5], en definitiva, el propósito del contribuyente no fue incorporado en el texto de la norma antielusiva general. Sin embargo, al analizar si, conforme a la norma general anti elusiva del Código Tributario chileno, puede o no existir abuso, el Servicio de Impuestos Internos ha hecho referencias a lo que claramente es la intención del contribuyente, a pesar de que el texto de la normativa respectiva no menciona ningún elemento psíquico del contribuyente[6].

Dicho esto, nos proponemos en este trabajo resaltar que los propósitos del contribuyente son considerados por las normas impositivas nacionales, por lo que el problema no es novedoso; para luego mostrar como la intención del contribuyente es uno de los

---

ticos— podríamos calificar de autor material de la conducta, que es el contribuyente, sancionándose a quien planificó los hechos, que en ese supuesto sería el autor intelectual. Ahora, siendo rigurosos, como lo ha señalado la doctrina, el "sujeto activo del injusto regulado en el artículo 100 bis del Código Tributario es la persona natural o jurídica que ha diseñado o planificado uno o más actos jurídicos relacionados entre sí, que luego son declarados abusivos o simulados por un tribunal". Navarro Schiappacasse, 2019, p. 236.

4   Historia de la Ley N° 20.780 p. 4, 109 y 842.
5   Historia de la Ley N° 20.780 pp. 109 y 842.
6   A modo de ejemplo, se hace referencia a la sola intención de obtener ventajas tributarias "indebidas" en Oficio N° 1.594, de 2019; Oficio N° 2.514, de 2018; Oficio N° 1.303, de 2018.

elementos que configuran la elusión en el derecho internacional; tras eso revisaremos si el propósito del contribuyente es un elemento contemplado en la normativa antielusiva general del Código Tributario chileno; para luego analizar si, considerando que el concepto de abuso y su excepción se diferencian por conceptos jurídicos indeterminados, como es el caso de los *efectos relevantes* y *opciones razonables*, puede ser la intención empleada para dar algún contenido ellos, señalando las posibles implicancias de ello.

Lo último es particularmente relevante, debido a que la ley no contempla parámetros que permitan una aplicación medianamente objetiva de los conceptos de efectos relevantes y opciones razonables, por lo que no cumple con uno de los requisitos mínimos que el Tribunal Constitucional ha considerado se deben satisfacer en materias que afectan derechos protegidos por la Constitución y los tratados internacionales[7].

De esta manera, intentaremos determinar si, conforme a la regulación vigente, es posible recurrir al propósito, intención o motivos del contribuyente para efectos de determinar si una conducta es constitutiva de abuso, por ejemplo, mediante el análisis de la razonabilidad de la conducta del contribuyente que, como indicamos, es concepto jurídico indeterminado sin parámetros legales de aplicación.

II. LA INTENCIÓN EN EL DERECHO Y EN EL TRIBUTARIO NACIONAL EN PARTICULAR

La intención sigue estando en el centro del derecho privado, por su importancia en el acto jurídico en general, y porque "un contrato sólo se entiende celebrado cuando las partes que intervienen en él indican su intención de obligarse jurídicamente"[8]. Sin embargo,

---

7   Villamán Rodríguez, 2019, pp. 166-205 y Seguel Malagueño, 2019, pp. 225-255.
8   Lando y Beale, 2003, p. 196.

como lo ha señalado la doctrina, respecto de la intención es necesario responder una interrogante, a saber, "una vez constituido el acto jurídico, si para atribuirle todo su alcance o interpretarlo, deben desatenderse los términos empleados por los interesados y tomar en consideración su voluntad interna y psicológica, o si por el contrario, abandonando esta última voluntad, es necesario atenerse a los términos del acto jurídico, so pretexto de que la voluntad que determinó su creación definitivamente se concreta y traduce en las fórmulas del acto, es decir, en la declaración de voluntad"[9].

Resumiendo, es necesario determinar qué se debe hacer cuando alguien alega que existe un conflicto entre la intención real y la intención declarada en un acto jurídico. Si generalizamos las respuestas, es posible plantear dos posibles soluciones.

En la primera, considerada la teoría clásica en esta materia, fue desarrollada inicialmente en Francia, y "atribuye la función predominante a la voluntad real, subjetiva, y solamente otorga a la manifestación una función accesoria, instrumental; según ella hay que proceder a la investigación de esa voluntad"[10].

La segunda posible solución, que hoy es mayoritaria en Europa[11], primero se afianzó en el derecho alemán y, por regla general, es la inversa. Así, como destacan los autores alemanes respecto de la función de la intención real en el acto jurídico, no "es finalidad de la interpretación el averiguar la verdadera voluntad interna que no ha llegado a expresarse"[12]. Esto no implica que la intención carezca de relevancia en el derecho que ha sido influenciado por los autores alemanes, sino que, por regla general, se otorga primacía a la declaración.

Respecto de ambas teorías surgen problemas adicionales, cómo demostrar la intención y precisar su sentido y alcance cuan-

---

[9] BONNECASE, 1993, p. 766.
[10] PLANIOL y RIPERT, 1940, p. 130.
[11] LANDO y BEALE, 2003 pp. 199-200.
[12] LEHMANN, 1956, p. 305.

do existen vacíos en la declaración de voluntad. En algunos casos, estos vacíos pueden ser integrados por la propia ley, que puede contener cláusulas supletorias de la voluntad de las partes. En otros, se puede recurrir a presunciones, debido a que la intención es un hecho psíquico, por lo que no admite prueba directa cuando no ha sido expresada o si se desea demostrar que la intención real difiere de la declarada.

Un ejemplo de cómo operan las presunciones en la materia analizada, es la prueba de la intención de permanecer en un lugar, que es uno de los elementos del domicilio. Al efecto, se exige la demostración de hechos que pueden ser constatados, que están contemplados en el Código Civil chileno, los que permiten presumir la intención de una persona.

En el caso de las presunciones judiciales, que son aquellas que no están previstas en la ley, debe existir una vinculación lógica entre los hechos base que se han demostrado en el proceso y los hechos presumidos a partir de ellos, exigiéndose que las presunciones judiciales cumplan con una serie de requisitos como la gravedad y la precisión[13]. Adicionalmente, como ambas partes presentan y discuten la prueba presentada en el proceso, y el juez es un tercero imparcial, no existe una ofensa a las normas del debido proceso.

En contraste, tal como lo ha afirmado con justa razón la Contraloría General de la República, las presunciones son un medio de prueba, por lo que crear una presunción o establecer cualquier otro medio probatorio en sede administrativa "infringe el inciso quinto del artículo 19 N° 3, en relación con el artículo 60 N° 2), ambos de la Constitución, que entregan la regulación de dicha materia exclusivamente al dominio legal"[14].

Lo anterior tiene todo el sentido del mundo debido a que, en el caso de las presunciones legales, quien determina cuál es el he-

---

[13]   Rioseco Enríquez, 2002, pp. 405-430.
[14]   Contraloría General de la República, Dictamen N° 34.541, de 2005.

cho no acreditado puede ser demostrado mediante la prueba de otros hechos probados, que cumplen con las exigencias legales, es el legislador. Mientras que, en el caso de las presunciones judiciales, como adelantamos, ello lo hace un tercero imparcial —el juez—, dentro de un procedimiento que cumple con las reglas del debido proceso.

Ahora, la intención del contribuyente ha sido un elemento relevante para efectos de determinar los efectos tributarios de los actos de los contribuyentes en nuestro derecho y, como indicamos, debido a que ella es un elemento psíquico no admite demostración directa cuando no es necesaria su manifestación en los actos jurídicos que luego se examinan considerando las motivaciones fiscales, como veremos en un momento, por lo que ella ha sido presumida por la Administración Fiscal a partir de hechos que, en muchos casos, no están previstos en la ley o su descripción es insuficiente. Por lo mismo, durante todos estos años el Servicio de Impuestos Internos ha estado creando presunciones administrativas, lo que se opone al debido proceso, como lo resaltó la Contraloría General de la República.

A modo de ejemplo, en el concepto de habitualidad se interpretó que era relevante la intención con la que un contribuyente realizaba la compra de un bien, lo que no se manifiesta al momento de su adquisición. Esto tenía efectos relevantes tanto para la Ley sobre Impuesto a la Renta como para la Ley sobre Impuesto a las Ventas y Servicios[15].

En el caso particular de la habitualidad en el Impuesto a la Renta, el Servicio de Impuestos Internos emitió una circular indicando los hechos base que emplearía para presumir la intención de los contribuyentes[16], que fue seguida por una serie de criterios poco coherentes que establecían nuevos hechos base, lo que vol-

---

[15]   Oficio N° 2.240, de 2016, Oficio N° 2.159, de 2013; Oficio N° 3.191, de 2011; Oficio N° 3.190, de 2011; Oficio N° 1.178, de 1999.

[16]   Circular N° 158, de 1976.

vió, según la propia Administración, imposible predecir la tributación de los bienes cuya enajenación dependería de la calificación de habitualidad[17].

También la intención con la que se compra un bien permite calificarlo como activo fijo o activo realizable[18], y mientras no sea utilizado por el contribuyente, la intención solamente se manifestará en el registro que da cuenta de dicha calidad. Ello será relevante, por ejemplo, para efectos de determinar si se tiene derecho al beneficio previsto en el artículo 27 bis de la Ley sobre Impuesto a las Ventas y Servicios.

Entonces, podemos afirmar que la intención es uno de los elementos que, de manera recurrente, es utilizado por nuestras leyes fiscales. En estos casos, suele ser igual de recurrente que la ley no establezca los hechos base que permiten presumirla intención en aquellos casos en los que naturalmente no se manifiesta, como ocurre, precisamente, en el caso que pasamos a examinar con mayor detalle en el siguiente acápite, previsto en los convenios sobre doble tributación donde se emplea, igualmente, la intención del contribuyente como uno de los elementos de la llamada cláusula del propósito principal[19].

III. CONCEPTOS DE ELUSIÓN EN EL DERECHO INTERNACIONAL

Tradicionalmente, la OCDE definió elusión en su *Glosario de términos tributarios*, diciendo que esa institución era un "término difícil de definir pero que es generalmente usado para describir los arreglos de los asuntos de los contribuyentes que intentan

---

[17]   Oficio N° 2.557, de 2015.
[18]   Oficio N° 3.104, de 2016; Oficio N° 823, de 2013; Oficio N° 3.025, de 2012; Oficio N° 3.028, de 2011; Oficio N° 3.029, de 2011; Oficio N° 1.636, de 2010; Circular N° 41, de 1990.
[19]   Circular N° 57, de 2009.

reducir su obligación tributaria y, aunque el arreglo puede ser estrictamente legal, usualmente está en contradicción con la intención de la ley que pretende seguir"[20].

De la definición anterior se pueden resaltar dos elementos, siendo el primero la intención del contribuyente de reducir su carga fiscal, que también está presente en la definición de planificación fiscal, por lo mismo, se requiere un segundo elemento para evitar confundir la elusión con el estudio detallado de cómo organizar los asuntos del contribuyente de manera que reduzcan su carga fiscal[21], lo que nos lleva al segundo elemento, que es la conformidad con la letra de la ley más no con su propósito.

Por su parte, la doctrina europea desarrolló un concepto más preciso de abuso a partir de los fallos del Tribunal de Justicia de la Unión Europea, que es aplicable a la elusión tributaria[22].

Respecto de la precisión del concepto, si bien esta materia siempre presentará un ámbito de incertidumbre porque, al decir del profesor Pablo Rodríguez Grez, al recurrir al propósito de las reglas, el mismo va más allá de la ley[23], es una definición que surge de las decisiones de ese tribunal que permiten evitar los errores más recurrentes que se pueden observar en esta materia, como pasamos a revisar de manera resumida[24].

A continuación, pasamos a analizar los tres elementos que copulativamente deben ser acreditados para que sea posible sostener que existe abuso de las leyes en el derecho europeo.

---

[20] Traducción propia del término *avoidance* del *Glossary of Tax Terms*. OCDE, sin fecha.

[21] Ver la definición de la expresión *tax planning* en el mencionado *Glossary of Tax Terms*.

[22] El tema es abordado en extenso en Saydé, 2016.

[23] Rodríguez Grez, 2004, pp. 13-64.

[24] Un análisis más detallado se puede consultar en Vergara Quezada, 2017, pp. 57-97.

III.1. *La intención del contribuyente de aprovechar una norma más beneficiosa*

El primer elemento del concepto de abuso a la ley es la selección por parte del contribuyente de una normativa más beneficiosa, es decir, las "operaciones de que se trate deben tener como finalidad esencial la obtención de una ventaja fiscal"[25].

Al partir de la elección de normativas distintas, es posible excluir el error de creer que existe abuso cuando solamente resulta una normativa aplicable. Así, por ejemplo, si una empresa recibe una oferta por bienes que se están financiando con un *leasing*, no será abuso que los compre y pida la factura al banco antes de venderlos al tercero, lo que podría implicar que el débito fiscal de la venta no se compense con el de la compra.

Esta parte de la definición doctrinal, relacionada con la selección de la legislación aplicable, permite destacar que al abuso es, en rigor, un problema normativo, lo que permite distinguirlo de los problemas que surgen de la valoración del hecho imponible. Es decir, separa el abuso de las tasaciones de valores y de las determinaciones de precios de transferencia.

Para evitar un análisis separado que repita lo hasta ahora dicho, es posible indicar que la intención del contribuyente también está presente en las definiciones de abuso adoptadas por la OCDE y la Comisión de la Unión Europea.

Así, en el apartado 4.2 de la Recomendación de la Comisión Europea (2012/772/UE), del 6 de diciembre de 2012, se indica que los países miembros deben adoptar una norma antielusiva general que ignore los mecanismos "introducidos con el objetivo fundamental de eludir impuestos y que conducen a una ventaja impositiva"[26].

---

[25]   Tribunal de Justicia de la Unión Europea, 21 de febrero de 2006, Halifax, C-255/02.

[26]   En el texto en inglés se emplean los términos *avoiding* y *abuse*, lo que se debe traducir como eludir y abuso, mas no como evadir y fraude,

Por su parte, en el artículo 29 párrafo 9, del *Modelo de convenio tributario sobre la renta y sobre el patrimonio* de la OCDE, de 21 de noviembre de 2017, se hace una referencia expresa a la intención del contribuyente, al exigir que se concluya que "el instrumento o la operación que directa o indirectamente generan el derecho a percibir ese beneficio tienen entre sus propósitos principales la obtención del mismo".

III.2. El cumplimiento de los supuestos de hecho de la norma más beneficiosa por medios artificiosos

Pero la intención de beneficiarse de una normativa fiscal no es suficiente para calificar de abusiva la conducta, porque ello dejaría a los ciudadanos a merced de las apreciaciones que la autoridad haga de elementos psíquicos, por lo mismo, se exige examinar la conducta que permitió que fueran aplicables los supuestos de hecho de la norma más beneficiosa para examinar la artificialidad de los medios empleados, que no se debe confundir con la falsedad, que cae en los meros incumplimientos.

Es decir, el abuso requiere que el contribuyente cumpla con el supuesto de hecho de la norma más beneficiosa, porque aplica cuando se presentan los tres elementos analizados "a pesar de que se han respetado formalmente las condiciones previstas por la normativa comunitaria"[27].

Por lo mismo, en la jurisprudencia europea se exige la concurrencia del segundo elemento, que es la artificialidad. Ella es vista como una comprobación objetiva, que no deja librada la decisión a las especulaciones respecto de la intención de los contribuyentes, que no puede ser directamente constatada. Al efecto, se ha dicho que si "las condiciones exigidas para la obtención del

---

que son los términos empleados en la lamentable traducción oficial al español.

[27] Tribunal de Justicia de la Unión Europea, 14 de diciembre de 2000, Emsland-Stärke, C-110/99, apartado 52.

beneficio resultante de la normativa comunitaria fueron creadas artificialmente"[28], se configura este segundo elemento.

La Recomendación de la Comisión Europea también contiene este elemento, señalándose en el apartado 4.2 antes comentado que "preciso ignorar todo mecanismo artificial o serie de mecanismos artificiales". Luego, en el párrafo 4.4 de esa directiva se entregan ejemplos de artificialidad.

Como comentamos en otra ocasión, en el caso de la cláusula del propósito principal que fue implementada en el Modelo de la OCDE no incluyó la exigencia de la artificialidad[29], limitándose esta regulación a señalar que se deben tener "en cuenta todos los hechos y circunstancias pertinentes". Es decir, ordena algo básico, que es tener en cuenta todos los hechos relevantes.

En el caso de Chile, en el texto inicialmente enviado al Congreso, la artificialidad era uno de los elementos contemplados para definir el abuso, pero ella no quedó en el texto que, en definitiva, se aprobó. Sin perjuicio de ello, parte de la doctrina sostiene que "el juez al determinar la aplicación del abuso ponderará, implícitamente, que existe artificialidad en las formas utilizadas"[30].

III.3. El propósito de la normativa

Finalmente, el último elemento, que debe concurrir en conjunto con los dos anteriores, es que el resultado obtenido sea contrario a los propósitos de las normas más beneficiosas.

Así, se ha resuelto que cuando "las operaciones de que se trate tengan como resultado la obtención de una ventaja fiscal cuya

---

[28] Tribunal de Justicia de la Unión Europea, 14 de diciembre de 2000, Emsland-Stärke, C-110/99, apartado 56.

[29] Vergara Quezada, 2020, pp. 28-65.

[30] Navarro Schiappacasse, 2019, p. 236.

concesión sería contraria al objetivo perseguido por tales disposiciones"[31], se termina de configurar el abuso a la ley.

Esto, además, evita que la apreciación del abuso queda a la arbitrariedad de quien debe resolver el caso[32]. Además, como indicamos, ir en contra del propósito de las normas permite descartar el error de creer que cualquier tratamiento más ventajoso es abuso que, muchas veces buscan hacer artificialmente más conveniente cierta conducta.

La Recomendación de la Comisión Europea resalta que una de las principales características de lo que llama prácticas de planificación agresiva "es que reducen la deuda tributaria a través de mecanismos que, pese a ser estrictamente legales, son contrarios al espíritu de la ley"[33].

En el apartado 4.5 precisa lo que la directiva entiende como el ámbito de objetividad de la normativa que proponen, señalado que "el objetivo de un mecanismo o serie de mecanismos es evitar la imposición cuando, independientemente de cualquier intención subjetiva del contribuyente, es incompatible con el objeto, el espíritu y la finalidad de las disposiciones fiscales que serían normalmente aplicables".

Por su parte, en el Modelo de la OCDE el propósito de la normativa opera como una excepción, al disponer que dicha regla aplica "a menos que se determine que la concesión del beneficio en tales circunstancias es conforme con el objeto y los propósitos de las disposiciones pertinentes de este Convenio".

---

[31] Tribunal de Justicia de la Unión Europea, 21 de febrero de 2006, Halifax, C-255/02.

[32] Tribunal de Justicia de la Unión Europea, 9 de marzo de 1999, Centros, C-212/97, apartado 25, en el mismo sentido Tribunal de Justicia de la Unión Europea, 2 de mayo de 1996, Paletta, C-206/94, apartado 25.

[33] Recomendación de la Comisión Europea, 2012/772/EU, de 6 de diciembre de 2012.

Por último, es necesario resaltar que en nuestro derecho el propósito del legislador es uno de los cuatro elementos que componen el método de interpretación de la ley del Código Civil, que es aplicable en la especie. También debemos resaltar que el estudio de los propósitos del legislador en las leyes de los últimos años plantea problemas adicionales, debido a que no ha sido inusual que el legislador, al proponer o discutir un proyecto de ley, efectúe declaraciones que no coinciden con la realidad[34], lo que dificulta el examen de las normas tributarias, debido a que en las discusiones parlamentarias se han invocado espíritus ficticios, lo que examinamos con mayor detalle en otra oportunidad[35]. Por lo mismo, es tan difícil conciliar lo que indica el mensaje del Ejecutivo al momento de enviar al Congreso la regulación que analizaremos, como pasamos a examinar.

IV. LA HISTORIA DE LA LEY N° 20.780

La historia del establecimiento de la norma antielusiva general del Código Tributario, en relación con la intención del contribuyente como uno de los elementos que componen el abuso o de la elusión, nos lleva a hacer varias preguntas interesantes, porque a pesar de que el Ejecutivo puso a la intención del contribuyente en el centro del problema, ella no fue incorporada en ninguna de las versiones del texto sometido a la consideración del Congreso.

---

[34] A modo de ejemplo, al proponer las restricciones al DFL N° 2, de 1959, que se aplicarían en la Ley N° 20.455, el Ejecutivo realizó declaraciones que no son respaldadas con la evidencia dejada cuando se aprobó el Plan Habitación, que en gran parte se basaba sobre la llamada Ley Pereira. Mensaje de S. E. el presidente de la República don Jorge Alessandri Rodríguez al Congreso Nacional al inaugurar el período ordinario de sesiones, 21 de mayo de 1959; Bravo Heitmann, 1960, p. 47-49; Huenchullán Pino, 1967, pp. 43-44; Sesión 33ª Ordinaria de la Cámara de Diputados, del 11 de agosto de 1948; Sesión 50ª Ordinaria de la Cámara de Diputados, del 7 de septiembre de 1948.

[35] Vergara Quezada, 2017, pp. 62-65.

Así las cosas, es necesario establecer cuál es la relación que existe entre los propósitos declarados por el legislador y el texto aprobado, siempre asumiendo que las declaraciones del Ejecutivo respecto del ámbito de la regulación propuesta eran honestas[36]. Es decir, se debe determinar cómo el propósito declarado en el proceso legislativo que llevó a establecer una norma, altera la interpretación del texto aprobado.

Ahora, que existan diferencias importantes entre lo que los colegisladores declaran desean hacer y el texto normativo escrito que debería dar cuenta de dichos propósitos, por lo menos en materia de impuestos, tristemente, no es un fenómeno inusual. Por lo mismo, este tipo de problemas se han resuelto en otras ocasiones gracias a las normas sobre interpretación de las leyes del Código Civil, que no es un cuerpo legal formalista, por lo que permite recurrir a textos extralegales para interpretar las normas positivas[37]. De esa manera, los propósitos declarados por el legislador sobre una regulación pueden terminar alterando la aplicación que tendría si nos limitáramos a examinar su texto[38].

En el Mensaje del Ejecutivo se afirmó que nuestro "sistema tiene dificultades para sancionar las planificaciones que tienen el sólo propósito de sacar ventajas tributarias en la realización de una operación o conjunto de operaciones relacionadas entre sí"[39]. Esta afirmación es repetida por las comisiones[40].

De manera similar, se afirmó que "la Administración tributaria podrá cuestionar los acuerdos, estructuras u otras actividades llevadas a cabo por las empresas cuando tales actividades se hayan

---

[36] Se podría sostener lo contrario afirmando, por ejemplo, que esas declaraciones eran solo un artificio empleado por el ejecutivo para inducir al Congreso a aprobar las normas que se proponían bajo premisas irreales, pero eso implicaría poner en tela de juicio el proceso democrático.
[37] GUZMÁN BRITO, 2007, pp. 77-141.
[38] VERGARA QUEZADA, 2014, pp. 109-112.
[39] Historia de la Ley N° 20.780 p. 4.
[40] Historia de la Ley N° 20.780 pp. 109 y 842.

llevado a cabo con la finalidad exclusiva o principal de eludir el pago de impuestos"[41].

Sin embargo, el artículo 4 ter del mensaje no hacía referencias a la intención o el propósito del contribuyente. Al efecto, la versión inicial del proyecto de ley, que facultaba a la Administración Fiscal para declarar la elusión, en lo pertinente señalaba:

> Las leyes tributarias no podrán ser eludidas mediante el abuso de las posibilidades de configuración jurídica. En caso de abuso nacerá la obligación tributaria correspondiente a la configuración jurídica adecuada a los hechos económicos.
>
> Para estos efectos, se entenderá que existe abuso cuando se evite total o parcialmente la realización del hecho gravado, o se disminuya la base imponible o la obligación tributaria, o se postergue o difiera el nacimiento de dicha obligación, mediante actos o negocios, incluyendo fusiones, divisiones, transformaciones y otras formas de reorganización empresarial o de negocios, en los que concurran las siguientes circunstancias:
>
> a) Que, individualmente considerados o en su conjunto, sean artificiosos o impropios para la consecución del resultado obtenido.
>
> b) Que de su utilización no resulten efectos jurídicos o económicos relevantes, distintos de los meramente tributarios a que se refiere este inciso, y de los efectos que se hubieran obtenido con los actos o negocios usuales o propios.

En contraste, en al artículo 4 quáter del proyecto, el propósito de disimular el hecho gravado estaba expresamente contemplado para el caso de la simulación. Y, si bien la simulación era una conducta que se encontraba sancionada por el artículo 97 del Código Tributario, era correcto considerar la intención del contribuyente, porque de lo contrario no es posible diferenciar la simulación del error.

> Artículo 4 quáter. En los actos o negocios en los que exista simulación, el hecho gravado con los impuestos será el efectivamente realizado por las partes, con independencia de los actos o negocios simulados.

---

[41] Historia de la Ley N° 20.780 p. 7.

> El Servicio desestimará y no le serán oponibles los actos y negocios jurídicos practicados con la finalidad de disimular la configuración del hecho gravado del impuesto o la naturaleza de los elementos constitutivos de la obligación tributaria, o su verdadero monto o data de nacimiento, con arreglo al artículo siguiente.

Durante la tramitación del proyecto de ley, la Comisión de Hacienda del Senado exigió al Ejecutivo que se "precisara la norma general anti-elusión/anti-simulación (primacía de la sustancia sobre forma), reconociendo el principio de buena fe y la autonomía y libertad contractual del contribuyente, resguardando la posibilidad de ejercer la economía de opción (posibilidad de elegir entre alternativas lícitas y legítimas sin ser recalificado en la medida que su objetivo no haya sido la elusión de impuestos, concepto que se definirá legalmente) y ajustando su nomenclatura a la terminología de nuestro ordenamiento jurídico"[42].

Como se puede apreciar, el legislador mezcla una doctrina norteamericana —la sustancia sobre la forma—, con una teoría española —la economía de opción—, lo que es una muestra del caos doctrinal que caracterizó la discusión de esta materia.

El fruto de la negociación entre la Comisión de Hacienda del Senado y el Ejecutivo fue la reglamentación vigente, que paso a señalar:

> Artículo 4° ter. Los hechos imponibles contenidos en las leyes tributarias no podrán ser eludidos mediante el abuso de las formas jurídicas. Se entenderá que existe abuso en materia tributaria cuando se evite total o parcialmente la realización del hecho gravado, o se disminuya la base imponible o la obligación tributaria, o se postergue o difiera el nacimiento de dicha obligación, mediante actos o negocios jurídicos que, individualmente considerados o en su conjunto, no produzcan resultados o efectos jurídicos o económicos relevantes para el contribuyente o un tercero, que sean distintos de los meramente tributarios a que se refiere este inciso.
>
> Es legítima la razonable opción de conductas y alternativas contempladas en la legislación tributaria. En consecuencia, no cons-

---

[42] Historia de la Ley N° 20.780 p. 1058.

tituirá abuso la sola circunstancia que el mismo resultado económico o jurídico se pueda obtener con otro u otros actos jurídicos
que derivarían en una mayor carga tributaria; o que el acto jurídico
escogido, o conjunto de ellos, no genere efecto tributario alguno,
o bien los genere de manera reducida o diferida en el tiempo o en
menor cuantía, siempre que estos efectos sean consecuencia de la
ley tributaria.

En caso de abuso se exigirá la obligación tributaria que emana
de los hechos imponibles establecidos en la ley.

Respecto de la simulación, el artículo correspondiente pasó a
disponer:

Artículo 4° quáter. Habrá también elusión en los actos o negocios
en los que exista simulación. En estos casos, los impuestos se aplicarán a los hechos efectivamente realizados por las partes, con
independencia de los actos o negocios simulados. Se entenderá
que existe simulación, para efectos tributarios, cuando los actos
y negocios jurídicos de que se trate disimulen la configuración
del hecho gravado del impuesto o la naturaleza de los elementos
constitutivos de la obligación tributaria, o su verdadero monto o
data de nacimiento.

Vale la pena hacer presente que es inadecuado tratar la simulación excluyendo la intención del contribuyente, debido que sin la
intención no es posible diferenciar la simulación de la calificación
jurídica equivocada o del error como vicio de la voluntad.

V. EN LA ESENCIA DEL ABUSO Y SU EXCEPCIÓN ESTÁN CONCEPTOS JURÍDICOS INDETERMINADOS

Como lo ha hecho presente la doctrina[43], si analizamos los elementos del concepto de abuso del Código Tributario, podemos
constatar que ellos se repiten en la opción razonable, ya que ambos pueden no producir efecto alguno, por lo que solo pueden
ser diferenciados por conceptos jurídicos indeterminados, como

---

[43] Seguel Malagueño, 2019, pp. 225-255.

es el caso de efectos no tributarios relevantes y que las opciones de conductas sean razonables.

Por su parte, si creemos ver una diferencia entre el abuso y la razonable opción en la referencia que la excepción hace a las leyes tributarias, y la reducimos a efectos tributarios expresamente regulados, ignorando de esta manera las normas sobre integración de los vacíos de las leyes fiscales por parte del derecho común que hace el Código Tributario[44], el Servicio de Impuestos Internos no podría, por ejemplo, calificar como razonables a las fusiones internacionales[45] o al *confirming*[46], ni a los demás actos jurídicos que carecen de una regulación expresa, que por lo demás es la regla general. De esta forma, todos los contratos, actos o empresas que carecen de una regulación definida, como la agencia de negocios, no podrían ser considerados opciones razonables, lo que muestra que es una interpretación que debe ser rechazada, porque nos llevaría a un resultado absurdo.

Respecto de esos dos conceptos jurídicos indeterminados, la ley no contempla parámetros objetivos para su aplicación, por lo mismo, cualquier hecho o circunstancia puede ser considerado para determinar que un efecto es relevante o que una opción es razonable.

Como explicamos en otra oportunidad[47], en el derecho anglosajón este tipo de conceptos suelen ser considerados no como una regla, sino como un estándar, siendo morigerada la inseguridad jurídica que ellos ocasionan por el sistema del *stare decisis*. En cambio, en Chile la Administración tributaria no se inclina ante los fallos de los tribunales y éstos rara vez consideran que las sentencias que dictan constituyen un precedente que merece algún tipo de deferencia, por lo mismo, los conceptos jurídicos indeterminados provocan gran inseguridad jurídica en nuestro sistema jurídico,

---

[44]   Vergara Quezada, 2021, pp. 49-50.
[45]   Oficio N° 42, de 2021 y Oficio N° 180, de 2020.
[46]   Oficio N° 1.303, de 2018.
[47]   Vergara Quezada, 2020, pp. 41-43.

como ocurrió con el concepto de habitualidad en la Ley sobre Impuesto a la Renta[48].

VI. SOBRE LA CONSTITUCIONALIDAD DE LOS CONCEPTOS JURÍDICOS INDETERMINADOS QUE CARECEN DE PARÁMETROS LEGALES QUE PERMITAN SU APLICACIÓN OBJETIVA

La certeza jurídica requiere que las normas sean objetivas, es decir, exige que distintas personas puedan llegar al mismo resultado al aplicarlas. Al respecto, la doctrina ha señalado que "objetividad demanda que el sentido pueda ser racionalmente determinado. Ello será posible en la medida que la regulación contenga parámetros que puedan ser comprendidos de la misma manera por más de una persona"[49].

Lo dicho coincide con el principio de legalidad que, igualmente, se hace efectivo solamente en la medida que las decisiones de la administración puedan ser controladas, por lo que, es la existencia de parámetros previstos en la ley lo que permite una efectiva sujeción de la Administración a ella, y posibilita el control judicial de sus actos, que son comparados con una norma que la vinculaba[50].

Por eso, sin parámetros contenidos en la ley, no es posible un control objetivo de las decisiones administrativas y judiciales, en una materia tributaria y sancionatoria, debido a que las decisiones serán tomadas, en definitiva, sobre la base de las preferencias,

---

[48]   El Servicio de Impuestos Internos señaló que "no es posible determinar anticipadamente el régimen tributario a que quedará sujeto el resultado obtenido en la eventual futura enajenación de las acciones" al considerar todos elementos que consideraba para dar un contenido al concepto jurídico indeterminado de habitualidad. Oficio N° 2.557, de 2015.

[49]   VILLAMÁN RODRÍGUEZ, 2019, pp. 174.

[50]   CEA EGAÑA, 2012, p. 248.

valores o tendencias políticas de quienes deban resolver los casos que, en definitiva, termina estableciendo una política de Estado que la Constitución ha puesto sobre los hombros del legislador en consideración a la necesidad de representación democrática en el establecimiento de los tributos[51].

Asimismo, como dijimos en otra oportunidad, si es posible controlar de manera objetiva los actos de la Administración "se dificulta la corrupción y el abuso de poder, que fácilmente pueden ser enmascaradas recurriendo a interpretaciones caprichosas"[52].

Todo lo dicho explica que el Tribunal Constitucional haya fallado que las reglas tributarias exigen que el legislador establezca "parámetros objetivos y precisos a los que deba sujetarse la autoridad administrativa"[53]. Por lo mismo, en la aplicación de un concepto jurídico indeterminado se requiere la "sujeción a pautas prefijadas por el legislador, sin que en ello pueda intervenir discrecionalidad alguna por parte del ente administrativo"[54].

Adicionalmente, es posible destacar que el concepto razonable, que usualmente es empleado como un criterio para evaluar las leyes, es particularmente difuso en este caso, como se puede apreciar al constatar que resultados completamente opuestos pueden ser razonables, sea ello producto de normas positivas o del acuerdo de las partes en un contrato.

Así, por ejemplo, la ley o los contratantes podrían considerar que, tras la firma del contrato, el riesgo sobre la cosa recae sobre el vendedor o sobre el comprador, sin que ninguna de estas opciones sea no razonable. Igualmente, se puede establecer que la entrega se debe hacer en el domicilio del comprador o del vendedor, nuevamente, sin que ninguna de las opciones sea no razonable.

---

[51]   VILLAMÁN RODRÍGUEZ, 2020, pp. 6-23.
[52]   VERGARA QUEZADA, 2021, p. 51.
[53]   Tribunal Constitucional, 26 de noviembre de 2007, Rol 759.
[54]   Tribunal Constitucional, 13 de noviembre de 2007, Rol 822.

En materia de impuestos, la construcción de un inmueble que será destinado a actividades afectas con el impuesto de primera categoría, el contribuyente puede elegir el momento en el que recuperará el gasto por los intereses del crédito obtenido para financiar esa edificación. Así, podrá rebajarlo como gasto al momento del pago o, a su elección, incorporarlo al costo del inmueble, sin que alguna de esas opciones, como lo ha señalado el Servicio de Impuestos Internos, sea impugnable[55].

Por su parte, la ley puede establecer que, por regla general, en el caso de las empresas el sujeto del gravamen sea el comprador o el vendedor, incluso puede hacer responsables a ambos, o puede obligar al comprador a retener un porcentaje del precio y al vendedor a declarar la renta efectiva.

Sin ir más lejos, nuestra ley ha recurrido a las combinaciones más diversas en el caso de las retenciones de impuestos, como ocurre en el caso de la cesión en el extranjero de acciones o derechos cuyo valor es representado, en un porcentaje definido en la ley, por ciertos bienes situados en Chile, que se entienden son enajenados indirectamente[56], sin que esas variadas opciones sean, en general, no razonables.

De la misma forma, la ley puede disponer que el impuesto de primera categoría sea completamente acreditado en contra de los impuestos finales o puede establecer que solo una parte de dicho tributo sea utilizado para extinguir aquellos gravámenes, pudiendo ser discutida la conveniencia y los efectos de ambas medidas, pero ninguna de ellas, por opuestas que puedan ser no son razonables.

De esta manera, si bien la racionalidad es un concepto jurídico indeterminado de por sí difuso, la no racionalidad es, en rigor, un concepto bastante restringido, como se puede constatar tanto de los ejemplos que hemos expuesto, como surge de comparar cómo

---

[55] Oficio N° 221, de 2017.
[56] Resol. Ex. N° 119, de 2020.

diferentes jurisdicciones resuelven problemas cotidianos con reglas completamente opuestas.

Lo mismo ocurre en el caso de la apreciación de relevancia de los efectos que, igualmente, quedará sometida a las preferencias, valores, ideas políticas o sentimientos de quien sea llamado a tomar la decisión, debido a que no existen parámetros objetivos previstos en la ley para efectos de que un tercero independiente pueda revisar la legalidad de la decisión tomada.

Por lo dicho, es tan evidente el problema de inconstitucionalidad, debido a que, en definitiva, la ausencia de parámetros que permitan un control objetivo deja a esta regulación en el mismo nivel en el que se encuentran las potestades administrativas que dependen de análisis de oportunidad porque, en rigor, resultados opuestos pueden ser considerados o no dentro de estos estándares difusos que dependen de la apreciación meramente personal de los hechos de quien debe aplicarlos, al no existir parámetros que permitan un control objetivo de la decisión que se tome, sea ella judicial o administrativa.

VII. LA INTENCIÓN DEL CONTRIBUYENTE EN LAS INTERPRETACIONES ADMINISTRATIVAS

En la primera interpretación en la que el Servicio de Impuestos Internos trató de definir de manera sistemática el ámbito de la regulación antielusiva general del Código Tributario, trató de afirmar que ella se aplicaba con independencia de elementos subjetivos del contribuyente.

Señaló la Administración Fiscal que, en general, "una de las diferencias esenciales entre las normas legales destinadas a la sanción de conductas evasivas, entendidas estas como aquellas constitutivas de delitos tributarios, y las establecidas para el control de la elusión, sean estas especiales o generales, consiste en que la aplicación de estas últimas no depende de la existencia o prueba del dolo o malicia. Así, por ejemplo, este Servicio puede tasar precios o valores, controvertir la deducción de ciertos gastos, aplicar las normas sobre precios de transferencia o incluso aplicar las facultades que le concede la nueva NGA, sin consideración a la intención o dolo del contribuyente que pactó o determinó los precios o valores, rebajó el gasto o llevó a cabo los actos abusivos o simulados"[57].

Es poco afortunada esta declaración debido a que el dolo no es parte de la conducta sancionada[58]. A pesar de ello, el artículo 97 del Código Tributario describe los hechos punibles utilizando la palabra *maliciosamente*, lo que ha dado paso a gran confusión. Al respecto, es necesario explicar que describir un elemento psíquico y creer que con eso se describe una conducta, simplemente no tiene sentido.

Es posible hacer presente el absurdo anterior, al imaginar que el hecho punible sea cruzar maliciosamente la calle, en cuyo caso, dos personas pueden ir cruzando la calle, al mismo tiempo, por el mismo lugar, pero solamente una de ellas cometería "objetivamente" una infracción porque cruza "maliciosamente" la calle. Como el elemento psíquico no puede ser constatado directamente, en definitiva, se debe recurrir a otros hechos para presumirlo, y si esos hechos no están descritos en la ley, de definitiva, los ciudadanos quedan a merced de quien deba aplicar la regla. Por ello, se requiere que la ley tipifique la conducta sancionada, en nuestro ejemplo, cruzar la calle con luz roja o cruzar en un lugar diferente a la esquina, luego, los elementos psíquicos, como el dolo, serán relevantes para establecer la culpabilidad de quien realizó la conducta típica, pero los elementos psíquicos no describen un comportamiento humano[59].

---

[57] Circular N° 65, de 2014, p. 2.
[58] POLITOFF L., MATUS A. y RAMÍREZ G., 2015, pp. 162-165.
[59] Sin perjuicio de que existen teorías que consideran que la culpa puede ser parte del tipo, no parece existir doctrina seria que crea que limitarse a sancionar "cualquier conducta maliciosa o dolosa" no es otra cosa que una norma penal en blanco.

Continuando con la interpretación administrativa, ella agregó que "el artículo 4° ter del Código Tributario establece un criterio objetivo y no un análisis de las intenciones o fines que pudieron tener los contribuyentes. El examen, en este caso, consistirá en determinar si la naturaleza de los actos o negocios jurídicos, individualmente o en su conjunto, utilizados por los contribuyentes se dejan explicar por razones distintas de las meramente tributarias"[60].

En esencia, la instrucción comentada trata de sostener que el análisis respecto de la elusión es objetivo, en el sentido de que se hace con independencia de las intenciones del contribuyente.

En ese mismo sentido, se afirma en la instrucción que esta regulación "equivale en cuanto a su esencia a aquellas normas especiales ya existentes en la actualidad que permiten tasar determinados precios o valores, cuestionar la deducción de gastos, determinar bases imponibles, entre otras, todas las cuales prescinden de los elementos subjetivos de los actos o contratos respectivos. Por ejemplo, así ocurre cuando una determinada operación se ha llevado a cabo a precios o valores que no satisfacen los estándares legales tributarios, el Servicio podrá tasarlos sin necesidad de consideración alguna a la intención de las partes en la celebración de tales actos"[61].

Como vimos antes, en el derecho europeo se consideraba que la objetividad, que implicaba considerar elementos adicionales a la intención del contribuyente de obtener un beneficio fiscal, implicaba demostrar la artificialidad de la conducta y la constatación de que el resultado obtenido, sin importar la intención del contribuyente, se oponía a los propósitos de las reglas más beneficiosas que, mediante actos artificiosos, le eran efectivamente aplicables. Por lo mismo, la exclusión de la intención del contribuyente, como de casi todos los elementos que permiti-

---

[60]   Circular N° 65, de 2014, p. 3.
[61]   Circular N° 65, de 2014, p. 13.

rían una aplicación medianamente objetiva de estas reglas, es una muestra de los problemas que ella crea al no contener parámetros objetivos.

Luego, a pesar de que la declaración que hizo la Administración Fiscal en la instrucción antes mencionada, en los análisis de casos específicos ella consideró que la intención del contribuyente era un elemento que debía tener en cuenta.

De esta forma, tras describir ciertos hechos que considero como base de lo que, en rigor, fue una presunción administrativa, señaló que ellos "son situaciones indiciarias que la constitución de la sociedad y las actuaciones posteriores podrían ser actos o negocios jurídicos que solo tendrían como finalidad obtener ventajas tributarias, sin que exista un propósito económico sustancial que los sustente"[62].

Tal como vemos, el Servicio de Impuestos Internos pone más énfasis en el propósito del contribuyente que en el resultado que se pueda obtener, lo que se puede explicar ante la ausencia del propósito del legislador en esta regulación, lo que obligaría a revisar el resultado obtenido, para contrastarlo con el objetivo de la regulación empleada.

En otro análisis, se dijo que "el solo hecho de que existan ventajas tributarias a favor de un contribuyente no transformará el conjunto de actos y negocios jurídicos en elusivos, sino que, es la discordancia entre las razones económicas entregadas y los actos y negocios jurídicos que se ejecutarán, lo que entregará las variables para determinar si se está en presencia de una estructura tributaria elusiva. En este análisis, se debe precisar, si los actos presentados por el contribuyente tienen relación con los fines económicos presentados o si tienen la sola finalidad de obtener ventajas tributarias no contempladas en la ley tributaria"[63].

---

[62]   Oficio N° 2.109, de 2017.
[63]   Oficio N° 1.303, de 2018.

Como se puede apreciar, nuevamente el análisis se lleva a cabo dando gran importancia a la intención del contribuyente, en este caso, comparando el propósito declarado con los actos que se van a ejecutar. Este razonamiento se repite en otros pronunciamientos[64].

En la práctica el Servicio de Impuestos Internos abandonó su posición inicial, por lo que debería modificar la circular que, en los hechos, no tuvo un impacto en sus propios análisis. Ahora, debido a que no existen parámetros objetivos en la ley, en rigor, la Administración Fiscal puede seguir cualquier criterio que crea puede fundamentar adecuadamente su análisis, y en el caso de la intención existe un elemento interpretativo en cual fundamentar sus dichos.

Esta posibilidad de recurrir a cualquier tipo de fundamentos resalta la inconstitucionalidad de esta reglamentación, debido a que no es posible ejercer un control objetivo de las decisiones que se tomen, porque muchas decisiones, incluso opuestas, pueden ser igualmente razonables en un mismo caso, o los efectos pueden ser considerados como relevantes o no, sin que se pueda afirmar algo diferente a que existen argumentos para fundar que, ante los mismos hechos, se decida en uno u otro sentido.

VIII. CONCLUSIONES

Cuando se inició la tramitación de la ley que incorporó al Código Tributario el concepto de abuso, el legislador buscaba abordar el problema considerando elementos propios del derecho europeo, como es el caso de la intención del contribuyente. Adicionalmente, se incorporaba otro elemento propio del concepto de abuso del viejo continente, como es la artificialidad de la conducta en el texto de la reglamentación.

---

[64]   Oficio N° 2.514, de 2018; Oficio N° 1.594, de 2019; Oficio N° 4, de 2021 y Oficio N° 1.223, de 2021.

Sin embargo, la intencionalidad no fue contemplada en la definición de abuso propuesta inicialmente ni en la que fue aprobada, y la artificialidad fue eliminada en el momento en que cambió la definición de abuso durante la tramitación del proyecto, por lo que ambos elementos no fueron incluidos en el texto que se aprobó.

La definición de abuso aprobada contiene, en esencia, los mismos elementos que fueron agregados a la excepción de elección de opciones razonables. Por lo mismo, los elementos definitorios de la regulación vigente, que permiten separar la regla de la excepción, son conceptos jurídicos indeterminados.

De esta manera, el concepto de abuso se reduce a la calificación de los efectos como relevantes, mientras que la excepción dependerá de que las opciones se califiquen como razonables y, en ambos casos, la ley no contempla ningún parámetro objetivo para efectuar esas calificaciones.

Si bien, la inexistencia de parámetros objetivos en la ley para poder efectuar esa calificación es un vicio de constitucionalidad, en la práctica, como ha ocurrido en casos similares en los que la ley ha hecho depender la tributación de un concepto jurídico indeterminado, no existen elementos normativos para excluir la intencionalidad del análisis que se haga sobre la razonabilidad de la conducta del contribuyente y, en definitiva, si no se recurre al Tribunal Constitucional, serán los tribunales quienes estarán obligados a resolver si los oficios del Servicio de Impuestos Internos, que se refieren a la intención, crearon confianza legítima en los contribuyentes para concluir que no cometían actos abusivos.

IX. BIBLIOGRAFÍA

BONNECASE, Julien, 1993: *Tratado elemental de derecho civil*, México: trad. del francés de Enrique FIGUEROA, Harla).

BRAVO HEITMANN, Luis, 1960: *Chile: El problema de la vivienda a través de su legislación. Plan habitacional Alessandri*, Santiago: Editorial UC.

Cámara de Diputados, Sesión 33ª Ordinaria de la Cámara de Diputados, del 11 de agosto de 1948.

Cámara de Diputados, Sesión 50ª Ordinaria de la Cámara de Diputados, del 7 de septiembre de 1948.

CANTUARIAS RUBIO, Rocío; MATUS FUENTES, Marcelo; MONTECINOS ARAYA, Jorge y VERGARA QUEZADA, Gonzalo, 2020: "Legislar sin datos: El problema de las reformas chilenas". *Revista de Derecho Tributario* Universidad de Concepción, Vol. 8, pp. 157-171.

CEA EGAÑA, José Luis, 2012: *Derecho constitucional chileno*, Santiago: 2ª edición, Ediciones UC, Tomo I.

Contraloría General de la República, Dictamen N° 34.541, de 2005.

GUZMÁN BRITO, Alejandro 2007, *Las reglas del "Código Civil" de Chile sobre interpretación de las leyes*, Santiago: 2ª ed., Lexis Nexis.

Historia de la Ley N° 20.455.

Historia de la Ley N° 20.780.

HUENCHULLÁN PINO, Arturo, 1967: *Exenciones, franquicias y beneficios de carácter tributario en la legislación sobre viviendas económicas*, Santiago: Editorial Jurídica de Chile.

LANDO, Ole y BEALE, Hugh, 2003: *Principios de derecho contractual europeo*, Madrid: trad. Pilar BARRES, José EMBID y Fernando MARTÍNEZ, Colegios Notariales de España.

LEHMANN, Heinrich, 1956: *Tratado de derecho civil. Parte general*, Madrid: trad. del alemán de José NAVAS, Editorial Revista de Derecho Privado, Vol. I.

Mensaje de S. E. el presidente de la República don Jorge Alessandri Rodríguez al Congreso Nacional al inaugurar el período ordinario de sesiones, 21 de mayo de 1959.

NAVARRO SCHIAPPACASSE, María Pilar, 2019: "La sanción en los supuestos de abuso o simulación como un caso de *compliance* regulado en materia administrativa", *Revista de Derecho* (Valdivia), Vol. XXXII, N° 2, 231-250.

OCDE, sin fecha: *Glossary of Tax Terms*. Disponible en <http://www.oecd.org/ctp/glossaryoftaxterms.htm>. Consultado el 10 de noviembre de 2021.

PLANIOL, Marcel y RIPERT, George, 1940: *Tratado práctico de derecho civil francés*, Habana: trad. del francés de Mario DÍAZ y Eduardo LE RIVEREND, Cultural, Tomo Sexto, primera parte.

POLITOFF L., Sergio; MATUS A., Jean Pierre y RAMÍREZ G., María Cecilia, 2015: *Lecciones de derecho penal chileno. Parte general*, Santiago: 2ª ed. Editorial Jurídica de Chile.

Recomendación de la Comisión Europea, 2012/772/EU, de 6 de diciembre de 2012.

Rioseco Enríquez, Emilio, 2002: *La prueba ante la jurisprudencia*, Santiago: 4ª ed. Editorial Jurídica de Chile, Tomo II.

Rodríguez Grez, Pablo, 2004: *El abuso del derecho y el abuso circunstancial*, Santiago: Editorial Jurídica de Chile.

Saydé, Alexandre, 2016: *About Abuse of EU Law and Regulation of the Internal Market.*

Seguel Malagueño, Luis, 2019: "Análisis del Proyecto de modernización tributaria en materia de elusión y metodología", *Revista de Derecho Tributario* Universidad de Concepción, Vol. 5, pp. 225-255.

Servicio de Impuestos Internos, Circular N° 41, de 1990.

Servicio de Impuestos Internos, Circular N° 158, de 1976.

Servicio de Impuestos Internos, Circular N° 57, de 2009.

Servicio de Impuestos Internos, Circular N° 65, de 2014.

Servicio de Impuestos Internos, Oficio N° 1.636, de 2010.

Servicio de Impuestos Internos, Oficio N° 2.159, de 2013.

Servicio de Impuestos Internos, Oficio N° 2.240, de 2016.

Servicio de Impuestos Internos, Oficio N° 2.557, de 2015.

Servicio de Impuestos Internos, Oficio N° 3.025, de 2012.

Servicio de Impuestos Internos, Oficio N° 3.028, de 2011.

Servicio de Impuestos Internos, Oficio N° 3.029, de 2011.

Servicio de Impuestos Internos, Oficio N° 3.104, de 2016.

Servicio de Impuestos Internos, Oficio N° 3.190, de 2011.

Servicio de Impuestos Internos, Oficio N° 3.191, de 2011.

Servicio de Impuestos Internos, Oficio N° 823, de 2013.

Servicio de Impuestos Internos, Oficio N° 1.178, del 1999.

Servicio de Impuestos Internos, Oficio N° 1.223, de 2021.

Servicio de Impuestos Internos, Oficio N° 1.303, de 2018.

Servicio de Impuestos Internos, Oficio N° 1.594, de 2019.

Servicio de Impuestos Internos, Oficio N° 180, de 2020.

Servicio de Impuestos Internos, Oficio N° 2.109, de 2017.

Servicio de Impuestos Internos, Oficio N° 2.514, de 2018.

Servicio de Impuestos Internos, Oficio N° 221, de 2017.

Servicio de Impuestos Internos, Oficio N° 4, de 2021.

Servicio de Impuestos Internos, Oficio N° 42, de 2021.

Servicio de Impuestos Internos, Resol. Ex. N° 119, de 2020.

Tribunal Constitucional, 13 de noviembre de 2007, rol 822.

Tribunal Constitucional, 26 de noviembre de 2007, rol 759.

Tribunal de Justicia de la Unión Europea, 14 de diciembre de 2000, Emsland-Stärke, C-110/99.

Tribunal de Justicia de la Unión Europea, 2 de mayo de 1996, Paletta, C-206/94.

Tribunal de Justicia de la Unión Europea, 21 de febrero de 2006, Halifax, C-255/02.

Tribunal de Justicia de la Unión Europea, 9 de marzo de 1999, Centros, C-212/97.

Vergara Quezada, Gonzalo, 2014: *Norma antielusiva general. Sobre los fines en nuestras leyes tributarias*, Santiago: Libromar.

Vergara Quezada, Gonzalo, 2017: "Abuso y elusión", *Revista de Derecho Tributario* Universidad de Concepción, Vol. 2, pp. 57-97.

Vergara Quezada, Gonzalo, 2020: "La prueba del propósito principal y la problemática influencia norteamericana", *Revista de Derecho Tributario* Universidad de Concepción, Vol. N° 8, pp. 28-65.

Vergara Quezada, Gonzalo, 2021: "La interpretación administrativa de la ley tributaria en Chile de 1902 a 1964", *Revista de Derecho Tributario* Universidad de Concepción, Vol. N° 9, pp. 46-79.

Villamán Rodríguez, María Francisca, 2019: "La certeza jurídica y el derecho tributario chileno", *Revista de Derecho Tributario* Universidad de Concepción, Vol. 5, pp. 166-205.

Villamán Rodríguez, María Francisca, 2020: "¿Es constitucional la calificación de la suficiencia del amoblado introducida por la Ley N° 21.210?", *Revista de Derecho Tributario* Universidad de Concepción, Vol. 7, pp. 6-23.

El impacto de la sostenibilidad tributaria sobre las cláusulas antielusivas

POR FELIPE YÁÑEZ[1]

RESUMEN: La relación entre sostenibilidad y tributos se extiende más allá de asuntos ecológicos. Este artículo pone énfasis en la influencia de la sostenibilidad en la tributación, en cuanto a criterio de interpretación o aplicación de una especie de norma tributaria adjetiva, a saber: las cláusulas antielusivas, generales o especiales. La hipótesis inicial es que dicho concepto puede ser utilizado como un elemento para precisar la aplicación de las normas antielusivas, morigerando sus impactos negativos. Para trazar una relación entre ambos, se recurre al concepto de "cumplimiento cooperativo" y sus consecuencias sobre el Estado de derecho y las prácticas de elusión tributaria.

PALABRAS CLAVES: impuestos, sostenibilidad, cláusulas antielusivas, cumplimiento cooperativo.

I. SOSTENIBILIDAD Y TRIBUTOS

Muchos piensan que el impacto de la sostenibilidad en materia tributaria se restringe al ámbito de los llamados impuestos verdes. Sin embargo, existe un estrecho vínculo entre la política tributaria de un país y cualquier estrategia de desarrollo sostenible que dicho Estado asuma, pues las decisiones que se toman bajo dicha política afectan no sólo a las dimensiones ambientales, sino también a las económicas y sociales de la sostenibilidad. Un ejemplo de ello es el impacto distributivo directo —y por tanto el

1   Magister in D. Tributario, U. Colonia (Alemania). Profesor Facultad de Derecho, Universidad Finis Terrae.

impacto en la sostenibilidad social— que tiene la capacidad de un contribuyente para trasladar su propia carga tributaria final a un contribuyente distinto del previsto por el legislador, modificando la atribución de carga hecha por el Poder Legislativo. Un ejemplo notabilísimo de esto es la repercusión del Impuesto de Primera Categoría (nuestro impuesto que grava las utilidades de las empresas) que los empresarios afectados efectúan sobre las remuneraciones de sus trabajadores y su impacto sobre el mercado laboral en general y, en última instancia, sobre el crecimiento económico y la sostenibilidad del país.

Otro ejemplo notable son los diecisiete Objetivos de Desarrollo Sostenible (SDGs, por su sigla en inglés), adoptados por las Naciones Unidas en el año 2015, en el marco de la Agenda 2030 para el Desarrollo Sostenible, que implican un llamamiento urgente a la acción de todos los países —desarrollados y en desarrollo— para perseguir la erradicación de la pobreza y otras privaciones, junto con estrategias que mejoren la salud y la educación, reduzcan la desigualdad y estimulen el crecimiento económico, al tiempo que se aborde el cambio climático y se trabaje para preservar océanos y bosques.

Aunque en el marco de los SDGs son varios los aspectos de la política tributaria importantes, en esta presentación nos centraremos en el papel de la tributación como una de las principales fuentes de financiamiento de los SDGs. Esto es especialmente relevante para las economías de bajos y medios ingresos, como se indica en el SDG 17.1, (que busca fortalecer la movilización de recursos nacionales, incluso mediante el apoyo internacional a los países en desarrollo, para mejorar la capacidad nacional de recaudar impuestos y otros ingresos), así como en el indicador 17.1.2, denominado "Proporción del presupuesto nacional financiada por impuestos nacionales".

Estos objetivos tienen una relación compleja con el ordenamiento tributario, pues por una parte influirían en las decisiones tributarias de los países que han adherido a los SDGs, pero, por otro lado, las normas tributarias pueden influir en el cumplimiento de los SDGs. En definitiva, podemos afirmar que el modelo de desarrollo sostenible de un país y su ordenamiento tributario se influencian recíprocamente.[2]

Así, al hablar de la influencia de la tributación en la sostenibilidad, podemos centrarnos en el papel de los impuestos como una de las principales fuentes de financiamiento de los SDGs. Y, a la inversa, al hablar de la influencia de la sostenibilidad en la tributación, podemos poner atención en el rol de la sostenibilidad como criterio de interpretación o aplicación de las normas tributarias, sean sustantivas o adjetivas.

En este artículo centraremos nuestra atención en las normas adjetivas y, en particular, en las herramientas que el propio ordenamiento tributario posee para proteger su integridad. Es el caso de las llamadas cláusulas antielusivas.

II. LAS CLÁUSULAS ANTIELUSIVAS

Uno de los puntos críticos en el análisis de las normas antielusivas son sus fricciones con los principios de seguridad jurídica y de eficacia. En el caso de la cláusula general (GAAR), para nadie resulta desconocido el impacto negativo que éstas pueden tener sobre la certeza y la seguridad jurídica, tan importantes a la hora de la toma de decisiones por los actores económicos. En efecto, dado que la GAAR permite en principio revisar la aplicación de una norma de derecho tributario sustantivo a cualquier situación, en la medida que ésta pueda constituir una figura elusiva, dicha posibilidad supone un debilitamiento de la seguridad o certeza en torno a la aplicación de dicha norma. Por otra parte, en el caso de las cláusulas especiales (SAARs), si bien suponen el efecto con-

---

[2]   PIRLOT, ALICE, 2020: "A Legal Analysis of the Mutual Interactions between the UN Sustainable Development Goals (SDGs) and Taxation", en Brokelind, C., van Thiel, S. (editores), Tax Sustainability in an EU and International Context, GREIT Series, IBFD, Cap. 4, p.87 ss.

trario a la GAAR en términos de promover un grado razonable
de seguridad y certeza respecto de la aplicación de las normas de
derecho sustantivo, se les critica su eficacia limitada, que puede
conducir al fenómeno que los autores norteamericanos denomi-
nan *hyperlexis* (activismo legislativo)[3], en el caso del legislador, o a
las técnicas de cumplimiento creativo, en el caso de los contribuyentes.[4] Ambos fenómenos conducen finalmente a mayores conflictos entre Administración y administrados y, paradójicamente,
a mayor incerteza.

El objetivo que se propone este artículo es explorar el impacto
que tendría el concepto de sostenibilidad (o más bien, una política de desarrollo sostenible) sobre el análisis de estos pro y contras
de las cláusulas antielusivas. Nuestra hipótesis inicial es que dicho
concepto puede ser utilizado como un elemento para precisar la
aplicación de las normas antielusivas, morigerando los impactos
negativos de las SAARs y de la GAAR.

Antes de continuar con nuestro análisis, conviene efectuar una
prevención sobre el enfoque elegido en este artículo, el cual difiere de aquél que concibe a la elusión tributaria como un problema de sostenibilidad.[5] Bajo ese prisma el fenómeno de la elusión
debilita la sostenibilidad de un ordenamiento tributario y, por lo
tanto, la adhesión a un modelo de desarrollo sostenible supone
reprochar firmemente las conductas elusivas. Sin perjuicio de que
esta última perspectiva pueda parecernos más o menos acertada,

---

[3]   El término es atribuido a B. Manning (1976) por Judith Freedman en
      su artículo *Defining taxpayer responsibility: in support of a general anti-avoi-*
      dance principle, British Tax Review 4, p. 332-357 (2004).

[4]   Ibid, citado también por Schmidt, Peter Koerver, "The Role of the
      Anti-Tax Avoidance Directive in Restoring Fairness and Ensuring Sus-
      tainability of the International Tax Framework — A Legal Assessment",
      en C. Brokelind, S. van Thiel (Eds.), Tax Sustainability in an EU and
      International Context, GREIT Series, IBFD (June 2020).

[5]   Bird, Robert/Davis-Nozemack, Karie, "Tax avoidance as a Sustaina-
      bility Problem", in Journal of Business Ethics 151, issue 4, Springer, Sep-
      tiembre2018, p. 1009-1025

dicho enfoque acaba proyectándose en opciones de política tributaria. O, dicho con la expresión latina, desemboca en un análisis *de lege ferenda*. En cambio, este artículo tiene un propósito mucho más modesto, pues se limita a una reflexión y propuesta *de lege lata*, bajo el cual sólo busca mejorar la aplicación de los remedios ya existentes en el ordenamiento tributario para hacer frente a las prácticas elusivas, evitando la tentación de proponer nuevos medios de combatir dicho fenómeno.

Esto requiere de una segunda prevención respecto a los medios que el ordenamiento contempla para hacer frente a la elusión tributaria. Sobre este punto, los autores distinguen dos enfoques: por un lado, uno de derecho positivo (*hard law*), que cada día se articula bajo un creciente número de normas positivas, cuya aplicación ofrece consecuencias jurídicas concretas y cuya sola existencia produce un fuerte efecto disuasorio (GAAR / SAARs); y, por otra parte, un enfoque de buenas prácticas (*soft law*) no compulsivas ni obligatorias, que fomentan la autorregulación de los contribuyentes, mediante el establecimiento de estándares privados más exigentes, normas de develación de información y principios tales como la transparencia en materia de cultura corporativa tributaria.[6]

Bajo el prisma de la sostenibilidad y de la responsabilidad social empresarial se puede argumentar ampliamente en favor del enfoque de *soft law* por sobre aquel de *hard law*.[7] De hecho, existe una reciente y abundante literatura sobre el impacto positivo que crecientes estándares de sostenibilidad tienen sobre la cantidad y entidad de las prácticas de elusión tributaria en un país determinado.[8]

---

[6]   Bird/Davis-Nozemack, ibid., p. 1011

[7]   Ibid.

[8]   Ki, E.S. (2012), "The effect of corporate social responsibility on the tax avoidance and the market response to the tax avoidance", Korean Journal of Taxation Research, Vol. 29 No. 2, pp. 107-136. Hoi, C.K., Wu, Q. and Zhang, H. (2013), "Is corporate social responsibility (CSR) asso-

Aunque esta perspectiva nos resulte muy interesante, tampoco la abordaremos en este análisis. Al contrario, nuestro trabajo se centrará en el enfoque de derecho positivo o *hard law*, que es el actualmente existente en nuestro país, y en la forma y medida en que éste es observado por los contribuyentes. En otras palabras, nos centraremos en el estudio del *status quaestionis*. Para este objeto, recurriremos al concepto de "gobernanza a nivel nacional" y que evalúa un ordenamiento tributario bajo una escala gradual de débil, media o fuerte, para referirse a la calidad de las normas jurídicas, a su nivel de cumplimiento y a la eficacia de la acción de los poderes públicos.[9] En otras palabras, con esto parecen referirse a la calidad y fortaleza de las instituciones en un Estado de derecho.

Al respecto, algunos autores sostienen que altos estándares privados de sostenibilidad *(soft law)* serían substitutos de altos estándares de un Estado de derecho *(hard law)*.[10] Esto implica que, mediante la implementación de altos estándares de sostenibilidad se podrían lograr objetivos similares a los perseguidos por el derecho positivo, y en particular por las cláusulas antielusivas. Y esto resultaría aplicable tanto para países de derecho continental como del derecho común anglosajón[11].

---

ciated with tax avoidance? Evidence from irresponsible CSR activities", The Accounting Review, Vol. 88 No. 6, pp. 2025-2059. LANIS, R. AND RICHARDSON, G. (2015), "Is corporate social responsibility performance associated with tax avoidance?", Journal of Business Ethics, Vol. 127 No. 2, pp. 439-457. Zeng, T. (2016), "Corporate social responsibility, tax aggressiveness and firm market value", Accounting Perspectives, Vol. 15 No. 1, pp. 7-30. ZENG, T. (2019), "Relationship between corporate social responsibility and tax avoidance: international evidence", Social Responsibility Journal, Vol. 15 No. 2, pp. 244-257.

9   ZENG, T. (2019), "Country-level governance, accounting standards, and tax avoidance: a cross-country study", Asian Review of Accounting, Vol. 27 No. 3, pp. 401-424.

10   Ibid.

11   SALHI, B., RIGUEN, R., KACHOURI, M. AND JARBOUI, A. (2020), "The mediating role of corporate social responsibility on the relationship be-

Sin embargo, esta visión aún parece centrada en plantear una disyuntiva entre *hard law* y *soft law*, mientras que nuestra propuesta consiste más bien en concebir un escenario en el cual el enfoque de *soft law* influencie positivamente al de *hard law*, con miras a una mayor y mejor observancia y respeto del ordenamiento tributario.

III. SOSTENIBILIDAD Y CUMPLIMIENTO COOPERATIVO

Así pues, para analizar la influencia del *soft law* sobre el *hard law*, o formulado en términos más específicos: para ponderar la influencia que el concepto de sostenibilidad puede tener sobre la aplicación de los medios que el derecho positivo contempla para hacer frente a la elusión tributaria (GAAR/SAARs), es necesario tender un puente entre el enfoque de *hard law* y el de *soft law*. Esa función puede cumplirla, pues, el concepto de cumplimiento cooperativo (CC).

En efecto, a nuestro entender, el concepto de CC descansa en el entendido de que las normas de derecho positivo —entre las cuales se encuentra el binomio GAAR/SAARs— pueden aplicarse bajo dos enfoques: uno tradicional, que también podríamos llamar de *hard law*, y otro alternativo, o de *soft law*.

De acuerdo con el primer enfoque, un cumplimiento eficiente de los medios del derecho positivo se logra con una dosis adicional de derecho positivo, es decir, que se materializa en más y mejores procesos de fiscalización, en los cuales se verifica una aplicación más intensiva de las propias normas y que tiene como corolario la imposición de sanciones efectivas al infractor. Las limitaciones y riesgos de esta visión están a la vista: el derecho positivo genera siempre más derecho positivo, en una espiral inacabable de producción normativa estatal. La *hyperlexis* descrita por los autores norteamericanos no es sólo el síntoma, sino también la causa de que el problema continúe y se agrave. Y no hace falta

---

tween governance and tax avoidance: UK common law versus French civil law", Social Responsibility Journal, Vol. 16 No. 8, pp. 1149-1168.

mirar a Norteamérica para identificar el problema. En nuestro país, la procesión inacabada de iniciativas de reforma tributaria demuestra que el ordenamiento tributario se ha contagiado hace largo rato con esta especie de pandemia legislativa.

Por su parte, el enfoque alternativo, de *soft law*, parece partir de una observación evidente: el derecho positivo es incapaz de auto dotarse de mayor eficacia mediante el simple expediente de producir nuevas normas, provistas de mayor imperio mediante mayores controles cruzados, mejores medios de fiscalización y sanciones más severas y efectivas. El *soft law* sigue una lógica distinta: no confía ciegamente en el poder de la ley y sus derivados; al contrario, procura que las normas del derecho positivo se apliquen de modo más eficiente mediante una participación activa de los contribuyentes en la aplicación de tales normas, bajo el marco de un CC.

El CC es un concepto relativamente reciente y específico, inicialmente denominado "relación reforzada" (ER), bajo el cual se propone una nueva forma de relacionamiento entre contribuyentes y autoridades tributarias, en un marco de mutuo beneficio para ambas partes, y que viene a superar los dos niveles de relacionamiento existentes hasta entonces: por un lado, la relación básica (RB), donde cada parte simplemente cumple sus respectivas obligaciones; el contribuyente presenta su declaración de impuestos y la autoridad tributaria la revisa retrospectivamente; [12] y, por otra parte, la relación avanzada (RA), que se define como toda relación que suponga un avance por sobre la RB y que incluye — entre otras — a todas las medidas que la autoridad adopte para facilitar el cumplimiento tributario por los contribuyentes, desde el establecimiento de sitios web más amigables hasta la creación de oficinas de asistencia al contribuyente, y permitiendo en algunos casos que los contribuyentes puedan solicitar la emisión de interpretaciones administrativas, cuyo alcance resulte vinculante para la autoridad.[13]

---

[12] Bronz☐ewska, Katarzyna, *Cooperative Compliance: A New Approach to Managing Taxpayer Relations*, IBFD 2016, Cap. 3.1
[13] Ibid, Cap. 3.3.1

La primera formulación del CC data del 2009 y es obra de la autoridad tributaria del Reino Unido.[14] El atractivo de un concepto como éste radica en su poder de superar las limitaciones evidentes del enfoque de derecho positivo que hemos descrito anteriormente. En palabras de Bronzewska, el CC puede entregar la respuesta a los problemas que las autoridades tributarias han enfrentado desde siempre: la falta de recursos para investigar adecuadamente y en profundidad todos los casos que representan un desafío para la aplicación y eficacia del ordenamiento tributario.[15] Y aunque el problema que motiva su surgimiento es ya de larga data, no es casualidad que el CC haya surgido a la sombra de la crisis financiera del 2008, cuando los gobiernos se veían más presionados para obtener recursos adicionales para el cumplimiento de sus objetivos. Lo mismo sucede hoy en el mundo y especialmente en Chile, tras la crisis provocada por el estallido social y la pandemia del Covid-19. En efecto, la crisis ha hecho más imperiosa la necesidad de autoridades tributarias más eficientes, que permitan una mejor recaudación fiscal y que pongan mayor atención a los casos de elusión y evasión tributaria internos o transfronterizos.[16] Pero la coyuntura no convierte al CC en un enfoque *de lege ferenda*. En su esencia, el CC no afecta el monto mismo de las obligaciones tributarias, sino que es una medida que puede mejorar sustancialmente la eficiencia de las autoridades tributarias en su función de velar por un adecuado cumplimiento del ordenamiento tributario.

IV. CUMPLIMIENTO COOPERATIVO Y ESTADO DE DERECHO

El hecho de que el CC tenga un enorme potencial para alterar la forma de cooperación entre los contribuyentes y la autoridad tributaria y que, por consiguiente, ofrezca importantes beneficios

---

[14] Ibid, Cap. 3.1
[15] Ibid.
[16] Ibid.

a las partes, conlleva también serias dudas sobre su compatibilidad
con el Estado de derecho y principios constitucionales tales como
legalidad, igualdad, separación de poderes y debido proceso.[17]

El principal conflicto se produce entre el CC y la transparencia, que va relacionada a diversos aspectos del ordenamiento tributario (v.gr. discrecionalidad de las autoridades, separación de
poderes, responsabilidad de las autoridades, abuso de derecho,
igualdad de trato de los contribuyentes, privacidad y secreto profesional).[18] Esto es especialmente relevante, si se considera que
los anteriores aspectos están interconectados, pues no es posible
hablar de la igualdad de trato de los contribuyentes sin invocar su
confidencialidad y privacidad. Por otra parte, el Estado de derecho también significa el cumplimiento de normas legales claras y,
en ese caso, no hay lugar para acuerdos en cuanto al sentido y alcance de la ley, sino que —a lo sumo— sobre la manera de aplicar
dicho sentido y alcance. Pero, en estricto rigor, bajo tal escenario
no es necesario un acuerdo, pues el sentido y alcance ya está determinado. En ese escenario ideal de una ley tributaria cuyo sentido y alcance es claro y preciso, es fácil clasificar al contribuyente
como cumplidor o no y, además, como uno de bajo o alto riesgo.[19]

Sin embargo, ese escenario es de rara ocurrencia en materia
tributaria, pues las leyes referidas a impuestos normalmente no
tienen un sentido y alcance claro y determinado. En este escenario donde la ley no es clara y deja lugar a varias interpretaciones y
resultados, el Estado de derecho se respetará si los resultados son
razonables y coherentes, y si se puede hacer un seguimiento de
los mismos.[20]

Así, el Estado de derecho se respetará si los resultados son a lo
menos razonables y coherentes, sin necesidad de que sean iguales

---

[17]   Bronz͏ewska, Katarzyna, *Cooperative Compliance: A New Approach to Ma-*
       naging Taxpayer Relations, IBFD 2016, Cap. 7.4.1.
[18]   Ibid.
[19]   Ibid.
[20]   Ibid.

en todos los casos. Sin embargo, para poder afirmar y demostrar que los resultados alcanzados reúnen estas características, es necesario darlos a conocer, junto con la información sobre cómo se han alcanzado. Para ello, la transparencia es crucial.[21]

V. CUMPLIMIENTO COOPERATIVO Y ELUSIÓN TRIBUTARIA

Frenar la elusión tributaria es uno de los objetivos del CC. Pero aquí, como en ninguna otra parte del derecho tributario, el sentido y alcance de la ley nunca es claro y preciso, sino que nos encontramos frente al terreno muy incierto de las discusiones sobre si lo que hace el contribuyente se mantiene dentro de los límites de lo que la ley permite o bien lo excede. En el CC los contribuyentes no sólo deben entregar información más allá de las obligaciones legales, sino también deben actuar de acuerdo con la interpretación de la ley que siga su espíritu y no sólo el sentido literal. La cuestión que se plantea entonces es quién debe decidir cuál es el espíritu de la ley y qué es una conducta elusiva. Y la respuesta inmediata apunta a la Administración Tributaria.[22]

Así pues, desde el punto de vista del CC, lo crucial es la decisión que tome la autoridad tributaria en cuanto a si la actuación del contribuyente es elusiva o no.

El CC funciona de tal manera que la mayoría de las cuestiones se resuelven entre el contribuyente y la autoridad tributaria antes de que se presente la declaración de impuestos y, por lo tanto, no llegan a los tribunales. También significa que dicha autoridad decide si una actuación es abusiva o no. Por lo tanto, estas decisiones son cruciales no sólo para los contribuyentes, sino también desde la perspectiva básica y teórica del CC.

---

[21]   Ibid.
[22]   Idem, Cap. 7.4.4.

Sin embargo, bajo los supuestos de la RB existe una mutua falta de confianza entre contribuyente y la autoridad tributaria que, en muchos casos, puede provocar una aplicación inadecuada o desproporcionada de una disposición antielusiva, aumentando así tanto el riesgo de imposición como la falta de seguridad jurídica.[23] Dado que el CC pretende restablecer la confianza perdida entre las partes, uno de los efectos secundarios pudiera ser una aplicación más equilibrada de las disposiciones contra la evasión.[24]

Sin embargo, para ello la relación de confianza debe estar bien establecida y debe transcurrir cierto tiempo antes de que pueda extraerse cualquier conclusión de este tipo.

Hoy en día se asiste a una especie de círculo vicioso de la elusión tributaria: cuanto más compleja y detallada es la ley tributaria, mayor es el número de lagunas que se pueden explotar con fines elusivos. Lo anterior, dado que el legislador introduce nuevas normas y cierra una posibilidad, pero a menudo, inadvertidamente, abre otra. En consecuencia, aumenta el número de construcciones elusivas. La cuestión es si el CC es la herramienta adecuada para romper el ciclo. No cabe duda de que, en cierta medida, la estrecha colaboración y las consultas continuas harán que algunos esquemas lleguen a su fin.

Sin embargo, hay que tener en cuenta un punto importante. El CC se refiere a los poderes discrecionales de los que hacen gala las autoridades fiscales, especialmente en el caso de la falta de fundamento de dicha cooperación en la ley. A lo largo del año tributario, al examinar las decisiones y los movimientos del contribuyente, la autoridad tributaria expresa su opinión sobre cada transacción. Cuando dicha autoridad juzga como un ejerci-

---

[23] Soler Roch, María Teresa, "Forum: Tax Administration versus Taxpayer — A new deal?", World Tax Journal, n°. 282, 2012
[24] Calderón Carrero, J. M. y Quintas Seara, A., Cumplimiento tributario cooperativo y buena gobernanza fiscal en la era BEPS, Aranzadi, Navarra, 2015.

cio abusivo de la ley, actúan como un tribunal independiente, lo que, de hecho, no son. El contribuyente puede continuar con la actuación prevista, pero se pueden concebir fácilmente casos en los que, en aras de la buena cooperación futura, un contribuyente renuncie a seguir discutiendo y ejecutando una operación. La pregunta que hay que plantear es hasta qué punto la autoridad tributaria puede utilizar sus poderes discrecionales y si éstos deben o no ser controlados.

Evidentemente, el problema es que una definición global y comúnmente aceptable de elusión tributaria no existe y siempre se trata de una evaluación caso a caso, en la que se tienen en cuenta diferentes elementos. Y si la ley no es clara, como sucede casi siempre, tanto los contribuyentes como la autoridad tendrán dificultades para determinar el monto del impuesto debido.

A partir de aquí, el problema debe verse desde dos perspectivas. La primera es la simple aplicación de discrecionalidad en un caso de posible elusión tributaria y la segunda es la referencia al "espíritu de la ley" y a las "intenciones del legislador".

La cuestión de la elusión tributaria en el escenario del CC no es muy diferente del derecho tributario general. Sin embargo, la motivación específicamente tributaria que tenga una actuación es de gran importancia en el CC. Bajo esta forma de relacionamiento, en principio, si la autoridad tributaria se opone a un acto, el contribuyente no puede realizarlo. Por lo mismo, la formulación de la GAAR/SAARs será muy importante. A falta de ella, bajo el CC la autoridad tributaria podría impedir una actuación si estima que sólo tiene motivaciones puramente tributarias. Sin embargo, si el motivo tributario no es irrelevante, pero también hay otras motivaciones económicas, entonces la autoridad tributaria debiera abstenerse de tomar una decisión y remitir los antecedentes al juez. En otras palabras, bajo un escenario de elusión tributaria, a falta de acuerdo entre las partes, lo que procedería no es que el contribuyente se abstenga de actuar, sino que la cuestión sea resuelta por un tercero imparcial.

Es normal que en casos de elusión tributaria la autoridad tributaria reproche al contribuyente de actuar en contra del espíritu de la ley, aunque siga la letra de la misma. En este punto, seguimos la opinión de algunos autores que sostienen como deseable que bajo el marco del CC la autoridad tributaria se abstenga de invocar argumentos de ese tipo, que abren espacio a una mayor discrecionalidad por parte de quien decida la controversia.[25] En otras palabras, bajo el marco del CC, las objeciones de la autoridad debieran centrarse en elementos objetivos de la norma y no en la intención del contribuyente al planificar y ejecutar una actuación.

También podría sostenerse que bajo el marco del CC se ponderaran de mayor forma antecedentes tales como las referencias contenidas en las memorias de sostenibilidad del contribuyente, en cuanto manifestación de la doctrina de los actos propios, sean a favor o en contra de dicho contribuyente en un caso particular.

VI. CONCLUSIONES

A modo de conclusión, creemos que es posible establecer cierto grado de influencia del principio de sostenibilidad en la interpretación de la ley tributaria y, en particular, de las cláusulas antielusivas, sean generales o especiales (GAAR o SAARs). Para que dicha influencia pueda materializarse, se requiere aceptar la incorporación y aplicación en el ámbito tributario del concepto de CC, el cual se aplica principalmente bajo un enfoque prospectivo, esto es, procurando evitar o prevenir una situación de incumplimiento tributario. En cambio, las GAAR/SAARs operan normalmente bajo enfoques retrospectivos, o sea, sólo una vez que el incumplimiento se ha producido.

Por este motivo, nuestra opinión es que la efectividad del CC sobre las GAAR/SAAR es limitada y más bien puede traducirse,

---

[25] BRONZ☐EWSKA, KATARZYNA, *Cooperative Compliance: A New Approach to Managing Taxpayer Relations*, IBFD 2016, Cap. 7.4.4.

por una parte, en una aplicación más ponderada y menos agresiva de la ley tributaria por parte de la autoridad y, por el lado de los contribuyentes, como una forma de facilitar un entendimiento previo a un juicio.

VII. BIBLIOGRAFÍA

BRONZ☐EWSKA, K. (2016), *Cooperative Compliance: A New Approach to Managing Taxpayer Relations*, IBFD.

BROKELIND, C., VAN THIEL, S. (editores) (2020), *Tax Sustainability in an EU and International Context*, IBFD.

CALDERÓN CARRERO, J. M. Y QUINTAS SEARA, A. (2015), Cumplimiento tributario cooperativo y buena gobernanza fiscal en la era BEPS, Aranzadi, Navarra.

KOERVER SCHMIDT, P. (2019), The Role of the Anti-Tax Avoidance Directive in Restoring Fairness — A Proper Step towards Ensuring Sustainability of the International Tax Framework?

PIRLOT, A. (2020), "A Legal Analysis of the Mutual Interactions between the UN Sustainable Development Goals (SDGs) and Taxation", en C. Brokelind, S. van Thiel (Eds.), Tax Sustainability in an EU and International Context, GREIT Series, IBFD.

SALHI, B., RIGUEN, R., KACHOURI, M. AND JARBOUI, A. (2020), "The mediating role of corporate social responsibility on the relationship between governance and tax avoidance: UK common law versus French civil law", *Social Responsibility Journal*, Vol. 16 No. 8, pp. 1149-1168. https: //doi. org/10.1108/SRJ-04-2019-0125

SCHRATZENSTALLER, M. (2015). "Sustainable tax policy: Concepts and indicators beyond the tax ratio", *Revue de l'OFCE*, 141, 57-77.

SCHWIDETZKY, WALTER D. (1996), "Hyperlexis and the Loophole", *Oklahoma Law Review*, Vol. 49, No. 3, Fall 1996, pp. 403-424, Available at SSRN: https: //ssrn.com/abstract=2503641.

SOLER ROCH, M.T. (2012), "Forum: Tax Administration versus Taxpayer — A new deal?", *World Tax Journal*, n°. 282.

ZENG, T. (2019), "Relationship between corporate social responsibility and tax avoidance: international evidence", *Social Responsibility Journal*, Vol. 15 No. 2, pp. 244-257. https: //doi.org/10.1108/SRJ-03-2018-0056.

La determinación de la elusión y la nulidad de los actos

POR ANDRÉS FRANCISCO DURÁN RODRÍGUEZ[1]

RESUMEN: Comprender la vigencia de la Norma general antielusiva implica necesariamente identificar la relación del Derecho tributario con otras áreas del derecho. En particular, con el derecho privado, a efectos de poder dilucidar el alcance de las atribuciones que puede ejercer el órgano administrativo frente a los actos de particulares que afecten el cumplimiento de las obligaciones tributarias por los contribuyentes, y su relación con las sanciones que existen como tal en resguardo de los intereses de estos. Respecto a esto, parecen existir en nuestra doctrina nacional dos posturas disimiles que responden a distintas formas de comprender la determinación que se realiza a partir de la norma antielusiva, por lo cual, se busca mediante el presente exponer y comprender el razonamiento que involucran estos planteamientos y su vigencia en nuestra realidad jurídica nacional.

PALABRAS CLAVE: Elusión, Norma general antielusiva, Nulidad, Obligación tributaria.

I. INTRODUCCIÓN

La relación del Derecho tributario con el resto de las áreas del derecho, tales como el Derecho civil, administrativo, penal, entre otras, no es una relación sencilla, por lo que intentar comprender el rol en la determinación de la figura de elusión respecto de determinados actos que se desarrollan en nuestra realidad jurídica puede sumar a esta situación una complejidad extra. Lo anterior, es advertido no solamente en nuestro país, sino que obedece a

---

[1]   Abogado, Pontificia Universidad Católica de Chile. Magíster en Derecho, con mención en Derecho Tributario, Universidad de Chile. Magíster en Tributación, Universidad de Chile.

un escenario común en la región, ya que la identificación de la elusión centra su interés en pretender identificar ciertas figuras o actuaciones que afectan la recaudación fiscal en cuanto alteran el espíritu y finalidad de las normas impositivas, fundándose ella a partir de una facultad que, en relación a otras áreas del derecho, pareciera estar inmersa en una zona[2] o dimensión a veces difícil de conceptualizar, y conforme a la cual los legisladores y la Administración Tributaria buscan resguardar el cumplimiento efectivo de las obligaciones tributarias de los contribuyentes.

A la complejidad enunciada, se suma el hecho de que hasta el día de hoy el término "elusión" se encuentra presente y utilizado en nuestra norma de forma amplia en la configuración de algunos delitos tributarios cuya redacción original proviene del vetusto Código de 1960, pudiendo con ello, generarse discusiones en torno a la delimitación del Derecho penal tributario. Cabe al respecto hacer una primera prevención en cuanto a que en materia de tipificación de los delitos tributarios se hace una clara distinción entre evasión y elusión, por cuanto el *"término evasión ha sido reservado para designar aquellas conductas que abierta y directamente infringen la ley tributaria y que, además, se encuadran dentro de las conductas tipificadas como delitos tributarios (…) Con la expresión elusión,*

---

2   La referencia a una "zona" en la cual se determina la inclusión de la norma antielusiva en un cuerpo normativo, ha sido indicada por Bo-RINSKY *et al.*, 2020, p. 224-225., en el cual, teniendo en consideración la dificultad de determinar el límite normativo entre el Derecho tributario con la norma punitiva de un sistema normativo, señala lo siguiente: *"(…) la distinción entre la evasión fiscal, la elusión fiscal y la economía de opción pretende clasificar supuestos que se presentan en el Derecho Penal Tributario y el Derecho Tributario. Su consecuencia no es menor, pues determinada el límite entre lo punible y no punible, es decir, el punto de partida a partir del cual interviene el Derecho Penal, con todo su rigor.*
Sin embargo, por lo que se viene analizando, esas categorías revelan contornos no tan claramente definidos, particularmente la elusión fiscal, que se presenta como la categoría intermedia entre las restantes. Es por esta razón que la clasificación señalada no termina de clarificar aquello que era su objetivo: la zona gris entre el Derecho Penal Tributario y Derecho Tributario".

por su parte, se hace generalmente referencia a dos categorías conceptuales que, si bien implican un ahorro fiscal para el contribuyente, consistirían en comportamientos que no podrían ser subsumidos dentro de las figuras penales tributarias, sea porque no infringen la ley o, al menos, se evita infringirla directamente"[3].

En el mismo sentido, es posible afirmar que la identificación de la extensión del término "elusión" no fue clara en nuestro ordenamiento, al menos hasta antes de la entrada en vigencia de la Ley N°20.780 de 29 de septiembre de 2014que introdujo la Norma General Antielusiva (NGA) a nuestro escenario nacional. Un claro ejemplo de ello es que nuestra Excma. Corte Suprema, de forma previa a la entrada en vigencia de la referida ley, en el caso "Soc. Inmobiliaria Bahía S.A. con el SII" definió a la elusión como el *"evitar algo con astucia, lo que no tiene que ser necesariamente antijurídico, especialmente si la propia ley contempla y entrega las herramientas al contribuyente, como aquí ocurre, para pagar impuestos en una medida legítima a la que se optó, y no en aquella que se le liquida"*[4]. Esta definición, generó en su oportunidad distintos pronunciamientos de la doctrina, y obedece a una noción respecto de la elusión que no fue finalmente recogida en la norma que se incorporó a nuestro ordenamiento.

Ahora bien, señalada esta complejidad referente a la determinación de la noción de elusión y su sanción en nuestro país, es posible considerar que al referirse estas facultades de la Administración tributaria a actos realizados por particulares, puede generarse, igualmente, un problema conceptual entorno a la relación entre la determinación de la elusión con otra sanción o calificación contemplada en nuestro sistema legislativo, que es la figura de la nulidad que puede ser determinada respecto de ciertos actos. Para efectos de dilucidar una respuesta a esto, resulta necesario comprender las visiones que la doctrina y la juris-

---

[3]   HADWA, 2019, p. 22.
[4]   Excma. Corte Suprema, 28.1.2003, Rol 4038-2001, "Soc. Inmobiliaria Bahía S.A. con SII". El destacado es nuestro.

prudencia han emitido de forma previa a la entrada en vigencia de la norma actual, y los conceptos que se han sustraído tanto de la tramitación como de la puesta en vigencia de esta norma una vez que ha sido implementada. Ello, nos permite obtener un acercamiento a la forma de comprender no solo la delimitación de la sanción a la elusión, sino que también la razón subyacente respecto a la finalidad de la obligación tributaria y su resguardo en nuestro país.

Así las cosas, se busca mediante el presente, exponer que respecto de la configuración de la sanción por elusión se identifican dos posibles respuestas referente a la relación de esta con la nulidad que pueden adolecer ciertos actos. Se postula de esta forma, que a partir de la norma vigente parece ser posible identificar que sobre cada acto o contrato celebrado que nace a la vida del derecho se entrelazan, por un lado, los efectos propios de este, esto es, aquellos provenientes de la celebración del acto jurídico en virtud del cual los particulares pretenden regular sus intereses patrimoniales y que son realizados conforme a las normas de derecho privado, y por otra, una segunda realidad referida a los efectos que estos actos generan en una dimensión informada por el Orden Público Económico, a través dela cual el Estado resguarda sus intereses mediante la protección de la relación jurídico tributaria de este con los particulares.

Es posible, entonces, afirmar como un primer acercamiento, que un elemento como la causa, como requisito de existencia y validez en la celebración de los actos y contratos, no sería determinante en cuanto a las facultades que le han sido otorgadas al Servicio de Impuestos Internos a partir de la Reforma contenida en la Ley 20.780, para efectos de determinar y buscar sancionar figuras de carácter elusivo. Resulta, entonces, fundamental poder comprender la extensión de las facultades que le fueron conferidas al órgano administrativo, las cuales en su uso deben ser miradas en armonía con la totalidad de los principios del derecho público y privado, y a la luz de lo informado por las garantías constitucionales consagradas en nuestra Constitución Política.

En efecto, si bien parte de la doctrina ha planteado que la posibilidad de que el ente administrativo pueda calificar los efectos provenientes de los actos realizados por particulares, a fin de buscar la aplicación correcta de la norma tributaria en cada caso en particular, esto involucraría, según su planteamiento, una intromisión impropia del Estado sobre los actos realizados por los privados, vulnerando con ello derechos de carácter patrimonial y constitucional, e igualmente, una falta a la capacidad de estos de desarrollar una economía de opción. Esta crítica a la facultad de calificación de elusión por parte de la autoridad administrativa, resultaría improcedente al considerar, bajo otra mirada, que lo que este órgano buscaría en realidad calificar son los efectos tributarios propios que nacen de cada acto, pretendiendo con ello comprender y determinar con precisión la aplicación de cada presupuesto normativo tributario aplicable a los efectos de los actos, logrando ello, según se establece, a través de la identificación de la ausencia de abuso o simulación en la realidad impositiva de estos actos, y estableciendo, igualmente, que dichos actos fueron realizados en ejercicio de una legítima razón de negocios.

Dicho lo anterior, mediante la presente se busca exponer las distintas visiones doctrinales en virtud de las cuales es posible armonizar las sanciones comprendidas en materia de nulidad de los actos con la sanción de elusión vigente en nuestra realidad jurídica nacional.

II. ESCENARIO PREVIO A LA LEY 20.780

Conforme a lo previamente indicado, es posible afirmar que hasta antes de la entrada en vigencia de la Ley 20.780 no existía claridad de cuál era el rol de la elusión en nuestra realidad nacional, y cómo debían operar las facultades del Servicio de Impuestos Internos a efectos de identificar, determinar y buscar sancionar esta.

Ciertamente, hasta antes de la entrada en vigencia de la Ley 20.780, parte de la doctrina defendía la premisa de considerar la elusión bajo un elemento de "astucia", y parecía con ello relacionar la validez de esta figura a principios de orden civil, como la autonomía de la voluntad. Asistía, entonces, a considerar la elusión como licita un razonamiento seguido del principio constitucional de desarrollar cualquier actividad económica, contenido en el artículo 19 N°21 de nuestra Constitución Política.

Bajo la noción expuesta, que el Estado pudiese recalificar o evaluar de alguna forma los actos realizados por privados implicaría necesariamente una intromisión de parte del ente fiscal en los elementos de los actos o contratos realizados por particulares, afectando la voluntad y autonomía de estos, y el objeto o la causa por la cual se habrían realizado ciertos actos. Esto, por cuanto los particulares tendrían pleno derecho a realizar, en resguardo de sus intereses, cualquier operación que no fuese catalogada como delito o infracción, y el ente fiscal estaría, a su vez, impedido de observar alguna irregularidad que se identificara en estos. En efecto, se señalaba en este sentido, hasta antes de la entrada en vigencia de la NGA, que *"la elusión en Chile legalmente no existe (…) la ingeniería tributaria lo que hace es buscar que el contribuyente sea el que determine el momento en que va a pagar impuestos. Es un tema de oportunidad en el pago, no de evadir los impuestos"*[5].

En efecto, parte de la doctrina basándose en una concepción que comprendía la elusión como un legítimo ejercicio de la autonomía de la voluntad de las partes, y teniendo en consideración los criterios expuestos hasta entonces por la Excma. Corte Suprema en el caso "Inmobiliaria Bahía con SII", afirmaba que *"no es el contribuyente el responsable de la buena (o mala) legislación, de modo que si las leyes tributarias alcanzan a algunos negocios u operaciones y no a otros similares o parecidos a los primeros, **el contribuyente es libre de evitar que el hecho imponible se realice, recurriendo a las formas o figuras jurídicas no gravadas por el legislador, aun cuando aquello pueda ser considerado un error legislativo, ya que tales errores son responsabilidad del Estado y no de los contribuyentes,** los que en su cumplimiento tri-*

---

5   Brzovic, 2001, p. 57.

butario deben atenerse a las leyes vigentes en el momento de la realización de las respectivas operaciones o negocios"[6], indicando, igualmente que estimaban a la elusión como *"lícita, y la forma de "atacarla" no es la de intentar asimilarla a la evasión, sino la de cerrar, por vía legislativa, las denominadas "brechas" de elusión"*[7]. En este sentido, si la conducta no se encontraba correctamente tipificada por el legislador como delito o infracción, no existía bajo esta idea otra razón por la cual debiese el Estado buscar sancionarla.

Como ha sido referido, el criterio anteriormente expuesto, el cual era recogido por parte de la doctrina nacional, relacionaba directamente la eventual determinación de la elusión con el deber de identificar una suerte de ilicitud a partir de hechos u actos celebrados, lo cual, respondía a la lógica de que para reconocer una vulneración a las normas jurídicas o al espíritu normativo, la elusión debía ser expresamente establecida como una figura ilícita y existir una suerte de tipificación de las figuras relacionadas a esta. En este sentido, *"la más clara prueba de la licitud general de la elusión, o lo que es lo mismo, que la elusión no es per se ilícita, está dada por la propia Ley de Reforma Tributaria, pues ella demuestra que fue necesario introducir modificaciones importantes al Código Tributario y consagrar positivamente una Norma General Anti Elusión a efectos de poder hacer responsables a los contribuyentes por su obrar elusivo"*[8].

Así, relacionando este planteamiento a la figura de la nulidad en materia de contratos, todo acto que fuese válidamente celebrado y no tuviese relación con algún tipo de ilícito tributario, no podría ser objeto de sanción por elusión bajo ningún escenario, ya que la elusión se constituía como una opción lícita en el ejercicio de una opción legítima por parte de los particulares. Según será expuesto en los párrafos siguientes, esta noción no fue finalmente recogida por la NGA que fue finalmente aprobada.

---

[6]   UGALDE Y GARCÍA, 2010, p. 85.
[7]   UGALDE Y GARCÍA, 2010, p. 103.
[8]   BOETSCH, 2016, p. 17.

III. LA SANCIÓN A LA ELUSIÓN A PARTIR DE LA NORMA GENERAL ANTIELUSIVA

Habiendo sido expuesto parte del escenario que se presentaba en torno a la figura de la elusión de forma previa a la existencia de la NGA en nuestro ordenamiento, es preciso afirmar que este dista de aquel que finalmente fue recogido en la norma presente en nuestra realidad nacional, la cual sanciona finalmente las figuras referidas en los artículos 4 ter y 4 quáter.

En efecto, y con el fin de enfatizar el cambio conceptual que se identificó en nuestro país a través de los años, es que podemos encontrar una sentencia del año 2015 en que nuestra Excma. Corte Suprema relaciona una serie de actos a la figura de la elusión, comprendiendo que a través de esto se realizaron *"actividades en principio lícitas, tuvieron un fin ilícito, cual es dotar a la operación de venta de acciones de un contexto que impidiese su normal tributación, generando una merma en las arcas fiscales que, en este caso, dadas las apariencias que se usaron para encubrir la actividad, no resulta admisibles"*[9]. En efecto, la sentencia referida indica *"que las actuaciones lícitas tuvieron un fin ilícito, cual es, evitar que el incremento patrimonial experimentado por el contribuyente tributase de la manera que correspondía y, por tanto, confirma la actuación (...) en este caso se resuelve un supuesto de elusión prescindiendo de una norma general antielusiva"*[10].

Se verifica, entonces, que la concepción de la elusión en nuestro país pareció cambiar su configuración centrando su mirada en un resguardo a la dimensión tributaria de los actos jurídicos y las obligaciones generadas en torno a esta, apartándose de una visión centrada en los intereses de particulares y de derecho privado. Esta idea, se puede verificar al momento de revisar la historia del establecimiento de la norma y el Protocolo de Acuerdo que permitió finalmente que esta fuese incluida en nuestro ordenamien-

---

[9]   Excma. Corte Suprema, 27.7.2015, Rol 25.915-2014, *"Gajardo Muñoz con SII"*.
[10]   NAVARRO, 2018, pp. 184-185.

to, ya que la norma que fue incorporada apartó sus definiciones del derecho privado y centró su atención en el Derecho tributario como derecho público, por cuanto *"de adoptarse definiciones de derecho privado, se limita la aplicación sustantiva de la CGA (…) los esfuerzos en la redacción de las indicaciones a la CGA se enfocaron en cumplir los términos del acuerdo, sin renunciar al derecho tributario como derecho público. Para ello se adoptaron definiciones propias del derecho tributario y no del derecho civil"*[11, 12].

El reconocimiento del criterio anteriormente indicado no fue tampoco armónico durante la discusión que dio origen a la NGA y sobre el cual se estableció el Protocolo de Acuerdo referido. Si se revisa en su totalidad la Historia de la Ley 20.780 es posible encontrar que distintas concepciones referentes a la relación del Derecho tributario frente al derecho privado se manifestaron en el desarrollo de la discusión normativa, y fueron planteados en dicha tramitación argumentos que hacían expresa referencia a la supuesta intromisión que podría realizar el Estado sobre los actos de particulares, indicándose respecto de estos que en caso de faltarle alguno de los requisitos de existencia o validez la ley ya contemplaba una sanción, la nulidad.

En el sentido anteriormente indicado, en uno de los informes de la Comisión de Hacienda, en la discusión particular realizada por el artículo 7° del proyecto de reforma, que incorporaba las facultades de determinación de figuras elusivas a través del abuso y la simulación al Código Tributario, el Diputado, señor Matías Walker Prieto, expresó que llamaba su atención *"lo relacionado con la simulación, que es una causante de nulidad relativa del contrato, que*

---

[11]   Saffie, 2021, pp. 268-270

[12]   Se hace presente que el autor referido, realiza una distinción entre CGA y NGA, indicando que *"una CGA es un tipo de NGA más restringido que un PGAE (Principios Generales Antielusión) porque para asignar consecuencias tributarias distintas de las hechas por los contribuyentes primero debe calificarse la operación en cuestión como elusiva. En el caso de la CGA vigente en Chile, las operaciones cuestionadas deben calificarse previamente como abuso de las formas jurídicas o simulación".* (Saffie, 2021, p. 262).

debe ser determinada por los jueces del fondo en lo civil. Para graficar sus inquietudes, planteó el siguiente ejemplo, referido a la facultad del Servicio para resolver cómo se distribuyen los dividendos en una sociedad familiar: es común en nuestro país, sobre todo en las pymes, que los familiares participen activamente en la gestión de un negocio y que, más allá de su participación en la sociedad, en derechos en la sociedad de responsabilidad limitada o las acciones en la sociedad anónima, haya socios familiares que contribuyen a la empresa trabajando, a lo que los socios le determinan un valor y, en base a eso, se determina un porcentaje. Explicó que, en este caso, se está dando atribuciones al Servicio de Impuestos Internos para recalificar la forma en que las sociedades familiares distribuyen su participación"[13]. La noción expuesta, involucra igualmente comprender el Derecho tributario como una esfera directamente relacionada al derecho civil en lugar de comprender la dualidad de dimensiones que ha sido referida y que parece haber sido recogida en la NGA.

Así las cosas, conforme a lo señalado, la noción que parece haber predominado finalmente en la NGA, en razón de las figuras comprendidas en esta y su tenor literal, fue considerar que la facultad de determinación de la elusión establecida se encuentra centrada en una esfera de derecho público. Así, esta potestad conferida al ente administrativo se sostendría sobre dos pilares conceptuales fundamentales que, para el presente efecto podríamos identificar de la siguiente forma:

1. El rol que tiene el Estado en el resguardo de la relación jurídico-tributaria.

2. La relación de los particulares entre sí y sus obligaciones como contribuyentes en sociedad.

De esta forma, estaría el Derecho tributario dentro de sus fines llamado a resguardar el cumplimiento de las obligaciones tributarias de los contribuyentes, las que a su vez se distinguen o abstraen de los efectos provenientes de los actos realizados por estos en

---

[13]   Historia de la Ley 20.780, disponible en BCN, p. 321.

la esfera civil, protegiendo con ello principios que forman parte de la columna vertebral de nuestro sistema tributario conforme a nuestra Constitución actual y de las que la precedieron, estos son, el principio de igualdad y legalidad, y resguardando igualmente con ello el Orden Público Económico.

Por otro lado, sería el Derecho civil, el derecho privado, el llamado a resguardar las relaciones entre los particulares entre sí y la protección de sus intereses a través de los diversos principios que igualmente, asisten a la legalidad de sus actos y con ello, con la sanción que se establece ante una falta a los requisitos de validez u existencia de los actos.

Esta idea, entonces, nos permitiría identificar que los efectos provenientes de un mismo acto o serie de ellos pueden ser analizados en razón de la NGA, a partir de una dimensión tributaria y a partir de una dimensión civil, recayendo la eventual declaración de nulidad solo en lo correspondiente a la dimensión civil que rige la relación entre los particulares entre sí, no teniendo esta una relación directa con la determinación final de una figura como elusiva.

Ahora bien, este planteamiento de considerar hechos o actos a través de una dualidad entre el Derecho tributario y el Derecho civil no es nuevo, y de hecho, la idea fue incluso referida por el profesor DINO JARACH, al señalar que: *"en el derecho privado, se dice que una relación jurídica tiene como presupuesto un negocio, se quiere afirmar que la ley reconoce una manifestación de voluntad como fuente de la relación jurídica. Es decir, que, desde el punto de vista de la causalidad jurídica, la manifestación de voluntad aparece como la causa de la existencia de la relación jurídica, aunque no todos los efectos hayan sido queridos por las partes, sino que derivan de la ley misma, en el caso en que se verifique la manifestación de voluntad.* **En el derecho privado, en definitiva, el negocio jurídico es el también simple presupuesto de hecho de una relación jurídica. Pero la particularidad que lo caracteriza como negocio es que, de los efectos que la ley le atribuye algunos son queridos por las partes y se producen en cuanto las partes los quieren; otros pueden no ser queridos, pero se verifican porque los** *quiere la ley misma; más siempre se considera a la manifestación de voluntad de las partes como fuente del conjunto de efectos jurídicos que constituyen la relación jurídica. En el Derecho tributario, por el contrario, también en los impuestos que tienen su presupuesto en una relación jurídica derivada de un negocio y de los cuales comúnmente se dice que tienen como presupuesto un negocio jurídico, los efectos tributarios nunca son efectos de la voluntad de las partes, sino exclusivamente de la ley* [14].

Es preciso entonces detenernos, a efectos de identificar esta diferenciación de dimensiones que informan a los actos o contratos, en esta declaración del profesor DINO JARACH, que es que **los efectos tributarios nunca son efectos directos de la voluntad de las partes.** En efecto, los contratos no son celebrados habitualmente entre particulares buscando como fin el pagar impuestos, sino que hay una relación o interés particular en la realización de actos y negocios, y la validez y efectos de los mismos, afecta a los particulares e interesados. Sin embargo, estos actos a su vez constituyen un hecho que genera efectos jurídicos en el ámbito tributario, por lo cual, en el caso de que estos tengan relevancia frente a las nociones normativas relacionadas a un hecho gravado, van a generar obligaciones tributarias formando con ello la relación entre contribuyentes y Estado que este último está llamado a resguardar.

Parece ser, entonces, que en nuestra norma vigente, y conforme a las nociones doctrinarias que esta recogió, la facultad de determinación de elusión por parte del Servicio de Impuestos Internos no buscaría afectar la validez o existencia de los actos civiles de los particulares, sino resguardar en relación a estos los efectos tributarios que corresponden a las operaciones que se estima que estos realmente realizaron o que debieron efectuar de no mediar un abuso de las formas jurídicas dispuestas para ello u otra consideración que se enmarque en los supuestos contenidos en la NGA.

---

[14] JARACH, 2011, pp. 76-78.

La noción indicada parece encontrarse en directa relación a lo comprendido en el inciso 1° del artículo 4° bis del Código Tributario, que establece que *"Las obligaciones tributarias establecidas en las leyes que fijen los hechos imponibles, nacerán y se harán exigibles con arreglo a la naturaleza jurídica de los hechos, actos o negocios realizados,* ***cualquiera que sea la forma o denominación que los interesados le hubieran dado, y prescindiendo de los vicios o defectos que pudieran afectarles"***. Prescindir, entonces, de los vicios o defectos que pueden afectar a los actos puede ser considerado como una referencia a que la elusión puede ser determinada sobre hechos y actos que adolecen efectivamente de vicios o defectos, los cuales, pueden ser sancionados en la esfera civil sin afectar necesariamente ello en la determinación que la autoridad administrativa está mandatada a realizar.

Podemos afirmar que acorde al texto vigente en nuestra ley y conforme a las figuras sancionadas en esta, es posible dividir conceptualmente los actos en distintas esferas, comprendiendo que los actos realizados en materia privada generan efectos a partir de los hechos tributarios que pueden ser fiscalizados por el ente correspondiente bajo el marco normativo que la ley ha dispuesto para ello. No tendría, entonces, mayor relevancia la nulidad propia de los actos civiles en cuanto la celebración de uno o más actos podrían corresponder, bajo esta noción, a hechos sobre los cuales el ente fiscal centra su interés. La eventual declaración de nulidad de estos no afectaría a la posibilidad de que fuesen sancionados como constitutivos de elusión.

Así las cosas, en vista de todo lo previamente expuesto, nos permite distinguir las nociones expuestas en dos concepciones:

i. Una de ellas, indica que el Derecho tributario está en directa relación con el derecho privado, por lo que, en resguardo de la autonomía de la voluntad de las partes y principios de orden civil, el Estado y la ley, en directa relación al resguardo de la voluntad de los particulares, deben configurar cualquier reproche normativo a situaciones específicamente establecidas en la ley y relacionadas a los vicios que pudiesen presentarse en la naturaleza misma de los actos celebrados por las partes. No podría, en este sentido, por ejemplo, estimarse que existe una simulación tributaria si no se ha acreditado en sede civil la existencia de una simulación al menos relativa.

Conforme ha sido expuesto, esta postura parece ser aquella que era mayormente aceptada de forma previa a la entrada en vigencia de la NGA, y que predomina en cierta parte de la doctrina, la cual al día de hoy crítica la existencia de este tipo de normas en nuestro ordenamiento. Igualmente, este planteamiento parece ser el que en su oportunidad pretendía recoger el "Proyecto de Modernización Tributaria" presentado el año 2018, y que culminó en la Ley 21.210. El Mensaje de este proyecto, afirmaba que: *"Estamos convencidos que la NGA constituyó un avance que, a la fecha, ha generado fundamentalmente un efecto disuasivo de realizar **planificaciones destinadas a defraudar la finalidad de la normativa tributaria, a simular actos o contratos, o a realizar tales actos, contratos o planificaciones sin causa u objeto alguno**. (...)"*[15]. Si bien se aluden en este mensaje, distintas afirmaciones respecto a un ánimo de perfeccionamiento de la norma vigente, esta contenía modificaciones a los artículos 4° ter y 4° quáter que implicaban al parecer, una modificación al razonamiento subyacente de la norma.

Siguiendo lo indicado, el proyecto referido incorporaba al artículo 4° ter una referencia directa a la causa de los actos o contratos, incorporando a este artículo, en lo referente a la configuración del abuso de las formas jurídicas, lo siguiente: *"Para estos efectos, se entiende que es artificioso aquel acto jurídico o contrato que, careciendo de una causa o causa lícita contraviene la finalidad de la ley"*[16]. Esta modificación, que finalmente no prosperó, llevaba consigo un reconocimiento al planteamiento elusivo que no fue recogido en su oportunidad por la NGA y ha sido enunciado en párrafos anteriores, y generaba con ello la eventual carga procesal de que debía ser probada la carencia o ilicitud de la causa de un acto o

---

[15]   Historia de la Ley 12.210, disponible en BCN, p. 15.
[16]   Historia de la Ley 12.210, disponible en BCN, p. 25.

contrato en sede civil para, posteriormente, pretender determinar una eventual sanción por NGA, limitando con ello la facultad de recalificación por parte de la autoridad tributaria de los actos a lo que pudiese determinarse una naturaleza elusiva.

De igual forma, se contemplaba también por este proyecto una modificación a lo referente en materia de simulación tributaria, quedando este artículo 4° quáter del siguiente tenor: *"Habrá también elusión de los hechos gravados contenidos en las leyes tributarias en los actos jurídicos o contratos en los que exista simulación absoluta o relativa, excepto los casos de simulación expresamente tipificados como delito (...)"*[17]. Al igual que lo referido en el párrafo anterior, pese a que el proyecto manifestaba en su mensaje que se consideraba *"indiferente para que se configure la elusión si la simulación fue absoluta o relativa"*[18], contenía en sus modificaciones una clara referencia a la simulación en materia civil, la cual es objeto de sanción mediante nulidad absoluta o relativa, pudiendo generarse con ello el efecto procesal de que debía sancionarse estos actos por dicha vía antes de buscar una determinación por elusión en materia tributaria.

Si, como se ha dicho, estas modificaciones no prosperaron en la reforma que finalmente fue aprobada, es preciso enfatizar que ellas parecen estar enfocadas en este primer grupo que ha sido enunciado, el cual, desprende al Derecho tributario de su esfera de derecho público limitando las facultades de determinación por elusión, centrándose todo el interés en una concreta relación de derecho privado[19].

---

[17]   Historia de la Ley 12.210, disponible en BCN, p. 25.

[18]   Historia de la Ley 12.210, disponible en BCN, p. 16.

[19]   En este punto, es preciso enfatizar que se generaron en su oportunidad distintos pronunciamientos y cuestionamientos en la prensa respecto a la pertinencia de los cambios propuestos en el proyecto de reforma original. A modo de ejemplo, CRISTIAN BOETSCH señalaba: *"En términos generales, sin duda que la utilización y remisión que el proyecto hace al Derecho Civil es una decisión jurídicamente correcta, por varios motivos: primero, porque la NGA se construye sobre la base de dos figuras creadas y desarrolladas por el Derecho Común, como lo es el abuso y la simulación; segundo, porque el proyec-*

ii. Por otro lado, la segunda concepción que se busca identificar, estima que la sanción de elusión no dice relación alguna a la validez o existencia civil de los actos de las partes que los celebran, bastando, en este sentido, con que sea posible identificar a la luz de la Norma Antielusiva una simulación de índole tributaria o un abuso de las formas jurídicas, para poder sancionar estas mediante el procedimiento establecido en el art. 160 bis del CT.

Este segundo grupo de ideas que ha sido enfatizado en párrafos anteriores considera que los hechos u actos jurídicos involucran dos dimensiones o realidades que se vinculan en materias de derecho privado, para los particulares, y en materias de orden público, esto es, de Derecho tributario, el cual, se resguarda mediante la existencia de la NGA vigente en la actualidad. En este sentido, la sanción de nulidad civil y la determinación de elusión responden a estas dos realidades distintas, sobre las cuales nuestro sistema jurídico establece distintos procedimientos y requisitos para el ejercicio de las acciones pertinentes, y considerándose en materia de elusión para el órgano administrativo que la norma vigente cuenta con la libertad de efectuar sus razonamientos sobre los efectos tributarios que emanan de los actos celebrados por particulares.

---

to emplea conceptos jurídicos plenamente conocidos por los particulares y por la autoridad administrativa y judicial, y finalmente, se trata de una solución armónica con el Código Tributario, cuyo artículo 2° precisamente hace aplicable el Derecho Común en las materias no previstas por dicho cuerpo normativo (…) Esta incorporación tiene una doble virtud: emplea conceptos propios de nuestro Derecho, y por tanto conocidos y familiares, y además, utiliza los mismos términos que contenía el proyecto original de NGA del año 2014, lo que supone que gozará de transversal apoyo" (Diario El Mercurio, 30.08.2018.).
Por otra parte, don FRANCISCO SAFFIE afirmaba al respecto que *"esta norma es un retroceso para efectos de la aplicación de la norma porque será necesario mostrar que los contratos son inválidos desde el punto de vista del derecho civil para luego cuestionarlos desde el punto de vista tributario"* (Diario La Tercera, 25.08.2018).

IV. CONCLUSIONES

Conforme fue planteado en un inicio, la relación del Derecho tributario con otras áreas del derecho acarrea complejidades que han buscado ser solucionadas a través de distintas reformas legislativas y discusiones doctrinarias cuyos criterios han ido cambiando a través de los años y en razón de los reconocimientos jurisprudenciales generados en las distintas instancias procesales.

Así, se ha buscado mediante el presente exponer que existen al menos dos formas de comprender esta relación del Derecho tributario con el derecho privado y cómo se enmarca la NGA vigente en esta. Lo expuesto, permite concluir y comprender que la vigencia de las normas relacionadas a potestades de Derecho tributario ha cambiado buscando, mediante un reconocimiento en la actualidad relacionada al derecho público, resguardar el debido cumplimiento de las obligaciones por parte de los contribuyentes sin pretender una intromisión en los intereses de los privados en la realización de sus actos. Se comprende, así, esta distinción de sanciones y determinaciones que existe en nuestro ordenamiento jurídico, lo cual permite la vigencia de la NGA y de las sanciones de derecho civil, ya que cada una de ellas persigue intereses diferentes y de distinta naturaleza.

En el sentido anterior, se planteó que el reconocimiento del Derecho tributario centrado en un interés de derecho público de los actos sostiene su construcción bajo dos pilares que son el rol que tiene el Estado en el resguardo de la relación jurídico-tributaria, y la relación de los particulares entre sí y sus obligaciones como contribuyentes en sociedad. En efecto, ambas posturas que fueron referidas en dos concepciones distintas se refieren igualmente a estos pilares, una de ellas, se sostiene en solo uno de estos pilares ya que equipara las nociones de Derecho tributario al Derecho civil, apartándose con ello de la labor de resguardo del Orden Público Económico que pesa sobre el ente fiscal. La segunda, en cambio, acarrea un reconocimiento de los intereses realizados por los particulares, pero se sostiene igualmente sobre el resguardo de la relación jurídico-tributaria, ya que comprende al Derecho tributario como una disciplina llamada a abstraerse de los intereses de los particulares resguardando el correcto cumplimiento de las obligaciones de los contribuyentes, protegiendo con ello el interés público.

V. BIBLIOGRAFÍA

Boetsch, C., 2016: La Norma General Anti Elusión, Santiago, Ediciones UC.

Borinsky, M., Turano, P. Rodríguez, M. y Schurjin, D., 2020: Delitos Tributarios y Contra la Seguridad Social, Buenos Aires, Rubinzal-Culzoni Editores.

Brzovic, F., 2001: "Ley de evasión y elusión tributaria", Revista de Derecho Universidad Finis Terrae, N°5.

Hadwa, M., 2019: "Evasión y elusión tributaria. Un breve análisis desde el punto de vista penal de las categorías conceptuales de economía de opción, fraude a la ley y de la Simulación", Doctrina y Jurisprudencia Penal N° 38, Universidad de los Andes, pp. 19-42.

Jarach, D., 2011: El Hecho Imponible, Buenos Aires, Abeledo Perrot.

Navarro, M., 2018: "La evolución en la jurisprudencia de la Excma. Corte Suprema en la concepción de la elusión fiscal", Revista de Estudios Tributarios, (20), Centro de Estudios Tributarios Universidad de Chile, pp. 169-191.

Saffie, F., 2021: "¿Por qué fiscalizar la Elusión mediante una Cláusula General Antielusión?", en Jorge Atria y Cristóbal Otero (editores), Impuestos justos para el Chile que viene, Fondo de Cultura Económica, Santiago, pp. 253-276.

Ugalde, R, García, J.2010: Elusión, Planificación y Evasión Tributaria, Santiago, Legal Publishing.

La facultad de tasación a la luz del principio de capacidad contributiva

Por Eduardo Irribarra Sobarzo[1]

RESUMEN: En este artículo se postula que la facultad de tasación con la que cuenta el Servicio de Impuestos Internos, contiene al menos dos hipótesis que potencial o derechamente infringen la Constitución, a saber: i) cuando el Servicio tasa una base imponible y no fundamenta ni acredita en su actuación la existencia de una riqueza subyacente; y ii) cuando la ley derechamente autoriza a tasar el precio o valor de una enajenación efectuada a un precio o valor notoriamente inferior al corriente en plaza.

PALABRAS CLAVES: capacidad económica, capacidad contributiva, tributo, tasación, Servicio de Impuestos Internos.

I. INTRODUCCIÓN

En el contexto de las normas antielusivas, el Servicio de Impuestos Internos ("SII" o la "Administración") cuenta con la facultad legal de tasar la base imponible de diversos hechos gravados, como la renta líquida imponible, la enajenación de bienes, la venta y la fijación de precios o valores.

El objetivo de esta facultad es "estimar" una base imponible distinta de la determinada o de la omitida por los contribuyentes, dando lugar a una diferencia de impuestos. La tasación puede deberse a varias circunstancias contempladas en la ley, como

---

[1] Doctor en Derecho, Universidad de los Andes. Profesor de Derecho Tributario de la Facultad de Economía y Negocios de la Universidad de Chile.

la incomparecencia del contribuyente a una citación, la calificación de no fidedignos de los antecedentes que este hubiere aportado, o bien cuando ocurra una enajenación cuyo precio sea notoriamente inferior (o superior) a los corrientes en plaza o de los que normalmente se cobren en convenciones de similar naturaleza, considerando las circunstancias en que se realiza la operación.

En su concepción teórica, la tasación, en su condición de norma especial para evitar la elusión, importa una herramienta normativa destinada a recaudar, a título de tributo, aquella "riqueza" o fuerza económica eludida por el contribuyente. Sin embargo, no es del todo correcto afirmar que la tasación efectivamente considere dicha riqueza o presupuesto económico en todos los eventos en los que la ley permite hacer uso de esta facultad, lo cual genera un problema desde el punto de vista del principio de capacidad contributiva, el cual exige aplicar impuestos siempre sobre una riqueza real y no ficticia. Incluso en algunos casos la tasación parece revestir aspectos sancionatorios en vez de tributarios, con todos los problemas constitucionales que ello representa.

En principio, estos inconvenientes se suscitan cuando el SII tasa una base imponible y no fundamenta ni acredita la existencia de una riqueza subyacente, en cuyo caso el vicio no es normativo sino imputable a la omisión de la Administración. Sin embargo, ello ocurre también por un vicio normativo, cuando por ejemplo la ley derechamente autoriza a tasar el precio o valor de una enajenación efectuada a un precio o valor notoriamente inferior al corriente en plaza.

En este artículo se esbozarán dos problemas constitucionales que podría suscitar el ejercicio de la facultad de tasación en tales casos: i) la eventual inobservancia del principio de capacidad contributiva en el sujeto enajenante que es objeto de la tasación; y ii) el sesgo sancionatorio de esta facultad en algunas de sus aplicaciones, y sus consecuencias.

II. LA FACULTAD DE TASACIÓN DEL SERVICIO DE IMPUESTOS INTERNOS

Para PÉREZ[2], la tasación no es más que la fijación o estimación de la base imponible, efectuada por el SII, de acuerdo con los antecedentes que disponga, en aquellos casos en que no se conozca exactamente dicha base imponible. Para MASSONE, la tasación "es la fijación o estimación de la base de cálculo o de alguno de sus elementos, efectuada por la Administración tributaria, con los antecedentes de que disponga, en los casos expresamente previstos por la ley"[34]

El corazón de esta facultad de tasación, lo encontramos en el artículo 64 del Código Tributario[5], que reza:

> Artículo 64. El Servicio podrá tasar la base imponible, con los antecedentes que tenga en su poder, en caso que el contribuyente no concurriere a la citación que se le hiciere de acuerdo con el artículo 63° o no contestare o no cumpliere las exigencias que se le formulen, o al cumplir con ellas no subsanare las deficiencias comprobadas o que en definitiva se comprueben.
>
> Asimismo, el Servicio podrá proceder a la tasación de la base imponible de los impuestos, en los casos del inciso 2° del artículo 21 y del artículo 22.
>
> Cuando el precio o valor asignado al objeto de la enajenación de una especie mueble, corporal o incorporal, o al servicio prestado, sirva de base o sea uno de los elementos para determinar un impuesto, el Servicio, sin necesidad de citación previa, podrá tasar dicho precio o valor en los casos en que éste sea notoriamente inferior a los corrientes en plaza o de los que normalmente se cobren en convenciones de similar naturaleza, considerando las circunstancias en que se realiza la operación.

---

2   PÉREZ, 2013, P. 229.

3   MASSONE, 2016A, P. 229.

4   El artículo 65 del Código Tributario indica que en los casos del artículo 97 N° 4 del mismo Código, se deberá tasar el monto de las ventas u operaciones gravadas.

5   Decreto ley No. 830 de 1974.

No se aplicará lo dispuesto en este artículo, en los casos de división o fusión por creación o por incorporación de sociedades, siempre que la nueva sociedad o la subsistente mantenga registrado el valor tributario que tenían los activos y pasivos en la sociedad dividida o aportante.

Tampoco se aplicará lo dispuesto en este artículo, cuando se trate del aporte, total o parcial, de activos de cualquier clase, corporales o incorporales, que resulte de otros procesos de reorganización de grupos empresariales, que obedezcan a una legítima razón de negocios, en que subsista la empresa aportante, sea ésta, individual, societaria, o contribuyente del N° 1 del artículo 58 de la Ley sobre Impuesto a la Renta[6], que impliquen un aumento de capital en una sociedad preexistente o la constitución de una nueva sociedad y que no originen flujos efectivos de dinero para el aportante, siempre que los aportes se efectúen y registren al valor contable o tributario en que los activos estaban registrados en la aportante. Dichos valores deberán asignarse en la respectiva junta de accionistas, o escritura pública de constitución o modificación de la sociedad tratándose de sociedades de personas.

En igual forma, en todos aquellos casos en que proceda aplicar impuestos cuya determinación se basa en el precio o valor de bienes raíces, el Servicio de Impuestos Internos podrá tasar dicho precio o valor, si el fijado en el respectivo acto o contrato fuere notoriamente inferior al valor comercial de los inmuebles de características y ubicación similares, en la localidad respectiva, y girar de inmediato y sin otro trámite previo el impuesto correspondiente. La tasación y giro podrán ser impugnadas, en forma simultánea, a través del procedimiento a que se refiere el Título II del Libro Tercero.

La facultad de tasación procede en diversas situaciones, entre ellas:

i)   Cuando el contribuyente no concurriere, no contestare o no cumpliere las exigencias de la citación;

ii)   Cuando el SII resuelve que los antecedentes aportados por el contribuyente no son fidedignos (art. 21 inciso 2 del Código Tributario);

---

6   Decreto ley No. 824 de 1974.

iii) Cuando el contribuyente no presenta declaración, estando obligado a hacerlo (art. 22 del Código Tributario);

iv) Enajenación de bienes, cuando el precio o valor asignado sea notoriamente inferior a los corrientes en plaza o de los que normalmente se cobren en convenciones de similar naturaleza, considerando las circunstancias en que se realiza la operación.

v) Tasación con ocasión del delito tributario del artículo 97 No. 4 del Código Tributario, o ante la pérdida o inutilización de los libros de contabilidad[7];

vi) Tasación de negocios pequeños según el artículo 23 del Código Tributario;

vii) Tasación de la renta líquida imponible del artículo 35 de la LIR, cuando no pueda determinarse clara y fehacientemente, por falta de antecedentes o cualquiera otra circunstancia, imputable al contribuyente;

viii) Tasación del avalúo de bienes raíces de la Ley N° 17.235;

ix) En el impuesto al valor agregado (IVA);

x) Cuando el valor de la enajenación de un bien raíz o de otros bienes o valores que se transfieran sea notoriamente superior al valor comercial de los inmuebles de características y ubicación similares en la localidad respectiva, o de los corrientes en plaza, considerando las circunstancias

---

[7] El artículo 65 del Código Tributario establece que en los casos a que se refiere el No. 4 del artículo 97 del Código Tributario, el Servicio tasará de oficio y para todos los efectos tributarios el monto de las ventas u operaciones gravadas sobre las cuales deberá pagarse el impuesto y las multas. En cuanto a la pérdida o inutilización de libros de contabilidad o documentos, la ley señala que la base imponible de los impuestos de la LIR será la que resulte de aplicar sobre el monto de las ventas anuales hasta el porcentaje máximo de utilidad tributaria que hayan obtenido las empresas análogas y similares.

en que se realiza la operación. (art. 17 No. 8 de la Ley sobre Impuesto a la Renta, o LIR);

xi)   En materia de precios de transferencia (art. 41 E LIR).

Sobre esta facultad, el SII no dispone de una explicación sustantiva, limitándose a señalar que constituye parte de un elenco de normas especiales para evitar la elusión (Circular N° 65 de 2015), y a considerar su aplicación ante innumerables consultas expresadas en oficios ordinarios.

La tasación constituye una medida excepcional de determinación de impuestos, que indudablemente le confiere al SII una facultad amplísima. En efecto, el Fisco "no necesita recurrir directamente a los tribunales de justicia para dirimir la disputa, sino que, haciendo uso de un privilegio extraordinario, aunque también justificado, va creando por sí mismo los títulos que le permitirán hacer efectiva su acreencia, e incluso llegar, de ser necesario, a la vía ejecutiva, sobre la base de sus propios actos."[8].

Sin embargo, en nuestro concepto la facultad de tasación debe ser aplicada por la Administración tributaria bajo límites normativos incluso de rango constitucional, entre ellos: i) el respeto al principio de capacidad contributiva, pues no pueden tasarse y gravarse condiciones que no den cuenta de una fuerza económica en los contribuyentes; ii) que esta facultad tiene una naturaleza y fin tributario, de manera que solo permite gravar una renta acreditable y por lo tanto estimar un impuesto, por lo que no puede ser utilizada como medio de sanción, en razón de que los tributos no pueden ser utilizados para castigar una conducta, y; iii) la fundamentación y motivación por parte del SII en el acto que practica la tasación, resulta en la medida inmediata de validez de su actuación, fundamentación que justamente debe explicar en qué medida se respeta la capacidad contributiva con el ejercicio de dicha medida y no se sanciona con ella, razones estas que permiten además ser impugnadas y valoradas en sede jurisdiccional.

---

[8]   Massone, 2016a.

III. EL PRINCIPIO DE CAPACIDAD CONTRIBUTIVA

La actual Constitución Política (CP) no reconoce expresamente el principio de capacidad contributiva en su texto, no obstante que el Tribunal Constitucional (TC) lo ha deducido de diversas normas constitucionales, aunque bajo una concepción discutible[9].

Como concepto, el principio de capacidad contributiva cumple la función de regular la exigencia de repartir el gasto público entre los contribuyentes según parámetros aceptables socialmente y que se pone, a su vez, como medida y límite del interés fiscal.[10]

Este principio tiene una importancia fundamental para el resguardo de la justicia tributaria constitucional, puesto que no solo constituye una expresión de solidaridad, que exige la participación de todos los miembros de la sociedad al bien común y, específicamente al financiamiento del Estado que los ampara. También importa por su función de concretar en mayor grado la garantía de igualdad tributaria, y además porque constituye un límite al Estado en su potestad para establecer tributos, en el entendido de que solo puede establecer tributos considerando y respetando la capacidad contributiva de los contribuyentes (aspecto subjetivo).

Dado el carácter patrimonial de los tributos, la contribución a la que todos somos llamados exige al Estado atender siempre a la situación económica de los contribuyentes, pues de lo contrario

---

[9]   Por ejemplo, la sentencia del Tribunal Constitucional, 31-07-2009, Rol 1452-2009, c. 21., en la cual interpretó que la capacidad económica "ha sido complementada, hoy en día, por la capacidad contributiva, que supone que por medio de la aplicación de ciertos tributos (o de los correspondientes beneficios y franquicias), el Estado se encuentra en condiciones de aceptar o desalentar ciertas actividades en forma acorde con la obtención de los fines políticos como económicos y sociales que lo animan, los que, naturalmente, deben propender al logro del bien común".

[10]   BORIA, 2016, p. 35.

resulta injusto establecer un tributo a quien nada tiene, o bien a partir de características individuales que en nada se relacionan con aspectos patrimoniales o con una fuerza económica, como sería aplicar tributos a los inmigrantes, a los altos o bajos, a quienes profesen una determinada religión, o solo a los hombres. Para ello, la contribución tributaria debe dar cuenta de la existencia de algún tipo de aptitud o fuerza económica en el sujeto pasivo, y dejar a salvo de tributación (o bien permitir la deducción) aquella capacidad económica necesaria para su subsistencia digna y la de su familia (mínimo exento), así como no exceder una carga que se considere excesiva y confiscatoria.

Haciendo la relación que hace PÉREZ ROYO[11] entre la capacidad física y el deber de la defensa de la Patria, la capacidad contributiva significa "disponibilidad de los medios necesarios para hacer frente al tributo, o sea, actitud, idoneidad a la contribución"[12]. Para TIPKE, a quien los impuestos únicamente pueden obtenerse de la renta acumulada, el principio de capacidad contributiva proporciona el criterio para determinar qué parte de la renta tienen los ciudadanos que entregar como impuestos.[13] Conforme ello, la capacidad contributiva está constituida por lo que resta después de deducir los gastos necesarios para la existencia, es decir, la renta disponible.

Tradicionalmente, esta capacidad se ha conectado con la riqueza de una persona, manifestada directa o indirectamente a través de diversos índices, como la renta, los rendimientos, el patrimonio, las transferencias de bienes, los haberes, el consumo, entre otros. Tal capacidad "presupone la existencia de riqueza que proporciona al sujeto unos medios financieros adecuados para contribuir a los gastos públicos"[14], riqueza que es "valorada socialmente en cada etapa histórica por el legislador para some-

[11] PEREZ ROYO, 2000.
[12] FALSITTA, 2012, p. 166.
[13] TIPKE, 2002.
[14] SIMÓN ACOSTA, 2017, p. 94.

terla a tributación"[15]. En palabras de GIARDINA[16], "la fuerza económica constituye, en todo caso, el sustrato de la fórmula de capacidad contributiva enunciada en la Constitución y las valoraciones inspiradas por la consideración de los otros elementos no pueden prescindir de ella". Por tanto, quien no cuente con una capacidad contributiva así entendida, no puede obligarse a concurrir a los gastos públicos mediante ningún tipo de especie tributaria. La ignorancia de esta fuerza económica equivale precisamente a la arbitrariedad de la legislación fiscal[17].

Ahora bien, no existe una fórmula que sirva para medir concretamente el grado de riqueza disponible para la tributación, de manera que tanto en Chile como en otros países la solución apunta a asignarle al legislador una relativamente amplia libertad para establecer los tributos. Al menos en Chile el propio TC ha sostenido en innumerables ocasiones la tesis de la amplia libertad con la que cuenta el legislador para establecer tributos "de cualquier naturaleza", referenciando, aunque en términos generales, la existencia de límites como los de proporcionalidad, razonabilidad y no discriminación arbitraria[18]. En cualquier caso, esa libertad del legislador no puede ser absoluta ni desmedida, pues siempre existe el riesgo de establecer tributos basado en razones contingentes, populistas y carentes de todo saber técnico y jurídico[19].

En relación con el principio de capacidad contributiva aquí resumido, y en el entendido de que la facultad de tasación constituye una herramienta para determinar la renta o riqueza eludida de una persona, su ejercicio debe encontrarse subordinado normativamente a que el contribuyente tasado haya experimentado un incremento de patrimonio efectivo que justamente el impues-

---

[15]   GALLEGO, 2003, p.83.
[16]   GIARDINA, 1961, p. 127.
[17]   PALAO TABOADA, 2018.
[18]   Sentencias del Tribunal Constitucional: 31-07-2009, Rol 1452-2009 y 29-05-2009, Rol 1399-2009.
[19]   PALAO TABOADA, 2018.

to eludido buscaba gravar. De lo contrario, el impuesto tasado resulta fundado en elementos ajenos al ámbito tributario, violando directamente el principio de capacidad contributiva y por ende la Constitución.

Este tipo de violaciones no solo ocurre cuando el SII ejerce esta facultad de tasación de forma negligente sin fundamentar ni vincular el impuesto tasado con la existencia de una riqueza eludida y determinada administrativamente. Esta violación, ocurre también cuando la propia ley autoriza derechamente a tasar el precio o valor de una enajenación efectuada a un precio o valor notoriamente inferior al corriente en plaza.[20] En la primera situación, el SII tiene el deber de fundamentar su tasación con los antecedentes de que disponga o en su defecto, con los elementos que la propia ley dispone para determinar el impuesto, no siendo suficiente hacer una referencia general. En cuanto a la tasación del artículo 64 citado, el problema es mayor, puesto que es el propio legislador quien permite que una persona tribute por una riqueza que nunca ha experimentado, todo lo cual pudiera ser cuestionado en sede constitucional por medio de la acción de inaplicabilidad constitucional. Este último caso puede graficarse con el siguiente ejemplo:

Un bien adquirido en $70 que es enajenado en $100, pero cuya enajenación el SII tasa en $200, importa, por un lado, que el enajenante siga obteniendo una ganancia por $30 (realidad económica), pero por otro, que este deba tributar como si hubiese recibido una ganancia por $130 (realidad tasada). En este ejemplo, en donde el enajenante se obliga a tomar de su exigua ganancia real de $30, la cantidad necesaria para pagar el impuesto aplicado sobre una base de $130, la facultad de tasación significó que al enajenante se le reconociera ficticiamente una capacidad contributiva mayor de la que realmente experimentó, por el simple hecho de haber enajenado el bien a un precio notoriamente inferior al corriente en plaza.

---

[20] Artículo 64 del Código Tributario.

En nuestro concepto, la norma legal contemplada en el artículo 64 del Código Tributario que autoriza al SII a tasar al enajenante por la enajenación de bienes a un precio notoriamente inferior al corriente en plaza, infringe el principio de capacidad contributiva, puesto que el enajenante, a quien la ley considera como el sujeto tasable, en tal evento no ha incrementado en lo absoluto su patrimonio con ocasión de la actuación elusiva, no obstante lo cual, resulta gravado y obligado a pagar el impuesto determinado. En una operación como esta, es más bien el adquirente quien ha incrementado su patrimonio al adquirir un bien pagando menos.

Pudiera argumentarse que en el contexto de las normas antielusivas a la que pertenece la facultad de tasación, esta busca hacer prevalecer un principio de eficiencia en la recaudación por sobre el principio de capacidad contributiva, al asegurar el impuesto cobrándoselo al enajenante y no al adquirente. O bien, que el fin de esta norma es la disuasión para no incurrir en esta modalidad de "donación encubierta", de manera que el enajenante conozca de antemano la consecuencia de enajenar bajo un precio notoriamente inferior.

Sin embargo, tales razones no pueden resolver el indudable desconocimiento absoluto que esta norma hace del principio de capacidad contributiva, pues si bien este principio puede "ceder" frente a otros fines o principios de rango constitucional, en ningún caso puede estar totalmente ausente como ocurre en la hipótesis descrita.

IV. LAS NORMAS ANTIELUSIVAS Y LA CAPACIDAD CONTRIBUTIVA

La doctrina ha entendido que, en el contexto del deber fundamental de contribuir a los gastos públicos, el principio de capacidad contributiva legitima las normas antielusivas, en cuanto estas procuran buscan impedir que la flexibilidad de las formas negociales sustraiga de tributación a capacidades económicas existentes y análogas a las gravadas[21].

En ese contexto, se entiende que las normas antielusivas permiten reconocer la riqueza obtenida por el contribuyente elusor, que por causa de la acción u omisión elusiva no pudo ser objeto de tributación. De esto se colige que, si la norma antielusiva autorizara a aplicar impuestos sin atender a una real obtención de riqueza, aquella no sería propiamente una norma antielusiva.

Por su parte, se ha dicho que la imposición con arreglo al principio de capacidad económica "solo podrá ceder cuando tal desviación sea idónea y necesaria para conseguir otros objetivos"[22], como serían aquellas medidas que fomentan la practicabilidad, como ocurre con los regímenes simplificados o las presunciones de rentas en donde existe una cierta renuncia a recaudar exactamente la renta o riqueza real de una persona; o bien con motivo de la imposición extrafiscal, cuyo interés estriba en incentivar o desincentivar conductas, como serían los impuestos ambientales, los aplicados a productos azucarados, impuesto al combustible, etc.

El fundamento que autoriza a relativizar el principio de capacidad contributiva frente a otros fines de interés general resulta aceptada y justificada, en razón de la libertad con la que cuenta el legislador a la hora de establecer impuestos, amparada además en el hecho de que la judicatura suele compartir la "razonabilidad" de buena parte de las medidas aplicadas en dicho contexto de libertad. Pero, y sin limitarnos al silencio que al respecto ha tenido la jurisprudencia constitucional nacional, en el Derecho comparado es pacífico el entendimiento de que incluso frente a otros intereses sociales tanto más relevantes, el principio de capacidad siempre debe encontrarse presente, y que no es posible gravar una riqueza o renta ficticia o inexistente.

---

[21]   NAVARRO, 2021, p. 109.
[22]   HERRERA MOLINA, 1998, p. 80.

Por lo tanto, cuando una norma antielusiva deja de operar enlazada con la capacidad contributiva, se desprende de su función recaudadora basada en la riqueza, y deja sin aplicación dicho principio. Es por eso que no resulta suficiente que el principio de capacidad contributiva subyazca en las normas antielusivas en términos de un ideal o norma valórica, sino que solo resultará conforme con dicho principio y con la norma constitucional, cuando se recauden tributos por medio de normas antielusivas basadas en una realidad efectiva pero eludida. De lo contrario, el monto recaudado no puede denominarse un tributo.

V. EL TRIBUTO NO PUEDE UTILIZARSE PARA SANCIONAR CONDUCTAS

Ya desde antiguo afirmaba BERLIRI que el tributo tiene un fin contributivo y su función no consiste en sancionar un ilícito[23], y ello es así dado que el fundamento o razón de una conducta es hacer que quien la realiza concurra al sostenimiento de los gastos públicos por haber manifestado riqueza; no es disuadir ni reprimir la conducta.[24]

Esta afirmación es un poco más atenuada en el caso de los tributos extrafiscales, por ejemplo, en los impuestos ambientales en donde según algunos opera más bien un fin resarcitorio basado en la lógica del que contamina-paga, aunque en general se consensua que detrás de esta categoría impositiva no existe un fin sancionatorio. Las palabras de SCHINDEL[25] ilustran sobre este punto:

> Se podría establecer una suerte de parentesco entre las multas y los tributos con fines extrafiscales, cuya finalidad no es recaudar sino disuadir. No obstante, creemos que jurídicamente es posible distinguir entre unos y otros: mientras en las multas debe haber una conducta antijurídica (violación a una ley o a un reglamento),

---

23   BERLIRI, 1965, p. 35.
24   NOVOA, 2019.
25   SCHINDEL, 2003, p. 567.

en los tributos con fines extrafiscales disuasivos no habría norma
violada.

Con todo, se debe tener presente que, en la práctica, algún
tributo puede esconder aspectos sancionadores y "derivar en una
sanción encubierta"[26], las cuales, en opinión del Tribunal Constitucional español "consisten no en imponer una multa pecuniaria
sino en aumentar la cuantía de los tributos, violentando las normas sustantivas, constituyen un dislate jurídico"[27].

En Chile este punto no ha sido debidamente analizado, e incluso se habla con total naturalidad sobre el "impuesto sanción" o "impuesto multa" del artículo 21 de la LIR por parte de la judicatura[28].

Lo cierto es que la facultad de tasación, cuando desconsidera
la capacidad económica del contribuyente tasado, deja entrever
un cariz sancionatorio en el impuesto determinado, y en tal calidad, el tributo resulta contrario a la Constitución, puesto que
es utilizado como herramienta de sanción, con el efecto de que,
en tal calidad, se le impide al contribuyente el acceso al estatuto
sancionatorio y a todas las garantías constitucionales relacionadas
con la tutela efectiva y debido proceso. Si bien se ha dicho que
en materia administrativa se admite cierta atenuación de los prin-

---

[26]   NOVOA, 2019.
[27]   Tribunal Supremo español, sentencia de 20 de octubre de 1998 , Rol
       9034-1998.
[28]   Por ejemplo, en la sentencia de 18 de junio de 2013, Rol 4317-2012,
       la Corte Suprema entendió que el impuesto del artículo 21 de la LIR
       constituye un impuesto "multa", lo cual va en contra del carácter no
       sancionatorio de todo tributo. Este artículo 21 básicamente grava con
       un impuesto en carácter de único los desembolsos indebidos de la base
       imponible del impuesto de primera categoría, cuando beneficien a un
       relacionado a la empresa o bien cuando el contribuyente no logre acre-
       ditar la naturaleza y efectividad del desembolso. Incluso el propio SII
       en un oficio reciente (No. 2059 de 2021) concluye que la destrucción
       voluntaria de materias primas, insumos o bienes procesados o termi-
       nados a los que se refiere la ley No. 20.920, es "sancionada", cuando
       corresponda, con el impuesto único del artículo 21 de la LIR.

cipios que limitan la potestad del Estado para aplicar sanciones, tolerando mayores grados de discrecionalidad, ello no puede llegar a desconocer el derecho del contribuyente a hacer uso de sus garantías constitucionales en materia sancionatoria[29].

VII. CONCLUSIONES

El principio de capacidad contributiva es un principio de rango constitucional, que asegura no solo la igualdad tributaria, sino también que el legislador solo aplique tributos cuando una persona disponga de una riqueza disponible.

Sin embargo, el principio de capacidad contributiva puede ceder en algunos casos frente a otros intereses sociales relevantes como ocurre con los tributos extrafiscales. Sin embargo, esta relativización en ningún caso autoriza a dejar sin aplicación dicho principio.

Las normas antielusivas permiten reconocer la riqueza obtenida por el contribuyente elusor, que por causa de la acción u omisión elusiva no pudo ser objeto de tributación, y en dicho contexto, la facultad de tasación importa una herramienta normativa destinada a recaudar, a título de tributo, aquella "riqueza" o fuerza económica eludida por el contribuyente.

Por lo tanto, la facultad de tasación siempre debe observar el principio de capacidad contributiva, estando vedado su ejercicio cuando se prescinda de la aptitud económica del contribuyente tasado.

La facultad de tasación con la que cuenta el SII, contiene al menos dos hipótesis que potencial o derechamente infringen la Constitución y el principio de capacidad contributiva, atribuyéndole además un cariz sancionatorio y no tributario al impuesto determinado mediante este recurso. Estos casos son: i) cuando

---

[29]   NAVARRO, 2021, p. 345.

el SII tasa una base imponible y no fundamenta ni acredita en su actuación la existencia de una riqueza subyacente, en cuyo caso el vicio no es normativo sino imputable a la omisión de la Administración; y ii) por un vicio normativo, cuando la ley derechamente autoriza a tasar el precio o valor de una enajenación efectuada a un precio o valor notoriamente inferior al corriente en plaza.

VIII. BIBLIOGRAFÍA

BERLIRI, A., 1965: *Corso Istituzionale di Diritto Tributario*, Milano: Giuffrpe Editore.

BORIA, P., 2016: *Diritto Tributario*, Torino: Giappichelli.

GALLEGO, P., 2003: *Los principios materiales de justicia tributaria*, Granada: Comares.

GIARDINA, E., 1961, *Le basi teoriche della capacitá contributiva*, Milano: Giuffré.

Falsitta, G., 2012: *Manuale di Diritto Tributario*, Parte Generale, Padova: Cedam.

HERRERA MOLINA, P., 1998, *Capacidad económica y sistema fiscal*, Madrid/Barcelona: Marcial Pons.

MASSONE, P., 2016a, *Principios de Derecho Tributario*, Tomo 3, 4ta. Ed., Santiago: Legal Publishing.

NAVARRO, M., 2021, *Normas generales antielusión y su sanción en el derecho chileno*, Valencia: Tirant lo Blanch.

NOVOA, C., 2012, *El concepto de tributo*, Buenos Aires: Marcial Pons.

PALAO TABOADA, C., 2018, *Capacidad contributiva, no confiscatoriedad y otros estudios de derecho constitucional tributario*, Navarra: Civitas.

PÉREZ, A., 2013, *Manual de Código Tributario*, 9 Ed., Santiago: Legal Publishing.

PÉREZ ROYO, F., 2000, *Derecho financiero y tributario, Parte general*, 9 Ed., Madrid: Civitas.

SCHINDEL, A., 2003, *Tratado de tributación. Derecho tributario*, Buenos Aires: Astrea.

SIMÓN ACOSTA, E., VÁZQUEZ DEL REY, A., SIMÓN YARZA, M., 2017, *Lo esencial de Derecho Financiero y Tributario Parte General*, Cizur Menor: Aranzadi.

TIPKE, K., 2002, *Moral tributaria del Estado y de los contribuyentes*, Madrid: Marcial Pons.

Gobierno corporativo familiar. Un estudio frente a la elusión tributaria

Por Antonio Faúndez-Ugalde[1]
Patricia Toledo-Zúñiga[2]

Resumen: Este trabajo presenta un estudio sobre los efectos que producen las decisiones del gobierno corporativo familiar frente a la elusión tributaria. Postulamos la licitud de las decisiones que una empresa familiar pueda adoptar, que estén sustentadas exclusivamente en motivos familiares, con independencia de la actividad económica que desarrolla la empresa familiar, como razones suficientes para superar el test de relevancia y, por tanto, no se configuraría el abuso de las formas jurídicas como modalidad de la norma general antielusiva chilena. Para ello, resulta esencial estudiar la estructura que pueden asumir las empresas familiares, distinguiendo tanto el gobierno familiar como el gobierno corporativo de la empresa.

Palabras claves: gobierno familiar, empresa familiar, elusión tributaria.

---

[1]   Doctor en Derecho. Profesor de derecho tributario de la Escuela de Derecho y de la Escuela de Comercio en la Pontificia Universidad Católica de Valparaíso. Agradecimientos al Proyecto Fondecyt de Iniciación N° 11200596 "Aproximación dogmática de los servicios digitales en el derecho tributario chileno".

[2]   Doctora en Derecho. Profesora de derecho tributario del Instituto de Derecho Público en la Universidad Austral de Chile. Agradecimientos al Proyecto Fondecyt de Iniciación N° 11190344 "Elusión fiscal. Hacia la construcción de una teoría normativa para la interpretación de la norma general antielusiva en el Derecho tributario chileno".

I. INTRODUCCIÓN

Las empresas familiares poseen características especiales que las distinguen de las demás empresas. Morris *et al.*[3] indican que la más significativa de estas diferencias se refiere a la forma en que se produce la sucesión de ejecutivos y, específicamente, a aspectos singulares del proceso de transferencia intergeneracional dentro de las empresas familiares. En esta estructura se cruzan temas empresariales —propios en todo negocio— con asuntos familiares, en donde las decisiones pueden resultar de mayor complejidad al tratar de conciliar estos ámbitos. Así, el sistema de gobierno que una empresa familiar asuma debe considerar en sus decisiones, por lo menos, la armonía familiar, por un lado, y el buen funcionamiento del negocio, por otro.

De esta forma, las distintas decisiones propias de los gobiernos de empresas familiares trascienden a distintos ámbitos, tales como: la administración, la economía o el derecho. Es en este último campo, relacionado con el derecho tributario, en donde se enfocará la problemática a resolver en este trabajo; en particular, en los posibles focos de elusión tributaria que pueden derivar de acuerdo con la legislación chilena.

Los estudios de las empresas familiares desde el ámbito del derecho tributario son escasos o casi nulos en Chile. En la literatura internacional algunos trabajos proporcionan de forma complementaria ciertos efectos tributarios. Así, por ejemplo, Morris *et al.*[4] concluyeron que los propietarios de empresas familiares en Estados Unidos dedicaban la mayor parte de su tiempo a impuestos y planificación patrimonial y no a preparar a sus sucesores. En política tributaria, Tsoutsoura[5], en un estudio para empresas familiares en Grecia, estableció que los impuestos de sucesión afectan

---

[3]   Morris *et al.*, 1997, p. 385.
[4]   Morris *et al.*, 1997. También se puede consultar: Williams Jr y Mulla-ne, 2019, p. y 32.
[5]   Tsoutsoura, 2015, p. 683.

la transferencia de empresas a herederos o terceros, lo que puede tener implicancias para la productividad agregada y el crecimiento económico. Grossmann y Strulik[6], dejando de lado la conveniencia de que un país tenga o no un impuesto sobre las herencias, se enfoca en las pymes alemanas, bajo la hipótesis de que los impuestos sobre las empresas familiares heredadas imponen una carga sobre los herederos que puede inducirlos a interrumpir el negocio. Un estudio parecido llevó a cabo Brunetti[7] en empresas familiares de la ciudad de San Francisco, indicando que agricultores y propietarios de pequeñas empresas se quejan con frecuencia de que el impuesto a la herencia dificulta la transmisión de sus operaciones a sus herederos.

De esta forma, se puede apreciar que en el traspaso generacional de una empresa familiar los efectos tributarios pueden ser diversos. En este trabajo nos interesan las decisiones que pueden derivar del gobierno corporativo familiar frente a las normas que regulan la elusión tributaria. Concretamente, sostenemos la licitud de las decisiones que una empresa familiar pueda adoptar sustentadas exclusivamente en motivos familiares, independiente de la actividad económica que desarrolla la empresa familiar. En tal sentido, no buscamos plantear la conveniencia de establecer o no un impuesto sobre el patrimonio o las herencias, como tampoco los efectos adversos que un impuesto sobre las herencias puede generar en el patrimonio de las pymes, sino, más bien, nuestro estudio se enfoca en contrastar las decisiones relacionadas con el traspaso generacional de la familia empresaria con posibles conductas consideradas como elusivas.

II. CONCEPTO Y MODELOS DE EMPRESAS FAMILIARES

No existe consenso a nivel doctrinario sobre un concepto de empresa familiar. Si bien los esfuerzos se centran, mayormente,

---

[6]   GROSSMANN y STRULIK, 2010, p. 87.
[7]   BRUNETTI, 2006, p. 1975.

en identificar los elementos que permiten distinguirlas de las demás empresas no familiares, los alcances pueden disentir dependiendo del grupo de estudio en el cual se desarrolle. Así, en los años setenta, Barnes y Hershon[8] analizando los efectos en la transición de poder entre las distintas generaciones, entienden como empresas familiares aquellas en que tanto los padres como los hijos buscan la continuidad en el negocio familiar. En los años ochenta, autores como Lansberg[9], consideran como elemento esencial de una empresa familiar el control legal que la familia tiene sobre la propiedad. En los años noventa encontramos definiciones más integradoras como las que proponen Gallo y Sveen[10], vinculando a la empresa familiar al control total en el capital, la dirección y toma de decisiones. Entrando al año 2000, los autores Habbershon y Williams[11] proponen el concepto de *familiness* para evaluar ventajas competitivas de las empresas familiares. Si bien la traducción literal de *familiness* sería la "familiaridad" de la empresa, su alcance proporciona un método de investigación y práctica para evaluar los fenómenos sociales y de comportamientos específicos dentro de una empresa que proporcionan una ventaja.

En los años posteriores los alcances son similares, encontrando algunos patrones comunes como los que identifica Uhlaner[12] al señalar que una empresa será considerada familiar si cumple al menos con uno de los siguientes requisitos: que la propiedad de la empresa esté concentrada mayoritariamente en un grupo familiar que, debido al traspaso generacional, se divida en distintas ramas familiares; que los miembros de la familia controlen el negocio de forma sustancial; o bien, que el núcleo familiar participe significativamente en el gobierno de la entidad.

---

[8]   Barnes y Hershon, 1976.
[9]   Lansberg, 1988; también se puede consultar: Lansberg *et al.*, 1988.
[10]   Gallo y Sveen, 1991.
[11]   Habbershon y Williams, 1999.
[12]   Uhlaner, 2005.

Así, desde el nacimiento de una empresa familiar, los fundadores pueden no tener conciencia de que la empresa que están creando trascienda en su descendencia. Esto puede derivar en posibles dificultades al momento de decidir en un plan de sucesión que no afecte mayormente el funcionamiento de la empresa. Ward[13] identifica tres etapas que puede experimentar una empresa familiar: primero, etapa de los fundadores, momento en que los problemas se presentan en las transiciones en el liderazgo, en el seguro para el cónyuge y en los planes de sucesión. La segunda etapa se concentra en la sociedad de hermanos, en donde se debe mantener el trabajo en equipo y armonía, respaldar la propiedad de la familia y organizar planes de sucesión. Finalmente, en la tercera etapa, participa el consorcio de primos o dinastía familiar, debiendo mantener la tradición y cultura familiar, la resolución de conflictos familiares, coordinar la participación y vinculación con el negocio, declarar visión y misión de la familia, acordar el reparto de capital y asignaciones, y decidir sobre la liquidez de los accionistas.

Sin embargo, para concretar las etapas anteriores es de la esencia que la unidad y el compromiso se presenten en los integrantes de la familia. Así, Gallo y Melé[14] plantean que la verdadera unidad y el auténtico compromiso de estos miembros de la familia no solo se fundamenta en vínculos económicos, sino, también, en vínculos afectivos profundos y en un sustrato cultural compartido, que hacen de ellos una peculiar comunidad de personas: la empresa familiar multigeneracional. En tal sentido, Gallo y Cappuyns[15] plantean que el punto más básico de los diferentes cursos de acción es la creación de un proyecto futuro de empresa familiar capaz de ilusionar al máximo número de personas de la familia, proyecto que al llegar a ser considerado como propio, al mismo tiempo que común a la familia, motiva hacia el esfuerzo y hacia un comportamiento leal para su consecución.

---

[13]   WARD, 1991.
[14]   GALLO y MELÉ, 1998.
[15]   GALLO y CAPPUYNS, 2004, p. 13.

Lo anterior deja en evidencia la estrecha relación entre la empresa familiar y la vida de la familia o familia empresaria[16], centrado en los clásicos tres elementos: la propiedad, la empresa y la familia. El cambio en uno de estos elementos incidirá, consecuencialmente, en los demás. Así, de los distintos modelos que pueden asumir las empresas familiares, pasaremos a analizar los más usados, permitiéndonos identificar las estructuras de gobierno que pueden asumir.

III. MODELOS DE EMPRESAS FAMILIARES

Desde un punto de vista de la teoría de la administración, los distintos modelos de empresas familiares buscan explicar su composición, estructura y funcionamiento, cuya tendencia se orienta a conjugar las variables de empresa, propiedad y familia. Los autores Venter *et al.*[17] desarrollan una clasificación de los modelos de empresas familiares entre: i) teorías ortodoxas, ii) teorías heterodoxas, iii) teoría de la empresa viva, iv) el modelo de sistemas unificados de la familia y v) modelo desde la teoría de la agencia. Para considerar una referencia genérica nos vamos a detener en las teorías ortodoxas y heterodoxas[18].

III.1. Teorías ortodoxas

Dentro de estas teorías encontramos el modelo de dos círculos, en virtud del cual una empresa familiar se estructura con base en dos pilares: la familia y la empresa, interrelacionando entre ambos al fundador de la empresa[19]. Tagiuri y Davis[20] dan un paso más al incluir un tercer pilar, planteando el clásico modelo de los tres círculos organizados en siete subconjuntos: uno, los miembros de

---

[16]   Maseda *et al.*, 2007, p. 5.
[17]   Venter *et al.*, 2007, p. 2.
[18]   Los demás modelos pueden ser consultados en Venter *et al.*, 2007, p. 2.
[19]   Lansberg, 1983, p. 44.
[20]   Tagiuri y Davis, 1982.

la familia que no son propietarios ni trabajan en la empresa; dos, propietarios que no son miembros de la familia ni trabajan en la empresa; tres, las personas que trabajan en la empresa sin ser propietarios ni miembros de la familia; cuatro, los miembros de la familia que son propietarios, pero no trabajan en la empresa; cinco, los propietarios que trabajan en la empresa sin tener parentesco con la familia; seis, miembros de la familia que sin ser propietarios trabajan en la empresa y, siete, los miembros de la familia que son propietarios y, a la vez, trabajan en la empresa.

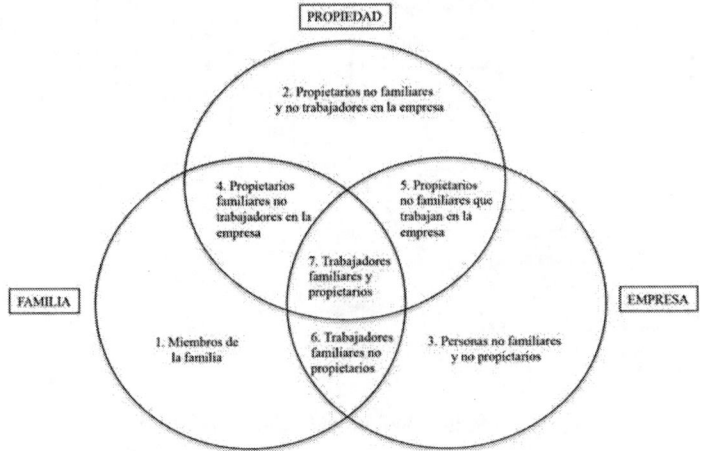

Figura 1: Modelo de los tres círculos de Tagiuri y Davis, 1982.

Molina *et al.*[21] señalan que el modelo de los tres círculos es considerado útil para la identificación del juego de roles existente en la empresa familiar y la comprensión del juego relacional que generan y su frecuente superposición, pero no es útil para definir otras facetas de este juego relacional, como son las reglas y los contextos.

Otro modelo que la doctrina internacional suele invocar es el basado en el planteamiento evolutivo de Gersick *et al.*[22], quienes

---

[21]   Molina *et al.*, 2016, p. 133.
[22]   Gersick *et al.*, 1997.

introducen al modelo de Tagiuri y Davis un factor temporal tridimensional conformado por el eje de la familia, el eje de la propiedad y el eje de la empresa, en los cuales se pueden presentar situaciones prácticamente infinitas, como se muestra en la Figura 2.

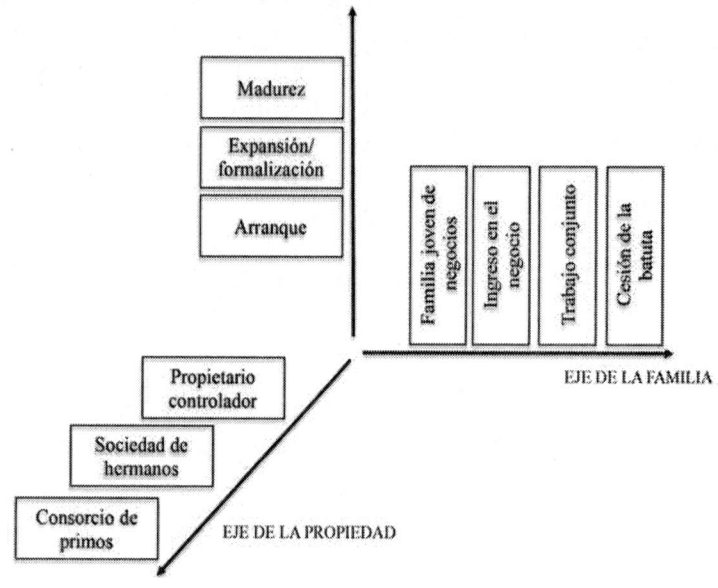

Figura 2: Modelo evolutivo de Gersick *et al.*, 1997.

Un tercer modelo se denomina de la superposición de "versión de empate" de las empresas familiares. Neubauer y Lank[23] identificaron la necesidad de representar la influencia para los problemas de gobernanza y agregaron el "consejo de administración" al modelo de tres círculos, derivando de ello catorce combinaciones diferentes de posibles roles en la empresa familiar.

El cuarto modelo corresponde al proceso de planificación paralelo, en donde Carlock y Ward[24] distinguen entre la empresa

---

[23] Neubauer y Lank, 1998.
[24] Carlock y Ward, 2001.

familiar buena-mala, sirviendo como guía viable para equilibrar constantemente las preocupaciones familiares y comerciales.

El quinto modelo es el desarrollado por Donckels y Frölich[25], quienes, asumiendo el carácter holístico de la empresa familiar, consideran su entorno cultural, las políticas macroeconómicas y sociales. A diferencia de Tagiuri y Davis, el modelo holístico de Donckels y Frölich se estructura en cuatro pilares, esto es: la familia, la propiedad, la empresa y la dirección, como se aprecia en la Figura 3.

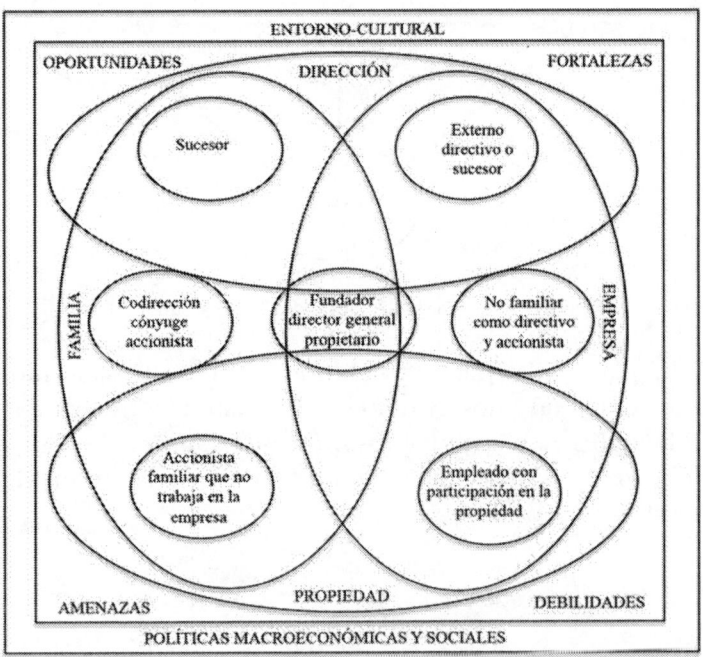

Figura 3: Modelo holístico de Donckels y Frölich, 1991.

El sexto modelo fue propuesto por autores como Amat[26], denominado el modelo de los cinco círculos, separando el círculo

---

25   DONCKERLS y FRÖLICH, 1991.
26   AMAT, 2004.

de la empresa en la gestión y en el negocio, dejando como pilar central la sucesión, como se ve en la figura 4.

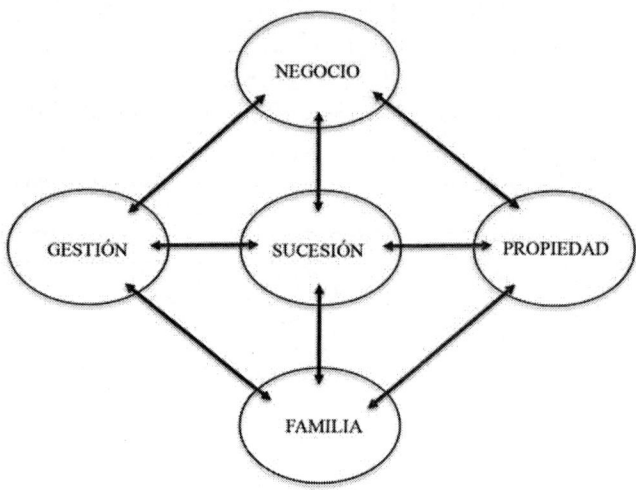

Figura 4: Modelo de los cinco círculos de Amat, 2004.

Se ha planteado que tanto el modelo de los tres círculos como el de los cinco círculos evidencian la existencia de grupos humanos diferentes, con sus propios intereses y su propia lógica de actuación, generándose mayor complejidad en las interrelaciones entre estos círculos[27].

III.2. Teorías heterodoxas

Entre estas teorías encontramos el modelo de la coevolución, en virtud del cual Kepner[28] indica que existe un proceso de co-creación recíproco entre la familia y la empresa. En este sentido, la familia crea la empresa y viceversa, lo que implica un sistema total que no puede separarse en unidades.

---

[27] Molina et al., 2016, p. 137.
[28] Kepner, 1983.

Un segundo modelo heterodoxo se denomina la teoría del campo. Fue propuesto por Riordan y Riordan[29], quienes lo utilizaron para explicar los procesos colectivos que tienen lugar en la empresa familiar explorando la totalidad de las interacciones entre los diferentes elementos.

IV. EL GOBIERNO FAMILIAR

IV.1. Generalidades

Como quedó establecido en el punto anterior, existe una relación tan íntima entre la empresa familiar y la vida familiar, que los efectos en una pueden incidir positiva o negativamente en la otra. Gallo y Melé[30] advierten que resulta esencial mantener la verdadera unidad y el auténtico compromiso de los miembros de la familia, no solo fundado en vínculos económicos, sino también en vínculos afectivos profundos y en un sustrato cultural compartido. Esto hace indispensable contar con una organización familiar que permita canalizar de mejor manera los acuerdos en la familia empresaria, previniendo posibles conflictos al interior de la familia que incidan de forma negativa en la empresa familiar. Esta organización familiar actúa en forma paralela al gobierno corporativo de la propia empresa[31], pero sin generar incompatibilidades, sino más bien facilitando la toma de decisiones en la familia propietaria en su relación con la empresa.

---

[29]   RIORDAN y RIORDAN, 1993.

[30]   GALLO y MELÉ, 1998.

[31]   Según la Organización para la cooperación y desarrollo económico (OCDE, 2016), el objetivo del gobierno corporativo de toda empresa es facilitar la creación de un ambiente de confianza, transparencia y rendición de cuentas necesario para favorecer las inversiones a largo plazo, la estabilidad financiera y la integridad en los negocios; todo ello para contribuir a un crecimiento más sólido y al desarrollo de sociedades más inclusivas.

La práctica y la doctrina se han referido a dos órganos fundamentales en la estructura del gobierno corporativo familiar, esto es, la "asamblea familiar" y el "consejo de familia", cuyas relaciones serán reguladas a través del denominado "protocolo familiar" o "constitución familiar". Estudios señalan que las familias líderes se encuentran apuntando hacia enfoques y mejores prácticas en lo relativo a la gobernanza de la tan importante relación familia-empresa o familia-patrimonio, aunque la estrategia tiene que ser adecuada a cada familia en específico en atención a que los consejos con asesores independientes, consejos familiares, oficinas familiares, constituciones familiares, planeación de control de propiedades y activos, así como comités de familia, son todos parte dela estructura[32].

Dentro de las decisiones más relevantes que se presentan a nivel de gobierno corporativo familiar son las siguientes: establecer bases de un plan de continuidad generacional; solucionar puntos de vistas en conflicto con las nuevas generaciones; el desprendimiento de los líderes actuales y definir las responsabilidades que deben asumir las nuevas generaciones; regular la permanencia del capital evitando distribuciones motivadas por conflictos familiares; y, la transparencia y supervisión, disciplinando y controlando de manera óptima la relación entre la familia y la empresa[33].

IV.2. El protocolo familiar

El protocolo familiar se constituye en las bases del gobierno familiar, otorgando identidad a la familia y los propósitos que inspiran la unidad familiar frente a la empresa. Según Gallo y Cappuyns[34] la formulación e implantación de un protocolo familiar permite explicitar el tipo de empresa familiar que se desea ser, definir el conjunto de principios y reglas que se han de vivir acer-

---

[32]   Poza, 2012.
[33]   Poza, 2012.
[34]   Gallo y Cappuyns, 2004, p. 14.

ca del trabajo de los miembros de la familia en la empresa, los modos de transmitir la propiedad y los procedimientos de ejercer el poder. De esta forma —según los mismos autores—, se crea un conjunto de normas que darán no solo al establecimiento de un proceso honrado y justo de resolución de conflictos, sino también a un funcionamiento sereno que impida las acciones negativas de los distintos activos.

Si bien el protocolo familiar generalmente no otorga personalidad jurídica al gobierno familiar, su constitución sí tendrá relevancia para justificar la toma de decisiones a nivel familiar, las que incidirán, directa o indirectamente, en el gobierno corporativo de la empresa. De ahí la relevancia de documentar el referido protocolo de manera de constatar su historia fidedigna.

Estructurar un protocolo familiar dependerá de las características propias de cada grupo familiar. Generalmente, comprenderá la "misión" o los propósitos de mantener la unión familiar para el desarrollo de una actividad empresarial, y la "visión" que quiere transmitir para el futuro; los "valores" que otorgan identidad a la familia empresaria; los temas relacionados con la "marca familiar" y su resguardo; la "política de empleo" para que los miembros de la familia puedan ingresar a la empresa, estableciendo condiciones, especialmente, en las capacidades profesionales para asumir cargos de dirección; la "vinculación" con los miembros de la familia de la siguiente generación; la "política de propiedad" de la empresa; la "política de dividendos" con la finalidad de proteger la inversión puesta en la empresa; la "política de liquidez"; regular la estructura y funcionamiento del "consejo de familia"; y, regular la estructura y funcionamiento de la "asamblea familiar".

IV.3. Consejo de familia

El consejo de familia es el custodio del protocolo familiar y representa a la familia frente a la empresa. Se requiere contar, por lo menos, con los integrantes de dos generaciones para una sólida adaptación familiar[35] y su composición dependerá del tamaño de la familia y la empresa. Como su estructura se puede equiparar a un directorio dentro del gobierno corporativo de la empresa, su composición puede ser de tres, cinco o siete familiares, procurando un número impar para asegurar la toma de decisiones.

Dentro de sus principales funciones se encuentra la de elaborar el protocolo o constitución familiar, velando por su cumplimiento. Además, actúa como un órgano mediador entre los miembros de la familia propietarios y no propietarios, especialmente, frente a eventuales conflictos que pueden poner en riesgo la unidad familiar. También cumple un rol formativo, transmitiendo a las nuevas generaciones las experiencias que han llevado al éxito de la empresa. Frente al gobierno corporativo de la empresa, el consejo de familia puede incidir en establecer los criterios en la gestión del capital, procurando el resguardo de la política de dividendos y liquidez; para esto deberá regularse la forma en cómo se relacionará con el directorio de la empresa.

Gallo[36] sugiere la inclusión de consejeros independientes en el núcleo de la familia propietaria con la finalidad de ayudar a los miembros de la familia en su comportamiento como accionistas, como consejeros y como directivos de la empresa familiar. Estos consejeros independientes no deben ser accionistas, ni directivos de la empresa, ni miembros consanguíneos de la familia, ni parientes políticos. Así, estudios demuestran que compañías con retención de la propiedad de la familia fundadora y con pocos directivos independientes en su consejo, se desempeñaron significativamente peor que las controladas por miembros que no son de la familia o por una administración independiente[37].

---

[35] Poza, 2012.
[36] Gallo, 2005, p. 14.
[37] Poza, 2012.

IV.4.   La asamblea familiar

Es una realidad que en las juntas generales de accionistas solamente se permite la participación de aquellos que detentan la propiedad en la empresa, dejando fuera a los demás miembros de la familia no propietarios y que puedan tener un gran interés en mantener la continuidad generacional en dicha propiedad. Es por lo anterior, que la literatura sugiere establecer otro foro en el que participen todos los miembros de la familia, instancia que ha recibido el nombre de asamblea familiar[38]. De esta forma, la asamblea familiar se constituye en un órgano que tiene como principal finalidad informar a todos los miembros de la familia sobre la marcha de los negocios, incluso, antes de que la información se haga pública para la comunidad; reforzar los valores de la familia, escuchando constantemente las distintas opiniones y con un rol orientador para las nuevas generaciones; también resulta esencial que los miembros de la asamblea tengan claridad en los límites entre la familia y la empresa, en especial, en informar adecuadamente la política de ingreso.

Dodero[39] indica que es conveniente que participen en la asamblea familiar el grupo familiar completo, tanto los parientes consanguíneos como los políticos porque así se favorece su influencia de modo directo en vez de hacerlo a través de sus cónyuges.

V. GOBIERNO FAMILIAR FRENTE AL CUMPLIMIENTO TRIBUTARIO

V.1.   La empresa familiar y el impacto en la tributación

Una preocupación constante de las empresas familiares es el alto costo fiscal que implica la transmisión de la propiedad de la empresa a los sucesores. Los defensores del impuesto sobre las he-

---

38   GALLO y CAPPUYNS, 2004, p. 14.
39   DODERO, 2002.

rencias argumentan que gravar las herencias es un medio eficaz para nivelar el campo de juego, es decir, para mitigar la desigualdad de la riqueza y mejorar la igualdad de oportunidades, mientras que los partidarios de la reducción o derogación de dicho impuesto sostienen que proporciona desincentivos para acumular capital y retrasa el esfuerzo laboral[40]. Independiente de esta última discusión, la falta de preparación de los futuros herederos frente a la transmisión de la propiedad de la empresa puede desencadenar efectos no deseados por sus fundadores como, por ejemplo, la decisión de vender la propiedad o poner fin a la empresa. Es por lo anterior que los planes de sucesión que se discutan en el seno de la familia son parte de las decisiones de su gobierno, siendo esencial para no desalentar la inversión y el crecimiento de las empresas.

Morris *et al.*[41], estudiando a un grupo de 209 empresas familiares en Estados Unidos, de segunda y tercera generación, contrario a las expectativas, concluyeron que la planificación fiscal tuvo un impacto negativo en el desempeño financiero posterior. Dentro de las razones de dicho resultado se encuentra que la preocupación por evitar impuestos hace que el propietario ignore los problemas comerciales fundamentales de la empresa. De acuerdo con las conclusiones de este estudio, se indica que las transiciones de las empresas familiares ocurren más fácilmente cuando los herederos están mejor preparados, cuando las relaciones entre los miembros de la familia se basan más en la confianza y son más afables; asimismo, sugieren que los propietarios de empresas familiares dediquen más atención a los problemas de relaciones entre los miembros de la familia y relativamente menos a la planificación patrimonial y fiscal.

Otro estudio realizado por Tsoutsoura[42] sobre la política tributaria desarrollada en Grecia, proporciona evidencia causal de que

[40]   Grossmann y Strulik, 2010, p. 87.
[41]   Morris *et al.*, 1997. También se puede consultar: Williams Jr y Mullane, 2019, p. y 32.
[42]   Tsoutsoura, 2015.

los impuestos de sucesión conducen a una disminución de más del 40% en la inversión en sucesiones familiares, un crecimiento lento de las ventas y un agotamiento de las reservas de efectivo. Sin embargo, agrega el estudio, a pesar de los argumentos de que los impuestos a la sucesión pueden deprimir la inversión en torno a la sucesión e incluso obligar a los empresarios a vender sus empresas, la evidencia empírica en tal conexión ha sido sorprendentemente escasa.

Algunas propuestas de la Comisión Europea[43] se han focalizado en las pequeñas y medianas empresas (pymes) señalando: "[q]ueremos animar a los Estados miembros a adoptar medidas concretas y específicas para prevenir el cierre de PYME, que repercuten negativamente en los intentos de mantener y aumentar el empleo. [...] La Comisión solicita a los Estados miembros que velen por que el derecho de familia, el derecho de sucesiones y el pago de compensaciones económicas no puedan poner en peligro la supervivencia de la empresa [y que] reduzcan los impuestos sobre los activos en caso de transmisión por sucesión o por donación, siempre que los herederos continúen operando el negocio". En el año 2006, la Comisión Europea[44] informó que 21 de los 25 estados habían implementado la recomendación de reducción de impuestos a las herencias o estaban planeando una implementación para el futuro.

De acuerdo con lo anterior, la transmisión de la propiedad de la empresa a los sucesores es un asunto que debe formar parte de las decisiones del gobierno familiar, evaluando posibles impactos tanto en las relaciones de familia como en el gobierno corporativo de la empresa. Dichas decisiones pueden ser sometidas al test de relevancia que dispone la Administración fiscal para evaluar posibles conductas elusivas, situación que vamos a analizar a continuación.

---

[43] Comisión Europea, 1994.
[44] Comisión Europea, 2006.

V.2. Impacto de la norma general antielusiva frente a las decisiones en el gobierno familiar

En Chile, hasta el año 2014, se discutía si la elusión debía ser calificada de lícita o ilícita. Esta discusión se aclaró con la Ley N°20.780, que introdujo disposiciones normativas que sancionan la elusión expresamente. Específicamente, la Ley N°20.780 incorporó ocho disposiciones normativas, de carácter sustantivo y procedimental, que en su conjunto son denominadas "norma general antielusiva". Tales disposiciones están contenidas en los artículos 4 bis, 4 ter, 4 quáter, 4 quinquies, 26 bis, 100 bis, 119 y 160 bis, todas del Código Tributario chileno.

La NGA chilena produjo dos efectos inmediatos. Por una parte, aclaró que la elusión fiscal es considerada ilícita en nuestro sistema tributario. Además, cumple una función preventiva general, disuadiendo a contribuyentes y asesores tributarios de participar en el diseño o planificación de conductas constitutivas de elusión[45].

La NGA estableció dos modalidades para configurar la elusión: el abuso de las formas jurídicas y la simulación tributaria. El abuso de las formas jurídicas, regulado en el artículo 4 ter del Código Tributario chileno, establece dos requisitos para su configuración: el ahorro impositivo y el test de relevancia. El ahorro impositivo debe provenir de (i) evitar, total o parcialmente, la realización del hecho gravado; (ii) disminuir la base imponible o la obligación tributaria; (iii) postergar o diferir el nacimiento de la obligación tributaria. El test de relevancia tiene por finalidad determinar si los actos o negocios jurídicos, individualmente o en su conjunto, producen resultados o efectos jurídicos o económicos relevantes para el contribuyente o un tercero, que sean distintos de los meramente tributarios.

De este modo, si no existen resultados o efectos jurídicos o económicos relevantes, distintos del mero ahorro tributario, se entien-

---

45   TOLEDO, 2022, p.8.

de que no se superó el test de relevancia y, por tanto, se configura el abuso de las formas jurídicas. Por el contrario, si se acredita la existencia de resultados o efectos jurídicos o económicos relevantes, distintos del mero ahorro tributario, se entiende que se superó el test de relevancia y, por tanto, el actuar del contribuyente configura la economía de opción, que es una planificación tributaria lícita.

La economía de opción es un derecho del contribuyente, que encuentra regulación en el artículo 4 ter inciso segundo del Código Tributario chileno. Esta institución reconoce que "no toda ventaja tributaria, lograda por el contribuyente, constituye elusión, sino que para ello es indispensable que haya un abuso de las formas jurídicas o la realización de actos simulados que atentan contra los hechos gravados previstos por el legislador tributario"[46].

La simulación tributaria, regulada en el artículo 4 quáter del Código Tributario chileno, se configura cuando se disimula uno o más de los siguientes elementos de la obligación tributaria: (i) la configuración del hecho gravado; (ii) la naturaleza de los elementos constitutivos de la obligación tributaria; (iii) verdadero monto de la obligación tributaria; (iv) data de nacimiento de la obligación tributaria. Técnicamente, se trata de una obligación tributaria ya configurada que se intenta ocultar; por ello, la doctrina ha afirmado que, más que elusión fiscal, la simulación tributaria configura una modalidad de evasión fiscal[47]; sin perjuicio de que sea perseguida a través del mismo procedimiento que el abuso de las formas jurídicas.

Ahora bien, la cuestión que nos interesa profundizar es si las decisiones del gobierno familiar, adoptadas dentro del contexto de una empresa familiar, podrían ser consideradas razones suficientes para superar el test de relevancia y, por tanto, no configurar el abuso de las formas jurídicas como modalidad de elusión, sino que ser considerada ejercicio legítimo del derecho de economía de opción. Como ya hemos sostenido, las decisiones adop-

---

46   Servicio de Impuestos Internos, 2015, p. 3.
47   NAVARRO, TOLEDO, *et. al.*, 2021, p. 4.

tadas en el consejo de familia o en la asamblea familiar pueden impactar directa o indirectamente en el gobierno corporativo de la empresa, estableciendo los criterios en la gestión del capital, en la política de dividendos y en la liquidez de la empresa. En tal sentido, dichas decisiones pueden ser tanto financieras como no financieras; las de este último tipo, requieren mayor transparencia para su justificación frente a la NGA.

Westhead y Howorth[48] señalan que los objetivos financieros en una empresa familiar que funciona con una oficina familiar o *family office* se centran, por ejemplo, en la creación de riqueza; la generación de un flujo de ingresos constante que aseguren la continuidad en el estilo de vida de los propietarios de la riqueza; resultados tangibles de las actividades empresariales de las familias; o la independencia financiera de la familia y los negocios en los que participan los miembros individuales. Estos objetivos pueden justificar el test de relevancia que exige la NGA chilena conectándose con criterios económicos que benefician el funcionamiento de la empresa familiar.

En el caso de decisiones no financieras, se ha planteado que pueden comprender, por ejemplo, la preservación del legado y los valores de una familia, relaciones de confianza entre ramas y generaciones, educación familiar, sentido de pertenencia o cohesión familiar[49]. Esto permite mantener la continuidad generacional de la familia e incluso, como señalan Gómez-Mejia *et al.*[50], si deben aceptar menores resultados financieros de sus inversiones. Este tipo de decisiones en un principio podrían ser cuestionadas frente a la NGA chilena al carecer de relevancia económica; sin embargo, la empresa familiar no puede equipararse a las demás empresas, especialmente en el objetivo central de mantener una continuidad generacional en los miembros de la empresa familiar.

---

[48]   Westhead y Howorth, 2007.
[49]   Wessel*et al.*, 2014; Daniell y Hamilton, 2010; Zellweger y Nason, 2008.
[50]   Gómez-Mejia *et al.*, 2007.

El fundamento anterior ha tenido respaldo en la jurisprudencia administrativa del Servicio de Impuestos Internos al reconocer que una reorganización empresarial puede tener como fundamento motivos familiares. En efecto, el Oficio N°2522, de 4 de
octubre de 2019, resuelve la consulta de un contribuyente quien
pretende realizar una reorganización societaria que le permitiría
donar un predio agrícola a todos sus hijos; la donación se realiza-
ría cediendo los derechos del predio a una sociedad de responsabilidad limitada, de la cual serían dueños todos sus hijos por
partes iguales. El contribuyente aclara que esta reorganización
societaria implicaría pagar impuestos a la donación que son más
altos que los impuestos a la herencia, pero prefiere realizar la donación para evitar problemas entre sus sucesores al momento de
su muerte y facilitar la administración conjunta del predio agrícola evitando su subdivisión.

En su análisis, la Administración tributaria expresa que "la intención de los padres de donar indirectamente el fundo a sus
hijos por medio de una sociedad de responsabilidad limitada,
posibilitando de esta forma establecer cómo administrar la sociedad y la manera de tomar decisiones y llegar a acuerdo entre los hermanos para temas relevantes, todos ellos asociados al
fundo"[51] constituye una finalidad lícita en una reorganización
societaria con fines estrictamente familiares. De este modo, se
concluye que los actos jurídicos ejecutados en el contexto de la
reorganización societaria descrita "podrían ampararse en una razonable opción de conductas y alternativas contempladas en la
legislación tributaria, no constituyendo, una actuación elusiva en
los términos de lo dispuesto en los artículos 4° bis, ter y quáter
del Código Tributario"[52].

La Administración tributaria reiteró su criterio en el Oficio N°
1971, de 3 de agosto de 2021, donde resuelve la consulta de un
contribuyente quien pretende realizar una reorganización socie-

---

[51]   Servicio de Impuestos Internos, 2019, p. 7.
[52]   Servicio de Impuestos Internos, 2019, p. 10.

taria de una empresa familiar. El objetivo del contribuyente es "mantener las empresas operativas dentro del patrimonio familiar, proteger los intereses familiares y fortalecer la participación de las nuevas generaciones en el desarrollo del negocio a lo largo de los años"

En su análisis, la Administración tributaria expresa que "la reorganización consultada en la medida que tiene por objeto traspasar el negocio familiar a las nuevas generaciones, podría no ser cuestionable según las circunstancias en que dicho traspaso se generaría"[53]. Se agregan tres criterios que deberán tenerse presente en una instancia de fiscalización: (i) el involucramiento efectivo de las nuevas generaciones en la toma de las decisiones empresariales y de negocio; (ii) su idoneidad profesional o técnica con el giro de los negocios familiares y en general su capacidad de hacer un mayor aporte y participación profesional en el mismo y que cause su inclusión; (iii) que el protocolo familiar busque preservar la armonía y unidad familiar, la conducción y un gobierno coordinado de las empresas, entre otros aspectos[54]. Este último criterio tiene el valor de dar reconocimiento al protocolo familiar.

La jurisprudencia de la Administración tributaria reconoce que las decisiones del gobierno familiar, adoptadas dentro del contexto de una empresa familiar, podrían ser consideradas razones suficientes para superar el test de relevancia y, por tanto, no configurar el abuso de las formas jurídicas como modalidad de elusión, sino que ser considerada ejercicio legítimo del derecho de economía de opción.

VI. CONCLUSIÓN

Existen distintos modelos que intentan conceptualizar una empresa familiar. En términos generales, resulta útil la propuesta de

---

[53]   Servicio de Impuestos Internos, 2021, p. 4.
[54]   Servicio de Impuestos Internos, 2021, p. 4.

Uhlaner[55], según la cual una empresa será considerada familiar si cumple al menos con uno de los siguientes requisitos: (i) que la propiedad de la empresa esté concentrada mayoritariamente en un grupo familiar que, debido al traspaso generacional, se divida en distintas ramas familiares; (ii) que los miembros de la familia controlen el negocio de forma sustancial; o bien, (iii) que el núcleo familiar participe significativamente en el gobierno de la entidad. Desde un punto de vista de la teoría de la administración, los distintos modelos de empresas familiares buscan explicar su composición, estructura y funcionamiento, cuya tendencia se orienta a conjugar las variables de empresa, propiedad y familia.

Dada la estrecha vinculación entre empresa y familia en una empresa familiar se hace indispensable contar con una organización familiar que permita canalizar de mejor manera los acuerdos en la familia empresaria, previniendo posibles conflictos al interior de la familia que incidan de forma negativa en la empresa familiar. En la estructura del gobierno corporativo familiar se distinguen dos órganos fundamentales: la asamblea familiar y el consejo de familia, cuyas relaciones serán reguladas a través del protocolo familiar.

Las empresas familiares tienen características que las distinguen de las demás, especialmente, porque uno de los motivos que define su esencia es el traspaso generacional. De ahí la importancia de transparentar la toma de decisiones a nivel de gobierno familiar, las cuales, con el afán de mantener la referida continuidad generacional, pueden incluso aceptar menores resultados financieros de sus inversiones.

Este estudio nos permitió comprobar la hipótesis de que las decisiones del gobierno familiar, adoptadas dentro del contexto de una empresa familiar, podrían ser consideradas razones suficientes para superar el test de relevancia y, por tanto, no configurar el abuso de las formas jurídicas como modalidad de elusión, sino

---

[55] UHLANER, 2005.

que ser considerada ejercicio legítimo del derecho de economía de opción.

VII. BIBLIOGRAFÍA

Amat, Joan, 2004: *La continuidad de la empresa familiar*, Barcelona, Gestión 2000.

Barnes, Louis y Simon Hershon, 1976: "Transferring power in family business", *Harvard Business Review*, 54(4), 105-114. Disponible en https: // hbr.org/1976/07/transferring-power-in-the-family-business.[Fecha de consulta: 30.11.2021]. '

Brunetti, Michael, 2006: "The estate tax and the demise of the family business". *Journal of Public Economics*, 90(10-11), pp. 1975-1993. Disponible en https: //doi.org/10.1016/j.jpubeco.2006.05.012. [Fecha de consulta: 30.11.2021].

Carlock, Randel y John Ward, 2001: *Strategic planning for the family business: Parallel planning to unify the family and business*. Basingstoke, Reino Unido: Palgrave Macmillan.

Comisión Europea, 1994: "Communication of the commission on the transfer of small and medium sized enterprises", Office for Official Publications of the European Communities, Luxembourg. Reference IP/94/1161.

Comisión Europea, 2006: "Business Transfers — 690, 000 Companies and 2.8 million jobs at stake every year", Memo 06/122, Brussels.

Daniell, Mark y Sara Hamilton, 2010: *Family legacy and leadership*. Singapore: John Wiley & Sons.

Dodero, Santiago, 2002: *El secreto de las empresas familiares exitosas*, Editorial el Ateneo, Buenos Aires.

Donckels, Rik y Erwin Fröhlich, 1991: "Are family businesses really different? European experiences from stratos", *Family Business Review*, 4(2), 149-160. Disponible en https: //doi.org/10.1111/j.1741-6248.1991.00149.x. [Fecha de consulta: 30.11.2021].

Gallo, Miguel y Domènec Melé, 1998: *Ética en la empresa familiar: texto y casos*, Estudios y Ediciones, Barcelona.

Gallo, Miguel y Kristin Cappuyns, 2004: *Miembros de la familia que no trabajan en la empresa familiar: como incrementar su unidad y compromiso*, DI N° 570, IESE Business School.

Gallo, Miguel, 2005: *Consejeros independientes: como mejorar su aportación en la empresa familiar*, DI N° 589, IESE Business School.

Gallo, Miguel y y Jannicke Sveen, 1991: "Internationalizing the family business: Facilitating and restraining factors", *Family Business Review*, 4(2), 181-190. Disponible en https: //doi.org/10.1111/j.1741-6248.1991.0018 1.x.[Fecha de consulta: 30.11.2021].

Gómez-Mejia, Luis, Katalin Haynes, Manuel Núnez-Nickel y Kathyrn Jacobson y José Moyano-Fuentes, 2007: "Socioemotional wealth and business risks in family controlled firms: Evidence from Spanish olive oil mills", Administrative Science Quarterly, 52, pp. 106-137. Disponible en https: //www.jstor.org/stable/20109904.[Fecha de consulta: 30.11.2021].

Grossmann, Volker y Holger Strulik, 2010: "Should continued family firms face lower taxes than other estates?", *Journal of Public Economics*, 94, pp. 87-101. Disponible en https: //doi.org/10.1016/j.jpubeco.2009.10.005. [Fecha de consulta: 30.11.2021].

Habbershon, Timothy y Mary Williams, 1999: "A resource-based framework for assessing the strategic advantages of family firms", *Family Business Review*, 12(1), pp. 1-25. Disponible en https: //doi.org/10.1111/j.1741-6248.1999.00001.x. [Fecha de consulta: 30.11.2021].

Investment: Evidence from a Natural Experiment". *The Journal of Finance*, LXX(2), pp. 649-688. Disponible en https: //doi.org/10.1111/jofi.12224. [Fecha de consulta: 30.11.2021].

Kepner, Elaine, 1983: *The family and the firm: A coevolutionary perspective*, Organizational Dynamics, 12(1), 57-70.

Lansberg, Ivan, 1983: "Managing human resources in family firms: The problem of institutional overlap", Organizational Dynamics, 12(1), 39-46. Disponible en https: //doi.org/10.1016/0090-2616(83)90025-6. [Fecha de consulta: 30.11.2021].

Lansberg, Ivan, 1988: "The succession conspiracy", *Family Business Review*, 1(2), 119-143. Disponible en https: //doi.org/10.1111/j.1741-6248.1988.00119.x. [Fecha de consulta: 30.11.2021].

Lansberg, Ivan, Edith Perrow y Sharon Rogolsky, 1988: "Family business as an emerging field", *Family Business Review*, 1(1), 1-8. Disponible en https: //doi.org/10.1111/j.1741-6248.1988.00001.x. [Fecha de consulta: 30.11.2021].

Maseda, Amaia, Blanca Arosa y Txomin Iturralde, 2007: "Familia empresaria y empresa familiar: estructuras de gobierno", Cátedra de Empresa Familiar, Universidad del País Vasco. Disponible en https: //www.ehu. eus/documents/2819611/13205503/Familia_empresaria_y_empresafamiliar.pdf/3d2a1931-5fe4-432d-b692-17de1bdcf6b6. [Fecha de consulta: 30.11.2021].

Molina, Paula, Sergio Botero y Juan Montoya, 2016: "Empresa de familia: conceptos y modelos para su análisis", Pensamiento y gestión, 41, pp. 116-149. Disponible en https: //rcientificas.uninorte.edu.co/index. php/pensamiento/article/view/7974.[Fecha de consulta: 30.11.2021].

Morris, Michael, Roy Williams, Jeffrey Allen y Ramón Avila, 1997: Correlates of success in family business transitions. *Journal of Business Venturing*, 12(5), 385-401. Disponible en https: //doi.org/10.1016/S0883-9026(97)00010-4. [Fecha de consulta: 30.11.2021].

Navarro, María Pilar, Toledo, Patricia, *et. al.*, 2021: "Combate a la elusión y evasión". Disponible en https: //fesit.cl/wp-content/uploads/2022/06/Informe-elusion-FESIT-2022-1.pdf. [Fecha de consulta: 30.11.2021].

Neubauer, Fred y Alden Lank, 1998: *The family business: Its governance for sustainability*. London: Macmillan.

OCDE, 2016: "Principios de gobierno corporativo de la OCDE y del G20", Ediciones OCDE, Paris. Disponible en https: //www.oecd.org/daf/ca/corporategovernanceprinciples/37191543.pdf.[Fecha de consulta: 30.11.2021].

Pozo, Ernesto, 2012: *White paper sobre gobierno de familia*, Credit Suisse, Switzerland.

Riordan, D. y M. Riordan, 1993: *Field theory: An alternative to systems theories in understanding the small family business. Journal of Small Business Management*, 31(2).

Servicio de Impuestos Internos, 2015: "Circular N° 65 de 23 de julio de 2015". Disponible en https: //www.sii.cl/normativa_legislacion/circulares/2015/circu65.pdf. [Fecha de consulta: 30.11.2021].

Servicio de Impuestos Internos, 2019: "Oficio N°2522 de 4 de octubre de 2019". Disponible en https: //www.sii.cl/normativa_legislacion/circulares/2015/circu65.pdf. [Fecha de consulta: 30.11.2021].

Servicio de Impuestos Internos, 2021: "Oficio N°1971 de 3 de agosto de 2021". Disponible en https: //www.sii.cl/normativa_legislacion/circulares/2015/circu65.pdf.[Fecha de consulta: 30.11.2021].

Tagiuri, Renato y Davis, John, 1982: *Atributos ambivalentes de la empresa familiar*. Family Business Review, 11(1), pp. 11-16.

Toledo, Patricia, 2022: "Presentación del libro" en Osorio, Hugo *et. al. Un estudio sobre la elusión*, Santiago de Chile: Editorial Librotecnia, pp. 7 a 14.

Tsoutsoura, Margarita, 2015: *The Effect of Succession Taxes on Family Firm*.

Uhlaner, Lorraine, 2005: "The Use of the Guttman scale in development of a family orientations index for Smallto-Medium-Sized Firms", *Family Business Review*, 18(1), pp. 41-56. Disponible en https: //doi.org/10.1111/j.1741-6248.2005.00029.x. [Fecha de consulta: 30.11.2021].

Venter, William, Stephen Kruger y Frikkie Herbst, 2007: "A proposed conceptual familiness transmission of capital model", South African Journal of Business Management, 38(3), 1-14. Disponible en https: //journals. co.za/doi/pdf/10.10520/EJC22338.[Fecha de consulta: 30.11.2021].

Ward, John, 1991: *Creating Effective Boards for Private Enterprises*, Jossey-Bass Publishers.

Wessel, Stephan, Carolin Decker, Knut Lange y Andreas Hack, 2014: "One size does not fit all: Entrepreneurial families' reliance on family offices", European Management Journal, 32, pp. 37-45. Disponible en https: // doi.org/10.1016/j.emj.2013.08.003. [Fecha de consulta: 30.11.2021].

Westhead, Paul y Carole Howorth, 2007: "'Types' of private family firms: An exploratory conceptual and empirical analysis", Entrepreneurship and Regional Development, 19 (5), pp. 405-431. Disponible en https: //doi. org/10.1080/08985620701552405.[Fecha de consulta: 30.11.2021].

Williams Jr, Ralph y John Mullane, 2019: "Family leadership succession and firm performance: The moderating effect of tacit idiosyncratic firm knowledge". Knowledge and Process Management, 26(1), pp. 32-40. Disponible en https: //doi.org/10.1002/kpm.1594.[Fecha de consulta: 30.11.2021].

Zellweger, Thomas y Robert Nason, 2008: "A stakeholder perspective on family firm performance", Family Business Review, 21, pp. 203-216. Disponible en https: //doi.org/10.1177/08944865080210030103.[Fecha de consulta: 30.11.2021].

La legislación tributaria desde los principios jurídicos: un análisis con ocasión de las obligaciones tributarias y las normas antielusión

Por Patricio Masbernat[1]

Resumen: El presente trabajo trata acerca de la construcción del sistema jurídico tributario desde la tesis de la legislación basada en principios. Si bien esta tesis ha sido desarrollada en el contexto de los sistemas jurídicos anglosajones, bien puede ser adoptada en los sistemas jurídicos continentales. En efecto, en las últimas décadas se ha generado una nueva comprensión del derecho, del sistema jurídico y de las normas jurídicas, que ha puesto de relieve la función de los principios jurídicos en las leyes y en la solución de litigios. Este trabajo trata acerca de la posibilidad de formular una legislación basada en principios con el objeto de que el sistema tributario responda de manera más adecuada a los desafíos que le toca asumir, entre ellos, regular conductas y resolver conflictos. El trabajo comienza con una introducción a la materia; luego aborda la teoría de los principios jurídicos; luego trata el enfoque teórico del trabajo, esto es, el derecho como razonamiento práctico; a continuación, aborda la tesis de la legislación basada en principios en el campo del Derecho Tributario; luego, la norma antielusión como parte de las obligaciones del contribuyente y su estatuto jurídico; finalmente, comunica las conclusiones.

Palabras claves: Tributos; tributación; principios jurídicos; legislación basada en principios.

---

[1] Abogado, Doctor en Derecho por la Universidad Complutense de Madrid, Profesor Titular en la Facultad de Derecho de la Universidad Santo Tomás, Chile.

I. INTRODUCCIÓN

El presente artículo persigue desarrollar los fundamentos de una hipótesis (no busca probar una tesis), cual es que una legislación basada no sólo en reglas jurídicas sino también en principios jurídicos vinculantes (un tipo de normas jurídicas) permite no sólo simplificar la legislación tributaria (reducir su tamaño y detalles reglamentarios), en beneficio de los obligados tributarios y de las administraciones tributarias (representantes de los titulares de la Hacienda Pública), sino también otorgarle coherencia al sistema tributario en general y mayor certeza y predictibilidad con vistas a las regulaciones de las conductas. También permitiría una mejor aplicación de la ley tributaria por parte de los órganos jurisdiccionales. Y en el ámbito específico de la elusión tributaria, permitiría limitar las conductas antijurídicas (típicamente de abuso de derecho[2]) en un contexto de sociedades altamente complejas, cambiantes, mutables en lo referente a relaciones sociales y comerciales (lo que deja a las reglas jurídicas contantemente fuera de tiempo y lugar). Este trabajo no busca efectuar una crítica de política legislativa[3] sino exponer mecanismos que podrían ser apropiados a una finalidad, cual es, el cumplimiento de las obligaciones tributarias.

Para ello, se llevarán a cabo los siguientes pasos: primero, se expondrá acerca de los principios jurídicos; luego, se informará sobre la teoría de la legislación basada en principios (vinculado al problema del cumplimiento de las obligaciones tributarias y a la elusión tributaria); finalmente, se expondrá una tesis específica, cual es, que la cláusula antielusión se entiende como parte de las obligaciones del contribuyente (sería una obligación de no hacer, de no simular o defraudar) y de su estatuto jurídico en el contexto del sistema jurídico tributario. En el contexto de la cláusula antielusión y de las obligaciones tributarias, los principios jurídicos

---

[2]   Prebble & Prebble, 2013.
[3]   Por ejemplo, el enfoque de Gribnau, 2013.

(al menos de un modo expresamente integrados en la legislación tributaria) debieran jugar un rol mayor, más claro (explícito, pues los tribunales los suelen aplicar de todos modos) y más relevante.

Este trabajo es breve, busca efectuar un cierto discurso en determinados límites de espacio y no podrá ser exhaustivo. Sin embargo, se intentará fundamentar adecuadamente, aunque de manera sucinta, los diferentes puntos de vista defendidos. Algunos de los temas que se abordan ya han sido tratados en otros artículos por lo que en general deberemos remitirnos a ellos, dadas las limitaciones de espacio posibles de este capítulo.

II. LOS PRINCIPIOS JURÍDICOS

Los principios jurídicos son una clase de normas, que corresponden ser determinados por la doctrina legal, los jueces, el legislador o el constituyente.[4]

Ellos presentan múltiples formas y contenidos y, además, son fluctuantes en el tiempo. Por ejemplo, el Derecho Natural dota de una clase de contenido a los principios jurídicos. El positivismo formalista del siglo XIX recurrió a los principios generales del Derecho como una fuente complementaria. Desde ahí a nuestros días han surgido diversas concepciones de los principios del Derecho, producto de la evolución acerca del modo de entender el derecho, el sistema jurídico y las normas jurídicas.[5] Modernamente, DWORKIN contribuyó a revitalizar a los principios como fuentes del Derecho, y sostuvo que todo el ordenamiento jurídico se compone de principios (*principles*), medidas o programas políticos (*policies*, medidas políticas semejantes a las normas genéricas —*standards*—) y reglas o disposiciones específicas (*rules*). Mientras las reglas son normas que sólo presentan dos opciones

---

[4]   LUZZATI, 2013, p. 144. Por cierto, existen discusiones teóricas acerca de los principios jurídicos, por ejemplo, observables en BERMAN, 2017.

[5]   FARALLI, 2007, pp. 9-79. BELADIEZ, 2010.

de aplicación (todo-nada), los principios otorgan una orientación al decisor pero no en un único sentido, *i.e.,* aun cuando según su formulación sean aplicables al caso concreto, no determinan necesariamente la decisión, sino que solamente proporcionan razones en favor de una u otra decisión posible. Por otro lado, las reglas son normas que incluyen un elemento fáctico en su estructura, lo que no sucede con los principios y valores (y entre estos dos últimos, hay una diferencia de menor y mayor abstracción). En tercer lugar, las reglas se aplican mediante el silogismo lógico, en cambio los principios y valores deben aplicarse mediante procedimientos argumentativos o de justificación. DWORKIN planteaba que los principios tienen una dimensión que las reglas no exhiben, *i.e.,* una dimensión de peso que se muestra en las colisiones entre principios. Si colisionan dos principios, se da un valor decisorio al principio que tenga un peso relativamente mayor, sin que por ello quede invalidado el principio con el peso relativamente menor. En otros contextos o casos, el peso podría estar repartido de manera opuesta. En cambio, si ocurre un conflicto entre reglas, *v.g.,* cuando una regla manda algo y otra prohíbe lo mismo, sin que una regla establezca una excepción para la otra, al menos una debe siempre ser inválida.[6]

Para ALEXY, las reglas se distinguen de los principios en los casos de colisión. Los principios son normas que ordenan que se realice algo en la mayor medida posible, en relación con las posibilidades jurídicas y fácticas, son mandatos de optimización que se caracterizan porque pueden ser cumplidos en diversos grados y porque la medida ordenada de su cumplimiento no sólo depende de las posibilidades fácticas, sino también de las posibilidades jurídicas.[7] El campo de las posibilidades jurídicas está determinado a través de principios y reglas que juegan en sentido contrario. En cambio, las reglas son normas que exigen un cumplimiento pleno y, en esa medida, pueden siempre ser sólo o cumplidas o

---

[6] DWORKIN, 1967, p. 22.
[7] ALEXY, 2000, p. 295.

incumplidas. Para descubrir lo fuerte que pueda ser una teoría de los principios desde el punto de vista de su rendimiento, según ALEXY hay que fijarse en la semejanza que tienen los principios con lo que se denomina "valor". En lugar de decir que el principio de la libertad de prensa colisiona con el de la seguridad exterior, podría decirse que existe una colisión entre el valor de la libertad de prensa y el valor de la seguridad exterior. Toda colisión entre principios puede expresarse como una colisión entre valores y viceversa. ALEXY manifiesta que "la única diferencia consiste en que en la colisión entre principios se trata de la cuestión de qué es debido de manera definitiva, mientras que la solución a una colisión entre valores contesta a qué es de manera definitiva mejor. Principios y valores son por tanto lo mismo, contemplado en un caso bajo un aspecto deontológico, y en otro caso bajo un aspecto axiológico. Esto muestra con claridad que el problema de las relaciones de prioridad entre principios se corresponde con el problema de una jerarquía de los valores."[8]

PÉREZ LUÑO señala que el término principio sugiere la idea de inicio, origen o causa de algo, no obstante, en el lenguaje jurídico los principios generales del derecho aparecen, las más de las veces, como las consecuencias o resultados: (a) de la actividad del legislador, quien de acuerdo con la concepción iuspositivista es quien define los principios como normas tácitas inducibles, por un proceso de abstracción y generalización, de las normas particulares del ordenamiento jurídico y es el propio legislador el que determina su papel como fuentes del derecho; (b) de la actividad del juez, quien los establece a través de una interpretación analógica de las leyes o los descubre a partir de la naturaleza de las cosas o del derecho natural; (c) de la doctrina, que los elucida en sus construcciones teóricas dirigidas al análisis, elaboración y sistematización de los sistemas jurídicos; (d) o se hace derivar su validez de la costumbre, *i.e.*, del hecho reiterado de su invocación

---

[8]   ALEXY, 1988, p. 145.

y aplicación como normas jurídicas; (e) o de las convicciones y aspiraciones morales que se manifiestan en las sociedades.[9]

BOBBIO, distingue los distintos principios del derecho, considerados de menor a mayor grado de generalidad: (a) de un instituto; (b) de una materia; (c) de una rama del derecho; (d) o del ordenamiento jurídico. Distingue, asimismo, los principios de derecho —dotados de generalidad relativa a tenor de la clasificación reseñada— de los principios del derecho —de carácter universal dotados de una generalidad absoluta—. Bobbio indica que la admisión de estos últimos es un rasgo característico de las teorías del derecho natural.[10]

De acuerdo a BUENAGA, los principios pueden estructurarse en cuatro grandes niveles de actuación en el ordenamiento jurídico: (a) nivel superior o fundamentador: el principio de justicia; (b) nivel de todo el ordenamiento jurídico: principios establecidos en la norma constitucional o en normas con rango o importancia para constitucional; (c) nivel sectorial: principios básicos de cada una de las ramas del ordenamiento jurídico; (d) nivel institucional: principios de cada una de las instituciones que conforman cada parcela del ordenamiento jurídico.[11]

III. EL DERECHO COMO RAZONAMIENTO PRÁCTICO O COMO RAZONAMIENTO TEÓRICO. MÉTODOS DE LA DOGMÁTICA Y DE LA ARGUMENTACIÓN JURÍDICA[12]

El Derecho como razonamiento práctico es la perspectiva del Derecho como instrumento regulador de los conflictos sociales, lo que lleva a enfatizar los procedimientos prácticos y teóricos de aplicación del Derecho en los casos concretos (perspectiva diná-

---

[9]   PÉREZ LUÑO, 1997, p. 9.
[10] BOBBIO, 1994, pp. 275 y ss.
[11] BUENAGA, 2016, p. 241.
[12] Este vínculo es explicado por ALEXY, 1988.

mica, razonamiento inductivo). Esta perspectiva se opone al Derecho como razonamiento teórico o deductivo (perspectiva estática, razonamiento deductivo). Esta comprensión del Derecho surge fuertemente desde los estudios de los especialistas a partir de la segunda mitad del siglo pasado.[13]

Esta distinción tiene consecuencias metodológicas. Surgen dos perspectivas metodológicas para abordar el fenómeno jurídico: la dogmática jurídica, vinculada a la hermenéutica; y, el razonamiento jurídico-práctico, vinculado a las teorías de la argumentación jurídica.[14] Ambas perspectivas no son necesariamente contradictorias.

La dogmática hace uso de dogmas jurídicos, entre ellos: (a) los principios generales vertebradores del propio Sistema, conectados entre sí, y que dotarían de sistematicidad al ordenamiento; (b) las instituciones jurídicas, respecto de las cuales la dogmática establece su denominación específica jurídica; (c) a su vez, dentro de cada institución estarían los principios generales de la misma (la función de la institución) y los conceptos jurídicos elaborados en torno a los problemas que conforman la institución; (d) finalmente, cada concepto jurídico estaría conformado por el conjunto de normas jurídicas relativas a dicho concepto, que incluirían también las decisiones judiciales o las opiniones doctrinales vertidas sobre la operatividad práctica de normas.

Con argumentación jurídica no queremos aquí hacer referencia a la actividad general de los operadores del Derecho sino a una actividad reglada, construida bajo ciertos parámetros.[15] Uno de ellos, obviamente, son los elementos de que hace uso, *i.e.*, las fuentes del Derecho; otro, los medios, cual es la racionalidad de las aseveraciones; y una finalidad, cual es, la justificación institucional. Podríamos decir, entonces, que se trata de la justificación

---

[13] Faralli, 2007, pp. 191-229.
[14] Buenaga, 2016, p. 38 ss.
[15] En los términos expuestos por Martínez, 2010, pp. 187 y ss.

racional de las decisiones institucionales en el campo del Derecho como, por ejemplo, las sentencias judiciales. En el campo de la aplicación de los principios este mecanismo es esencial, dado que los principios en relación con los hechos de la causa pueden dar lugar a múltiples soluciones aceptables, y las teorías de la argumentación jurídica entregan herramientas para defender institucionalmente aquella decisión más plausible. En este sentido, la vinculación entre la argumentación jurídica y el neoconstitucionalismo ha sido continuamente destacada por la doctrina.[16]

La aplicación de las normas jurídicas hace referencia a la actividad consistente en trasladar el contenido abstracto e hipotético de una norma jurídica a una situación concreta que acontece en la realidad social. Las normas jurídicas aparecen formuladas, por su propia naturaleza, con un contenido general y abstracto. La actividad de aplicación del Derecho tradicionalmente se ha considerado como un proceso esencialmente deductivo (silogismo lógico, propio de la aplicación de reglas) en el que el juez realiza la interpretación de la regla abstracta para resolver un caso concreto[17]. Sin embargo, la aplicación del Derecho es mucho más que esta tarea, dado que la resolución de cada caso concreto conlleva un reajuste de la norma a la realidad social que pretende disciplinar y obtener una solución justa y aceptable socialmente, con consideración del caso concreto, los hechos de la causa, etc. (y esto vale tanto para los principios como para la aplicación de las reglas, dado su contenido difuso, o respecto de los casos difíciles[18]). Esto conduce al razonamiento inductivo. En esta perspectiva la actividad institucional del juez es más relevante. Finalmente, el razonamiento abductivo o reductivo, se caracteriza por partir de una serie de datos diversos para llegar a la formulación de un

---

[16] Muñoz, 2014, p.330.
[17] Alexy, 2003, p. 440, sostiene que "*The formal structure of subsumption may be represented in a deductive scheme, which one might call the 'Subsumption Formula.'*" Dentro de este campo, ese esencial la distinción entre los métodos de aplicación de principios y de reglas.
[18] Martínez, op. cit., p. 31 y ss.; 57 y ss.

enunciado concreto que resulta ser la hipótesis más verosímil de explicación de dichos datos, el cual podría ser considerado como una subespecie del razonamiento inductivo.[19]

Como explica BUENAGA, el razonamiento jurídico presenta una serie de rasgos diferenciales que lo separan de cualquier otro tipo de razonamiento, configurándolo y determinándolo. Como condición necesaria de validez lógica de un razonamiento normativo está el que su conclusión sea una norma y que entre sus premisas aparezca también al menos una norma jurídica. De este modo, en él concurren premisas normativas y cognoscitivas (o descriptivas), y una conclusión que es siempre normativa. En definitiva, el razonamiento jurídico consiste en la utilización racional de las normas jurídicas para obtener conclusiones fundamentadas en las mismas. Añade que a esta *actividad racional* con normas se le suele denominar más frecuentemente argumentación jurídica o discurso jurídico, siendo indiferente el uso de tales términos, dado que se refieren a la misma realidad.[20] Entonces, se caracteriza por: (a) su insumo básico (las normas jurídicas, las fuentes formales del Derecho, que deben estar presentes en una de las premisas y en la conclusión); (b) la existencia de una metodología propia que implica un uso peculiar del lenguaje; (c) sistematismo o pretensión de integridad que funciona con arreglo a reglas específicas; (d) uso de categorías específicas del pensamiento como son las instituciones jurídicas; (e) una finalidad específica de lograr decisiones o conclusiones justas, y no verdaderas, demostrables o correctas necesariamente, lo que enfatiza la consideración finalística o flexible de las normas jurídicas como instrumentos resolutivos de los conflictos; (f) en el caso del razonamiento jurídico-práctico, su estructura discursiva de funcionamiento es propia y peculiar, razonando sobre la aplicación de reglas con formulaciones abstractas a situaciones de la realidad para dotar de solución (justa) a un conflicto planteado.[21]

---

[19]   BUENAGA, op. cit., p. 47.
[20]   BUENAGA, op. cit., p. 47.
[21]   BUENAGA, 2016, p. 47-49.

En definitiva, el razonamiento jurídico-práctico es un método o técnica que utilizan los operadores o aplicadores jurídicos para razonar o argumentar las decisiones que adoptan para la resolución de un caso concreto planteado aplicando el Ordenamiento vigente (razonamiento legal), siendo el razonamiento jurídico empleado legítimo si la decisión adoptada del caso concreto es justa. Se trata de emitir un *acto decisional de la cuestión jurídica.*[22]

IV. LA LEGISLACIÓN BASADA EN PRINCIPIOS

La legislación basada en principios jurídicos (PBR o PBL) incorpora una idea amplia que requiere ser explicada, en contraste con la legislación basada en reglas jurídicas[23]: "*The primary aim of any regulatory regime is to achieve legislative congruence, namely to induce industry actions that are in compliance with statutory requirements but also serve legislative purposes. Principles-based regulation relies upon substantive standards or objectives imposed on industry members to achieve legislative purposes. It imposes a general standard for conduct—leaving it to the discretion of regulators to decide if particular conduct should trigger a sanction. On the other hand, rules-based regulation relies upon detailed, prescriptive requirements, specifying in advance what specific actions will be penalized. It specifies the trigger for a sanction and, at times, the specific sanction to be imposed. Academic literature has explored various*

---

[22] Buenaga, 2016, p. 26-27.

[23] El *principles based regulation* (PBR o PBL) constituye un mecanismo de varios posibles, para establecer regulaciones. Por ejemplo, Black, 2010, p. 2, menciona estos cuatro: *principles based regulation; risk based regulation; reliance on internal management and controls; market based regulation.* Asimismo, esta especialista explica la distinción entre regulaciones por reglas y por principios, en los siguientes términos: "*Being 'rules-based' is usually denigrated as equating with nit-picking bureaucracy in which compliance with detailed provisions is more important than the attainment of an overall outcome. 'Principles-based', in contrast, evokes images of outcome orientated, flexible regulators harbouring ethical standards in largely responsible corporations.*" (Black 2010, p. 3). En términos más breves y sencillos, las características aparecen explicadas en Bently (2004).

advantages and disadvantages of employing each regulatory regime."[24]
Este enfoque no está libre de dificultades e incluso paradojas.[25]

Con todo, existen diferentes enfoques de la construcción de la legislación basada en principios: *"So what is PBR? I suggest that by adopting a two-dimensional analysis, four 'ideal types' of PBR can be constructed. The first dimension is the approach taken by the regulator: whether principles play a formal role in the practice of regulation or whether the regulators' approach has certain substantive characteristics. The second dimension is the institutional setting and relationship in which principles are mainly being deployed: This could be in the dyadic setting of regulator-regulatee, which is the normal focus of debates on PBR, where principles are used in attempts to change behaviour of individual regulatees. Principles can also be deployed in a decentred or polycentric regulatory regime as tools of orchestration or network management, amongst other things".*[26]

Por cierto, toda legislación contiene reglas y principios (y ya existe cierta dificultad de clasificar las normas únicamente en ambos conceptos[27], e incluso en determinar el carácter de los principios jurídicos[28], asunto de lo que ya hemos hecho mención en otro apartado), sin embargo en materia de regulaciones tributarias, lo mismo que en las regulaciones económicas[29], las res-

---

[24]   LORENZO, 2012, p. 47.

[25]   BLACK, 2008.

[26]   BLACK 2010, p. 6.

[27]   FORD, 2010, p. 261. *"Rules and principles are also best understood as points on a continuum rather than discrete concepts, and there is a good deal of overlap and convergence among them. Any complex regulatory system will be (and should be) an amalgam of rules and principles."*

[28]   GRIBNAU, 2014 B.

[29]   FORD, 2010, p. 261. *"Adopting principles based regulation does not mean doing away with rules. Rather, it is a particular approach to structuring regulation that includes rules. It gives legislatures the power to set high-level regulatory goals and outcomes, and leaves the articulation of processes and details to front-line regulators in collaboration with industry itself. Fundamental to principles-based regulation is the development of a functional and effective "interpretive commu-*

tricciones del legislador se miran como mayores, a veces incluso cercanas a la legislación penal (por ejemplo, en el denominado principio de tipicidad del tributo como elemento del principio de reserva de ley tributaria). Ello genera la idea de que la ley debe ser muy explicita y detallada, suponiendo que esa vía otorgará certeza jurídica al ciudadano frente al poder estatal (nada se menciona en materia de los intereses de la comunidad, dado que los órganos públicos son representantes de ese interés legítimo e incluso necesario para la convivencia y sostenimiento de la sociedad). Sin embargo, cuando se menciona la certeza jurídica ya se hace referencia a un principio del derecho, por ejemplo, que limita la retroactividad de la ley tributaria[30], pero que colisiona o que puede colisionar con otros principios (por ejemplo, en caso de abuso de la ley tributaria).[31] Otro principio es el de congruencia y

---

nity" that includes industry participants, regulators, and other stakeholders in ongoing communication around the content of regulatory principles."

[30] Gribnau, 2014, 74. Gribnau agrega más delante que: "Dworkin offers an elaborate substantive conception of the rule of law. This enables us to account for the role of principles as standards for evaluating existing law, for this testing of established law requires a particular conception of law which gives principles a place alongside the legal rules established by legal authorities. Once the importance of principles in the body of law is clarified, we can explain that tax laws need to meet the requirements of the principle of legal certainty. Part of the explanation is the fact that one of the central concerns of law is certainty, i.e., legal certainty. Legal certainty is an ideal that law aims to realize. This idea implies that law which does not fulfill certain requirements of certainty cannot be labeled law." (Gribnau, 2014, 78).

[31] Gribnau, 2014, 79, asimismo, sostiene: "However, principles may collide, for example legal certainty and legal equality may point in different directions. Colliding principles make visible which values are really at stake on a deeper level.65 In the case of abuse or improper use of tax rules, for example, legal certainty, conceived as a principle, may constitute an argument not to change the law, and legal equality and the ability-to-pay principle may constitute an argument to change the law. Because principles do not dictate a decision or outcome but provide an argument pointing in a certain direction, the competing principles at hand ought to be balanced. According to Dworkin, to resolve the conflict between colliding principles one has to take into account the relative weight of each.

unidad del sistema jurídico, y ello precisamente es lo que otorgan los principios jurídicos tanto en le legislación objetiva como en su aplicación administrativa o judicial.[32]

JONES destaca que esta perspectiva (la pretensión de que sólo con reglas detalladas es posible construir el sistema de normas) ha significado un aumento de la extensión de las leyes tributarias (muy voluminosa, pues las normas tributarias de toda clase aumentan incesantemente de tamaño —incluidas las interpretaciones administrativas), lo que deriva en una mayor complejidad[33], volviendo a la ley intrincada, oscura, ambigua, ininteligible[34], lo que a su vez genera incerteza jurídica. GRIBNAU recuerda ciertas condiciones de la ley tributaria que se vinculan a la certeza tributaria: generalidad; no retroactividad; claridad; no contradicción; posibilidad de ser cumplida; estabilidad (nótese que siempre estamos en el campo de los principios).[35] Las condiciones de la ley basada en reglas no evitan la incerteza jurídica. Una ley detallada y minuciosa (que espere responder a todas las cuestiones) no necesariamente conduce a certeza jurídica.[36] Los hechos mutan incesantemente, especialmente en las crecientemente sofisticadas y complejas sociedades globales actuales.[37] La ley, sin embargo, de todos modos deberá ser aplicada por las autoridades administrativas y judiciales en esos nuevos escenarios cambiantes: el pro-

---

[32]   FORD, 2010, p. 268. "*This suggests that congruence is important in this context: core definitions of materiality and disclosure should be broad and principles-based. Preventing fraud and minimizing 'cosmetic' compliance and 'loophole behaviour' are other areas where the over- or underinclusiveness of rules is particularly problematic.*"

[33]   TITTLE, 2006, p. 769. La legislación por principios podría reducir esa complejidad de la voluminosidad de las reglas detalladas, pero obviamente el éxito depende de la precisión técnica del legislador (COOPER 2010). Para Freedman (2010), la orientación es correcta, pues, aunque diste de generar la perfección de la ley tributaria, la PBL la mejora.

[34]   JONES, 1996, p. 63.

[35]   GRIBNAU, 2014, p. 83-91.

[36]   JONES, 1996, p. 65.

[37]   PICCIOTTO, 2015.

blema es que si no hay regla para cada nueva situación no habrá
guía específica para cada una de ellas. Para Jones, una solución a
este escenario es el uso por las administraciones y los tribunales
de principios jurídicos (además de reglas) incorporados a las leyes.[38] Pone como ejemplo el modo en que los tribunales europeos
aplican la legislación comunitaria, lo que muestra que un adecuado uso de principios también otorga certeza jurídica (Tribunal
de Justicia de la Unión Europea, especialmente).[39] Para Jones, la
elección no estaría entre reglas detalladas y una menos detallada
legislación, sino entre reglas detalladas y una menos detallada legislación interpretada de acuerdo a principios, lo que hace ganar
en certeza porque los principios otorgan predictibilidad[40], a lo
que es posible agregar que también permiten la adaptabilidad de
las normas tributarias: permitiría anticiparse a formas de evasión
de las obligaciones tributarias.[41] En efecto, los especialistas destacan tanto la existencia de principios en el sistema tributario como
su presencia en relación a las normas antielusión.[42]

Por cierto, la discusión no versa acerca de que no existan reglas detalladas o que ellas no sean importantes, sino acerca de la
incorporación de principios y de su rol en la legislación tributa-

---

[38]   JONES 1996, p. 75. En sentido semejante, GRIBNAU, 2014, p. 79: "*Since
         fundamental legal principles constitute the legal expressions of the basic values
         of a society, lawmaking should conform to legal principles. The body of laws —
         statute law, case law, and the decisions and regulations of the administration —
         should be, 'consistent in principle.' This implies that law is not legitimized only
         because it is issued by authorized institutions. Rather, legal principles function
         as essential criteria of evaluation, in the sense that the legislator is bound by
         legal principles. Of course, legal rules should be created by authoritative bodies.
         At the same time, however, they ought to be consonant with the integrated whole
         of fundamental legal principles*".
[39]   JONES, 1996, p. 79.
[40]   BRAITWAITE, 2003.
[41]   JONES, 1996, p. 80.
[42]   GERGEN 2001, p. 139: "*True, some parts of tax law can be said to be governed
         by fairly strong principles.*"; "*In most cases of abuse, a principle can be identified,
         at least after the fact.*"

ria.[43] A nuestro juicio, en el ámbito tributario, la predictibilidad se requiere tanto para beneficio de los obligados tributarios (en general) como de la comunidad política (como titular de la Hacienda Pública). Las reglas detalladas generan permanentes vacíos normativos en el contexto de las sociedades globales altamente complejas actuales, por lo que no se aprecia cómo pueden dar lugar a la predictibilidad.[44] En tal perspectiva, los principios (y los estándares[45]) constituyen el compromiso del Derecho frente a imperfección de las reglas jurídicas detalladas.[46] Ahora, en general, una norma antielusión se construye con estándares y principios y no solo con reglas[47] (o por ejemplo, por resultados[48]) que a diferencia de otros campos del Derecho se integran expresamente al ordenamiento jurídico.[49]

---

[43]   PREBBLE, 1998, p. 112.

[44]   *"Generally speaking, rules are considered to have the advantages of being more precise and certain, but the consequent disadvantages of being potentially rigid, reactive, and insensitive to context and therefore inevitably over- or underinclusive. They may also promote or permit "loophole behaviour", and be more easily "gamed" by sophisticated actors. In comparison, principles are more flexible, more sensitive to context, and therefore potentially fairer when applied"*. FORD, 2010, p. 263.

[45]   En el derecho americano se distinguen reglas y estándares: *"Rules are legal norms that are formal and mechanical. They are triggered by a few easily identified factual matters and are opaque in application to the values that they are designed to serve. Standards, on the other hand, are flexible, context-sensitive legal norms that require evaluative judgments in their application."* ALEXANDER & KRESS, 1997, p. 740.

[46]   GERGEN, 2001, p. 131.

[47]   WEISBACH, 1999, p. 860.

[48]   JENSEN, 2012, p. 20. *"Outcomes-Oriented Legislation. In some situations, a congressional response more promising than targeted legislation of the sort described in Part II is to go after broad categories of behavior based on outcomes rather than the technical calculations of, or the motivations behind, transactions."*

[49]   WEISBACH, 1999, p. 861. *"The tax law has, however, long included principles that have effects similar to anti-abuse rules, such as substance over form, the step transaction doctrine, and the sham transaction doctrine. The only real difference between these common law tax doctrines and anti-abuse rules (other than the detailed specifics of their applicability) is that, instead of being developed by the*

V. LA COMPRENSIÓN DE LA NORMA ANTIELUSIÓN COMO PARTE DE LAS OBLIGACIONES DEL CONTRIBUYENTE Y SU ESTATUTO JURÍDICO

V.1. Las normas antielusión y su construcción normativa en Chile

La norma antielusión general (GAAR) chilena se construye a través de diferentes elementos normativos, algunos conceptos jurídicos determinados y otros indeterminados, cuyo alcance debe ser desentrañado por el intérprete, sea particular (abogados asesores, contadores, profesores de tributación, etc.) o sea institucional (Administraciones Tributarias o jueces): naturaleza jurídica de los hechos, actos o negocios realizados; producción de resultados o efectos jurídicos o económicos relevantes para el contribuyente o un tercero, que sean distintos de los meramente tributarios; buena fe; abuso de formas jurídicas; razonable opción de conductas y alternativas, etc.

Tanto esos elementos como otros elementos normativos que deben ser analizados sobre la base del caso concreto: simulación (definido en el art. 4 quáter párrafo final); efectos jurídicos o económicos relevantes para el contribuyente o un tercero distintos de los meramente tributarios; etc.

El artículo 4 ter inciso final vincula la GAAR a la obligación tributaria: *"En caso de abuso se exigirá la obligación tributaria que emana de los hechos imponibles establecidos en la ley."* Esto lleva a analizar el contenido de la denominada "obligación tributaria". Lo mismo hace el artículo 4 quáter: configuración del hecho gravado del impuesto o la naturaleza de los elementos constitutivos de la obligación tributaria, o su verdadero monto o data de nacimiento.

Nótese que hoy en día, la idea de "obligación tributaria" se encuentra mediada por una serie de consideraciones, entre ellas, los

------

courts, anti-abuse rules are incorporated directly into the regulation or statute, thereby eliminating the statutory (or regulatory) interpretation question. With anti-abuse rules, we must face directly whether the approach is desirable.'"

derechos de los contribuyentes, tales como el derecho a la certeza tributaria (otro concepto jurídico indeterminado):

> *Art. 8 bis, "Sin perjuicio de los derechos garantizados por la Constitución Política de la República y las leyes, constituyen derechos de los contribuyentes": "13°. Tener certeza de que los efectos tributarios de sus actos o contratos son aquellos previstos por la ley, sin perjuicio del ejercicio de las facultades de fiscalización que corresponda de acuerdo con la ley."*

Esta idea de construcción de las obligaciones tributarias en un marco de derechos humanos, constitucionales y legales (como se describe en el artículo 8 bis, por ejemplo) nos conduce a la idea de "ciudadanía tributaria" (la construcción de un sistema jurídico desde los mandatos constitucionales) y a una cierta forma de entender la obligación tributaria, no sólo en un sentido político, sino propiamente jurídico, normativo, aplicable en la solución de casos concretos. El obligado tributario es un ciudadano más, y por ello la potestad tributaria debiera concebirse como cualquier otra potestad (aunque otorgue privilegios a los órganos que representan la Hacienda Pública), esto es, configurada en el marco del Estado Constitucional y Democrático de Derecho.[50] La potestad se justifica como un deber-poder jurídico finalizado, que nace y se configura de acuerdo a Derecho y se ejerce de acuerdo a Derecho (un Derecho generado democráticamente); sustentado en el deber constitucional de contribuir a los gastos públicos (implícito o explícito), y ponderado con los derechos fundamentales y los demás principios, valores, fines y bienes constitucionalmente consagrados, de acuerdo a una interpretación sistemática.

V.2. Las obligaciones tributarias

Solo con una finalidad analítica (no ontológica), es posible identificar las diversas obligaciones tributarias con una taxonomía semejante a la del Derecho Civil. De este modo, las obligaciones tributarias pueden ser de hacer (inscribirse en registros, llevar con-

---

[50] MASBERNAT, 2016.

tabilidad, presentar declaraciones, etc.), de no hacer (no simular en perjuicio del fisco, no abusar de las formas jurídicas para eludir, etc.) o de dar (pagar un monto de dinero a título de impuestos).

Las obligaciones tributarias encuentran un reflejo en las potestades públicas fiscalizadoras de la Administración tributaria (Servicio de Impuestos Internos, por ejemplo). De este modo, la obligación (de hacer) del contribuyente de llevar contabilidad se asocia a la potestad del Servicio de fiscalizar su cumplimiento de acuerdo con las normas legales[51].

Entonces, existen obligaciones del contribuyente que son fiscalizadas por la Administración tributaria, y que, en caso de incumplimiento, el contribuyente se arriesga a ser compelido a cumplirlas y, además, a recibir sanciones de diversa naturaleza.

Por otro lado, existe una obligación general del contribuyente de no defraudar al fisco, de no simular en perjuicio de la Hacienda Pública, de no abusar del Derecho, lo que deriva de un modo general (como un principio jurídico) de su posición jurídica en el sistema tributario, es decir, de su estatuto jurídico.

V.3. La relación jurídica tributaria como relación estatutaria

Por otro lado, la naturaleza de las obligaciones tributarias es que se tratan de obligaciones de Derecho Público, no de Derecho Privado. No son disponibles para el obligado tributario (sea cual sea, especialmente el contribuyente). Nacen desde la obligación constitucional (tácita, en nuestro ordenamiento) de contribuir a los gastos públicos, y de acuerdo han sido conformadas por el sistema tributario.

El sistema tributario se construye como un estatuto para los contribuyentes, para la Administración, para los terceros definidos en la ley tributaria, etc. Este estatuto define posiciones jurídicas de quienes participan en el sistema jurídico tributario con su

---

[51]   Artículos 18 a 28 del Código Tributario, entre otras disposiciones.

haz de derechos y deberes. El estatuto también incluye instituciones, reglas y principios jurídicos, definiciones y categorías jurídicas de toda clase que determina legalmente su contenido, todo lo cual determina las posibilidades y condiciones de actuación de los ciudadanos y de los órganos del Estado.[52]

En otros términos, como hemos expuesto en otros lugares, la potestad tributaria se concreta en el establecimiento de un sistema jurídico tributario (propiamente, un estatuto jurídico), y el deber de contribuir a los gastos públicos se plantea básicamente como una relación jurídica tributaria de carácter estatutaria, de los obligados tributarios (usamos este término como "todo individuo susceptible de imputación de un deber tributario") hacia las obligaciones y los derechos emanados del sistema tributario. Es decir, la principal consecuencia de la instauración de un sistema tributario es una vinculación a este tanto de los órganos del Estado, la Administración, los Tribunales, los obligados tributarios, los contribuyentes. Todos se encuentran sujetos al estatuto, constituido por instituciones, valores, principios, reglas.[53]

Entonces, la obligación tributaria no se configura como obligación de derecho privado contractual, por ejemplo: el comprador se encuentra obligado a pagar si celebró una compraventa. La obligación tributaria es una de muchas posiciones jurídicas pasivas de algún participante del sistema tributario, por ejemplo, la obligación del notario de entregar información al Servicio[54].

V.4. La construcción normativa de obligaciones tributarias y de normas que exigen su cumplimiento (normas antielusión específicas o generales) a través de reglas y principios

La comprensión del sistema jurídico tributario como un estatuto nos facilita comprender la naturaleza de la obligación tribu-

---

52   MASBERNAT, 2016.
53   MASBERNAT, 2016.
54   Artículos 74, 75, 76, 78, 89 y 194 del Código Tributario.

taria. El sistema tributario no necesariamente impone obligaciones de dar (de pagar una cantidad de dinero a título de tributo), pues dicha obligación es eventual (pero de ello no se sigue una permisibilidad de incumplimiento, es solo una descripción acerca de la naturaleza de la potestad tributaria y del sistema tributario). En efecto, hay una enorme cantidad de personas que se encuentran sometidos a la legislación tributaria que no pagarán impuestos, debiendo cumplir con múltiples obligaciones de hacer y de no hacer. Por ejemplo, la mayoría de los trabajadores sujetos a remuneraciones (que tienen incluso carácter de "contribuyentes" de acuerdo a la Ley de impuesto a la renta, aunque tal vez nunca en su vida contribuyan), se sujetan a una serie de obligaciones tributarias derivadas de su estatuto y sin embargo no les cabrá la obligación de pagar impuesto a la renta.

El estatuto tributario comprende principios, por ejemplo, buena fe o certeza tributaria. La buena fe no es sólo una norma que se impone a la Administración tributaria, sino también al contribuyente: le está vedado actuar con abuso de formas jurídicas o realizar actuaciones intrincadas solo con el objeto de eludir los límites de las reglas jurídicas detalladas. Esto también nos conduce al campo de los ilícitos atípicos, como actuaciones ilegales pero que formalmente las reglas jurídicas detalladas no son capaces de capturar (y propias de las sociedades actuales globales y altamente complejas).[55]

Un asunto interesante es la forma de aplicar los principios: exige un esfuerzo de argumentación jurídica lo que añade certeza jurídica. La vía a los principios no reduce los niveles de certeza del sistema, ya que las técnicas de aplicación son muy estrictas.[56]

Por otro lado, las reglas, que se caracterizan por contener un elemento factico que determina su aplicación a un caso concreto, se aplican mediante el silogismo jurídico. Obviamente esto no es

---

[55]   RUIZ MANERO& ATIENZA, 2006.
[56]   ÁVILA, 2011, pp. 121 y ss.

tan simple: en la realidad una norma jurídica puede contener una mixtura de reglas, principios, elementos jurídicos determinados (definiciones) o indeterminados, etc.

Hemos visto que la norma antielusión general también refleja esta mixtura.[57]

Si esto es así, bien podrían incorporarse en las normas tributarias más principios (de diversa clase: como directriz que determine deberes o condiciones de actuación; como normas de elevada jerarquía; como normas dirigidas a los órganos de aplicación jurídicos y que señala, con carácter general, cómo se debe seleccionar la norma aplicable o interpretarla; como enunciado de un considerable grado de generalidad y que permite la sistematización de un sector del ordenamiento jurídico; etc.).[58] Esto tiene al menos dos efectos: los principios otorgan unidad, coherencia y sistematicidad[59] al ordenamiento jurídico tributario; los principios incorporados en las obligaciones tributarias permiten ajustarse al comportamiento de los contribuyentes en la realidad cambiante de las actuales sociedades complejas.

VI. CONCLUSIONES

Nos gustaría ser breves en las conclusiones, dadas la complejidad de los elementos tratados.

Básicamente resumiríamos los siguientes puntos:

---

[57] De ese modo se determina la obligación tributaria específica y concreta de acuerdo con los mecanismos institucionales pertinentes, i.e., si se trata de aplicar reglas simples, mediante la mera operación silogística, pero de modo progresivo la variación gradual desde los casos menos fáciles a los casos difíciles (v. g., la aplicación de conjunto de reglas, reglas con contenido valorativo, principios, o un conjunto de las anteriores), exigirán operaciones de carácter interpretativo y justificativo cada vez más sofisticadas, y esas decisiones de carácter institucional.

[58] Ruiz Manero& Atienza, 1991, p. 103.

[59] Buenaga, 2016, pp. 161-180.

(a) El sistema jurídico tributario necesariamente incluye reglas y principios de diferente clase y textura. Todos ellos, de una u otra manera, concurren a fundar decisiones institucionales de casos concretos, emanadas de órganos públicos o jurisdiccionales.

(b) Las reglas y los principios presentan algunas diferencias en sus funciones dentro del sistema jurídico y asimismo, requieren distintos modos de aplicación por de órganos públicos o jurisdiccionales. Siempre y en todo caso en el contexto del derecho contemporáneo que exige la fundamentación técnica y racional de las decisiones de dichos órganos públicos.

(c) Hoy en día existe cierta claridad en que el sistema jurídico no otorga una única solución correcta frente a un caso, especialmente en aquellos difíciles o complejos, y los ilícitos atípicos son una clase de casos complejos (que pueden describir muchas hipótesis de elusión tributaria). Son los principios los que otorgan sistematicidad, unidad y coherencia al sistema jurídico, y capturan las fisuras que dejan las reglas jurídicas detalladas, cuales son, los ilícitos atípicos.

(d) La comprensión del sistema jurídico como sistema de reglas y principios, y su expresión declarada en la ley tributaria (y la consecuente construcción de la ley tributaria mediante reglas y principios), permitirá una mejor aplicación del derecho, mayor certeza jurídica (predictibilidad y controlabilidad de las conductas) tanto para los obligados tributarios como para los órganos de la Administración tributaria (representantes del interés común, de la Hacienda Pública).

VII. BIBLIOGRAFÍA

Alexander, Larry, &Kress, Ken. "Against Legal Principles" (1997), *IOWA Law Review*, Vol. 82, pp. 739-788.

Alexy, Robert (1988), "Sistema Jurídico, Principios Jurídicos y Razón Práctica", *DOXA* 5, 1988, pp. 139-151.

ALEXY, Robert (2000), "On the Structure of Legal Principles". *Ratio Juris,* Vol. 13, N° 3, 2000, pp. 294-304.

ALEXY, Robert (2003), "On Balancing and Subsumption. A Structural Comparison", *Ratio Juris,* Vol. 16 N°4, 2003 pp. 433—449.

ÁVILA, Humberto (2011), Teoría de los principios, Madrid, Marcial Pons, Barcelona, 2011.

BELADIEZ, Margarita (2010), *Los Principios Jurídicos,* Cuadernos Civitas, Thomson Reuters, 2010, Pamplona.

BENTLY, Duncan (2004) "Tax law drafting: the principled method" *Revenue Law Journal:* Vol. 14: Issue 1, pp. 1-4.

BERMAN, Mitchell (2017), "For Legal Principles". Faculty Scholarship at Penn Law, Legal Scholarship Repository, 1759. Disponible en https: // scholarship.law.upenn.edu/faculty_scholarship/1759

BLACK, Julia (2008). "Forms and Paradoxes of Principles Based Regulation", *LSE Law, Society and Economy Working Papers*N°13/2008. Disponible en http: //ssrn.com/abstract=1267722

BLACK, Julia (2010), "The Rise, Fall and Fate of Principles Based Regulation", *LSE Law, Society and Economy Working Papers* N° 17/2010. Disponible en: http: //ssrn.com/abstract=1712862.

BOBBIO, Norberto (1994), "Principi generali di diritto" (1966), *Contributi ad un dizionario giuridico,* Giappichelli, Torino, 1994, pp, 275 y ss.

BRAITWAITE, Jhon, (2003), "Making Tax Law More Certain: A theory", *Australian Business Law Review,* vol. 31, N° 2, pp. 72-80.

BUENAGA, OSCAR (2016), *Metodología del Razonamiento Jurídico,* Dikinson, Madrid, 2016.

COOPER, Graeme, "Legislating Principles as a Remedy for Tax Complexity". *British Tax Review,* N° 4, pp. 334-360, 2010.

DWORKIN, Ronald, "The Model of Rules", *The University of Chicago Law Review,* Vol. 35, N°1 (Autumn, 1967), pp. 14-46.

FARALLI, Carla (2007), La Filosofía del Derecho Contemporánea, Ciudad Argentina, Buenos Aires, 2007.

FORD, Cristie (2010). "Principles-Based Securities Regulation in the Wake of the Global Financial Crisis". *McGill Law Journal / Revue de droit de McGill,* 55 (2), pp. 257—307.

FREEDMAN, Judith (2010), "Improving (Not Perfecting) Tax Legislation: Rules and Principles Revisited", *British Tax Review,* Issue 6, 2010. Pp. 717-736.

GERGEN, Mark (2001), "The common knowledge of tax abuse", 54 SMU Law Review, 131 (2001), pp. 131-147.

GRIBNAU, Hans (2013). "Legislative instrumentalism vs. legal principles in tax". *Coventry Law Journal,* 16, pp. 89-109.

GRIBNAU, Hans (2014), "Legal Certainty: A Matter of Principle", *Tilburg Law School Legal Studies Research Paper Series* N°12/2014. Paper Collection Disponible en http: //ssrn.com/abstract=2447386

GRIBNAU, Hans (2014 B), "Not Argued from But Prayed to. Who's Afraid of Legal Principles?". *eJournal of Tax Research,* vol. 12, N°1, 2014, pp. 185-217. Disponible en SSRN: https: //ssrn.com/abstract=2461247

JENSEN, Erik (2012), "Legislative and Regulatory Responses to Tax Avoidance: Explicating and Evaluating the Alternatives", *Case Research Paper Series in Legal Studies Working Paper* 2012-14, May, 2012. Disponible en: http: // ssrn.com/abstract=2064145

JONES, John Avery (1996), "Tax law: Rules or principles?", *Fiscal Studies;* Aug 1996; 17, 3; pp. 63-89

LORENZO, Vincent Di (2012), "Principles-based regulation and legislative congruence", Legislation and Public Policy, Vol. 15, 2012, pp. 45-108.

LUZZATI, Claudio (2013), *El principio de autoridad y la autoridad de los principios,* Marcial Pons, Madrid, 2013

MARTÍNEZ, David (2010), *Metodología Jurídica y Argumentación,* Marcial Pons, Madrid, 2010.

MASBERNAT, Patricio (2016), "Potestad tributaria y relación jurídica tributaria como vinculo estatutario", Revista Tributária e de Finanças Públicas, VOL.131 (Novembro — Dezembro 2016, Brasil.

MASBERNAT, Patricio (2017), "Una tesis sobre la naturaleza y las características de la obligación tributaria", Díkaion, 26(2), 2017, pp. 225-255.

MUÑOZ, Mario (2014). "Argumentación jurídica y principios constitucionales: su incidencia en el derecho privado", *Derecho y Realidad,* N°23, 2014, pp. 325-347.

PÉREZ LUÑO, Antonio-Enrique (1997), "Los Principios Generales del Derecho: ¿Un Mito Jurídico?", *Revista de Estudios Políticos,* N° 98. Octubre — Diciembre 1997, p. 9.

PICCIOTTO, Sol (2015), "Indeterminacy, Complexity, Technocracy and the Reform of International Corporate Taxation", *Social & Legal Studies,* 2015, Vol. 24(2) 165-184

PREBBLE, Jhon (1998), "Should Tax Legislation be Written from a Principles and Purpose Point of View or a Precise and Detailed Point of View?", *British Tax Review,* Issue 2, 1988, pp. 112-123.

PREBBLE, Zoë &PREBBLE, John (2013), "Comparing the General Anti-Avoidance Rule Of Income Tax Law With The Civil Law Doctrine Of Abuse Of Law", *Victoria University Of Wellington Legal Research Papers*, Paper N°34/2013. Disponible en http: //ssrn.com/abstract=1473612.

RUIZ MANERO, Juan & ATIENZA, Manuel (1991), "Sobre Principios y Reglas", *Doxa*. Cuadernos de Filosofía del Derecho. N° 10, 1991, pp. 101-120.

RUIZ MANERO, Juan & ATIENZA, Manuel (2006), *Ilícitos atípicos: Sobre el abuso del derecho, el fraude de ley y la desviación de poder*, Trotta, 2006, Madrid.

TITTLE, Martin (2006), "Principles vs. Rules: Toward a More Fundamental Formulation of Tax Law", *Tax Notes International*, May 29, 2006, p. 769-770

WEISBACH, David A. (1999) "Formalism in the Tax Law", *University of Chicago Law Review*, Vol. 66: Iss. 3, pp. 860-886.

Analogía e interpretación extensiva en el contexto de la Norma general antielusiva

Por Constanza Cumian Gajardo [1]

Resumen: En este artículo se desarrolla una propuesta para diferenciar entre interpretación extensiva y analogía. Se argumenta que la distinción es importante, porque si se confunden se termina por considerar a ambas como prohibidas, lo cual es un error, porque la interpretación extensiva se encuentra permitida en el ámbito tributario cuando se enfrenta un «caso difícil».

Palabras claves: Norma general antielusión — analogía — interpretación extensiva.

I. INTRODUCCIÓN

La discusión tributaria del último tiempo ha puesto de manifiesto que el cumplimiento tributario debe ser un tema para incluir dentro de las orientaciones y objetivos más relevantes de las reformas al sistema tributario. Estas discusiones, que se mantienen hasta el día de hoy, se centraron, entre otras cosas, en una cuestión importante y que ha generado discusiones no solo en Chile, si no que a nivel internacional. Hablo de la lucha contra la elusión.

A raíz del problema de la elusión, en el año 2014, la Ley N° 20.780 introdujo a nuestra legislación la primera norma general

---

[1]   Estudiante de derecho de la Universidad Austral de Chile. Correo electrónico: constanza.gajardo02@alumnos.uach.cl.
Agradezco al profesor Hugo Osorio Morales. Quien, en el transcurso de la ayudantía del curso Derecho Tributario, colaboró con sus comentarios y su guía durante todo el proceso de escritura de este artículo.

antielusión. Al configurar esta nueva norma, en un principio el modelo que se tomó como referencia fue el español, contenido en los artículos 13, 15 y 16 de la Ley General Tributaria, pero terminó sufriendo importantes modificaciones en el Congreso resultando en una norma diferente. Una de las diferencias entre la norma española y la chilena, es que el legislador omitió establecer una prohibición expresa de aplicar tributos por analogía.

En este contexto surge el objeto de este artículo. Generalmente la dogmática tributaria entiende que, en virtud del principio de legalidad tributaria, la analogía se encuentra prohibida, aún si no hay una regla que lo señale explícitamente. Pero no sucede lo mismo con la interpretación extensiva de los textos tributarios, respecto de la cual, en ocasiones se entiende que es procedente. Ahora bien, si se considera que la interpretación extensiva está permitida y la analogía, prohibida, es importante establecer los límites entre ambas. Mi tesis es que estas se pueden distinguir, pero existen dificultades para hacerlo en la práctica debido a la similitud de su estructura, lo que provoca que los intérpretes las traten indistintamente y sostengan que ambas se encuentran prohibidas. Esto es un error, porque la interpretación extensiva, a diferencia de la analogía, es procedente en el derecho tributario en casos difíciles.

El trabajo se organiza de la siguiente forma. En primer lugar, y con el fin de contextualizar la cuestión analizada, me referiré a la norma general antielusión y a la relevancia de la omisión del establecimiento de una prohibición de analogía en la norma en comento. En segundo lugar, valiéndome de las herramientas otorgadas por la teoría del derecho, me aproximaré a la interpretación jurídica. El objetivo de esta segunda sección es precisar a qué nos referimos cuando hablamos de interpretación de la ley. En tercer lugar, abordaré el problema de la distinción entre analogía e interpretación extensiva, basándome en las definiciones planteadas por la teoría del derecho y algunas propuestas planteadas por la doctrina. Luego, en cuarto lugar, realizaré un análisis estructural de la interpretación extensiva y del argumento analógico con el fin de mostrar sus diferencias. Con esto pretendo contribuir al esclarecimiento de esta distinción. Finalmente, realizaré un análisis crítico de algunas sentencias de nuestros tribunales, con el fin de mostrar que existe confusión de los intérpretes en esta materia, cuestión relevante si consideramos que la interpretación extensiva es procedente en el derecho tributario, pero la analogía no.

II. LA OMISIÓN DE PROHIBICIÓN DE ANALOGÍA EN LA NORMA GENERAL ANTIABUSO CHILENA Y SU RELEVANCIA

Suele entenderse que la norma general antielusión (en adelante NGA) vino a funcionar como un cierre normativo a las situaciones de abuso[2]. En el caso de la norma chilena es evidente que la inspiración del texto que el Gobierno presentó al Parlamento para su discusión era el ordenamiento jurídico español, específicamente los artículos 13, 15 y 16 de la LGT 2003[3]. Sin embargo, la NGA nacional sufrió importantes modificaciones durante la tramitación parlamentaria. Una de las diferencias centrales entre la norma española y la chilena es que, en el caso nacional, el legislador omitió establecer la prohibición de analogía que contiene la normativa española en el artículo 14 LGT 2003.

Se debe tener presente que las NGA contienen supuestos de hecho abiertos, las cuales se pueden usar para recalificar ciertos actos y negocios jurídicos, para que sean considerados como elusivos y así aplicar un tributo a una situación no prevista por el legislador[4]. Por ejemplo, si se constituye una sociedad cuando en realidad se quiere celebrar una compraventa, con el único objeto de evitar el hecho gravado, estaríamos claramente frente a un caso de elusión. Por lo tanto, si se va a permitir que en estos casos se utilice una NGA que permita que tributen actos que de no existir la NGA no

---

[2]   Osorio, 2015, p.25.
[3]   La norma española puede revisarse en https://www.boe.es/buscar/act.php?id=BOE-A-2003-23186
[4]   toledo, 2020, p. 60.

tributarían, se abre un espacio de indeterminación. Por esta razón, cobra relevancia la discusión respecto a la forma de interpretar las disposiciones, en específico, las disposiciones tributarias.

La mayoría de la doctrina chilena sostiene que la analogía se encuentra prohibida en el ámbito tributario en virtud del principio de legalidad. Entre los dogmáticos que toman esta postura se encuentran Navarro y Massone[5]. De seguir esta postura, se puede sostener que la incorporación de una prohibición expresa de analogía en la NGA es irrelevante, ya que esta se encontraría prohibida *per se,* por ser contraria al principio constitucional de legalidad.

Sin embargo, han surgido algunas discusiones interesantes al respecto en la doctrina española. Por ejemplo, el profesor Pérez Royo sostiene que, partiendo desde la desvinculación del principio de legalidad, reserva legal y tipicidad con la prohibición de analogía, esta no estaría prohibida *per se,* ya que podría ser un mecanismo de producción de normas con que integrar lagunas. Por tanto, se podría utilizar la analogía siempre que se entienda que esta creación no es absolutamente libre, si no que se desarrolla dentro de los límites otorgados en la misma estructura de la ley[6].

En contraste, el profesor Báez Moreno, cree que la vinculación entre el principio de legalidad y la prohibición de analogía debe mantenerse por razones de seguridad jurídica. Pero que, en ciertas ocasiones, la única forma de respetar el mandato del legislador será integrando reglas mediante la analogía. La integración analógica se sustentaría en un mandato de carácter práctico, donde cobran especial relevancia los principios y valores del ordenamiento jurídico[7].

Si bien las tesis de los profesores Pérez Royo y Báez Moreno son interesantes y merecen un análisis más detallado, esto excede los objetivos planteados en el presente artículo. En lo que sigue,

[5]   navarro, 2016, p. 690; Massone, 2016, p.170.
[6]   Pérez Royo, 1991, pp. 367-392.
[7]   Báez Moreno, 2010, pp. 453-471.

adoptaré la tesis de la mayoría de la doctrina chilena y sostendré que la analogía se encuentra prohibida en virtud del principio de legalidad. La razón de adherir a esta postura descansa en la idea de que los tributos sólo pueden ser fijados por ley, funcionando como límite para la Administración. El sometimiento de la Administración a la ley otorga certeza y seguridad jurídica a los contribuyentes, evitando arbitrariedades.

Pero, si bien puede aceptarse que la analogía en materia tributaria se encuentra prohibida, aún sin norma que lo señale expresamente, es necesario abordar lo que sucede con la interpretación extensiva de los textos tributarios. De hecho, existen académicos que consideran que, si estamos ante un caso oscuro donde el sentido de la ley es incompatible con sus palabras, lo que corresponde es modificar sus palabras para hacerla coincidir con su sentido, realizando una interpretación extensiva[8]. Ahora bien, si la interpretación extensiva sería permitida en ciertos casos difíciles y la interpretación analógica estaría prohibida por ser contraria al principio de legalidad, ¿está realmente claro el límite entre ambas?

III. CONSIDERACIONES PREVIAS SOBRE LA INTERPRETACIÓN

Cuando hablamos de la interpretación de un texto legal subsisten algunas ambigüedades que es necesario aclarar, cuestión que haré en los párrafos siguientes con el fin de otorgar las herramientas necesarias al lector para comprender el problema y la hipótesis sostenida en el presente artículo.

III.1. *Distintos tipos de interpretación*

Respecto del objeto de la interpretación, se debe distinguir entre el texto o la disposición que es utilizada para expresar una

---

8   TOLEDO, 2020, p. 70.

norma y la norma que contiene el significado expresado por la disposición[9]. Recordemos que una disposición puede contener una o varias normas y es tarea del intérprete determinar los significados expresados.

También los juristas hablan de interpretación en sentido amplio, que corresponde a cualquier atribución de significado a un texto normativo. En contraste, hay usos lingüísticos que dan cuenta del uso de la interpretación restringida, en virtud de la cual no toda atribución de significado es interpretación[10]. Esto significa que solo hay interpretación cuando se interpreta una duda o controversia interpretativa, por tanto, si no hay controversia no hay interpretación.

La interpretación restringida implica ver el fenómeno interpretativo desde un punto de vista cargadamente teórico. Esto omite una primera dimensión de interpretación como actividad que está lejos de ser trivial, me refiero al análisis textual. La interpretación restrictiva, al negar el uso de la interpretación cuando no hay dudas u oscuridades, omite el análisis textual. Éste consiste en reconstruir el contenido normativo expresado en una o más disposiciones para identificar la o las normas que estas disposiciones expresan.

III.2. Teorías de la interpretación

Ahora me referiré a qué hacen los juristas cuando interpretan y atribuyen significado a los textos normativos. En este punto hay tres grandes grupos de teorías de la interpretación, donde se trata de responder si la interpretación es un acto de conocimiento o de voluntad.

En primer lugar, la teoría cognoscitiva sostiene que la interpretación es un acto de conocimiento o del conocimiento, que con-

---

[9]   Guastini, 1999, p. 101.
[10] Sobre esta distinción y una clasificación más extensa. Ver, Guastini, 2002, pp. 21-23.

siste en descubrir o conocer el «único» significado propio, pre-existente o determinado de las disposiciones[11]. En segundo lugar, la teoría escéptica sostiene que la interpretación es una actividad puramente volitiva. Es decir, un acto de voluntad o de la voluntad que consiste en decidir o crear el significado de las disposiciones. Es decir, lo que caracteriza a esta teoría es precisamente el elemento decisorio o creativo del derecho por el juez. En líneas generales, la teoría escéptica se basa en la idea de la indeterminación del derecho, es decir, el derecho es totalmente indeterminado, pues las disposiciones carecen de significado o poseen más de un significado. Según esta teoría, el derecho no es nunca completo ni coherente, ya que presenta lagunas y antinomias, lo que supone que toda decisión interpretativa que resuelva una laguna o una antinomia lleva como base una decisión sobre el significado de la disposición[12].

Por último, la teoría ecléctica sostiene que la interpretación es a veces una actividad puramente cognoscitiva que consiste en descubrir o conocer el «único» significado propio o preexistente de las disposiciones, y, a veces, es también una actividad puramente volitiva (un acto de la voluntad) que consiste elegir o inventar el significado de las disposiciones. Esto se basa en la idea de la indeterminación parcial del derecho debido a su textura abierta[13]. De este modo, se sostiene que para toda disposición existen «casos fáciles», como también «casos difíciles», respecto a los cuales la aplicabilidad de la disposición es controvertida[14]. Por tanto, cuando se decide sobre un caso fácil, se limita a tomar conocimiento de la disposición. Por el contrario, cuando se resuelve un caso difícil, se realiza un acto de voluntad.

En el presente artículo se asume una posición ecléctica, porque se debe reconocer que es común en el derecho simplemen-

---

[11]   GUASTINI, 1999, p. 61.
[12]   GUASTINI, 1999, p. 14.
[13]   GUASTINI, 1999, pp. 16-17.
[14]   HART, 2011, pp. 155-191.

te seguir las palabras de la ley cuando estamos frente a un caso fácil, como una norma que determina la mayoría de edad. En contraste, también se debe reconocer que en ocasiones se deberán enfrentar problemas de ambigüedad, vaguedad, lagunas, antinomias, etc. En estos casos no queda otra opción que realizar un ejercicio interpretativo donde se elija entre todos los sentidos posibles.

III.3. Técnicas interpretativas

Se puede afirmar que existen dos técnicas de interpretación de la ley: interpretación literal e interpretación correctora[15]. La interpretación literal puede definirse como «aquella que se adecua al uso común de las palabras y de las reglas comunes en una determinada comunidad»[16]. En contraste, la interpretación correctora se define como «cualquier interpretación que atribuye a un texto normativo un significado distinto al que tendría según el uso común de las palabras y de las reglas gramaticales en una determinada comunidad»[17].

La técnica de interpretación correctora puede derivar en un resultado más amplio o restringido que la interpretación literal. Por tanto, la interpretación correctora, se clasifica a su vez en interpretación extensiva e interpretación restrictiva[18]. Para este trabajo me centraré en la interpretación extensiva.

IV. DISTINCIÓN ENTRE ANALOGÍA E INTERPRETACIÓN EXTENSIVA

La expresión «interpretación extensiva» es de uso corriente entre los dogmáticos del derecho, lo cual sugiere que hay un

---

[15]   Toledo, 2020, p. 64; Moreso y Vilajosana, 2004, p. 121.
[16]   Toledo, 2020, p. 64.
[17]   Moreso y Vilajosana, 2004, p. 121-122.
[18]   Toledo, 2020, p. 64.

entendimiento consolidado de lo que significa. Sin embargo, el concepto es notablemente confuso y ha sido definido de diversas formas por la doctrina[19].

IV.1. Sobre la interpretación extensiva

Sin perjuicio de lo anterior, se podría llamar «interpretación extensiva» de una disposición jurídica a la que amplía su alcance dando una acepción amplia a su significado literal, que según unos se corrige y según otros se respeta; y que se entiende por unos como el significado normal (común, ordinario, más frecuente, típico o nuclear) y por otros como aquel compatible con las convenciones lingüísticas[20].

En contraste, el argumento analógico se puede definir como un mecanismo que funciona considerando supuestos de hecho como casos iguales, extendiendo la norma jurídica a casos no comprendidos en ella. La analogía se establece en base a propiedades relevantes o con base en razones subyacentes, es decir, tienen que ser casos sustancialmente parecidos sino no pueden ser tratados de la misma manera. Lo que hace el intérprete es aplicar una consecuencia jurídica a supuestos de hecho distintos del que contempla la norma jurídica, basándose en una semejanza entre un supuesto de hecho y otro. En resumen, la analogía podría entenderse a través del aforismo que dice «donde existe la misma razón debe existir la misma disposición».

---

[19]   «Se denomina extensiva aquella interpretación que, precisamente, extiende el significado *prima facie* de una disposición, de forma que se incluyen en su campo de aplicación supuestos de hecho que, según la interpretación literal, no quedarían incluidos». Guastini, 2009, p. 212; Ribas, por su parte, entiende «interpretación extensiva» como una comprensión amplia de la ley dentro del marco de su tenor literal. Ver, Ribas, 2014, p. 133.

[20]   Toubes, 2019, p. 71.

IV.2. Sobre la posibilidad de distinguir la analogía de la interpretación extensiva

Luego de haber definido a qué nos referimos cuando hablamos de interpretación extensiva y analogía, corresponde analizar si estas pueden distinguirse. Es sabido que esta discusión ha ocupado a los juristas por muchos años y que, en definitiva, no es fácil de resolver. Pretendo realizar un análisis descriptivo recurriendo a dos soluciones contrapuestas que presenta la doctrina, para aportar a la discusión con una posición debidamente fundamentada.

Toledo sostiene que la interpretación extensiva consiste en interpretar la ley de acuerdo con su sentido cuando las palabras de la ley son restringidas. En cambio, la analogía consiste en establecer una semejanza entre un supuesto de hecho no regulado y un supuesto de hecho regulado para así aplicar la consecuencia jurídica del supuesto de hecho regulado al supuesto de hecho no regulado[21]. Esta distinción sería relevante porque la interpretación extensiva estaría permitida cuando las palabras de la ley son restringidas en cuanto a su sentido. En cambio, la analogía estaría prohibida por vulnerar abiertamente el principio de legalidad y crear normas mediante integración.

Siota sostiene que no se puede distinguir con nitidez y en todos los casos si estamos frente a interpretación extensiva o frente a un argumento analógico. Y que sería imposible determinar con exactitud dónde comienza uno y donde termina otro. Por lo tanto, la prohibición de analogía en el derecho tributario sería de carácter relativo. Esta imposibilidad de diferenciación se funda en la afirmación de que las normas que no tienen autonomía semántica y límites precisos. Éstas poseen una indeterminación que provoca que existan casos donde no se puede determinar con claridad si pertenecen al ámbito de aplicación de la norma[22].

---

[21]   Toledo, 2018, pp. 64-70.
[22]   Siota, 2010, pp. 66-140.

Considero que intuitivamente se puede reconocer que existe una correspondencia apreciable entre analogía e interpretación extensiva. Pensemos que para realizar una interpretación extensiva el intérprete debería justificarla. Una forma de justificarla sería el argumento *a fotiori,* donde al igual que en la analogía se reconoce la existencia de un caso regulado y un caso no regulado. Pero se establece que se aplica la norma al caso no regulado por buscar la *ratio legis.* Esto se fundaría en que existe una presunta razón de que el caso no regulado reciba el mismo tratamiento jurídico que se brinda al que sí lo está. Esta mayor razón se extrae de un juicio valorativo[23].

El argumento *a fortiori* sería diferente al argumento analógico, ya que no se funda en la semejanza de los casos para crear derecho destinado a colmar lagunas mediante integración. Sino que corresponde a un argumento interpretativo destinado a buscar la *ratio legis* de la norma para, de ese modo, incluir supuestos de hecho que según la interpretación literal no quedarían incluidos[24]. Por tanto, si se quiere justificar una interpretación correctora extensiva no se podrá recurrir al argumento analógico para justificarla[25].

Parece posible que el intérprete recurra al argumento *a fortiori* para justificar la interpretación extensiva. De este modo a través de la búsqueda de la *ratio legis* de la norma el intérprete puede apartarse de su tenor literal, y optar por una interpretación extensiva destinada a descubrir el verdadero sentido de una disposición. No obstante, a pesar de existir una distinción teórica entre un argumento analógico integrador y el argumento *a fortiori,* en la práctica resulta difícil distinguir uno de otro, principalmente porque su estructura es muy similar.

---

[23]   Prieto, 2016, p. 267.

[24]   Es necesario mencionar que para algunos el argumento *a fortiori* sería una construcción jurídica al igual que la analogía. Su diferencia sólo radicaría en un modo distinto de argumentar una misma operación. Ver, Guastini, 2018, p. 275.

[25]   Cárcamo, 2008, p. 24.

En los párrafos siguientes pretendo mostrar que la confusión entre ambas no es solo un problema conceptual, si no que en la práctica se ve nítidamente reflejado que se consideran como iguales.

IV.3. Vacilaciones jurisprudenciales

La Corte Suprema en virtud del principio de legalidad y reserva legal en materia tributaria, ha sostenido la improcedencia de la analogía y de la interpretación extensiva. A modo de ejemplo, al resolver sobre el alcance del inciso 1° del artículo 17 de la Ley N° 19.628, sostuvo que:

> «...todas las obligaciones agrupadas bajo las menciones que enumera el artículo 17 se relacionan con operaciones sujetas al derecho comercial común, pero no incluyen, por mera extensión o analogía, a las derivadas del vínculo existente entre el contribuyente, en cuanto persona natural o jurídica afecta a impuestos y el Estado, representado, en la especie, por el Servicio de Impuestos Internos, que forma parte de aquél, como servicio público funcionalmente descentralizado que es"[26].»

En otra sentencia resolvió en el mismo sentido y planteó que en materia tributaria debe primar el principio de legalidad, haciendo improcedente la interpretación extensiva. Demuestra esta situación el siguiente considerando:

> «...la contribución de patente municipal constituye el pago de un impuesto directo; y, por consiguiente, un tributo que debe regirse por las normas constitucionales en materia tributaria, dentro de cuyas directrices jurídicas se encuentra el denominado principio de reserva o legalidad. (...) De lo anterior, la aplicación de un tributo es una cuestión de derecho estricto, que no permite una aplicación extensiva más allá de lo que expresamente se ha autorizado en las normas legales[27].»

De la lectura de estos considerandos, se puede sostener que los conceptos de analogía e interpretación extensiva son asimilados

---

26 Corte Suprema, 31.7.2007, Rol 2568-2007.
27 Corte Suprema, 08.3.2006, Rol 1942-2006.

por la Corte Suprema. Esto tiene como consecuencia de que ni siquiera se considere la posibilidad de tolerar la interpretación extensiva, adoptando una concepción restringida de interpretación.

IV.4. Análisis

La analogía corresponde a un método de integración, a través del cual se trata de buscar una norma para aplicar a un caso, en defecto de normas legales. En contraste, la interpretación correctora extensiva no corresponde a un método de integración, sino más bien a un tipo de interpretación donde lo buscado es el «sentido» de una norma legal existente, que se encuentra oculto por la oscuridad o contradicción. De este modo, cuando nos encontramos en ausencia de norma, recurriremos a la analogía para integrarla. Mientras que cuando tenemos una norma oscura o contradictoria, recurriremos a la interpretación extensiva, para desentrañar el verdadero sentido de la disposición. En este contexto, parece posible recurrir a la interpretación correctora extensiva en materia tributaria, por tanto, tener clara la distinción entre ambas es crucial.

V. CONCLUSIONES

Si bien la omisión del legislador en cuanto a no establecer una prohibición de analogía en la NGA resulta curiosa, esta prohibición no hubiera sido relevante. Ya que existe consenso respecto a que en el derecho tributario se encuentra prohibida la analogía por vulnerar el principio de legalidad.

Si la analogía se encuentra prohibida en el ámbito tributario, es conveniente distinguirla de la interpretación. En especial de la interpretación extensiva, ya que esta es una discusión que no se ha zanjado hasta el día de hoy. Por mi parte concluyo que la analogía sí se puede diferenciar de la interpretación extensiva, ya que su estructura lógica es diferente. Sin embargo, esta distinción resulta difícil en la práctica, por la similitud en su estructura, provocando que los intérpretes las sigan confundiendo. Esto da como resultado que incluso en las sentencias de nuestros tribunales se presenten como sinónimos en varias ocasiones, lo cual es un error, porque considero que, a diferencia de la analogía, la interpretación correctora extensiva sería procedente en el derecho tributario cuando se enfrenta un «caso difícil».

VI. BIBLIOGRAFÍA

Báez Moreno, Andrés, 2010: *Tratado sobre la Ley General Tributaria: homenaje a Álvaro Rodríguez Bereijo*, Tomo I, Navarra, Thomson Reuters.

Cárcamo, Claudio, 2008: *Interpretación extensiva y restrictiva en la práctica judicial chilena*. Memoria para optar al grado de licenciado en ciencias jurídicas y sociales. Disponible en http: //cybertesis.uach.cl/tesis/uach/2008/fjc265i/doc/fjc265i.pdf. [Fecha de consulta: 19.09.2021]

Guastini, Ricardo, 1999: *Distinguiendo. Estudios de teoría y metateoría del derecho*, (trad.) Barcelona, Gedisa.

Guastini, Ricardo, 1999: *Estudios sobre la interpretación jurídica*, (trad.), México, UNAM.

Guastini, Ricardo, 2002: *"La interpretación: objetos, conceptos y teorías"*, pp. 19-38. En, Vázquez, Rodolfo. *"Interpretación Jurídica y Decisión Judicial"*. (3° edición), México D.F, Fontamara, 2002.

Guastini, Ricardo, 2018: *Interpretar y argumentar*, (trad.), (2° edición), Madrid, Centro de Estudios Políticos y Constitucionales.

Hart, Herbert, 2011: *El concepto de Derecho*, (trad.), (3° edición), Buenos Aires, Abeledo Perrot.

Massone, Pedro, 2016: *Principios de Derecho Tributario. Aspectos Generales* (4° edición), Tomo I, Santiago de Chile, Thomson Reuters.

Moreso, José y Vilajosana, Josep: 2004, *Introducción a la Teoría del Derecho*, Barcelona: Editorial Marcial Pons.

Navarro. Enrique, 2016: "Principios de Derecho Constitucional Tributario Chileno", en La Ley (editores), *Derecho Administrativo y Regulación Económica*, Santiago de Chile, Thomson Reuters, pp. 681-699.

Osorio, Hugo, 2015: *El Abuso de las Formas Jurídicas en la Reforma Tributaria del año 2014*. Memoria de prueba para optar al grado de magíster en tributación. Disponible en https://repositorio.uchile.cl/handle/2250/137669 [Fecha de consulta: 19.09.2021]

Pérez Royo, Fernando, 1991: "Comentario al artículo 24 de la Ley General Tributaria". En *Comentarios a la Ley General Tributaria y líneas para su reforma: libro-homenaje al profesor Dr. D. Fernando Sainz de Bujanda*, Madrid, Instituto de Estudios Fiscales, pp. 367-392.

Prieto, Luis, 2016: *Apuntes de teoría del Derecho*, (10° edición), Madrid: Editorial Trotta. Ribas, Eduardo, 2014: "Interpretación extensiva y analogía en el derecho penal", *Revista de Derecho Penal y Criminología*, volumen III, N° 12, p. 133.

Saavedra, Alejandro, 2019: *Norma General Antielusión en Chile: Un estudio de jurisprudencial comparado*. Memoria de prueba para optar al grado de licenciado en ciencias jurídicas y sociales. Disponible en http: //repositorio.uchile.cl/bitstream/handle/2250/171125/Norma-general-antielusion-en-chile-un-estudio-jurisprudencial-comparado.pdf?sequence=1. [Fecha de consulta: 19.09.2021]

Siota, Mónica, 2010: *Analogía e Interpretación en el Derecho Tributario* (1° edición), Madrid, Marcial Pons.

Toledo, Patricia, 2020: *"Interpretación extensiva del Derecho tributario y la prohibición de aplicación de la ley por analogía"*, pp. 59-71. En: Faúndez, A. y Saffie, F. *"Interpretación de la Ley Tributaria"*, Thomson Reuters, 2020.

Toubes, Joaquín, 2019: "La interpretación extensiva de la ley", *Revista de Filosofía del Derecho y Derechos Humanos*, N° 40, pp. 67-108. Disponible en https://dialnet.unirioja.es/servlet/articulo?codigo=6805534. [Fecha de consulta: 9.10.2021]

Jurisprudencia citada

Corte Suprema, sentencia de 08 de marzo de 2006, Rol 1942-2007.

Corte Suprema, sentencia de 31 de julio de 2007, Rol 2568-2007.

El principio de tipicidad y la infracción imputable por aplicación de la Norma antielusiva general en el caso peruano

POR GONZALO ALONSO ESCALANTE ALPACA[1]

RESUMEN: El presente artículo examina la aplicación del principio de tipicidad respecto a la infracción configurada como consecuencia de una práctica calificada como elusiva conforme a los parámetros establecidos en la Norma antielusiva general (NAG) recogida en la Norma XVI del Título Preliminar del Código Tributario (CT) peruano. Se despejan dudas respecto a la configuración en el tiempo de la infracción dispuesta en el numeral 9 del artículo 178 del mencionado Código y las consecuencias sancionadoras de la calificación de una transacción como elusiva.

PALABRAS CLAVE: Tipicidad, elusión, sanción.

I. INTRODUCCIÓN

El objetivo de este artículo es establecer cuáles son las operaciones respecto de las que resulta aplicable la infracción recogida en el numeral 9 del artículo 178 del CT que se configura como consecuencia de la calificación de una operación como elusiva al amparo de lo dispuesto en la NAG recogida en la Norma XVI del Título Preliminar del mismo cuerpo normativo. Ello considerando que la infracción del numeral 9 del artículo 178 del CT es insertada en nuestro ordenamiento a partir del 14 de septiembre

---

[1] Abogado por la Universidad Católica San Pablo / Maestro en Derecho de la Empresa por San Francisco Xavier, Escuela de Negocios. Socio del Área Fiscal en Zegarra Aguilar Abogados. Docente Titular de Derecho Tributario en la Universidad Católica San Pablo de Arequipa, Perú. Correo electrónico: gescalante@zegarralaw.com / gaescalante@ucsp.edu.pe

de 2018 con la entrada en vigencia del Decreto Legislativo 1422 (DL 1422), mientras que la NAG estuvo vigente en Perú desde el 19 de julio de 2012, con la entrada en vigencia del Decreto Legislativo 1121 (DL 1121).

Lo que se busca con el presente texto es evitar que se generen interpretaciones ambiguas respecto de la aplicación de la infracción recogida en el numeral 9 del artículo 178 del CT en el tiempo. Ello en tanto, tenemos una infracción que fue regulada recién en el 2018, pese a que los actos respecto de los cuales resulta aplicable la NAG pueden haberse configurado desde la entrada en vigencia del DL 1121, esto es, desde el 2012, existiendo entonces un período de tiempo en el cual ha estado vigente dentro de la normativa tributaria la NAG, pero no la infracción que directamente se genera como consecuencia de la configuración de las prácticas elusivas que ésta regula.

Para tales efectos, nuestra hipótesis considera que en aplicación del principio de tipicidad no resulta procedente aplicar la infracción recogida en el numeral 9 del artículo 178 del CT respecto a prácticas elusivas que se configuraron antes de su entrada en vigencia. Así pues, se desarrolla una investigación jurídico-propositiva sobre la relación entre el referido principio y la infracción mencionada. Se utiliza además el método hipotético-deductivo para establecer si la hipótesis planteada es cierta o no.

El análisis está dividido en cuatro apartados: el primero versa sobre la NAG y su entrada en vigencia; el segundo apartado contiene una revisión del ingreso del numeral 9 del artículo 178 del CT en nuestro ordenamiento; el tercer apartado trata el principio de tipicidad; y, por último, el cuarto apartado se refiere a los efectos que tiene el principio de tipicidad respecto a la aplicación de la infracción recogida en el numeral 9 del artículo 178 del CT.

II. NAG EN EL ORDENAMIENTO PERUANO

El día 19 de julio de 2012 entró en vigencia el DL 1121 mediante el cual se incorpora dentro del CT a la NAG dentro de los párrafos segundo al quinto de la Norma XVI del Título Preliminar de dicho cuerpo normativo. En resumidos términos podemos indicar que la NAG dispone la prerrogativa a favor de la Administración Tributaria (AT) de determinar las consecuencias impositivas que resultan aplicables respecto a una práctica que se haya calificado como elusiva dentro del procedimiento de fiscalización al cumplirse con los siguientes test:

— Test de propiedad: Este examen consiste en determinar si los medios obtenidos para alcanzar un resultado jurídico son propios para dicho efecto o si por el contrario estos resultan impropios para la consecuencia alcanzada. Esto es, que los resultados obtenidos como consecuencia de la transacción analizada hubieran podido ser alcanzados por medios regulares distintos a los empleados. Respecto a la definición del calificativo impropio, Mur[2] indica que este se constituye cuando se realizan actos con un fin diferente a aquel para el que fueron concebidos para obtener una disminución en la carga impositiva atribuible.

— Test de sustancia económica: Esta evaluación se encuentra vinculada al análisis que debe realizarse respecto al objetivo de negocios que debe existir en la transacción llevada a cabo. La transacción siempre debe tener un fin vinculado al mejor desarrollo de las operaciones de la empresa o la obtención de una mayor rentabilidad y no estar únicamente destinada a generar alguna ventaja fiscal como consecuencia de su ejecución.

Si bien la NAG entró en vigencia en 2012, su aplicación quedó suspendida desde el 13 de julio de 2014 con la publicación de la Ley N° 30.230. Dicha norma estableció que la suspensión de su aplicación se mantendría hasta la publicación de los parámetros de fondo y de forma necesarios para su plena entrada en vigor.

---

[2]   MUR. 2018. p. 607.

El 14 de septiembre de 2018 entró en vigencia el DL 1422 que realiza modificaciones en el CT respecto a la aplicación de NAG. Este decreto regula los parámetros dentro de los cuales se debe llevar a cabo el procedimiento de fiscalización mediante el cual se revise la configuración de la NAG incorporando dentro de nuestro ordenamiento además el numeral 9 del artículo 178 del CT donde se consigna que se configura una infracción si se determina una menor deuda tributaria o un mayor o inexistente saldo o crédito a favor, pérdida tributaria o crédito por tributos, o se obtiene una devolución indebida o en exceso, como directa consecuencia de haber incurrido en una práctica elusiva según lo dispuesto en la NAG. En el referido numeral se establece también que, en caso el infractor incurra además en la infracción prevista en el numeral 1 del artículo 178, la sanción aplicable por dicha infracción también se regulará por el numeral 9 del mismo artículo.

Ahora bien, no es hasta el 6 de mayo de 2019 que se publicó el Decreto Supremo 145-2019-EF (DS 145-2019-EF) donde se regularon los parámetros de fondo y forma para la aplicación de la NAG. Siendo ello así, tenemos que desde el día siguiente a la publicación de este decreto se cumple con los requerimientos establecidos en la Ley N° 30.230, con lo cual concluye la suspensión establecida por dicha norma.

Considerando el desarrollo normativo vinculado a la NAG, tenemos que la AT mediante el Informe 116-2019-SUNAT/7T0000[3] ha señalado que en tanto la Ley N° 30.230 suspendió la aplicación de la norma antielusiva más no su vigencia, esta resulta aplicable a todos los actos y situaciones que sean susceptibles de ser considerados como elusivos que se hayan llevado a cabo a partir del 19 de julio de 2012, esto es, desde la entrada en vigencia del DL 1121. Ello resulta coherente con lo previsto en la Segunda Disposición Complementaria Final del DL 1422[4] donde se establece que el

---

[3]   Superintendencia Nacional de Aduanas y de Administración Tributaria, 2019. p. 2-3.
[4]   Decreto Legislativo 1422, 2018.

procedimiento de fiscalización recogido dentro de dicha norma resulta aplicable a todos los actos o situaciones que se configuren como elusivos y que hayan tenido lugar desde la fecha de entrada en vigencia del DL 1121.

Debemos mencionar que la NAG está destinada a permitir al Fisco el establecer las consecuencias impositivas respecto a actos y situaciones que se configuran como elusivas. Ello implica que la realización de estos actos debe estar debidamente comprobada y verificada por el Fisco. Así pues, mediante la aplicación de la NAG se establecerán las consecuencias impositivas que resultaron atribuibles a las transacciones llevadas a cabo desde la configuración del hecho impositivo que se pretendió ocultar o cuyos efectos fiscales se quisieron mitigar mediante el fraude a la ley en directa trasgresión a la norma tributaria. Esto es, utilizando el mismo ordenamiento jurídico con el fin de contravenir la naturaleza de la regulación tributaria para obtener de manera indebida la atribución de una menor carga impositiva a la que hubiera resultado imputable de no haberse llevado a cabo la transacción elusiva o hacer que dicha carga sea inexistente.

Es bajo esta premisa que coincidimos con lo señalado por la AT en el Informe 116-2019-SUNAT/7T0000, en tanto la NAG habilita al Fisco a realizar la determinación de las consecuencias tributarias ya acaecidas y cuya configuración se pretendió encubrir en mayor o menor medida a través de la realización del acto elusivo. Las transacciones cuyos efectos impositivos se pretendieron ocultar o mitigar se subsumen dentro de lo dispuesto dentro de la NAG para ser calificadas como elusivas desde el momento en que se llevaron a cabo, no resultando atendible el diferimiento en la atribución de las consecuencias fiscales aplicables a la publicación del DS 145-2019-EF, por cuanto la NAG se encontraba vigente al momento de su realización.

La NAG permite identificar la real naturaleza del acto eludido, pero este ya se ha configurado, no es que se esté configurando como consecuencia de la aplicación de esta regulación. Es decir, la NAG no amplía los supuestos que dan lugar a la configuración de la hipótesis de incidencia tributaria, sino simplemente verifica que la misma ya se ha constituido. Y es debido a que la hipótesis de incidencia tributaria se encuentra verificada respecto a un hecho que corresponde que se le imputen las consecuencias impositivas correspondientes.

III. LA INFRACCIÓN PREVISTA EN EL NUMERAL 9 DEL ARTÍCULO 178 DEL CT

El DL 1422[5] insertó la infracción prevista en el numeral 9 del artículo 178 del CT dentro de nuestro ordenamiento tributario. Este numeral tipifica como infracción el que como consecuencia de la configuración de una práctica elusiva se realice: i) la determinación de una menor deuda tributaria, ii) la determinación de un mayor o inexistente saldo o crédito a favor, iii) la determinación de una pérdida tributaria o crédito por tributos, y iv) la obtención de una devolución indebida o en exceso. Se consigna además que, si el infractor incurriese también en la infracción prevista en el numeral 1 del mismo artículo, la sanción se regulará por lo previsto en el referido numeral 9. La multa aplicable a esta infracción equivale a: i) el 50% del tributo omitido, ii) el 50% del saldo, crédito u otro concepto similar determinado indebidamente, iii) el 15% de la pérdida tributaria indebida, o iv) el 100% del monto devuelto indebidamente o en exceso.

Por otro lado, tenemos que el numeral 1 del 178 del CT[6] prevé como conducta infractora a: i) no incluir en las declaraciones ingresos y/o remuneraciones y/o retribuciones y/o rentas y/o patrimonio y/o actos gravados y/o tributos retenidos o percibidos, ii) aplicar tasas o porcentajes o coeficientes distintos a los que les corresponde en la determinación de los pagos a cuenta o anticipos, y iii) declarar cifras o datos falsos u omitir circuns-

---

[5]   Decreto Legislativo 1422, 2018.
[6]   Texto Único Ordenado del Código Tributario aprobado mediante Decreto Supremo 133-2013-EF, 2013.

tancias en las declaraciones que influyan en la determinación de la obligación tributaria y/o que generen aumentos indebidos de saldos o pérdidas tributarias o créditos a favor del deudor tributario y/o que generen la obtención indebida de notas de crédito negociables u otros valores similares. La sanción aplicable a esta infracción equivale a: i) el 50% del tributo por pagar omitido, o ii) el 100% del monto obtenido indebidamente en caso de que se haya percibido la devolución de saldos, créditos o conceptos similares.

Así pues, tenemos que en caso se configure una práctica elusiva se configura la infracción dispuesta en el numeral 9 del artículo 178 del CT, siendo que dicha conducta infractora se constituye incluso se genere una pérdida como consecuencia del acto elusivo, no siendo condicionante para la aplicación de una sanción el que como resultado de la fiscalización se determine que existe un saldo pendiente de pago a favor del Fisco ya que la pérdida determinada en aplicación de la NAG puede ser menor a la que efectivamente corresponda como consecuencia del acto elusivo y aun así el resultado de la determinación sea que exista una pérdida favorable al contribuyente. Al contrario, en lo que refiere a la infracción del numeral 1 del artículo 178 tenemos que para que resulte aplicable la sanción es necesario que se determine la existencia de una deuda pendiente de pago a favor del ente recaudador como consecuencia de una declaración efectuada sin consignar el monto realmente adeudado a favor del Fisco.

IV. PRINCIPIO DE TIPICIDAD

El principio de tipicidad se constituye como la prohibición aplicable a la AT de sancionar a un contribuyente por la comisión de una infracción que no se encuentre previa y expresamente recogida dentro del ordenamiento tributario. Ello se debe a que los contribuyentes deben contar con certeza de los actos proscritos dentro de la norma, así como de las consecuencias sancionatorias que acarrea su transgresión.

Este principio se encuentra estrechamente vinculado al principio de seguridad jurídica, por cuanto dota de previsibilidad al sistema jurídico al permitir que los contribuyentes tengan certeza de las consecuencias generadas por las prácticas llevadas a cabo que configuren un supuesto infractor.

Ahora bien, la Constitución Política del Perú[7] (CP) prevé dentro del inciso d) del numeral 24 del artículo 2 que no podrá procesarse ni condenarse a nadie por cualquier acto u omisión que no se encuentre previamente recogido dentro del ordenamiento como una infracción sancionable.

Al respecto se ha pronunciado el Tribunal Constitucional[8] en la sentencia recaída en el expediente 197-2010-PA/TC al establecer que no debe existir confusión entre el principio de legalidad y el principio de tipicidad, señalando que el primero está recogido en el inciso d) del numeral 24 del artículo 2 de la CP que se cumple cuando las infracciones están recogidas en la ley, mientras que la tipicidad implica que la norma regule la conducta que se considera como constitutiva de una falta, resultando procedente que la antijuridicidad de tal conducta se complemente en los reglamentos correspondientes sin estar sujeta a la reserva de ley. Continúa el referido pronunciamiento señalando que el subprincipio de tipicidad es una manifestación del principio de legalidad en lo que respecta al límite establecido al legislador en el sentido que las restricciones que definen las sanciones se encuentren consagradas de forma tal que los ciudadanos puedan tener certeza de la consecuencia de la configuración del supuesto infractor.

Así pues, tenemos que el principio de tipicidad resulta vinculante y de observancia obligatoria para cualquier entidad que pretenda aplicar una sanción, en tanto se constituye como una manifestación del principio de legalidad dispuesto dentro de la CP.

---

[7]   Constitución Política, 1993.
[8]   Tribunal Constitucional, 24.7.2010. Sentencia recaída en el expediente 197-2010-PA/TC.

Por otro lado, cabe hacer mención a lo dispuesto dentro del ordenamiento tributario sobre la aplicación del principio de tipicidad. Específicamente nos referimos a lo dispuesto en el CT[9] que dispone dentro del numeral 3 del artículo 109 que es nulo cualquier acto que signifique la imposición de una sanción que no ha sido previamente regulada como tal dentro de la ley. Asimismo, el artículo 164 del mismo cuerpo normativo consagra que una infracción tributaria se configura por toda acción u omisión que constituya una violación de la normativa tributaria, en tanto se encuentre tipificada como tal. Y finalmente, cabe señalar que el artículo 171 del referido texto ha consignado de manera expresa que la tipicidad es uno de los principios que rigen la potestad sancionadora de la AT.

Siendo ello así, queda claramente establecido que la normativa tributaria reconoce como condición previa a la aplicación de una sanción, que la infracción que da lugar a la misma se encuentre previamente establecida de manera expresa dentro del ordenamiento fiscal.

V. LA TIPICIDAD DE LA INFRACCIÓN APLICABLE COMO CONSECUENCIA DE LA CONFIGURACIÓN DE UNA PRÁCTICA ELUSIVA SEGÚN LA NAG

En este extremo corresponde analizar la relación que existe entre el principio de tipicidad y el ámbito temporal dentro del cual resulta aplicable la infracción recogida en el numeral 9 del artículo 178 del CT. Como hemos indicado previamente, por el principio de tipicidad se proscribe la aplicación de una sanción si es que la conducta infractora que la origina no se encuentra previamente contenida dentro del ordenamiento tributario. Siendo ello así, la inclusión de la conducta infractora dentro de la norma positiva es el

---

[9]   Texto Único Ordenado del Código Tributario aprobado mediante Decreto Supremo 133-2013-EF, 2013.

supuesto condicionante para que la trasgresión de una obligación por parte del contribuyente acarree una consecuencia punitiva.

Asimismo, es necesario indicar que la determinación de las infracciones se realiza de manera objetiva, siendo únicamente necesario que se verifique la configuración del acto prohibido por la norma positiva para que se considere que se ha configurado la infracción y se aplique la sanción correspondiente.

Siendo ello así, en tanto el DL 1422 entró en vigencia el 14 de septiembre de 2018, es que podemos afirmar que la infracción contenida en el numeral 9 del artículo 178 del CT no resulta imputable respecto a actos o situaciones calificados como elusivos que hayan acaecido antes de esta fecha. Este criterio se encuentra además recogido dentro de la Exposición de Motivos del DL 1422[10], donde se consigna que la infracción antes mencionada se aplicará únicamente respecto a aquellos actos que constituyan prácticas elusivas y que hayan tenido lugar luego de la entrada en vigencia de este decreto.

Habiendo dicho ello, corresponde cuestionarse si los hechos calificados como elusivos que hayan tenido lugar entre el 19 de julio de 2012 y el 13 de setiembre de 2018 (antes de la entrada en vigencia del DL 1422) pueden dar lugar a la configuración de una infracción sancionable. Sobre este extremo, consideramos que resulta procedente la imputación de la comisión de una conducta infractora sobre actos llevados a cabo dentro de este marco temporal, siempre que la práctica elusiva implique la configuración de alguna de las conductas infractoras descritas en el numeral 1 del artículo 178 del CT.

Así las cosas, es necesario recalcar que incluso el texto del numeral 9 del artículo 178 del CT prevé la posibilidad de que la realización de una práctica elusiva signifique además de la configuración de dicha infracción, también de aquella contenida en el numeral 1 del mismo artículo.

---

[10]   Exposición de motivos del DL 1422, 2018.

En tanto la infracción recogida en el numeral 1 del artículo 178 se encontraba contenida dentro del ordenamiento tributario al momento de la entrada en vigencia del DL 1121, resulta procedente considerar que los actos que sean calificados como elusivos y evidencien una declaración efectuada de manera errónea por el contribuyente que implique la existencia de un saldo pendiente de cancelación a favor del Fisco, serán susceptibles de ser sancionados mediante la referida infracción. Siendo necesario que se verifique siempre el perjuicio fiscal a través de la determinación por parte del contribuyente de una deuda menor a la efectivamente atribuible.

Esta tesis ya la hemos sostenido previamente en un artículo preparado con anterioridad a la publicación del DL 1422. En dicho artículo[11] sostuvimos que en tanto la aplicación de la NAG derive en la determinación de una deuda tributaria a favor del Fisco que no fue contenida en la declaración jurada presentada por el contribuyente, ésta implica que se haya configurado la infracción contenida en el numeral 1 del artículo 178 del CT, resultando procedente la aplicación de la sanción correspondiente.

Debemos ser enfáticos en el hecho que la NAG busca que se atribuyan las consecuencias impositivas aplicables a la transacción que se llevó a cabo con el objetivo de obtener un ahorro tributario transgrediendo la norma fiscal. Y es por ello que corresponde aplicar una sanción conforme a la infracción que se encontrase vigente al momento de la realización de la práctica elusiva.

VI. CONCLUSIONES

Sobre la base del análisis efectuado respecto al principio de tipicidad y su relación con la NAG podemos concluir lo siguiente:

1. La NAG resulta aplicable a los actos que se hayan dado desde el 19 de julio de 2012, en tanto se trata de una regula-

---

[11] ESCALANTE, 2018. p. 351.

ción que permite atribuir las consecuencias fiscales a los hechos elusivos ya acaecidos; más no crear nuevos supuestos impositivos.

2. La infracción contenida en el numeral 9 del artículo 178 del CT da lugar a una sanción incluso si como consecuencia de la determinación no se establece una deuda pendiente a favor del Fisco.

3. En aplicación del principio de tipicidad, la infracción contenida en el numeral 9 del artículo 178 del CT se configura únicamente respecto de hechos que sean calificados como elusivos conforme a la NAG, en tanto que se hayan realizado a partir del 14 de septiembre de 2018.

4. Las situaciones que califiquen como elusivas entre el 19 de julio de 2012 y el 13 de septiembre de 2018 serán susceptibles de configurar la infracción recogida en el numeral 1 del artículo 178 del CT, siempre que como consecuencia de la determinación del Fisco se establezca la existencia de una deuda favor del Fisco.

VII. BIBLIOGRAFÍA

Escalante Alpaca, Gonzalo, 2018: "La aplicación de sanciones tributarias respecto de actos calificados como elusivos". *Revista 65 XIV Jornadas Nacionales de Derecho Tributario Tema: La Cláusula Antielusiva General en el ordenamiento peruano.*

Mur Valdivia, Miguel, 2018: "Cláusula General Antielusiva. Norma XVI del Título Preliminar del Código Tributario". *Revista 65 XIV Jornadas Nacionales de Derecho Tributario Tema: La Cláusula Antielusiva General en el ordenamiento peruano.*

Superintendencia Nacional de Aduanas y de Administración Tributaria, "Informe 116-2019-SUNAT/7T0000". Disponible en: https: //www.sunat. gob.pe/legislacion/oficios/2019/informe-oficios/i116-2019-7T0000.pdf

Normas jurídicas citadas

Constitución Política del Perú. Promulgada el 29 de diciembre de 1993.

Decreto Legislativo 1422. Publicado el 13 de septiembre de 2018.

Decreto Supremo 133-2013-EF, aprobó el Texto Único Ordenado del Código Tributario. Publicado el 22 de junio de 2013.

Exposición de motivos del Decreto Legislativo 1422. 2018.

Jurisprudencia citada

Tribunal Constitucional, 24 de julio de 2010. Sentencia recaída en el expediente 197-2010-PA/TC

Formalismo, elusión fiscal y el análisis económico del cumplimiento tributario

POR MAÍRA ACOTIRENE DARIO DA CRUZ

RESUMEN: Este artículo analiza el fenómeno elusivo. Trata del formalismo en el Derecho tributario en Brasil. Expone las discusiones en torno a la licitud de la elusión y de la evasión fiscal. A continuación, expone nociones del análisis económico del cumplimiento tributario. El trabajo trae consideraciones doctrinarias sobre el fenómeno elusivo en Brasil y en Chile. Por último, estudia el análisis económico del cumplimiento tributario y sus posibles contribuciones al Derecho Tributario.

PALABRAS CLAVE: Cumplimiento tributario. Derecho tributario. Formalismo. Elusión fiscal. Análisis económico.

I. INTRODUCCIÓN

Tradicionalmente se ha vinculado la elusión a la autonomía de la voluntad, a la libertad económica y a la licitud de los negocios jurídicos. Sin olvidar la relevancia de las discusiones que rodean la licitud de los fenómenos elusivos, cabe enfatizar el pragmatismo necesario para el alcance de valores de los ordenamientos jurídicos.

El objetivo del artículo es estudiar el fenómeno elusivo desde la perspectiva económica del cumplimiento tributario.

Un primer propósito del estudio es buscar consideraciones en la doctrina acerca del formalismo en el Derecho Tributario. Otro propósito es identificar algunas de las principales discusiones en torno a los límites del fenómeno elusivo. Las líneas que separan la elusión y la evasión son líneas jurídicas. El estudio busca consideraciones de la doctrina frente al fenómeno elusivo en Brasil y, aún, por consideraciones de la doctrina en Chile.

Por último, el estudio se propone identificar caminos para la adopción de la perspectiva económica del cumplimiento tributario como instrumento interdisciplinario para nuevas soluciones al Derecho Tributario. El enfoque de la investigación es la relación entre el fenómeno elusivo y la perspectiva económica del cumplimiento tributario.

Si bien algunos estudios han explorado la autonomía privada, la libertad económica y la legalidad de las planificaciones fiscales, es todavía necesario poner énfasis en la investigación de la elusión tributaria desde la perspectiva económica del cumplimiento tributario.

II. FORMALISMO EN EL DERECHO TRIBUTARIO

En el Derecho Tributario brasileño se destaca la doctrina formalista, centrada en los planos sintáctico y semántico del lenguaje y más alejada del aspecto pragmático[1].

El formalismo también está relacionado con los recortes necesarios para la autonomía de la rama jurídica del Derecho Tributario. Los recortes externos separan al Derecho Tributario de la Ciencia de las Finanzas, de la Política Fiscal[2]. Los recortes internos apartan esta rama jurídica del Derecho Financiero, el cual se ha apartado del Derecho Público y Administrativo.

Así, el Derecho Tributario se aparta de su relación histórica con el derecho de propiedad[3] y de su relación funcional y jurídica con la capacidad contributiva[4]. La ley tributaria es históricamente,

---

[1]   GRECO, 2011, pp. 9-18.
[2]   NETO, Celso de Barros Correia, 2016, pp.117-144.
[3]   DE BUJANDA, Fernando Sáinz, 1951, pp. 193-212.
[4]   TARSITANO, Alberto, 2010.

al mismo tiempo, la presuposición y garantía de la existencia[5] y el límite de la libertad y de la propiedad[6].

En el formalismo el derecho es un orden coactivo[7], hay una búsqueda por un Derecho lógico, científico y cartesiano[8]. Las normas se cumplen bajo sanción.

Todavía, el Derecho Tributario convive con la tensión permanente entre los conceptos cerrados y las aperturas (conceptos indeterminados, cláusulas generales) [9]. Todo acto jurídico, sea un acto de producción o de pura ejecución, en el cual el derecho es aplicado, sólo está determinado en parte por el derecho[10].

Sea en el sistema jurídico del *civil law* o en de la *common law* el legislador tributario se ve frente a la necesidad de perfeccionar los presupuestos de hecho de las obligaciones tributarias, para acompañar las alteraciones en la realidad económica, lo que conlleva a una mayor complejidad y a la profusión de normas[11].

Además, al igual que las leyes, las decisiones judiciales están cargadas de indeterminaciones, limitaciones y vaguedades del lenguaje.[12] La jurisprudencia tributaria constitucional en Brasil convive con la modulación de los efectos de las decisiones y termina realizando por medio de la interpretación a otros valores constitucionales[13]. En la práctica tributaria, la seguridad jurídica no está expresa en la ley, sino en la interpretación y aplicación de la ley. Hay una imposibilidad de encerrar la realidad cambiante en un texto determinado[14].

---

[5] MURPHY, Liam; NAGEL, Tomás, 2005, pp. 1-125.
[6] TÔRRES, Heleno Taveira, 2015.
[7] KELSEN, Hans, 1982, pp. 86-88, pp. 125-127.
[8] BOTELHO, Alexandre, 2016, pp. 86-131.
[9] TORRES, Ricardo Lobo, 2006.
[10] KELSEN, op. cit.
[11] TÔRRES, Heleno Taveira, 2008, p.18.
[12] ITURRALDE SESMA, Victoria, 1991, pp. 239-272.
[13] SILVA, Patrícia Bouvier do Nascimento, 2019.
[14] ROCHA, Sergio André, 2017, pp.77-80.

III. ELUSIÓN FISCAL

Las líneas que separan elusión de evasión son jurídicas. Se dice que la elusión utiliza medios lícitos y la evasión medios ilícitos. Así, la elusión se aproxima del *tax avoidance*[15] y ocurre en situaciones en que se reduce la carga fiscal por medios lícitos, "sea evitando o postergando el perfeccionamiento del hecho gravado, sea disminuyendo la base imponible de impuestos devengados"[16].

En la legislación de cada país el fenómeno elusivo se presenta de modos distintos. Sin embargo, sea en el *civil law* o en la *common law* se rechaza el uso abusivo del ordenamiento tributario, contrario a sus finalidades y alejado del propósito económico y negocial de los negocios jurídicos[17].

No hay una línea divisoria entre elusión y evasión. Sin embargo, se sostiene que la elusión es lícita y la evasión es ilícita. Esa distinción es confusa, una vez que "más que precisar los fenómenos a que se refieren se busca adelantar juicios morales o jurídicos[18]".

En la licitud están las opciones que el ordenamiento jurídico pone positivamente a la disposición del contribuyente, incluso aquellas que tienen un aspecto extrafiscal y que son incentivadas por el legislador[19]. En esos casos se sostiene haber una elusión impropia, vez que la reducción del tributo proviene de la voluntad del legislador[20]. Por otro lado, hay ilicitud, por lo tanto, evasión fiscal en las falsedades en relación con los hechos concretamente realizados que pueden ser tipificadas, o no, como crímenes tributarios[21].

---

[15] DÓRIA, Antônio Roberto Sampaio, 1977, p. 46.
[16] MATUS FUENTES, MARCELO, 2017, pp. 67-90.
[17] ALMEDRA FREITAS, Maria Carolina Carvalho; MOURA BORGES, Antônio, 2016, pp. 196-223.
[18] OSORIO MORALES, HUGO, 2018, pp. 205-227.
[19] GRECO, Marco Aurélio, 2019, pp.113-125.
[20] DÓRIA, Sampaio, 1977, p. 40-60.
[21] SANTOS, Luciano Cirino dos, 2020.

Para la doctrina formalista la elusión propia es el resultado de lagunas o imperfecciones en la legislación tributaria las cuales si no estaban en el propósito del legislador tampoco están expresamente prohibidas[22].

Para la distinción entre evasión y elusión existe también el criterio cronológico. Bajo este criterio hay elusión antes de la ocurrencia del hecho imponible del tributo.[23] Sin embargo, el criterio cronológico no es suficiente. Ejemplo destacado es el caso de tributos sobre salidas y de subfacturación antes de la salida de la mercadería, una falsedad que ocurre antes de la ocurrencia del hecho imponible.[24]

En Brasil, hay una clasificación intermedia entre la elusión y la evasión. En esta clasificación se destacan: 1) los límites constitucionales, 2) la causa de los negocios jurídicos, una causa finalista, una función social del negocio jurídico, 3) las pruebas y la verdad material para investigación de la causa jurídica del negocio[25]. Ausente la causa jurídica la conducta puede sufrir una relativización de sus efectos fiscales[26].

La distinción entre evasión y elusión impregna también las discusiones en torno a los límites para que la Administración recalifique para fines tributarios los hechos ocurridos[27].

Notoriamente en el *civil law*[28] se utilizan para investigar el fenómeno elusivo a los conceptos abstractos: <agresividad>, <abuso>, <fraude a la ley>, <simulación>.

La agresividad es un concepto sin previsión legal aplicado por la Organización para la Cooperación y el Desarrollo Económico

---

[22]   DÓRIA, Antônio Roberto Sampaio, 1977, pp. 43-47.

[23]   Op. cit, p. 20.

[24]   HUCK, Hermes Marcelo, 1997, p. 30.

[25]   TÔRRES, Heleno Taveira, 2006.

[26]   TÔRRES, Heleno Taveira, 2008, pp. 165-168.

[27]   NOVOA, César García, 2005, pp. 159-169.

[28]   ALMEDRA FREITAS, Maria Carolina Carvalho de; MOURA BORGES, Antônio, 2016, pp. 196-223.

(OCDE)y por la Unión Europea como un concepto paraguas. El concepto cubre lagunas legales, *mismatches* y elusión fiscal[29]. La agresividad se refiere a los casos de abuso o artificialidad o, en sentido restricto, a los casos de economía fiscal formalmente lícita, pero en la cual se utilizan los tratamientos distintos de los conceptos jurídicos a una misma realidad económica (*mismatches*)[30].

El abuso es concepto indeterminado, notoriamente en el Derecho Tributario. En el derecho privado se verifica abuso del derecho en el caso en que un individuo ejerce su derecho sin utilidad y causa un daño a otro[31]. Hay también discusiones en torno a la voluntad[32], el propósito de causar daño, las finalidades de los ordenamientos legales, la función social de la propiedad, la buena fe de los negocios jurídicos[33].

La simulación en Derecho Tributario es un concepto aún incompleto[34], sin contornos definidos y que se delinea en las interpretaciones y en los casos concretos[35], con discusiones entre la doctrina voluntarista y la causalista[36].

En el plano interno, en el Código Tributario de Brasil los artículos 149, VII, y 116, parágrafo único están los conceptos de<simulación>, <disimulación>, <fraude>, lo que no impide las discusiones en torno a la polisemia de los conceptos[37].

En Chile, también hay incertidumbre en torno a los principales conceptos del fenómeno elusivo que son el < abuso de formas jurídicas> y la < simulación>previstos en el artículo 4° bis del Có-

---

[29]   DOURADO, Ana Paula, 2015, pp. 42-57.
[30]   TAKANO, Caio Augusto; SANTOS, Ramon Tomazela Santos, 2017, pp. 35-57.
[31]   NETO, Luís Flávio, 2011.
[32]   SANTOS, Thiago Rodovalho dos., 2009. pp. 127-129.
[33]   BOURIE, Enrique Barros, 1999.
[34]   BOZZA, Fábio Piovezan, 2015.
[35]   ROCHA, Sérgio André, 2019, p. 50.
[36]   GODOI, Marciano Seabra de; FERRAZ, Andréa Karla, 2012, pp. 359-379.
[37]   Op. cit.

digo Tributario. El abuso de formas jurídicas es una violación indirecta del ordenamiento, relativa a un acto válidamente celebrado.[38] El artículo 4° quáter se refiere a la disimulación y remanece la incertidumbre[39].

Por último, cabe destacar la literatura de los ilícitos atípicos. Se sostiene que el fraude a la ley es aplicable al fenómeno elusivo en el Derecho Tributario, a solucionar lagunas axiológicas[40]. En este tema se plantean nuevas dudas, ya sea porque en el Derecho Civil brasileño el fraude a la ley es causa de nulidad del negocio jurídico[41] prevista en el artículo 166, VI, del Código Civil brasileño o porque no hay violación directa a una norma de prohibición[42], lo que exige la aplicación del fraude a la ley indirecto al fenómeno elusivo[43].

Notoriamente, delante de las ilicitudes típicas para el abuso del derecho y el fraude a la ley en el Código Civil[44] se presentan en la doctrina discusiones polémicas y que se extienden por la jurisprudencia de los tribunales administrativos[45] sobre las repercusiones del ilícito civil en el Derecho Tributario[46] y permanece la incertidumbre en torno a los principales conceptos del fenómeno elusivo.

IV. EL ANÁLISIS ECONÓMICO DEL CUMPLIMIENTO TRIBUTARIO

El análisis económico del cumplimiento tributario se basa en consideraciones económicas de costo-beneficio para el estudio de los comportamientos de los contribuyentes.

---

[38]   NAVARRO SCHIAPPACASSE, María, 2019, pp. 169-191.
[39]   MATUS FUENTES, MARCELO, 2017, pp. 67-90.
[40]   ALCHOURRÓN, Carlos. BULYGIN, Eugenio, 1998, p. 157.
[41]   GRECO, Marco Aurelio, 2019, pp. 105-107.
[42]   TOMKOSWSKY, Fabio Goulart, 2017.
[43]   GERMANO, Livia de Carli, 2010.
[44]   GRECO, Marco Aurelio, 2019, pp. 200-294.
[45]   BOZZA, Fábio Piovesan, 2015, pp. 65-69.
[46]   LEÃO, Martha Toribio, 2018, pp. 234-235.

Son de interés para el estudio las nociones de costos de transacción y de costos de agencia.

En la teoría de los costos de transacción se sostiene que hay costos para organizar la producción, buscar informaciones, hacer negocios, contratar, comercializar bienes y servicios en el mercado y que las firmas son reductoras de esos costos[47]. los tributos son costos para las empresas. Por otro lado, la elusión fiscal reduce los ingresos tributarios y es un costo para el Estado. Hay un costo para cada transacción en la perspectiva de cada uno de los actores en la negociación, es importante tener en cuenta la correcta distribución de los derechos entre las partes en conflicto y la reciprocidad en la producción de externalidades negativas[48].

A su vez, en la teoría de los costos de agencia[49] se verifica una divergencia de intereses entre dos partes en un contrato. El accionista (principal) no tiene la administración y necesita incurrir en costos para controlar el administrador (agente) con vistas a reducir los riesgos de que el administrado tome decisiones en su beneficio propio y no en beneficio de la empresa.

Los estudios económicos del cumplimiento tributario se inician por el estudio de la evasión fiscal. Bajo la concepción de la economía de los delitos: a) los recursos públicos y privados se gastan para garantizar el cumplimiento de la ley, incluso para reprimir los delitos contra la orden tributaria, b) las actividades permitidas o prohibidas se basan en un juicio de costo-beneficio, c) las personas adoptan decisiones basadas en juicios sobre ganancias marginales, d) el riesgo de ser castigado y el tamaño de los costos en los que se incurrirá por incumplimiento influyen en el modelo.[50]

---

[47]   COASE, Ronald Harry, 1937, pp. 386-405.
[48]   COASE, R. H., 1960, pp.1-44.
[49]   JENSEN, M. y W. MECKLING, 1976, pp. 305-360.
[50]   BECKER, G. S., 1968, pp. 169-217.

Alighman y Sandmo[51] publican en 1972 un análisis económico de la evasión fiscal. El modelo A- S se basa en estudios económicos sobre crimen, costo-beneficio y sanciones de Gary Becker (1968) y estudios sobre incertidumbre de Tuckens y Jacquemin (1971) y Arrow (1970) y Mossin (1968). Destacan que la decisión de pagar el impuesto es una elección bajo incertidumbre influenciada por los factores: a) sanción; b) intensidad y eficiencia de la inspección, c) tasa impositiva y el nivel de bienestar del contribuyente. Si el contribuyente tiene un apetito decreciente por el riesgo, termina reduciendo también la evasión fiscal.

El estudio del modelo A-S (1972) se refiere a la reputación del individuo delante de la sociedad. Nuevos estudios indican la necesidad de ampliación del modelo. Al actualizar el estudio, Sandmo[52] reconoce la posibilidad de añadir una variable más al modelo de A-S: el "tax consciense". Esto sería un juicio de conciencia. La actualización del modelo fue necesaria porque estudios empíricos apuntan a que las cuestiones psicológicas y morales influyen en el cumplimiento fiscal.

Así, los estudios económicos se alejan de la visión de la evasión para estudiar el fenómeno del cumplimiento tributario, que congrega el cambio de actitud de la elusión y evasión tributarias para el cumplimiento del deber de pagar los tributos.

Como señala James Alm[53], el modelo de aversión al riesgo y del costo-beneficio es insuficiente para explicar el cumplimiento tributario. Son relevantes para el cumplimiento tributario: a) la existencia de sanciones y detección y sanción, b) la posibilidad de retener el impuesto en la fuente, c) el hecho de que las personas tengan una limitación a la hora de tomar una decisión, la información sea limitada y no sea posible conocer el costo real de la decisión.

---

[51] ALIGHMAN, Michael G.; SANDMO, Agnar, 1972, pp. 323-338.
[52] SANDMO, Agnar, 2005, pp. 643-663.
[53] ALM, James 2019, pp. 353-388.

En especial, los estudios del fenómeno elusivo indican que la complejidad del sistema tributario, numerosas imposiciones, excepciones legales, influencian la creación de imperfecciones y lagunas que abren espacio para la actuación elusiva, con reducción de la carga fiscal. La complejidad del sistema tributario abre espacio para la utilización de los principios asociados a la elusión[54]: a) posponer tributos: el valor actual descontado de un impuesto pospuesto es reducido, b) promover cambios entre personas que enfrentan diferentes cargas fiscales, c) promover cambios entre flujos de ingresos con un tratamiento fiscal distinto.

Leyes complejas con multiplicidad de erosiones de la base imponible son difíciles de cumplir para el contribuyente y caras de fiscalizar para el Estado[55]. En definitiva, la complejidad de las leyes trae mayores costos de transacción para interpretar las normas fiscales[56] y amplía las lagunas e imperfecciones que propician el fenómeno elusivo.

Además, hay costos a considerar en diferentes escenarios de decisión en el fenómeno elusivo. A los contribuyentes se presentan los costos de asesoría fiscal y los costos para cumplir con las obligaciones de informar. A la Administración se presentan los costos para fiscalizar y para reducir la elusión tributaria[57].

Por último, están los conflictos y los costos de agencia. A pesar del accionista tener interés en la organización del capital para la reducción del valor del tributo a pagar es posible una relectura del conflicto de agencia. En lo que se refiere a la transparencia de los informes contables existe una convergencia entre el interés de los accionistas y del Fisco: evitar la doble presentación de informes contables, con reducción de los costos para el control de la utilización de los recursos empresariales por los administrado-

---

[54]   STIGLITZ, Joseph E, 1985, pp. 325-337.
[55]   YÁNEZ, Henríquez, J., 2016, pp. 171-206.
[56]   DEMIN, Alexander V., 2020, p. 30.
[57]   WEISBACH, David A, 2003, pp. 9-15.

res[58]. Así, la elusión fiscal puede ser no deseada por los accionistas porque los costos combinados (planificación fiscal, sanciones fiscales, costos adicionales de cumplimiento) y los costos de agencia para evitar la utilización de la ofuscación en perjuicio de los intereses de los accionistas, pueden superar los ahorros fiscales potenciales de la elusión[59].

V. ANÁLISIS ECONÓMICO DEL CUMPLIMIENTO, ELUSIÓN Y DERECHO TRIBUTARIO

Los estudios económicos del cumplimiento tributario indican que más allá de las sanciones hay otros factores que afectan el comportamiento del contribuyente: los costos de transacción, los costos de agencia, la percepción de riesgos.

Los variados instrumentos de política fiscal afectan la intensidad y la naturaleza de la elusión fiscal[60]. Además, influencian el cumplimiento tributario en el nivel individual: el sentido de pertenecer a una comunidad, la cooperación entre los actores del sistema social y un clima de confianza mutua. La lista de nuevas políticas sugeridas para combatir la elusión y la evasión fiscal combinan consideraciones de investigación económica y psicológica[61].

En el formalismo las reglas son conceptos cerrados que se cumplen bajo sanción. Esa teoría es convergente con los estudios iniciales del análisis costo-beneficio del cumplimiento tributario, asociados a la evasión fiscal. Sin embargo, el formalismo es insuficiente a la disciplina del fenómeno elusivo. Un enfoque basado en reglas cerradas es un espacio abierto para la manipulación y para la reducción del pago de los tributos[62].

---

[58]   DESAI, Mihir A.; DHARMAPALA, Dhammika, 2007.
[59]   WANG, Xiaohang, 2011.
[60]   SLEMROD, Joel; YITZHAKI, Shlomo, 2002, pp. 1423-1470.
[61]   ALM, James; KIRCHLER, Erich; MUEHLBACHER, Stephan, 2012, pp. 133-151.
[62]   WEISBACH, David A., 2003, pp. 9-15.

En el fenómeno elusivo ocurre el cambio de posiciones o de formas jurídicas para evitar la inclusión del hecho ocurrido en un presupuesto de hecho tributario. Los conceptos jurídicos cerrados lo que hacen es promover la elusión. El formalismo de los conceptos cerrados permite la adopción de la plática elusiva hacia el momento en que el legislador cierre las lagunas o corrija las imperfecciones caso a caso en un interminable "juego de gato y rato"[63].

Las personas son aversas a la incertidumbre[64] y, por lo tanto, es necesario establecer criterios para las decisiones que permean el fenómeno elusivo, sea de parte de los contribuyentes o de la Administración. Hay distintos grados de incertidumbre: la incertidumbre medible, o "riesgo" y la incertidumbre inconmensurable[65].

Sin olvidar la relevancia del establecimiento de criterios jurídicos para las decisiones en torno al fenómeno elusivo, es necesario reconocer que el fenómeno elusivo convive con diferentes grados de incertidumbre y que este es el punto de partida hacia nuevas soluciones normativas del fenómeno elusivo en el Derecho Tributario.

No siempre la incertidumbre o los riesgos son un defecto o una omisión, una vez que puede significar una tecnología de la ley para hacer frente a las necesidades específicas de la regulación legal de los tributos. [66] Hay situaciones en que el Derecho Tributario debe preferir la incertidumbre por no ser posible determinar ex ante cuál debe ser la conducta requerida[67], es lo que ocurre con las normas generales para contener la elusión.

Además, es necesario reconocer que más allá de las sanciones hay otras motivaciones al cumplimiento tributario, incluso las normas sociales que se aplican por medio de convenciones sociales, sin la amenaza de sanciones legales[68].

[63] NABAIS, José Casalta, 2001.
[64] ROBERTS, Harry V., 1963, pp. 327-336.
[65] Op. cit.
[66] DEMIN, Alexander, V., 2020, p. 30.
[67] KAPLOW, Louis, 1992, p. 557.
[68] POSNER, Eric A. 2000, pp. 1781-1819.

El adecuado tratamiento al fenómeno elusivo exige establecer procedimientos jurídicos propios capaces de disciplinar distintos grados de incertidumbre con vistas a dibujar conforme al Derecho Tributario nuevas herramientas de control de riesgos, sea por parte de la Administración o de los contribuyentes.

VI. CONCLUSIONES

Se ha pretendido cuestionar en el presente artículo la vinculación de los estudios del fenómeno elusivo al formalismo jurídico y a la autonomía de la voluntad. Se ha promovido una búsqueda por nuevos caminos al Derecho Tributario basada en el análisis económico del cumplimiento tributario.

Las consideraciones doctrinales sobre el formalismo en el Derecho Tributario intentan explicar el fenómeno elusivo bajo la concepción de un silogismo lógico en una aplicación mecánica de las leyes tributarias. Notoriamente, en el *civil law* la búsqueda por las líneas divisorias entre la elusión (lícita) y la evasión (ilícita) se resume a un esfuerzo semántico y teórico para la definición de los principales conceptos del fenómeno elusivo: simulación, fraude a la ley, agresividad, abuso.

Las discusiones formales indican que el fenómeno elusivo es lícito hasta que el legislador rechace formalmente la operación engendrada por el contribuyente. Bajo esa concepción, que se presenta como una solución de seguridad jurídica lo que se verifica, en realidad, es la incertidumbre.

Las reglas cerradas abren espacio para la manipulación de los hechos imponibles, la reducción de la carga fiscal y son insuficientes para la disciplina del fenómeno elusivo.

La perspectiva económica del cumplimiento tributario como instrumento interdisciplinario trae nuevas soluciones al Derecho Tributario. Desde la perspectiva económica del cumplimiento tributario se verifica que hay otros factores que influencian la elusión fiscal y que nuevas soluciones se presentan más allá de las reglas cerradas y de la aplicación de sanciones por incumplimiento de esas mismas reglas.

Es importante tener en cuenta que existe incertidumbre en el fenómeno elusivo y que por lo tanto el Derecho Tributario debe convivir con la incertidumbre y la gestión de riesgos. En ese sentido las leyes tributarias basadas en la fiscalización y las penalidades deben equilibrarse con otras medidas[69].

Las leyes tributarias pasan a convivir con el objetivo de reducción de los costos de transacción para las empresas y con la percepción de que ese costo es ampliado si hay incertidumbres y complejidad en la legislación. El cumplimiento fiscal cooperativo que se asocia a la responsabilidad social de la empresa surge como alternativa para reducir los costos de transacción para el cumplimiento tributario, una aproximación entre la Administración y el contribuyente. Además, el monitoreo de riesgos[70] reduce los costos de fiscalización para la Administración y los costos del cumplimiento tributario para el contribuyente.

Las normas sociales y morales, la responsabilidad social corporativa atraen para el Derecho Tributario discusiones a cerca del *soft law*[71] y el cumplimiento de normas de gobernanza empresarial. Nuevos patrones de gobernanza internacional en el Derecho Tributario llevan a nuevos desafíos para la adaptación a un derecho que pueda convivir con la transparencia, el control de riesgos. Hay, por lo tanto, relación entre los nuevos caminos para el cumplimiento tributario y el surgimiento de leyes para una gobernanza empresarial global[72].

Lo que se espera es que el lenguaje del análisis económico del cumplimiento tributario se entienda y gane sentido en el Derecho Tributario[73]. La exigencia de que las empresas paguen la parte

---

[69]   LEVINER, Sagit, 2008, pp. 360-380.
[70]   GONZÁLEZ, Eduardo Medel, 2020, pp. 61-96.
[71]   Op. cit.
[72]   PARGENDLER, Mariana, 2020.
[73]   NEVES, Marcelo, 2005, pp. 6-7.

justa de los tributos[74] ligadas al aspecto pragmático de la norma tributaria[75] se presenta también como una forma de tornar efectivos valores asociados a los fines que se pretende obtener a través del ordenamiento jurídico[76], incluso la relación intrínseca entre el Derecho Tributario y el Derecho de propiedad, asociada a la recaudación de ingresos para el financiamiento de los servicios públicos y la función social de la propiedad.

Por último, se concluye que otras intersecciones entre aspectos económicos del cumplimiento tributario y el Derecho Tributario requerirían nuevos estudios: el análisis de riesgos y la distribución de riesgos a través de contratos de seguros y las limitaciones a su uso en el Derecho Tributario en el caso del fenómeno elusivo[77], el tratamiento de la elusión por medio del control de riesgos o de la decisión bajo incertidumbre absoluta en la cual no es posible conocer previamente la probabilidad de ocurrencia de los eventos[78].

VII. BIBLIOGRAFÍA

ALIGHMAN, Michael G.; SANDMO, Agnar, 1972 "Evasión del impuesto sobre la renta: un análisis teórico". *Journal of Public Economics*, Amsterdam, v. 1, pp. 323-338.

ALM, James; KIRCHLER, Erich; MUEHLBACHER, Stephan, 2012: "Combining psychology and economics in the analysis of compliance: From enforcement to cooperation. *Economic analysis and Policy* (42), 2, pp. 133-151.

ALM, James 2019: "What motivates tax compliance?". *Journal of Economic Surveys* (33) 2, pp. 353-388.

ALMEDRA FREITAS, Maria Carolina Carvalho; MOURA BORGES, Antônio, 2016: "Combate à elisão fiscal: um estudo comparado", *Revista de Direito Internacional Econômico e Tributário*, 11 (2).

---

[74] KNUUTINEN, Reijo *et al.*, 2014, pp. 36-75.
[75] TEODOROVICZ, Jeferson, 2021.
[76] ÁVILA, Humberto., 2003.
[77] LOGUE, Kyle D., 2005, p. 339.
[78] CARVALHO, Cristiano, 2019, 5307/ 8454.

ALCHOURRÓN, Carlos. BULYGIN, Eugenio, 1998: "*Introdución a la metodo-logía de las ciencias jurídicas y sociales*", Editorial Astrea ed., p. 157.

ÁVILA, Humberto., 2003: "Teoria dos Princípios: da definição à aplicação dos princípios jurídicos". São Paulo: Malheiros, 2003.

BOURIE, Enrique Barros. Límites de los derechos subjetivos privados. Introducción a la Doctrina del Abuso de Derecho. *Derecho y Humanidades*, n. 7, 1999.

BOTELHO, Alexandre, 2016: "O lugar da fala de Hans Kelsen em teoria pura do direito", *Revista Dat@venia, 8 (2).*

BOZZA, Fábio Piovesan, 2015: "Planejamento tributário e autonomia priva-da". São Paulo: Quartier Latin.

BECKER, G. S., 1968: "Crime and punishment: an economic approach". *Journal of Political Economy*, Chicago, v. 76, n. 2, p. 169-217, Mar.-Apr.

CARVALHO, Cristiano, 2019: "Teoría da Decisão Tributária". Grupo Alme-dina, 2019, 5307/ 8454.

COASE, Ronald Harry, 1937: "The nature of the firm". Economica, (4) 16, pp. 386-405.

—, 1960: "The Problem of Social Cost. The Journal of Law and Econo-mics". (3), pp.1-44.

DE BUJANDA, Fernando Sáinz, 1951: "Estado de Derecho y Hacienda públi-ca". *Revista de Administración pública*, 6.

DEMIN, Alexander V., 2020: "Certainty and Uncertainty in Tax Law: Do Opposites Attract?" *Laws*, (9) 4, p. 30.

DESAI, Mihir A.; DHARMAPALA, Dhammika, 2007: Taxation and corporate governance: An economic approach. Available at SSRN 983563.

DÓRIA, Antônio Roberto Sampaio, 1977: "Elisão e Evasão Fiscal", José Bus-hatsky.

DOURADO, Ana Paula, 2015: "Aggressive tax planning in EU law and in the light of BEPS: The EC Recommendation on Aggressive Tax Planning and BEPS Actions 2 and 6", *Intertax*, 43 (1).

GERMANO, Livia de Carli, 2010: "A elusãotributária e os limites à requali-ficação dos negócios jurídicos". Dissertação (Mestrado), Faculdade de Direito, Universidade de São Paulo.

GODOI, Marciano Seabra de; FERRAZ, Andréa Karla, 2012: "Planejamento tributário e simulação: estudo e análise dos casos Rexnord e Josapar". *Re-vista Direito GV*, (8).

GRECO, Marco Aurélio, 2011: "Crise do formalismo no direito tributário brasileiro". *Revista da PGFN, 1 (1).*

—,   2019: "Planejamento Tributário", QuartierLatin 4. ed.

HUCK, Hermes Marcelo, 1997: "Evasão e Elisão — Rotas Nacionais e Internacionais do Planejamento Tributário", Saraiva ed.

ITURRALDE SESMA, Victoria, 1991: "Sobre el silogismo judicial", *Anuario de filosofía del derecho.*

KAPLOW, Louis, 1992: "Rules versus standards: An economic analysis" *Duke,* (42), p. 557.

KELSEN, Hans, 1982: *"Teoría pura del derecho",* Un. Nacional Autónoma de Mexico.

KNUUTINEN, Reijo et al., 2014: "Corporate social responsibility, taxation and aggressive tax planning", *Nordic Tax Journal,* (1), pp. 36-75,

LEÃO, Martha Toribio, 2018: "O direito fundamental de economiza tributos: entre legalidade, liberdade e solidariedade. São Paulo: Malheiros, pp. 234-235.

LEVINER, Sagit, 2008 "An overview: a new era of tax enforcement—from "big stick" to responsive regulation". *Regulation & Governance* (2) 3, pp. 360-380.

LOGUE, Kyle D., 2005: "Tax law uncertainty and the role of tax insurance". *Tax Rev.,* (25), p. 339.

MATUS FUENTES, MARCELO, 2017: "La elusión tributaria y su sanción en la Ley N° 20.780: Hacia un concepto de negocio jurídico elusivo". *Ius et Praxis,* Talca, v. 23, n. 1, pp. 67-90.

MURPHY, Liam; NAGEL, Tomás, 2005: "O mito da propriedade: impostos e justiça", Martins Fontes.

NABAIS, José Casalta, 2001: "Algumas reflexões sobre o actual estado fiscal". Brasília: AGU.

NAVARRO SCHIAPPACASSE, María, 2019 "La evolución en la jurisprudencia de la Excma. Corte Suprema en la concepción de la elusión fiscal. Revista de Estudios Tributarios", (20), pp. 169-191. Consultado de: https: //semanariorepublicano.uchile.cl /index.php/RET/article/vicw/52350/55009

NETO, Celso de Barros Correia, 2016: "Formação do Direito Tributário como disciplina jurídica: recortes e exclusões". *Revista do Programa de Pós-Graduação em Direito da UFC, 26(28).*

NETO, Luís Flávio, 2011: *"Teorias do `abuso´ no planejamentotributário".* Tese de Doutorado. Dissertação (Mestrado em DireitoTributário)—Universidade de São Paulo, São Paulo, 2011.

NEVES, Marcelo, 2005: "Pesquisa interdisciplinar no Brasil: o paradoxo da interdisciplinaridade. *Revista do Instituto de Hermenêutica Jurídica*, Belo Horizonte (3), pp. 6-7.

NOVOA, César García, 2005: "Las potestades de calificación y recalificación como mecanismos antielusorios en el derecho español". THEMIS Revista de Derecho, (51), pp. 159-169.

OSORIO MORALES, Hugo, 2018: "¿Interpretación económica como herramienta de lucha contra la Elusión em Chile?". Revista de Estudios Tributarios, (19), 205-227. Consultado de: https: //revistas. uchile.cl / index. php /RET/ article/view/51006/53427

PARGENDLER, Mariana, 2020" The Rise of International Corporate Law. European Corporate Governance Institute-Law Working Paper", 555/2020, FGV Direito SP Research Paper Series. Available at SSRN: https: //ssrn. com/abstract=3728650.

POSNER, Eric A. 2000: "Law and social norms: The case of tax compliance". *Virginia Law Review*, p. 1781-1819.

ROCHA, Sergio André, 2017: "*Da Lei à Decisão: A Segurança Jurídica Possível na Pós-Modernidade*", Lumen Juris.

—, 2019: "Planejamento Tributário na obra de Marco Aurélio Greco", Lumen Juris ed.

ROBERTS, Harry V., 1963: "Risk, ambiguity, and the Savage axioms: Comment. *The Quarterly Journal of Economics* (77) 2, pp. 327-336.

SANDMO, Agnar, 2005: La teoría de la evasión fiscal: una visión retrospetiva. *Revista Nacional de Impuestos*. (58) 4, pp. 643-663

SANTOS, Luciano Cirino dos, 2020: "*A fraude como elemento essencial para a configuração da tipicidade objetiva dos crimes contra a ordem tributária praticados por particulares (Lei 8.137/90, artigos 1º e 2º)*" Faculdade de Direito de São Paulo.

SANTOS, Thiago Rodovalho dos. *Abuso de direito*. Dissertação (Mestrado em Direito) — Pontifícia Universidade Católica de São Paulo, 2009.

STIGLITZ, Joseph E, 1985: "The general theoryof tax avoidance. National" *Tax Journal*, (38) 3, pp. 325-337.

SILVA, Patrícia Bouvier do Nascimento, 2019: "*O Supremo e o consequencialismo no direito tributário: uma crítica ao distanciamento da realidade*", Trabalho de conclusão de curso, Universidade de Brasília.

SLEMROD, Joel; YITZHAKI, Shlomo, 2002: "Tax avoidance, evasion, and administration", *Handbook of public economics*. Elsevier, pp. 1423-1470.

TAKANO, Caio Augusto; SANTOS, Ramon Tomazela Santos, 2017: "O conceito de planejamento tributário agressivo e os novos standards tributários internacionais do Projeto BEPS", *Revista Direito Tributário Internacional Atual,* (2).

TARSITANO, Alberto, 2010: "La autonomia del Derecho Financiero y el principio de capacidad contributiva", http: //albertotarsitano.com/interpretacion/19dfinancieroycapacidad   contributiva.pdf.

TEODOROVICZ, Jeferson. 2021: "O Direito Tributário brasileiros e a interdisciplinaridade: perspectivas, possibilidades e desafios". *Revista Direito Tributário Atual.* (48), IBDT.

TÔRRES, Heleno Taveira, 2006: "Derecho Tributario y Autonomía Privada", The Advance-Progress (Vidalia).

—, 2008: "Derecho Tributario y Derecho Privado: Autonomía Privada, Simulación y Elusión Tributaria", Marcial Pons Buenos Aires.

—, 2015: "A Magna Charta completa 800 anos e influencia nossa Constituição Tributária", *Revista eletrônica Consultor Jurídico,* https: //www. conjur.com.br/2015-jun-10/consultor-tributario-magna-charta-influencia-nossa-constituicao-tributaria.

TORRES, Ricardo Lobo, 2004: *"Curso de Derecho Financiero y Tributario"*, Renova.

—, 2006: "O princípio da tipicidade no direito tributário brasileiro", *Revista eletrônica de Direito Administrativo Econômico,* 5, http: //www.direitodoestado.com.br/artigo/ricardo-lobo-torres/o-principio-da-tipicidade-nodireito-tributario.

TOMKOSWSKY, Fabio Goulart, 2017: "Planejamento Tributário: a fraude à lei no direito tributário brasileiro". Revista Direito Tributário Atual (37), https: //ibdt.org.br/RDTA/planejamento-tributario-a-fraude-a-lei-no-direito-tributario-brasileiro.

WANG, Xiaohang, 2011: "Tax Avoidance, Corporate Transparency, and Firm Value" American Accounting Association Annual Meeting — *Tax Concurrent Sessions,* Available at SSRN: https: //ssrn.com/abstract=1904046.

WEISBACH, David A, 2003: "Corporate tax avoidance. Proceedings". Annual Conferenceon Taxation and Minutes of the Annual Meeting of the National Tax Association. *National Tax Association,* pp. 9-15.

YÁNEZ, Henríquez, J., 2016: "Evasión tributaria: atentado a la equidad". *Revista de Estudios Tributarios,* (13), pp. 171-206. Consultado de https: // lajtp.uchile.cl/index.php/RET/article/view/39874/41444

SEGUNDA PARTE
«POLÍTICA TRIBUTARIA»

Crisis de la reserva tributaria y elusión. Problemas teóricos y dogmáticos

Por Hugo Osorio Morales[1]

Resumen: El artículo aborda la crisis de la reserva tributaria y su relación con la lucha en contra de la elusión. Luego de sugerir que la categoría de Derecho vigente permite describir con mayor claridad los alcances del problema, se propone que la crisis y la necesidad de controlar la elusión exigen superar la concepción puramente sustantiva de la reserva, actualmente dominante en los discursos dogmáticos, enriqueciéndola con elementos procedimentales.

Palabras clave: Crisis de reserva tributaria — Elusión— Reserva sustancial y procedimental

I. INTRODUCCIÓN: UN CASO PARADIGMÁTICO

Bajo la legislación tributaria chilena, si una entidad pone fin a su giro comercial o deja de existir, debe avisar a la Administración tributaria (Servicio de Impuestos Internos, Servicio), hacer un balance de término de giro y pagar los impuestos que correspondan. Además, y dado que en Chile los dueños de las empresas

---

[1] Abogado, *Master of International Taxation, University of Sydney;* Magíster en Tributación, Universidad de Chile; Doctorando en Derecho, Universidad Austral de Chile. Juez Tributario y Aduanero de la Región de Los Ríos. Profesor de Economía y de Derecho Tributario de la Universidad Austral. E-mail: hugo.osorio.morales@gmail.com. Quiero agradecer los agudos comentarios de Álvaro Núñez Vaquero y Víctor García Yzaguirre a versiones previas de este trabajo. Agradezco también los comentarios de Valentina Crovetto Sánchez.

generalmente tributan a nivel personal al momento de retirar las utilidades, si una entidad hace término de giro y tiene utilidades pendientes de retiro, ellas se entienden retiradas y los dueños deben tributar por ellas[2]. Sin embargo, dado que es habitual que ciertas entidades jurídicas dejen de existir como consecuencia de reorganizaciones empresariales que no suponen una interrupción de las actividades económicas o comerciales, la ley establece para estos casos un régimen especial favorable para el contribuyente[3]. En particular (y en la parte que acá interesa), la ley chilena señala que, si se fusionan sociedades, no será necesario dar aviso de término de giro cuando la sociedad que se crea o subsiste como consecuencia de la fusión se hace solidariamente responsable en la escritura respectiva de los impuestos que se adeudaren por la sociedad que desaparece. Además, y dado que en estos casos no se liquidan los bienes sociales, ni se adjudican sus bienes, tampoco se materializa la tributación de término de giro a los dueños por las utilidades retenidas[4].

En el contexto descrito, se presentó una consulta ante el Servicio. El consultante señaló que existían tres sociedades chilenas, únicas socias de una sociedad matriz también ubicada en Chile que, a su vez, era socia mayoritaria de una filial domiciliada en el extranjero. Las entidades evaluaban una reorganización social consistente en una fusión inversa en virtud de la cual la filial absorbería a la matriz. Como consecuencia de ello, la matriz desaparecería y sus socias chilenas pasarían a ser dueñas de la filial. De acuerdo con el consultante, dado que, conforme a las escritu-

---

[2]   Artículos 69 del Código Tributario y 38 *bis* de la Ley Sobre Impuesto a la Renta. La forma de tributación puede variar dependiendo de diversas variables (como la forma de tributación de la entidad que desaparece y si los dueños son entidades físicas o jurídicas) que no se examinan.

[3]   En el derecho comparado es habitual que se consideren tratamientos especiales en el caso de reorganizaciones empresariales. Ver, por ejemplo, artículos 76 a 89 de la Ley del Impuesto sobre Sociedades española, ley 27/2014 (con relación a reorganización comunitarias).

[4]   Artículos 69 inciso cuarto del Código Tributario.

ras, la filial extranjera se haría solidariamente responsable de las obligaciones tributarias de la matriz chilena (de la que era continuadora), y en virtud de las normas mencionadas en el párrafo anterior, no debía darse aviso de término de giro. Además, al no existir una liquidación y adjudicación de bienes sociales, tampoco se materializaba la tributación por término de giro.

El Servicio, sin embargo, sostuvo que el hecho de que en el caso en análisis la continuadora se encontrara en el extranjero, obligaba a no aplicar las normas de reorganización que se han indicado. En particular, señaló que, a pesar de la cláusula de responsabilidad solidaria, igualmente se debía dar aviso de término de giro y que, a pesar de la ausencia de una liquidación de bienes sociales, también debía entenderse que las utilidades pendientes de tributación de la entidad que desaparecía eran retiradas, resultando aplicable el sistema de registro propio de la tributación de término de giro[5].

Es fácil comprender las razones por las que el Servicio entregó esta respuesta. Luego de la fusión, y dado que la continuadora se ubicaría en el extranjero, el Servicio no podría fiscalizar si las utilidades pendientes de tributación se retiraban o no, en qué momento y por quién. Esto se solucionaba obligando a dar aviso de término de giro y entendiendo que las utilidades se habían retirado, de manera que quedaran registradas en las sociedades chilenas, que sí podían fiscalizarse. El problema es que la ley no daba tal respuesta, sino que, como se ha visto, permitía eximirse del aviso de término de giro, sin distinguir si la continuadora era chilena o extranjera, y al no existir una liquidación societaria, no existían razones para entender que las utilidades se habían retira-

---

[5] Oficio 1511 de 2020. El caso presenta algunas peculiaridades que no se detallan, en particular relacionadas con el hecho de que los socios eran personas jurídicas, no naturales y, en consecuencia, la aplicación de la tributación de término de giro no gatillaba la tributación final, sino que el registro de las utilidades pendientes de tributación en las sociedades chilenas. Estas precisiones, sin embargo, no modifican el análisis.

do[6]. Pero eso no es todo. Dado que las entidades chilenas en realidad no habían hecho retiro alguno y las utilidades, de hecho, quedaban en la entidad extranjera; el Servicio debió ordenar que las sociedades chilenas registrasen las utilidades acumuladas como si las hubiesen retirado, es decir, el Servicio debió idear un registro que reconociera este peculiar retiro ficto. Lo que hizo el Servicio, en definitiva, fue crear de forma parcial lo que generalmente la doctrina denomina «impuesto de salida» (*exit tax*): un sistema de control y tributación diseñado para evitar que los contribuyentes eviten el control y pago de tributos estableciendo su residencia o domicilio en el extranjero[7]. Este tipo de sistemas son razonables, incluso necesarios en el contexto de una economía globalizada caracterizada por el continuo movimiento del capital. Sin embargo, Chile no contaba —ni cuenta— con uno[8].

El caso descrito es, desde luego, problemático a la luz del principio constitucional de reserva tributaria. Sin embargo, para comprender su alcance, es necesario considerar cuatro elementos adicionales. Primero, este tipo de situaciones no son inusuales. Al contrario, en Chile gran parte del ordenamiento impositivo está determinado por las opiniones y respuestas a consultas del Servicio. Segundo, este tipo de oficios y respuestas no pueden impugnarse ante los Tribunales. La razón es que se trata de instrucciones

---

[6]   En el derecho comparado, el tratamiento de las reorganizaciones empresariales suele incluir una norma antiabuso especial, situación que no se presenta en Chile. Así, por ejemplo, el artículo 89.2 de la Ley del Impuesto sobre Sociedades española, ley 27/2014, señala que «No se aplicará el régimen establecido en el presente capítulo cuando la operación realizada tenga como principal objetivo el fraude o la evasión fiscal. En particular, el régimen no se aplicará cuando la operación no se efectúe por motivos económicos válidos...».

[7]   La respuesta del Servicio deja múltiples cuestiones sin resolver (por ejemplo, ¿a qué valor se registran los activos en la continuadora extranjera?, ¿puede el Servicio tasar tales valores?).

[8]   Ello no ha impedido, sin embargo, que el Servicio siga desarrollando mediante respuestas administrativas este sistema de control. Ver, oficio 2592 de 2021.

que formalmente solo obligan a los funcionarios del Servicio, no a los contribuyentes ni a los tribunales. Tercero, y no obstante lo anterior, en la práctica los contribuyentes deben seguir estas opiniones porque, en caso contrario, corren el riesgo de ser cuestionados en fiscalizaciones futuras. Cuarto, incluso si un contribuyente decide no seguir la opinión del Servicio, y como consecuencia de ello, es objeto de una fiscalización, y luego de reclamar de la liquidación de impuestos, finalmente logra dejarla sin efecto ante los tribunales, incluso en tal caso, la situación general no cambia. Lo anterior, debido a que el Servicio no se encuentra obligado a cambiar su postura. Y si no lo hace, el resto de los contribuyentes sigue sometido a ella. En suma, y parafraseando a LAPORTA, la ley se retira y la Administración tributaria avanza al proscenio[9].

El presente artículo aborda la crisis de la reserva tributaria desde una perspectiva meta dogmática, esto es, examinando los discursos dogmáticos con relación a ella. En particular, se ofrece un diagnóstico y se proponen algunas herramientas para hacerle frente. El diagnóstico se estructura en dos afirmaciones. Primero: la crisis no se explica por deficiencias legislativas —aunque ellas tengan sin duda un papel en ello— sino, principalmente, por un contexto institucional y económico de particular complejidad, donde la elusión juega un papel central. Esto lleva a que no solo sea imposible, sino indeseable, el retorno a la ley formal como única fuente de normatividad impositiva. Segundo, la forma en que, de hecho, se ha abordado el problema no solo supone elevados riesgos de arbitrariedad por parte de la Administración tributaria; sino un resultado ineficaz en el control de la elusión.

Frente a lo anterior se proponen tres soluciones. Primero, el uso de herramientas teóricas que proporcionen una mejor des-

---

[9]   LAPORTA describe de forma análoga el avance de los jueces frente a la ley parlamentaria. LAPORTA, 2009, p. 65. Como se verá (*infra*, 3.2.2), que en materia tributaria no sea el Juez, sino la Administración tributaria la protagonista de este desplazamiento, tiene causas y efectos peculiares que es necesario examinar.

cripción de la forma en que, de hecho, opera el ordenamiento impositivo. Segundo, el desarrollo de categorías dogmáticas que permitan adecuar las exigencias de la reserva impositiva a los distintos tipos de tributos y a sus elementos. Tercero, un enriquecimiento de la concepción dominante de reserva tributaria puramente sustancial, incorporando elementos procedimentales.

El trabajo se estructura en tres secciones, además de la introducción y conclusiones. En la primera, se expone la comprensión tradicional de la reserva tributaria y se describe su creciente deterioro. En la segunda, se presenta la deficiente respuesta de los discursos dogmáticos al problema y se sostiene la conveniencia de utilizar nociones teóricas vinculadas con la existencia de las normas para un mejor diagnóstico. Finalmente, en la tercera, se sugiere la conveniencia de enfrentar la crisis mediante nuevas categorías dogmáticas y el enriquecimiento de la concepción de reserva.

II. RESERVA TRIBUTARIA EN CRISIS

De acuerdo con GARCÍA DE ENTERRÍA y FERNÁNDEZ[10], la reserva legal, en su concepción moderna[11], nace en Europa a lo largo del siglo XIX para dar respuesta a la coexistencia de dos fuentes principales de poder normativo: la ley formal de los parlamentos y los reglamentos del monarca. Dado que, en el marco del ideario liberal, el Estado existe para proteger la propiedad y la libertad individuales, la reserva busca impedir que el reglamento regule —salvo que la ley lo habilite para ello— materias de especial relevancia para tal ideario y, particularmente, cuestiones penales y tributarias[12]. El principio fue objeto de teorización general por la

---

[10] GARCÍA DE ENTERRÍA Y FERNÁNDEZ, 2020, pp. 271 ss.
[11] Como es sabido, en materia tributaria existen antecedentes de la legalidad tributaria muy anteriores a la ilustración que alcanzan, al menos, la Carta Magna inglesa de 1215.
[12] Esto es, desde luego, una simplificación. Por una parte, el sometimiento de la Administración a la ley nunca fue completo. Ni en los mo-

doctrina alemana y se incorporó en sus constituciones de 1919 y 1942; mientras que, en Francia, se desarrolló a través de la jurisprudencia del Consejo de Estado en los primeros años del siglo veinte. En la actualidad, el principio de reserva legal en materia impositiva se encuentra consagrado en prácticamente todas las constituciones continentales.

Sin embargo, y a medida que a lo largo del siglo pasado los sistemas tributarios occidentales se complejizan, comienza a resultar evidente que la aspiración de que los tributos sean regulados en forma exclusiva por la ley formal se enfrenta a graves dificultades. Hace más de medio siglo, en España, SAINZ DE BUJANDA, comentaba con preocupación que la Ley de Presupuestos española de 1957 remitía diversas cuestiones impositivas a normas infra legales, advirtiendo que con ello se abrían las puertas para que el Derecho tributario se definiera por disposiciones de menor jerarquía a la ley. Esto le llevó a advertir, precisamente, sobre una «crisis del principio de legalidad tributaria»[13].

En las últimas décadas se generaliza la idea de que el principio de reserva legal está en crisis. En Chile, MASSONE se refiere a la «declinación de legalidad»[14]. En España, CHECA habla de la «in-

---

mentos de mayor restricción llegó a entenderse que la Administración careciera totalmente de poder normativo. Por otro lado, un examen cuidadoso del punto —que no puede abordarse acá— debería considerar las divergencias entre las diversas tradiciones jurídicas dentro del derecho civilista-continental: el principio de reserva de reglamento (o potestad reglamentaria autónoma) francés; la doctrina alemana de la «ley material» y la idea de reglamentos —no meramente ejecutivos sino— organizativos; la recepción y enriquecimiento de estas ideas en España; y sus diversas manifestaciones y matices en Latinoamérica. La literatura sobre estas cuestiones es vasta. Un análisis general sobre las relaciones entre la ley y el reglamento, y las formas en que se ha intentado someter el segundo a la primera, GARCÍA ENTERRÍA Y FERNÁNDEZ, 2020, pp. 267 ss. Una discusión general en materia tributaria, ANDRÉS AUCEJO, 2013, pp. 29 ss.

[13] SAINZ DE BUJANDA, 2015, pp. 53 ss.
[14] MASSONE, 2013, p. 118.

soportable levedad e ingravidez del principio de reserva de ley»[15]. En Argentina, Altamirano, discute sobre la desfiguración de la ley y su aspiración a erigirse como instrumento organizador de la sociedad, particularmente en materia tributaria[16]; y Spisso menciona la declinación del poder legislativo y el avance del poder administrador «ante la pasiva resignación del Congreso»[17]. En fin, en Venezuela, Ruan Santos, apunta a un desbordamiento normativo y a distorsiones en la separación de poderes, lo que da lugar a una tendencia al desacato del texto de la ley en materia impositiva[18].

La crisis de la ley parlamentaria no es un fenómeno exclusivo del Derecho tributario[19]. Sin embargo, precisamente por la relevancia que tradicionalmente se ha otorgado a la reserva legal en este campo, su impacto ha resultado especialmente problemático. Este retroceso se manifiesta con particular claridad en tres fenómenos: (i) el rol creciente de ciertos organismos internacionales en la configuración del ordenamiento impositivo; (ii) el rol dominante y también creciente en dicha configuración de la Administración tributaria[20]; y (iii) en el caso chileno, el Catálogo de Esque-

---

[15]   Checa, 2019, p. 25.
[16]   Altamirano, 2012, pp. 184 ss.
[17]   Spisso, 2019, p. 332.
[18]   Ruan Santos, 2005, p. 405.
[19]   García de Enterría hace referencia a la desvalorización de las leyes producto de su inflación desmedida. García de Enterría, 1999, p. 47. Laporta analiza con mayor detención el problema asignándole dos variantes: una «débil» que apuntaría a diversos fenómenos heterogéneos (inflación, falta de racionalidad, complejidad de materias reguladas, e imposibilidad de disciplinarla por la vía de la ley, entre otros factores); y una «fuerte», que apuntaría a las prácticas normativas cotidianas que negarían algunas características atribuidas tradicionalmente al concepto de la ley (producción por diversas instancias de poder, aumento de relevancia de la constitución, pérdida de abstracción y generalidad, entre otros fenómenos). Laporta, 2007, pp. 151 ss.
[20]   Un fenómeno de particular importancia para los países miembros de la Comunidad Europea es el de la integración del Derecho tributario europeo. Una descripción general, en Marchessou, 2008, pp. 1123 ss.

mas Tributarios. Aunque cada uno de estos fenómenos merece un estudio pormenorizado, el artículo toma como punto de partida la existencia de la crisis, y discute críticamente la forma en que los discursos dogmáticos la han enfrentado.

III. HERRAMIENTAS TEÓRICAS DESCRIPTIVAS

Los discursos dogmáticos han tenido dificultades para explicar el hecho de que gran parte del ordenamiento impositivo se materializa por medio de normas infralegales. A continuación, se examina brevemente este acercamiento y se sugieren algunas herramientas descriptivas que permiten comprender con más claridad el problema.

III.1. *Respuesta tradicional*

Los discursos dogmáticos impositivos suelen responder a la crisis y a la intervención infra legal criticando la intervención de los organismos no parlamentarios. En Chile, MASSONE, junto con advertir que en ningún sector de la Administración pública se observa una actividad similar de producción normativa, denuncia que el Servicio, con la excusa de interpretar la ley, genera tesis reconstructivas «que representan una verdadera rebelión de la Administración tributaria frente a la voluntad de la ley»[21]. En España, ANDRÉS AUCEJO denuncia que la Administración tributaria «ha ido adquiriendo parcelas inusitadas de poder en materia de normación reglamentaria, no solo por parte del Gobierno (quien tiene la potestad reglamentaria de manera originaria), sino también, y lo que es más grave, por parte de otros órganos infralegales»[22].

Se discute ampliamente si esta integración supone reconocer la primacía de las directivas comunitarias sobre el derecho interno. Ver, GARCÍA NOVOA, 2012, pp. 117, 118; MALHERBE Y GRAU RUIZ, 2008, 1093.

[21] MASSONE, 2013, p. 229.
[22] ANDRÉS AUCEJO, 2013, pp. 95.

Sin embargo, fenómenos como el reseñado en el ejemplo con que se inicia el artículo ocurren rutinariamente y lo hacen, además, en forma creciente. Si la dogmática impositiva pretende dar cuenta de la forma en que operan los ordenamientos impositivos, debe contar con herramientas que le permitan describir y orientar a quienes operan en ellos. La dogmática no puede limitarse a una crítica externa, ni a describir un sistema impositivo idealizado que, en realidad, no existe porque, en ese contexto, tiende a volverse irrelevante.

En consecuencia, un primer paso para abordar la crisis es contar con herramientas que permitan describir la forma en que los sistemas tributarios operan efectivamente. Esto es particularmente importante en áreas del derecho, como el tributario, donde la complejidad técnica y la inflación normativa, tienden a generar un panorama de racionalidad impenetrable no solo para los ciudadanos, sino que para jueces y especialistas[23].

III.2. Herramientas descriptivas

Cuando los juristas sostienen que en un sistema tributario existe una determinada norma, pueden estar apuntando a cuestiones diversas: que la norma es obligatoria, que pertenece al sistema normativo, o que es utilizada por los jueces para resolver las controversias, entre otras posibilidades. Esta ambigüedad ha sido ampliamente analizada por la teoría del Derecho, en una vasta literatura. Lo que sigue no aspira a analizar las diversas formas en que se puede hacer referencia a la existencia de las normas, sino extraer de tal discusión algunas herramientas útiles para que la dogmática tributaria describa el problema en estudio.

KELSEN distinguía entre la eficacia de las normas y su validez. Aunque hacía un uso ambiguo del segundo concepto. Con eficacia apuntaba al hecho de que una norma es aplicada, esto es, que las personas la obedecen o, en caso de desobediencia, los órga-

---

[23]   MANRIQUE, NAVARRO y PERALTA, 2011, pp. 16 y 17.

nos estatales aplican la sanción correspondiente[24]. Con «validez», en ocasiones hacía referencia a que la norma pertenecía a cierto sistema jurídico, pero en otras, se refería a su normatividad u obligatoriedad[25]. De acuerdo con Bulygin, este uso ambiguo se debía a que, para Kelsen, las normas que pertenecen al sistema normativo son necesariamente obligatorias, es decir, la ambigüedad se originaba en que, para el teórico austriaco, se trataba de conceptos coextensivos[26].

Sin pretender resolver la cuestión apenas enunciada en el párrafo anterior, creo que resulta clarificador distinguir tres sentidos en los que puede entenderse que existe una norma jurídica tributaria: (i) primero, como vigencia, en el sentido de que la norma es utilizada en el ordenamiento, tanto por los jueces (y los funcionarios de la Administración tributaria) al justificar sus decisiones, como por los particulares al tomar sus decisiones[27]; (ii) segundo, como validez, en el sentido de que forma parte del sistema de normas tributarias, debido a que cumple con los criterios formales y materiales para formar parte de él; y (iii) tercero, como obligatoriedad o normatividad, en el sentido de que es obligatorio lo que en ella se establece[28].

---

[24]   Kelsen, 1982 [1969], p. 24.
[25]   Rodríguez, 2021, pp. 325-332; Bulygin, 2021c [1987], pp. 526-530.
[26]   Bulygin, 2021c [1987], p. 530.
[27]   El concepto de vigencia que acá se utiliza es similar al propuesto por Ross, aunque no se limita al uso de las normas por parte de los jueces (ni se compromete con la idea de que el rol de la dogmática sea estudiar su comportamiento pasado para hacer predicciones falseables de sus decisiones futuras). Ver, Ross, 1994 [1958], pp. 29-72; Bulygin, 2021a [1963], pp. 373, 374. Asimismo, el concepto de vigencia acá utilizado presenta similitudes con el de eficacia en Kelsen y el de aceptación como pauta de comportamiento de Hart. Precisar las similitudes y diferencias de todos estos conceptos requeriría un estudio teórico que no se abordará. Ver, Kelsen, 1982 [1960], pp. 23-28. Hart, 2012 [1961), pp. 51-61.
[28]   Esta enumeración no pretende ser exhaustiva. Bulygin se refiere, además, a la validez como aplicabilidad, que apuntaría a que la norma

Estas tres categorías son relevantes para describir un sistema jurídico tributario, pero ellas no son, necesaria ni usualmente, coextensivas. Tanto la vigencia como la validez/pertenencia constituyen propiedades relacionales, pero respecto de cuestiones diversas. La vigencia, respecto a ciertos hechos y, en particular, a que las normas se utilizan[29]. La validez/pertenencia, respecto a otras normas y, en particular, a las que regulan su creación y contenido. En este sentido la validez/pertenencia de una norma significa que ella ha sido creada de la manera autorizada y que no viola otras normas de rango jerárquico superior[30].

Estas breves clarificaciones permiten examinar con mayor precisión el problema que interesa. Lo que sucede en los casos analizados es que existe un grupo creciente de normas dictadas por la Administración (y la OCDE) que la Administración tributaria utiliza al tomar sus decisiones, los tribunales aplican al resolver las controversias y los particulares consideran al tomar sus decisiones. Se trata, en suma, de normas que constituyen derecho vigente. Y ello ocurre no obstante que tales normas no parecen cumplir con los criterios aceptados de validez/pertenencia, debido a que, sin

---

regula el caso (aplicabilidad interna) y que el aplicador del derecho posee un deber (o un permiso) de usarla para resolver el caso (aplicabilidad externa). Además, respecto a la aplicabilidad, Bulygin distingue entre el uso descriptivo del término (la norma es interna y externamente pertinente al caso); y su uso prescriptivo (orden de usar la norma) Ver, Bulygin, 2021b [1982], pp. 230 ss.

[29]   Rodríguez, 2021, p. 317. Bulygin, 2021b [1982], pp. 229 ss. Guastini, 2016, p. 221.

[30]   Normalmente, cuando se habla en el ámbito de las teorías de las normas de propiedades relacionales se está pensando en relaciones entre normas. En cambio, en el caso de eficacia se mira a relaciones entre normas y hechos (su aplicación). Guastini sostiene que la validez es un concepto relacional, pero resalta que no designa una relación de pertenencia entre una norma y un ordenamiento, sino que una doble relación con otras normas que permiten sostener que no existe contradicción con otras superiores y que ha sido creada de manera autorizada. Guastini, 2016, p. 221.

ser leyes formales, regulan los tributos, cuestión que, en virtud de la reserva, solo puede regular el legislador.

No hay nada sorprendente en esta divergencia. La vigencia, a diferencia de la pertenencia, da cuenta de un hecho[31]. Suponer que las normas que los jueces y la Administración tributaria utilizan al momento de resolver casos particulares, y los contribuyentes, al decidir la forma en que actuarán, coinciden necesariamente con el conjunto de normas válidas, y cumplen con las condiciones para considerarse obligatorias, supone no distinguir entre vigencia, validez/pertenencia y obligatoriedad[32].

Como se ha señalado, si quiere ser útil, la dogmática tributaria no puede limitarse a describir los fenómenos jurídicos tal como ellos deberían acontecer. Debe, además, mostrarlos tal como ocurren y, especialmente, ofrecer respuestas y soluciones para mejorar la práctica. En este contexto, si los juristas aspiran a describir y comprender los ordenamientos tributarios, deben considerar las opiniones del Servicio porque es probable que ellas sean utilizadas tanto por la Administración y los jueces al resolver los casos, como los contribuyentes al tomar sus decisiones. En suma, vigencia, validez/pertenencia y obligatoriedad deben distinguirse no solo porque dan cuenta de cuestiones diversas, sino porque permiten constatar y describir fenómenos diversos y relevantes en la práctica del Derecho tributario.

IV. LOS ALCANCES DE LA CRISIS

Sin perjuicio de lo anterior, suele entenderse que la función de la dogmática no es solo describir y sistematizar el ordenamiento jurídico sino, además, prescribir formas de mejorarlo. Creo que,

---

[31] BULYGIN, 2021c [1987], p. 527.
[32] Como se señaló, diversos teóricos utilizan categorías diversas a las acá sumariamente expuestas. Así, por ejemplo, GUASTINI ofrece una caracterización diferente a la que acá se ha avanzado respecto a la validez, existencia y eficacia de las normas. Ver, GUASTINI, 2016, pp. 221 ss.

para el segundo rol, resulta útil observar que la situación descrita coloca a la dogmática impositiva frente un dilema: puede validar el poder normativo de la Administración, pero entonces deberá renunciar a la reserva tributaria (que sería entonces un anacronismo o un mito); o reconociendo los riesgos de la crisis, puede demandar la necesidad de recuperar o reafirmar la reserva, pero entonces ofrecerá respuestas ingenuas e ineficaces. Veamos los cuernos de este dilema.

IV.1. ¿Una respuesta honesta?

La dogmática puede, en primer lugar, sostener que la reserva impositiva, superada en los hechos, debe abandonarse, prescribiendo que se valide el rol que en los hechos tienen las instrucciones del Servicio (y las opiniones de organismos internacionales). Esta parece una respuesta realista y honesta. ¿Qué sentido tiene insistir en un principio que en los hechos no se respeta? Sin embargo, es también una respuesta que supone el abandono de uno de los principios centrales del Derecho tributario. No solo eso, es una respuesta que da lugar a graves riesgos de arbitrariedad y que, contra lo que puede pensarse en un primer momento, genera resultados inadecuados en el control de la elusión.

El tipo de normas que se analizan se dictan sin debate público, por entidades que carecen de legitimidad democrática directa[33]. Se trata de organismos que tienen objetivos institucionales (fiscalizar, aumentar la recaudación, coordinar políticas tributarias internacionales) que obviamente pueden entrar en conflicto con los valores que guían las decisiones del Parlamento. Aceptar su rol actual —y creciente— supondría dar prioridad al juicio de burocracias tecnificadas por sobre los actos del Parlamento. Además,

---

[33] «Directa», porque al menos en el caso de la Administración tributaria, podría afirmarse que es suficiente con que opere bajo el mandato de un gobierno elegido democráticamente. No ocurre, desde luego, lo mismo con los comités técnicos de la OCDE.

es fácil observar que esta opción entregaría enormes atribuciones discrecionales a la Administración tributaria (además, sin control judicial efectivo) lo que, desde luego, supondría aceptar inevitables actos de arbitrariedad y abuso.

Ahora bien, dado que una parte relevante de estas normas constituyen intentos de controlar fenómenos elusivos, podría sostenerse que tal control es a tal punto valioso que justifica los elevados costos y riesgos mencionados en el párrafo anterior. Afortunadamente, no es necesario analizar si semejante pacto faustiano es necesario o aceptable. La razón es que la supuesta compensación se basa en un presupuesto falso: no es efectivo que la entrega de espacios discrecionales ilimitados a la Administración tributaria, sin los límites que impone la reserva tributaria, permitiría controlar de forma efectiva la elusión. Aunque el punto no puede ser abordado en profundidad acá, puede adelantarse que una intervención discrecional de estos órganos técnicos y, especialmente, de la Administración tributaria, tendería a una deriva particularista, impredecible y, en definitiva, irracional, incapaz de orientar a los contribuyentes y generar legitimidad. Y esto es central porque los sistemas tributarios, por su masividad, dependen en parte importante de la adhesión voluntaria de los contribuyentes, adhesión que solo se genera a partir de actuaciones predecibles y con legitimidad. Desde luego, corroborar que este acercamiento sería ineficaz en el control de la elusión es una cuestión que debiera demostrarse empíricamente ahí donde se haya adoptado. Tal experimento no es posible, porque no existen países que hayan tomado este camino[34]. Parece necesario, en consecuencia, examinar el segundo cuerno del dilema.

---

[34]   Algunos autores van más lejos y proponen que debe formularse una nueva teoría del Derecho tributario. En este sentido SAFFIE ofrece un agudo diagnóstico sobre las razones por las que el Derecho tributario, tal como se le entiende en la actualidad, es incapaz de controlar de forma efectiva el problema de la elusión. Si bien este trabajo coincide en parte importante en tal diagnóstico, no sucede lo mismo con la sofisticada respuesta que el autor ofrece (y que acá, naturalmente, solo puede enunciarse):

IV.2. Mantención de reserva impositiva

La dogmática suele mantener la vigencia de la concepción tradicional de reserva impositiva. Al hacerlo no necesariamente desconoce que los fenómenos que se han mencionado existen. Puede, de hecho, constatar que se multiplican normas tributarias en violación al principio y que ellas constituyen Derecho vigente. Sin embargo, en caso de adoptar esta postura, los fenómenos que se han mencionado tienden a explicarse como situaciones excepcionales, abusos de la Administración y entidades internacionales, respuestas urgentes frente a leyes deficientes o hechos inusuales. Se prescribe, en consecuencia, poner atención en la calidad de los textos parlamentarios y en el control a los actos de la Administración tributaria. Con respecto a la elusión, y si se le considera un problema de suficiente gravedad, se agrega la conveniencia de dictar reglas especiales y generales antiabuso[35].

Esta es la postura que los discursos dogmáticos dominantes mantienen en materia tributaria. Creo, sin embargo, que se trata de una respuesta ingenua, particularmente en relación con el control de la elusión.

----

para dar cuenta de la elusión, sería necesario formular una teoría del Derecho tributario basado en el principio de mutuo reconocimiento en la esfera de la solidaridad, lo que requeriría adoptar una concepción de las personas más compleja que el atomizado liberal. Ver, Saffie, 2013.

[35] A todo ello, pueden agregarse modificaciones legales que intenten reconocer un limitado poder normativo a la Administración, aunque sometido al control legislativo. Por ejemplo, es posible entregar a la Administración competencia para, en casos urgentes, dictar normas tributarias, pero sujetando tales normas a ratificación parlamentaria dentro de un plazo limitado. En Chile esta figura no existe, pero en España el artículo 86.1 de la Constitución permite al Gobierno dictar en ciertos casos disposiciones legislativas provisionales, las que deben convalidarse por el Parlamento en un plazo de treinta días. Si esta atribución puede utilizarse en materias tributarias (precisamente por la reserva tributaria) ha sido objeto en dicho país de amplias controversias. Ver, Queralt et al., 2019, pp. 145-149.

IV.2.1. La complejidad y el ingenio

El tipo de fenómenos que se han descrito no se origina sola ni principalmente en deficiencias legislativas y/o abusos de la Administración (aunque pueden ser factores que colaboran en el problema). Los actos que se analizan son una respuesta inevitable frente a las características de los ordenamientos tributarios actuales yla necesidad de controlar la elusión.

La complejidad de los ordenamientos tributarios demanda una regulación tecnificada y flexible que excede las posibilidades de la ley formal. Recordemos el ejemplo que inicia este trabajo: el legislador permite a ciertas empresas evitar el aviso de término de giro y la tributación final porque si existe continuidad jurídica y económica con otra entidad (que, además, se hace responsable de los tributos de la entidad que desaparece), el interés fiscal queda resguardado y no tiene sentido impedir o dificultar la continuidad de los negocios. Pero el legislador no previó la posibilidad (que probablemente cuando se dictó la ley ni siquiera existía) de una fusión inversa con una entidad extranjera. Esto no es un defecto de la ley. Es una muestra de la continua innovación en las actividades económicas y comerciales.

Resulta ingenuo suponer que la ley tributaria, por bien pensada que esté, podrá regular de forma comprehensiva materias que se encuentran sometidas a continuos cambios. Lo anterior, sin contar con la persistente búsqueda de ahorro fiscal por parte de los contribuyentes. Si se sostuviese que, frente a este tipo de innovaciones, no queda más que aplicar las reglas existentes y esperar las modificaciones legales pertinentes, se dejaría al sistema tributario sin herramientas para hacer frente a las continuas innovaciones comerciales y a los inevitables abusos de los contribuyentes.

IV.2.2. Jueces y Administración tributaria

A lo anterior se agrega un elemento que hace que este tipo de casos sea especialmente inquietante en el ámbito impositivo.

Generalmente se acepta que los jueces cuentan con algún grado de discreción frente a determinados casos. Pero acá no son los jueces quienes hacen estas creaciones. No pueden, de hecho, hacerlo atendida la masividad de los sistemas tributarios. El sistema tributario, a diferencia del penal, requiere innumerables determinaciones impositivas que no pueden ser controladas por ninguna judicatura.

La creación normativa en el tipo de casos que interesa se hace por la Administración tributaria. Esto resulta especialmente problemático porque parecen existir poderosas razones institucionales para negar a la Administración espacios discrecionales frente a las reglas legales equivalentes a los de la judicatura. En términos de SCHAUER, aunque en el caso de los jueces se suele aceptar un rol creativo frente a las reglas, en el caso de la Administración se espera que tales reglas operen en forma atrincherada[36].

IV.2.3. La cláusula general contra la elusión y su desuso

Ahora bien, si el problema que se ha examinado se explica, en su mayor parte, por intentos de controlar la elusión, ¿no resulta sensato enfrentar ese particular problema por medio de una cláusula general antiabuso, respetando así la reserva tributaria? Estas cláusulas son normas de uso excepcional que, bajo criterios más o menos indeterminados (operaciones inusuales, ausencia de razones comerciales, etc.) permiten aplicar impuestos a operaciones que no coinciden con un presupuesto gravado, pero que se les parece o permiten lograr resultados similares. Esta es una respuesta atractiva porque parece enfrentar la elusión y respetar la reserva tributaria[37].

---

[36]   SCHAUER, 2012, p. 86.

[37]   Aunque hasta hace algunos años en Chile algunos autores sostenían que las cláusulas generales antielusión no eran compatibles con la reserva tributaria, actualmente tal postura ha tendido a desaparecer. Ello no obsta, sin embargo, a que se cuestione la conveniencia o los costos

Desgraciadamente, basta observarla forma en que efectivamente operan los sistemas tributarios para constatar que se trata de una respuesta ilusoria: la experiencia nacional y comparada muestran que este tipo de reglas rara vez se utiliza. En Chile, y no obstante que la cláusula se dictó en el año 2014 (con vigencia a partir de septiembre del año siguiente), a la fecha no existen sentencias que se hayan pronunciado sobre ella, ni se conocen casos en que el Servicio haya siquiera pretendido usarla. En España, tanto la regla anterior al año 2003 como la actual (agregada en dicho año) han tenido escaso uso[38], y los escasos pronunciamientos judiciales suelen calificarse de oscuros, imprecisos, o derechamente erróneos[39].

Dado que no parece plausible que la mera dictación de estas cláusulas haya eliminado la ocurrencia de operaciones elusivas (aunque ciertamente pueden haber tenido, especialmente en un primer momento, un poderoso efecto disuasorio) es evidente que, o bien la elusión sigue existiendo, o bien se la enfrenta por otras vías. De hecho, como se ha visto, es precisamente para enfrentar

---

de contar con las cláusulas. Una discusión desde la perspectiva chilena en, AVILÉS, 2014, pp. 231-251.

[38] En España, la regla antiabuso prevista en la Ley Tributaria de 1963 contemplaba la figura de fraude de ley en su artículo 24. La Administración y los tribunales, sin embargo, rara vez usaron la figura —que requería abrir un expediente especial— y tendieron a utilizar una recalificación económica, amparados en el artículo 25 que parecía conceder una desmesurada libertad de calificación. Ver, PALAO TABOADA, 2009, pp. 58-62. Luego, la Ley Tributaria de 2003 cambió la figura de «Fraude de Ley» a la de «Conflicto en la Aplicación de la norma tributaria», la que, sin embargo, también ha tenido escaso uso, observándose que la Administración y los tribunales han tendido a utilizar la figura de simulación, interpretado con particular amplitud. Ver, DELGADO, 2018, pp. 404-414. PALAO TABOADA, observando el escaso uso de la cláusula, sugiere que se debería a la reluctancia de la Administración tributaria, que prefiere utilizar otras técnicas para enfrentar la Elusión. PALAO TABOADA, 2021, pp. 234, 235.

[39] PALAO TABOADA, 2021, pp. 237 ss.

la elusión que se dictan gran parte de las normas infralegales que dan origen al problema objeto de análisis.

IV.2.4. La cláusula como norma perversa

Es importante, para los efectos del presente trabajo, detenerse brevemente en los efectos de contar con estas cláusulas generales que habitualmente no se aplican. Siguiendo en este punto a HIERRO, puede afirmarse que una norma es eficaz si es general y mayoritariamente cumplida o si, cuando no lo es, es general y mayoritariamente aplicada[40]. El problema de las cláusulas antiabuso es que ellas rara vez se aplican y, dado que no tenemos razones para pensar que su mera dictación haya acabado con el problema a que apuntan, puede suponerse que no son mayoritariamente cumplidas. Esto no significa —como se ha visto— que la Administración haya renunciado a controlar la elusión. Lo que sí implica es que lo hace evitando los canales institucionales para ello y sin control jurisdiccional alguno.

Lo anterior obliga a examinar una incómoda hipótesis: es posible que las reglas generales antielusión, al menos tal como se las suele concebir y utilizar en la actualidad, puedan calificarse, en un sentido muy preciso, de normas perversas. HIERRO denomina de tal forma a aquellas normas que no se cumplen ni aplican, pero eventualmente pueden aplicarse. Y su perversidad radica en sus efectos: (i) al momento de aplicarse, el afectado considera que es objeto de un mero acto de arbitrariedad, de un agravio comparativo, de una injusticia, o de simple mala suerte (al fin y al cabo, hay muchas personas que eluden y solo a ella se le aplicado la regla), (ii) la decisión de aplicar la cláusula por parte del órgano fiscalizador supone un elevado grado de discrecionalidad, (iii) el bajo riesgo de ser objeto de la cláusula reduce el cumplimiento

---

[40] HIERRO, 2003, p. 141. La eficacia como categoría que describe la existencia de las normas ha generado una amplia literatura que no puede abordarse en este trabajo.

tributario y (iv), se reduce el reproche social para aquellos a quienes se les aplica[41].

En este punto es importante recordar que la planificación tributaria y la elusión suelen responder a decisiones altamente racionales y estratégicas: quienes las realizan, miden cuidadosamente los riesgos de ser detectados. Una norma que no se aplica salvo en pocos casos impredecibles, supone la peor condición objetiva para reducir efectivamente el fenómeno elusivo: bajo riesgo de detección (que reduce el costo de eludir), elevada imprevisibilidad (que impide que las reglas orienten el comportamiento de los contribuyentes), deslegitimación del sistema tributario y, en definitiva, escaso efecto en la reducción del fenómeno.

Las normas que regulan la elusión habitualmente utilizan conceptos altamente indeterminados que generan inevitable incertidumbre. Esto lleva a que la dogmática generalmente reconozca que la respuesta sobre qué es y qué no es elusión, deba buscarse en lo que los tribunales, enfrentados a casos particulares, han dicho al respecto[42]. Esto no significa que los textos de cada país sean irrelevantes, pero sí sugiere que, atendido la continua innovación de las estrategias elusivas, y la necesidad de que las cláusulas sean capaces de capturar las maniobras futuras, la cuestión termina resolviéndose caso a caso. En este sentido, qué constituye elusión, parece tener, finalmente, solo una respuesta: lo que la autoridad encargada de establecer su existencia afirme que lo es[43].

---

[41] HIERRO, 2003, pp. 179- 181.
[42] En el ámbito anglosajón, ARNOLD, 2008, pp. 21-24. En España, DELGADO, 2018, pp. 395, 419.
[43] Esta afirmación parece dar cuenta de lo que SUMMERS denominaba, en su crítica a los realistas americanos, «predictivismo robusto». El autor cuestionaba no solo que este acercamiento suponía importantes deficiencias metodológicas (¿Cómo podría hacerse una predicción sin pautas previas?) sino, especialmente, que impedía enjuiciar la corrección de las decisiones. Sin embargo, en el caso de la elusión, si se pretende que las normas y técnicas de control sean efectivas, parece inevitable

Lo anterior no constituye un defecto de determinados sistemas jurídicos, sino una inevitable consecuencia del problema que se enfrenta. Si un ordenamiento impositivo pretende enfrentar el fenómeno elusivo por medio de una regla que generalmente no se utiliza, o bien acepta el fenómeno, o bien permite que el sistema reaccioné en forma impredecible, por medio de normas discrecionales y sin control judicial. Como se puede ver, esta aparente respuesta, en definitiva, no vuelve a colocar en el primer cuerno del dilema.

V. (ALGUNAS) PROPUESTAS (PRELIMINARES)

Es importante aclarar que lo señalado hasta este punto no supone necesariamente que la dictación de las reglas generales antiabuso sea irrelevante. En el particular caso de Chile, la dictación de la cláusula el año 2014 constituyó un avance sustancial en la materia. Hasta ese momento, aún era habitual que se discutiera si la elusión era o no lícita y los tribunales solían adoptar una postura literalista frente al fenómeno que, en la práctica, permitía su multiplicación. La dictación de la cláusula, fuertemente resistida por diversos actores y cuyo texto final presenta múltiples deficiencias producto de las negociaciones legislativas[44], generó un impacto sustancial en las prácticas nacionales que no puede sino ser destacado[45]. Sin embargo, dado que este tipo de normas inevitablemente enfrenta un problema que, como la elusión fiscal, es rutinario y persistente, mediante un sistema extraordinario y excepcional, su resultado no puede sino ser deficiente. Además, y dado que los diversos ordenamientos jurídicos no se

---

entregar a quienes deben analizan la materia importantes espacios de discreción. Summers, 1982, pp. 124 ss.

[44] Para una discusión general sobre los alcances de la cláusula, ver, Osorio et al., 2016.

[45] Para una descripción del contexto y tramitación de la norma general chilena, la resistencia que enfrentó y su impacto en la discusión pública, ver, Saffie, 2021.

contentan con estos resultados ineficaces, y tal como se ilustra en el ejemplo que inicia el trabajo, se suele reaccionar utilizando otras herramientas.

Si lo señalado hasta este punto es efectivo, ninguna de las opciones que actualmente ofrecen los discursos dogmáticos dominantes parece adecuado. Al contrario, dan lugar a resultados altamente indeseados y, además, coinciden en ser incapaces de controlar la elusión. En tal sentido, y conforme se explicará enseguida, creo que los discursos dogmáticos pueden proporcionar mejores respuestas si examinan críticamente la concepción tradicional de reserva tributaria y la enriquecen. Desde luego, hacerlo requiere de un amplio estudio —además de introducir cambios constitucionales y legales— que no pueden abordarse en este documento. Lo que sigue solo aspira a sugerir algunos pasos iniciales.

V.1. Nuevas categorías dogmáticas

Las categorías dogmáticas actualmente en uso no permiten variar la intensidad de las exigencias de la reserva en consideración al tipo de tributo y elemento de que se trate. Al respecto, la tradicional discusión sobre si la reserva debe ser entendida en términos estrictos o atenuados, esto es, si cubre todos los elementos de los tributos, o solo algunos de ellos, se muestra insuficiente[46].

Existen innumerables casos que muestran lo que se viene señalando. Procederé a describir brevemente uno resuelto por el Tribunal Constitucional chileno para luego destacar los problemas que ilustra. En un caso se discutió sobre los límites de la reserva impositiva respecto a una exención del impuesto territorial en beneficio de recintos deportivos. En particular, se cuestionó que (i) el tributo se establecía sobre una base —la tasación de

---

[46]   Para una exposición local y general del problema: AVILÉS, 2014, pp. 51-73; 92-109.

los predios— que se fijaba por el Servicio, y (ii) que el acceso a la exención dependía de permitir el uso gratuito de los predios por colegios con financiamiento público, lo que debía materializarse mediante convenios que regularía un reglamento y se refrendarían por determinadas entidades administrativas locales. Ambos cuestionamientos apuntaban a que en definitiva era la Administración, y no la ley, la que determinaba el tributo (su base) y la exención (la forma de concretar el acceso gratuito.

El Tribunal Constitucional resolvió, respecto a lo primero, que el hecho de que el Servicio determinara la base imponible del tributo no era inconstitucional porque se trataba de una labor meramente procedimental, técnica o administrativa, en ningún caso normativa. En cambio, respecto de lo segundo, sostuvo que el hecho de que el acceso a la exención dependiera del cumplimiento de requisitos establecidos en un reglamento, y sujeto a la ratificación de organismos administrativos, era inconstitucional porque violaba el principio de reserva tributaria[47].

Como se puede ver, el Tribunal Constitucional señala que la reserva permite a la autoridad administrativa fijar los valores de los predios, pero no que se deslegalicen determinadas especificaciones sobre la forma en que opera una exención prevista por la propia ley y para ciertos casos genéricamente establecidos. A juicio de la Corte, establecer el valor de los predios, a diferencia de precisar la forma de cumplir con los requisitos de la exención, constituiría una mera labor técnica o administrativa. Con independencia de lo que el tribunal haya querido decir con «labor técnica o administrativa», la idea de que fijar la base imponible de un tributo constituye —solo— tal labor, mientras que precisar los requisitos de acceso a una exención no lo es, resulta sorprendente. Es equivalente a señalar —usando una analogía penal— que la reserva no impide que el legislador entregue a una autoridad administrativa la definición de qué

---

[47]   Ver considerandos 49°, 50°, 53°, 55°, sentencia del Tribunal Constitucional, 26.11.2007, Rol 718-2007.

constituye un hecho típico, pero sí prohíbe delimitar los alcances (genéricamente establecidos en la ley) de una determinada eximente penal.

El punto que acá interesa destacar no es que el fallo sea inadecuado, contradictorio o incorrecto. El Tribunal Constitucional intentó dar una respuesta pragmática, con las herramientas dogmáticas de que disponía, frente a un problema concreto. Resulta difícil imaginar de qué forma el establecimiento de la base del tributo (el valor de los predios) podría hacerse directamente por la ley. Pero eso es, precisamente, lo que se quiere destacar: la ausencia de categorías conceptuales que permitan adecuar las exigencias de la reserva a los distintos tributos y a sus diversos elementos lleva a que se adopte una solución pragmáticamente adecuada, pero jurídicamente inconsistente y contradictoria.

Aunque la materia ha sido rara vez analizada por la dogmática nacional[48], parece necesario complejizar la red conceptual con que el legislador, la dogmática impositiva y los tribunales intentan materializar la exigencia de reserva impositiva. Un primer paso en este sentido sería desarrollar categorías dogmáticas que permitan discriminar tanto entre los distintos tipos de tributos, como entre sus elementos para definir —a la luz de los valores y bienes protegidos, y de las razones pragmáticas pertinentes— las exigencias que, respecto de cada uno, cabe hacer en virtud de la reserva tributaria. Esta flexibilidad puede establecerse no solo en atención a la relevancia del tributo, sino a su complejidad de cada uno de ellos, de manera que en determinadas ocasiones sea posible entregar mayor discrecionalidad a determinados órganos con experticia técnica[49].

---

[48]   Un interesante análisis y propuesta en la materia, en MAGASICH, 2021.

[49]   En tal sentido, por ejemplo, los tribunales españoles han sostenido que, en el caso de las tasas, no cabe exigir que el legislador establezca una cuantía exacta Para una revisión de la jurisprudencia española en la materia, ver GARCÍA NOVOA, 2012, pp. 261, 262.

V.2. Reserva procedimental

Como se ha visto, aunque frente a la continua innovación de las estrategias elusivas, los ordenamientos impositivos han recurrido generalizadamente a la dictación de cláusulas generales contra la elusión, tales cláusulas rara vez se aplican. En palabras de Palao Taboada, esta es una situación insostenible y es indispensable salir de ella[50]. El punto, desde luego, es establecer cuál debe serel camino de salida. En particular, debe establecerse si la estrategia de las reglas generales antiabuso, de alguna forma mejorada, puede dar resultados adecuados, o ello no es posible y es necesario recurrir a estrategias de mayor profundidad.

En general, la dogmática sostiene que la respuesta se encuentra en reparar las reglas antiabuso. Palao Taboada, por ejemplo, explica la deficiente situación actual por excesos y laxitud metodológica en el uso de la cláusula antiabuso. Propone, en consecuencia, restaurar la ortodoxia dogmática en su aplicación, abandonar algunas deformaciones inaceptables e introducir modificaciones legales que eliminen las razones (procedimentales y sustanciales) por las que la Administración y tribunales evitan su uso[51]. Como se ha adelantado, sin embargo, el problema en examen no se origina en cláusulas mal redactadas (que, por lo demás, en forma creciente, han tendido a converger). El tipo de respuestas mencionadas pueden resolver algunos problemas puntuales (por ejemplo, el desbordamiento de la regla antiabuso mediante la ampliación del uso de la simulación), pero no pueden dar cuenta del problema en su totalidad porque este alcanza al concepto mismo de reserva tributaria.

En particular, creo que una concepción puramente sustancial de la reserva, como la que actualmente se acepta en los discursos dogmáticos, impide abordar la riqueza y complejidad de las cuestiones en juego. Es necesario, en consecuencia, abordar a la reser-

---

[50] Palao Taboada, 2021, p. 281.
[51] Palao Taboada, 2021, p. 283-289.

va misma y enriquecerla. Lo que se propone no supone desestimar o eliminar el principio. Éste seguirá siendo una pieza central en la regulación del fenómeno tributario. No es aceptable, por ejemplo, que no se utilicen consideraciones puramente económicas o pragmáticas para aplicar tributos, ni que ello se haga en base a la pura capacidad económica. Seguirán estando proscritos los tipos tributarios en blanco y no será aceptable una completa ausencia de limitación en la actividad interpretativa y aplicativa de los textos y normas impositivas. El enriquecimiento que se propone supone, de hecho, proteger y fortalecer la seguridad jurídica, actualmente en crisis frente a las actuaciones impredecibles y sin fundamentación de la Administración tributaria.

El elemento procedimental de la reserva apunta al reconocimiento de competencia a órganos no parlamentarios, y particularmente, a la Administración y a los tribunales, para definir la existencia de obligaciones tributarias frente a fenómenos elusivos. Pero al hacerlo, se les debe imponer exigencias formales relativas a quiénes tienen las competencias, en qué circunstancias pueden ocuparlas, respecto de qué tributos, y de qué forma. Es más, para que el uso de tales competencias no devenga en pura arbitrariedad, estas inevitables innovaciones deben propender a la construcción de reglas y pautas que tiendan a la estabilidad. En otros términos, si bien es probablemente inevitable —y, en todo caso, deseable— reconocer la labor creativa de los tribunales y la Administración al momento de resolver este tipo de materias, ello no puede hacerse sin restricciones que tiendan a proporcionar racionalidad al ordenamiento impositivo.

Siguiendo en este punto a MORESO, parece posible propender a que, en el uso de estas atribuciones, se tienda a la construcción de un sistema tributario que evite, al menos en la mayoría de los casos, el particularismo. En esta perspectiva, los problemas de elusión que enfrentan los tribunales deberán enmarcarse en un Universo del Discurso, caracterizado por un conjunto de los elementos identificados con una propiedad. Luego, deberán identificarse las pautas *prima facie* aplicables, lo que puede realizarse, ya sea a través del examen de los elementos que consideran las sentencias anteriores de los tribunales[52], ya sea recurriendo a casos paradigmáticos, reales o hipotéticos, que permitan establecer ciertos límites a las respuestas admisibles[53]. De esta forma se lograría identificar las propiedades relevantes y formular las reglas que resuelvan en forma unívoca todos los casos del Universo del Discurso[54]. Naturalmente, incluso en este contexto moderadamente universalista, habrá límites. Siempre existirán casos sin respuesta satisfactoria, en los que será necesario considerar nuevos hechos relevantes[55], y en los que los jueces recurrirán a la discreción judicial. Muchas veces, además, simplemente no podrá establecerse cuál es la respuesta porque los elementos relevantes ya identificados se mostrarán, frente a casos particulares, excesivamente vagos[56]. Sin embargo, este acercamiento supone reconocer que existe un límite a considerar como relevantes propiedades no contempladas en la decisión de casos previos[57].

VI. CONCLUSIONES

1) La ley formal enfrenta graves dificultades para regular los sistemas tributarios actuales. Si la dogmática tributaria quiere dar cuenta del derecho existente y no de uno idealizado, es útil que, para el diagnóstico de la crisis de la reserva tributaria, utilice la categoría de Derecho vigente.

---

[52] Martínez, 2007, p. 206.
[53] Moreso, 2009, 315, 316.
[54] Moreso, 2009, pp. 302-305.
[55] En la nomenclatura anglosajona, casos en que se incurra a la técnica del *distinguishing*. Martínez, 2007, pp. 182, 183.
[56] En la nomenclatura anglosajona, casos en que se incurra a la técnica del *distinguishing*. Martínez, 2007, p. 182, 183.
[57] Sobre qué limites imponen —o pueden imponer— los precedentes, existe amplia literatura. Para una discusión general, desde una perspectiva escéptica, ver Núñez Vaquero, 2016.

2) Si se asume que el rol de la dogmática no es solo describir y sistematizar el Derecho, sino que ofrecer formas de mejorarlo, la crisis descrita demanda respuestas. En tal sentido, es necesario avanzar en dos líneas de desarrollo dogmático. Primero, herramientas de intensidad graduada de la reserva impositiva. Segundo —y principalmente— un concepto enriquecido de reserva tributaria, en el que se consideren componentes sustanciales y procedimentales.

3) El trabajo ha utilizado como criterio central de evaluación de las diversas opciones analizadas, la eficacia en el control de la elusión. Ninguna estrategia o herramienta está exenta de costos y, aunque la elusión constituye una preocupación central para los juristas impositivos, no es todo lo que importa: la seguridad jurídica y, especialmente, el control de la arbitrariedad estatal, son también elementos valiosos que cualquier evaluación debería considerar.

Las ideas expuestas en este trabajo constituyen una exploración preliminar que, en caso de tener algún valor, requieren de un amplio desarrollo ulterior. Sin perjuicio de ello, no parece aventurado sostener que, en cualquier caso, la práctica impositiva seguirá evolucionando. Que tal desarrollo responda a principios de racionalidad y justicia dependerá, crucialmente, de la forma en que la dogmática enfrente el problema de la elusión.

VII. BIBLIOGRAFÍA

ALTAMIRANO, Alejandro, 2012: *Derecho Tributario. Teoría General*, Buenos Aires: Marcial Pons.

ANDRÉS AUCEJO, Eva, 2013: *Relaciones entre «Reglamento» y «Ley» en materia tributaria*, Madrid: Marcial Pons.

ARNOLD, Brian, 2008: "A comparison of statutory general anti-avoidance rules and judicial general anti-avoidance doctrines as a means of controlling tax avoidance: Which is better?", en John Avery Jones, Peter Harris y David Oliver (editores), *Comparative Perspectives on Revenue Law: Essays in Honour of John Tiley*, Cambridge: Cambridge University Press.

AVILÉS HERNÁNDEZ, Víctor, 2014: *Legalidad tributaria y mecanismos antielusión* (2° edición actualizada), Santiago: Editorial Jurídica de Chile.

BULYGIN, EUGENIO, 2021a [1963]: "El concepto de vigencia en Alf Ross", en Carlos Alchourrón y Eugenio Bulygin, *Análisis lógico y derecho*, Madrid: Trotta, pp. 369-382.

BULYGIN, EUGENIO, 2021b [1982]: "Tiempo y validez", en Carlos Alchourrón y Eugenio Bulygin, *Análisis lógico y derecho*, Madrid: Trotta, pp. 229-247.

BULYGIN, EUGENIO, 2021c [1987]: "Validez y positivismo", en Carlos Alchourrón y Eugenio Bulygin, *Análisis lógico y derecho*, Madrid: Trotta, pp. 517-536.

CHECA, Clemente, 2019: *Persiguiendo la sombre de la justicia tributaria*, Cizur Menor: Thomson Reuters.

DELGADO, Abelardo, 2018: *Las normas generales antielusión en la jurisprudencia tributaria española y europea*, Cizur Menor: Aranzadi Thomson Reuters.

GARCÍA DE ENTERRÍA, 1999.

GARCÍA DE ENTERRÍA, Eduardo y FERNÁNDEZ, Tomás—Ramón, 2020: *Curso de Derecho Administrativo* (10° Edición), Cizur Menor: Aranzadi Thomson Reuters.

GARCÍA NOVOA, Cesar, 2012: *El concepto de tributo*, Madrid: Marcial Pons.

GUASTINI, Riccardo, 2016: *La sintaxis del Derecho*, Madrid: Marcial Pons.

HART, Herbert, 2012: *The concept of Law* (3° edición), Oxford: Oxford University Press.

HIERRO, Liborio, 2003: *La eficacia de las normas jurídicas*, Barcelona: Ariel.

KELSEN, Hans, 1982 [1960]: *Teoría Pura del Derecho* (2° edición), (trad. R. Vernengo), México D.F.: Universidad Nacional Autónoma de México.

LAPORTA, Francisco, 2007: *El imperio de la ley*, Madrid: Trotta.

LAPORTA, F., Manero, J. R., y Rodilla, M. A., 2009: *Certeza y predecibilidad de las relaciones jurídicas*, Madrid: Fundación Coloquio Jurídico Europeo.

MAGASICH, Álvaro, 2021: "La reserva de la ley tributaria, hacia una concepción de un mandato con ´intensidades´ diferenciadas, en Francisco Saffie y Antonio Faúndez (coordinadores), *Derecho tributario constitucional: en tiempos de decisión de una nueva constitución*, Valencia: Tirant lo blanch, pp. 289-310.

MALHERBE, Jacques y GRAU RUIZ, María Amparo, 2008: "El poder tributario en Europa y el papel del Tribunal de Justicia Europeo. El ejemplo de la fiscalidad de los dividendos", en Cesar García Novoa y Catalina Hoyos Jiménez (coordinadores), *El Tributo y su aplicación: perspectivas para el siglo XXI*, Buenos Aires: Marcial Pons, pp. 1093-1122.

MANRIQUE, Laura, NAVARRO, Pablo; y PERALTA, José, 2013: *La relevancia de la dogmática penal,* Bogotá: Universidad del Externado de Colombia.

MARCHESSOU, Philippe, 2008: "El tributo y la integración económica. El derecho supranacional. Especial referencia al derecho comunitario europeo", en Cesar García Novoa y Catalina Hoyos Jiménez (coordinadores), *El Tributo y su aplicación: perspectivas para el siglo XXI,* Buenos Aires: Marcial Pons, pp. 551-586.

MARTÍNEZ, David, 2007: *Conflictos constitucionales, ponderación e indeterminación normativa,* Madrid: Marcial Pons.

MASSONE, Pedro, 2013: *Principios de Derecho Tributario. Aspectos Generales,* (3° edición actualizada y ampliada), Santiago: Legal Publishing Chile.

MORESO, José Juan, 2009: *La constitución un modelo para armar. Constitución, teoría y método.* Madrid: Marcial Pons.

NÚÑEZ VAQUERO, Álvaro, 2016a: Sin precedentes: una mirada escéptica a la regla del *stare decisis,* en *Doxa,* N°39, pp. 127-156.

OSORIO, H., GONZÁLEZ, J., VILDÓSOLA, C., y VIDAL, V., 2016: *Elusión: Un acercamiento al abuso de las formas jurídicas,* Santiago: Librotecnia.

PALAO TABOADA, Carlos, 2009: *La Aplicación de las normas tributarias y la elusión fiscal,* Valladolid: Lex Nova.

PALAO TABOADA, Carlos, 2021: *La aplicación de las normas tributarias y la elusión fiscal* (2° edición), Cizur Menor: Thomson Reuters.

PÉREZ ROYO, Fernando y CARRASCO, Francisco, 2020: *Derecho Financiero y Tributario. Parte General* (20° edición), Cizur Menor: Aranzadi Thomson Reuters.

QUERALT, J. M., LOZANO, C., TEJERIZO, J. M., y CASADO, G., 2019: *Curso de Derecho Financiero y Tributario* (30° edición), Madrid: Editorial Tecnos.

RODRÍGUEZ, Jorge Luis, 2021: *Teoría analítica del derecho,* Madrid: Marcial Pons.

Ross, Alf, 1994 [1958]: *Sobre el Derecho y la Justicia* (5° edición), (trad. G.R Carrió), Buenos Aires: Editorial Universitaria.

RUAN SANTOS, Gabriel, 2005: "¿Se encuentra en crisis el principio de legalidad?", en Pasquale Pistone y Heleno Taveira (coordinadores), *Estudios de derecho tributario constitucional e internacional,* Buenos Aires: Abaco de Rodolfo Depalma, pp. 389-405.

SAFFIE, Francisco, 2021: "Por qué fiscalizar la elusión mediante una cláusula general antielusión? Historia de su establecimiento en Chile y los debates políticos que genera", en Francisco Saffie y Antonio Faúndez (coordinadores), *Derecho tributario constitucional: en tiempo de decisión de una nueva Constitución,* Valencia: Tirant Lo Blanch, pp. 253-276.

Sainz de Bujanda, Fernando, 2015: *Hacienda y Derecho:* fragmentos, Madrid: Centro de Estudios Políticos y Constitucionales.

Schauer, Frederick, 2012: "Is defeasibility an Essencial Property of Law", en Jordi Ferrer y Giovanni Battista Ratti (editores), *The logic of legal requirements: Essays on Deseasibility,* Oxford: Oxford University Press, pp. 77-88.

Spisso, Rodolfo, 2019: *Derecho Constitucional Tributario,* Madrid: Marcial Pons.

Summers, Robert Samuel, 1982: *Instrumentalism and American Legal Theory,* Londres: Cornell University Press.

La retroactividad tributaria como límite a la libertad de configuración de las normas tributarias: fundamentos

Por Álvaro Magasich Airola[1]

Resumen: El Parlamento tiene la facultad de crear, modificar y derogar normas tributarias sustanciales. No existe en la Constitución un texto normativo expreso que indique que las normas tributarias no pueden aplicarse retroactivamente, esto es, afectar situaciones ocurridas antes de su existencia, produciendo un efecto desfavorable a los contribuyentes. No obstante, pareciere ser que entendemos que las normas tributarias sustantivas no pueden ser retroactivas (por lo menos en lo desfavorable para el contribuyente), limitando de ese modo la libertad de configuración normativa otorgada al Poder Legislativo.

No existiendo textos normativos en la Constitución, surge la pregunta sobre el fundamento jurídico de esta limitación. Este trabajo analizará las tres razones que se han dado para limitar la retroactividad tributaria y su estado actual: la legalidad, la propiedad y la seguridad jurídica. Para ello recurriremos a la doctrina de autores y jurisprudencia nacional e internacional.

Palabras claves: Irretroactividad, Legalidad tributaria, Derecho de propiedad, Derechos adquiridos, Seguridad jurídica.

---

[1]   Abogado. Doctor en Derecho por la Universitat de Barcelona. Profesor de Derecho tributario de la Escuela de Derecho de la Pontificia Universidad Católica de Valparaíso. Correo electrónico: amagasich@magasichycia.cl.
Parte de este artículo está en mi tesis doctoral, específicamente, en su capítulo quinto. La tesis doctoral se titula *La derrotabilidad, fraude de ley y cláusula general antielusiva. Análisis desde el Derecho Tributario español y chileno*. Leída en el año 2016, en la Universitat de Barcelona, España.

I. INTRODUCCIÓN. INEXISTENCIA DE NORMA EXPRESA CONSTITUCIONAL QUE LIMITE LAS FACULTADES DEL LEGISLADOR TRIBUTARIO PARA ESTABLECER NORMAS CON VIGENCIA RETROACTIVA

Cada vez que nos referimos al legislador o a normas tributarias, nos referimos a aquella parte del sistema normativo que establece tributos y sus elementos esenciales, dejando fuera de este uso las normas que se adscriben al Derecho tributario adjetivo o no sustancial.

La Constitución Política de la República de Chile atribuye al Parlamento la facultad de elaborar normas que creen, modifiquen o deroguen tributos y todos sus elementos. En el ejercicio de esta facultad configurativa del tributo y sus elementos, el legislador posee amplios márgenes de libertad que está limitada por normas que funcionan como un mandato técnico, amenazándolo que de afectarse estas, podrá dar lugar a la anulación del texto.

No existe en el texto constitucional expresamente una norma que limite las facultades del legislador, prohibiendo la retroactividad de las normas tributarias; solo consagra la prohibición de retroactividad respecto de las normas penales con una excepción, referida a infracciones y sanciones sean más favorables respecto de casos no firmes (art. 19 N° 3 de la Constitución Política de la República). Esto difiere de lo que ocurre en otros ordenamientos jurídicos, donde sus textos constitucionales consagran prohibiciones generales de retroactividad: México (art. 14), Perú (art. 103), Portugal (art. 8 Constitución de 1976), o prohibiciones específicas de retroactividad en materia tributaria, como Portugal (art. 103 Constitución de 1976), Brasil (art. 150 Constitución de 1988), Colombia (art. 363 Constitución de 1991) y Suecia (art. 10.2, capítulo 2, Constitución de 1974).

A nivel legislativo, el ordenamiento chileno consagra en su Derecho común el principio de irretroactividad de las leyes (art.

9 del Código Civil chileno[2]) y, en el ámbito tributario, el art. 3 del Código Tributario indica que las leyes tributarias solo podrán afectar a los hechos que ocurran después de su vigencia.

De esta forma, los límites expresos que el conjunto del sistema normativo chileno consagra respecto a la posibilidad de que una regla afecte actos anteriores a su existencia en materia tributaria afectan al aplicador de los textos normativos y no al legislador, por lo cual este podría elaborar un texto legal tributario con vigencia retroactiva expresa o tácitamente, afectando situaciones anteriores a su publicación[3]. Sin embargo, en materia tributaria el desarrollo jurisprudencial ha tendido a limitar la posibilidad de que las leyes tributarias tengan un alcance retroactivo, por lo menos en lo «des-favorable»[4] al contribuyente. El problema es determinar en virtud de qué normas, reglas o principios, se obliga al legislador a respetar

---

[2] El artículo 9 debe complementarse con la Ley sobre Efecto Retroactivo de las leyes de 1861, cuyo objeto es, según dispone su artículo 1, resolver los conflictos de aplicación de leyes dictadas en distintas épocas.

[3] En esta tesis esto es la no existencia de impedimentos para establecer normas tributarias retroactivas. Se puede citar la sentencia de la Corte Suprema, Valdivieso con Dirección General de Impuestos Internos, de fecha 3 de noviembre de 1937. En este juicio se revisaba el art. 9 de la Ley 5154 de abril de 1933, que gravaba los beneficios excesivos a partir del 1 de enero de 1932 hasta diciembre de 1933. Dice dicha sentencia en su considerando 6° «que no quita su eficacia a tal disposición legal (que establece el impuesto retroactivo) lo establecido en el artículo 9 del Código Civil al mandar en materias civiles, no administrativas ni de derecho público, que la ley puede sólo disponer para lo futuro y que no tendrá jamás efecto retroactivo; porque este mandato, o, más bien consejo, es legal y no constitucional, cualquiera que sea su importancia, y es susceptible de que se le suspenda aún en el caso de una ley de contribución excepcional, es decir, con doble carácter de odioso; de manera que el legislador puede variarlo, derogarlo temporalmente o en casos aislados, limitarlos, siempre que no vaya contra los principios constitucionales, especialmente contra los derechos de propiedad asegurados por la constitución lo que no ocurre en la especie»

[4] MACHO PÉREZ, a. (2005). pp. 462-463 y 567-568; ver también SÁNCHEZ PINO, A. (2001), pp. 175 y ss.

las situaciones ya acontecidas, limitando de ese modo la libertad de configuración normativa atribuida al Poder Legislativo.

Por lo anterior, se requiere identificar las razones o fundamentos que se han dado para limitar la libertad de configuración normativa, y eso es lo que pretende analizar este artículo.

II. RETROACTIVIDAD: CONCEPTO Y CLASES

La retroactividad de una norma sucede si el inicio de su actividad afecta a situaciones ocurridas antes de su existencia como tal (de su fecha de publicación)[5], produciendo un efecto desfavorable que no ocurría antes de la existencia de dicha regla. De esta forma, caracteriza el efecto retroactivo la afectación a hechos ocurridos con anterioridad a su existencia y la producción de un efecto jurídico, un estado de las cosas, que no estaba antes de la dictación de la regla.

Se han distinguido dos formas de retroactividad. Una es la llamada «auténtica o propia», que afecta a hechos jurídicos pasados y concluidos, esto es, que generan consecuencias jurídicas a partir de hechos anteriores a la ley, sea considerándolos tácita o expresamente, o no considerándolos. Por ejemplo, una norma que modifique retroactivamente exenciones sobre periodos ya declarados, o que modifique la tasa o tarifa de un impuesto ya declarado y pagado, o que considere gravado algo que no lo estaba, etc. Ejemplo de ello son el art. 9 Ley 5154 de abril de 1933, que gravaba los beneficios excesivos a partir del 1 de enero de 1932 o la Ley 15575, que en su artículo 116, bajo la apariencia de aclarar, esto es, interpretar auténticamente el artículo 36 del D.F.F. 2 de 1959, lo que hacía era eliminar una exención, específicamente la referida a los depósitos efectuados para la vivienda[6]. La otra es la «impropia o

---

5   Ver Macho Pérez, a. (2005). pp. 109 y ss. y 174 y ss.; también Sánchez Pino, A. (2001) p. 175; Flores Zavala, E. (1969). pp. 154 y ss.
6   La Ley 15575, en su artículo 116, decía que se procedía a «aclarar» el art. 36 del DFL 2 de 1959, por lo que el efecto retroactivo se "«ocultaba» en la apariencia de una interpretación auténtica, lo que así fue enjuicia-

no auténtica», que sucede en el supuesto de que la norma repercuta sobre eventos que aún están ocurriendo y no han concluido, como es el caso de las modificaciones de base imponible o tipos (tasas) de tributos cuya época de determinación se encuentra en curso. Así, por ejemplo, una norma que se publica a mediados de año podría modificar la tasa del impuesto de hechos ocurridos ese mismo año[7], afectando situaciones que aún no están concluidas[8], por ejemplo, la Ley 21210 de 24 de febrero del año 2020, que aumenta el tramo marginal de la tasa del global complementario (art. 53 LIR) desde 35 a 40%, afectando los ingresos generados en enero y febrero de ese año.

Esta clasificación nace en Alemania en el Tribunal Constitucional Federal (*Bundesverfassungsgericht*), en sentencias de la Sala II de fecha 31 de mayo de 1960 (BVemrfGE 11, 139), y de la misma sala con fecha 19 de diciembre de 1961 (BVerfGE 13, 261), donde se revisaba una ley que aumentaba las tasas y costas judiciales, y que disponía su aplicación a los procesos judiciales pendientes. Esta clasificación fue recepcionada por España y su Tribunal Constitucional en relación con el gravamen complementario sobre la tasa del juego, creado por la Disposición adicional sexta, 3, de la Ley 5/1983 de 29 de junio, de medidas urgentes en materia presupuestaria, financiera y tributaria y, por último, es utilizada por el Tribunal Constitucional chileno en Sentencia Rol 1452-09 de 5 de agosto del 2010, caratulada «Dagoberto Jara con SII», donde se discute la eliminación de beneficios tributarios establecidos en el art. 57 bis por el artículo único de la Ley 20028 de 30 de junio de 2005.

---

do por la Corte Suprema, declarando que dicho texto era retroactivo y no interpretativo (Corte Suprema, Enrique Dueñas Grant con Impuestos Internos, Rol 6278). Revista Fallos del Mes, diciembre de 1964, N°73.

[7]   Ver MACHO PÉREZ, A. (2005), pp. 401 y ss.

[8]   En España el Tribunal Constitucional en sentencia 173/1996, FJ 5, discutió una norma que aumentaba la deuda de un impuesto periódico, "«tasa fiscal sobre el juego», antes de que finalizara el correspondiente período impositivo.

III. RAZONES QUE FUNDAN LA IRRETROACTIVIDAD DE LAS LEYES TRIBUTARIAS LIMITANDO LA LIBERTAD DE CONFIGURACIÓN DEL PODER LEGISLATIVO

III.1. La legalidad

Una primera razón que ha dado la doctrina para sostener la irretroactividad es la legalidad tributaria en su perspectiva de reserva de ley. La profesora argentina CATALINA GARCÍA VIZCAINO sostiene esta mirada, señalando que la legalidad requiere la concurrencia de una ley previa, apoyándose en el viejo aforismo *nullum tributum sine lege,* del cual se desprende la exigencia que los contribuyentes conozcan con anterioridad la existencia de la obligación y su valoración, por lo cual, al existir una ley retroactiva, se estaría afectando situaciones respecto a la cual el contribuyente no tuvo noticia de su afectación[9]. Esta teoría se aviene a los requisitos del Derecho penal, donde la tipicidad exige la existencia de una ley escrita previa, prohibiéndose el efecto retroactivo[10].

No compartimos este razonamiento. En primer lugar, porque olvida la autora que en materia penal ordinariamente existen textos constitucionales expresos donde se prohíbe el efecto retroactivo en lo desfavorable y se acepta en lo favorable. De esta manera, la comparación no resulta válida. En segundo lugar, porque la legalidad tributaria[11] lo que impone es la exigencia que determinadas materias, el tributo y sus elementos, «sean reguladas mediante un determinado proceso productivo, entendido como una serie o sucesión de actos, que termina en texto normativo»[12], en otras palabras, la exigencia de la reserva de ley es que el texto (tributario) esté contenido en una norma de rango legal. Esto es distinto al alcance en el tiempo de los supuestos que pueda considerar una

---

[9]   GARCÍA VIZCAINO, C. (1996). pp. 195-196.
[10] MIR PUIG, S. (2015), p. 116.
[11] El principio de legalidad tributaria está en los arts. 19 N° 20, art. 63, art. 65 inc. 2; art. 65 inc. 4, N° 1 de la Constitución.
[12] Ver MAGASICH AIROLA, A. (2021) pp. 291 y ss.

hipótesis normativa, por lo cual, si bien la legalidad propone la exigencia de ley previa, esta no cubre la posibilidad de que afecte a situaciones anteriores o posteriores a su vigencia.

III.2. Derecho de propiedad

Otra justificación tradicional es que la retroactividad está prohibida en los casos en los que transgreda la protección del derecho de propiedad, específicamente en los derechos adquiridos.

Desde este punto de vista, cuando un sujeto se coloca en una hipótesis normativa cuya consecuencia es una forma de determinación de la obligación tributaria, crea un supuesto de naturaleza jurídica patrimonial que se incorpora al patrimonio del sujeto, de modo que queda protegido por la garantía del derecho de propiedad, limitando las facultades del legislador.

En Chile este ha sido el principal argumento contra la retroactividad[13]. El razonamiento jurídico brevemente esbozado es el siguiente:

El derecho de propiedad se extiende sobre toda clase de cosas, tanto corporales como incorporales (art. 19 N° 24 Constitución). A su vez, la legislación civil (en su art. 565 del Código Civil) señala que son cosas incorporales «las que consisten en meros derechos, como los créditos y las servidumbres activas»[14]. Conforme a estas normas, los tribunales entienden que cualquier derecho (cosa corporal) está amparado por la garantía de la propiedad. La noción de «derechos» se extendió considerando como tales diversos poderes, facultades, beneficios o situaciones con y sin efecto patrimonial, ocurridas como consecuencia de actuaciones administrativas, de leyes o de simples hechos, situaciones todas protegidas por el derecho fundamental de propiedad y su vía procesal de resguardo,

---

[13]   Aste Mejías, C. (2018), p. 55.
[14]   Art. 576 del Código Civil complementa esta norma señalando que «las cosas incorporales son derechos reales o personales».

el recurso de protección[15]. Así, se empezó a hablar y a reconocer la existencia de «"propiedad sobre el empleo", "propiedad sobre una concesión", "propiedad sobre una concesión de un bien nacional de uso público", "la calidad de estudiante universitario (...) configura una especie de propiedad sobre los derechos incorporales", "propiedad sobre la facultad de desempeñarse como consejero de una Asociación Gremial" [...]»[16], fenómeno que algunos denominaron la «propietarización de los derechos»[17].

Lo anterior tiene trascendencia en lo que respecta a los beneficios tributarios, especialmente los permanentes en el tiempo, como son exenciones, disminuciones a la base, consideración de ser un hecho no sujeto, establecimiento de un régimen tributario preferente, etc., ya que, al situarse sujeto en la hipótesis normativa, el beneficio existente quedaría radicado en su patrimonio (derecho adquirido), protegido constitucional y solo podría ser erradicado del mismo expropiándolo. De esta forma, si alguien adquiere acciones que el mayor valor que genere su enajenación no constituye renta, ese «atributo» queda incorporado, por lo que debe respetarse frente a cualquier cambio legal. Esta manera de entender los beneficios otorgados por las leyes como un derecho adquirido es acorde con una interpretación finalista, donde el fin extrafiscal de la norma es invitar al sujeto a realizar esa conducta (comprar acciones, ahorrar para pensiones, invertir en inmuebles, etc.), garantizando, que su conducta será "premiada" con el beneficio, en otras palabras, el beneficio funciona como una «invitación garantizada».

---

[15]   El recurso de protección es un mecanismo procesal establecido en el art. 20 de la Constitución que permite pedir la protección para el restablecimiento del imperio del derecho y asegurar la debida protección de la mayoría de los derechos y garantías establecidos en el artículo 19 de la Constitución.

[16]   Son citas extraídas de sentencias. Ver VERGARA BLANCO, A. (1992). pp. 289-290.

[17]   VERGARA BLANCO, A. (1992). p. 281; CORDERO QUINZACARA, E. (2006). p. 128; SACCO AQUINO, S. (2010). pp. 486-487.

La jurisprudencia tributaria y constitucional, a lo menos desde los años sesenta, enarbola esta tesis primero con base en la Constitución de 1925, art. 10 N° 10, y luego con la Constitución de 1980 y el ya citado artículo 19 N° 24.

En el año de 1964 se dictaron dos sentencias, que resuelven contra supuestas normas retroactivas, fundadas en que las franquicias tributarias generan un derecho que se incorpora al patrimonio del sujeto, el cual no es posible de erradicar. La sentencia dictada por la Corte Suprema con fecha 4 de mayo de 1964 «León Caro Azar con Impuestos Internos», Rol 5393, indica que la eliminación de la exención «...sólo podrá estar dirigido a los interesados que aún no habían ni han cumplido con los requisitos necesarios para aprovecharla, pero en ningún caso referirse a todos aquellos que estaban disfrutando de la franquicia, en conformidad a la Ley y al Decreto Supremo respectivo, para quienes, indudablemente, esa exención ha constituido un derecho patrimonial». En consecuencia, la eliminación de la exención suprime «la posibilidad futura» de usar la exención derogada.[18] El otro fallo fue también dictado por la Corte Suprema el 14 de diciembre de 1964, caratulado Enrique Dueñas Grant con Impuestos Internos, Rol 6278. En el año 1959 se dictó el DFL 2 ley de fomento habitacional, que en su artículo 36 eximía de los impuestos a la renta a los depósitos en cuenta para ahorro de la vivienda, sus reajustes e intereses. El 15 de mayo de 1964 se dictó la ley 15575, que en su artículo 116 aclaraba el artículo 36, en el sentido de que solo estaban exentos los reajustes e intereses y no los depósitos. De esta forma, se afectaban las deducciones a la base del impuesto a la renta que correspondía a los fondos depositados para el ahorro de la vivienda durante cuatro años, que correspondían a cuatro períodos tributarios. La sala de la Corte Suprema determinó que la norma no interpretaba, sino que derogaba una exención, señalando que este beneficio debe respetarse «porque el contribuyente fue inducido a hacer los de-

---

[18] Revista Fallos del Mes, mayo de 1964, N° 66, p. 55 a 60.

pósitos por los beneficios que la ley le concedía, beneficio que incorporó a su patrimonio[19]».

La Corte Suprema, dictó con fecha 3 de octubre de **1966**, Rol 7084, «Ford Motor Co», inaplicabilidad; y luego el 8 de julio de **1967**, «Esso Estándar Oil Co (Chile) SAC», Rol 7397, sentencias que repetía de lógica observada precedentemente esto es que existía un derecho sobre los beneficios tributarios. La Ley 15575 en su art. 131 eliminaba el beneficio establecido en el artículo 19, letra a) de la ley 14171, que establecía que los intereses que devengaran títulos de deuda emitidos por el Estado denominados «bonos dólares» estaban exentos de cualquier gravamen fiscal. La Corte Suprema acoge los recursos de inaplicabilidad: en el juicio de Esso Estándar Oil Co, señala que «el derecho del propietario a sufrir gravámenes, emanado del compromiso que contrajo el Estado al emitir bonos de los adquiridos por el recurrente, no pudo ser "limitado" por dicha ley impositiva en razón que la adquisición comprendió todos los derechos incorporales anexos al bono, los cuales ingresaron al plano jurídicamente superior del derecho de propiedad garantizado por la Constitución, y por tanto son intocables, si no es por medio de leyes generales o particulares expropiatorias», en otras palabras, «el gravamen que impuesto, pues, los interese de los bonos el artículo 131 de la ley 15.575 afectó el derecho de dominio que tenía el adquirente sobre el bien incorporal, representando materialmente por ello, derecho adquirido con anterioridad a la vigencia de la ley mencionada». El fallo Ford Motor Co llega a las mismas conclusiones, esto es, que no es posible eliminar ese beneficio en razón que afectaría el derecho de dominio del adquirente, consagrado en el artículo 10 N° 10 de la Constitución de 1925, ya que las franquicias legales con que adquirieron estos bonos son parte de su patrimonio, más cuando estas franquicias o derechos (destinada a que el Estado obtuviera recursos para equilibrar el presupuesto) fue lo que

---

[19]   Revista Fallos del Mes, diciembre de 1964, N° 73, p. 290 a 292.

movió a los inversionistas a adquirir los mismos. Esta oferta que el Estado hizo no puede ser desconocido por él, quitando el beneficio ofrecido «no es posible admitir que el Estado chileno después de comprometer públicamente su garantía, desconozca los beneficios que otorgó[20]».

El Tribunal Constitucional, 10 de febrero de **1995**, en causa Rol 207/1995, en una materia no tributaria también recoge el mismo principio. La Ley 19369, de fecha 24 enero de 1995, deroga el inc. 4 art. 10 Ley 18401 (deuda subordinada de bancos) que establecía un derecho a capitalización de dividendos no distribuidos con emisión de acciones. Este fallo en su considerando 63 señala «que fue precisamente el hecho de celebrar el referido contrato de adquisición de dichas acciones preferidas lo que determinó indefectiblemente la incorporación al patrimonio de los accionistas de los derechos establecidos en la legislación vigente a la época de su adquisición, ("específicamente el derecho a acordar no repartir dividendos con capitalización por el solo ministerio de la ley y emisión de acciones con preferencia"). Fue, efectivamente, aquel hecho la circunstancia fáctica con aptitud suficiente para traer como consecuencia la incorporación inmediata de un derecho de carácter patrimonial, protegido por la garantía consagrada en el artículo 19, N° 24, de la Constitución Política y, por lo tanto, estableciendo una limitación a las atribuciones del legislador en el sentido de carecer de facultades para alterarlo, menoscabarlo o anularlo por una norma posterior»[21]

---

[20] Revista Fallos del Mes, octubre de 1966, N° 95, p. 229 a 231 y Revista Fallos del Mes, julio de 1967 N° 102 p. 143 a 90 a 292.

[21] Esta sentencia es criticada en cuanto confunde el control de constitucionalidad entre el plano objetivo garantizado y el control abstracto con los efectos o la situación subjetivos del daño producido por el cambio de la legislación, que podría dar lugar a derecho a reclamar indemnizaciones, por ALDUNATE LIZANA, E. (1995). pp. 35-36.

IV. DECLIVE Y DELIMITACIÓN DEL DERECHO DE PROPIEDAD COMO LÍMITE A LA RETROACTIVIDAD DE LAS LEYES TRIBUTARIAS

En los últimos años el reconocimiento de la garantía de la propiedad fundada en los derechos adquiridos como límite de la retroactividad tributaria ha ido perdiendo fuerza[22] y delimitándose su campo de acción o extensión.

Conforme indicábamos, se entendía que el derecho de propiedad amparaba situaciones, hechos, facultades etc., Extendió la noción de derecho hasta situaciones que no lo son, produciéndose su «cosificación»[23] o «inflación»[24]. Esta manera de ver las cosas fue duramente criticada por la doctrina. El profesor ALEJANDRO GUZMÁN indicó que los derechos en la legislación chilena son los «derechos reales», que son taxativos, y los «personales», que se tienen respecto de alguien sobre el que recae la obligación de hacer una prestación de dar, hacer o no hacer. Queda fuera toda otra situación que no se ubique dentro de esta descripción, como las innumerables ventajas que la ley pueda consagrar[25]. Conforme a lo señalado por el profesor GUZMÁN, la noción de cosa incorporal protegido por la propiedad no alcanza a las facultades y atribuciones que asigna una ley o acordados en un contrato bajo una determinada legislación[26], por lo que concluimos que los beneficios tributarios no quedan bajo la salvaguarda de los derechos adquiridos, ya que no existe un derecho sobre este. Es más, tributariamente sí existen beneficios que están protegidos de los cambios legislativos, específicamente aquellos establecidos en «contratos leyes»[27], por lo cual si existe esta especial categoría,

---

[22]   En ese sentido, SACCO AQUINO, S. (2010)., pp. 487-490; y FAUNDEZ UGALDE, A. (2012). pp. 156-157.

[23]   VERGARA BLANCO, A., (1992), p. 281.

[24]   GUZMÁN BRITO, A. (1995). pp. 100-101.

[25]   GUZMÁN BRITO, A. (1995), pp. 102-103.

[26]   ALDUNATE LIZANA, E. (1995). p. 42.

[27]   Una excepción está en los llamados contratos leyes, donde el beneficio otorgado por ley y luego expresado en un contrato queda a salvo de

caracterizado por su inamovilidad, la facultad del legislador de terminarlo mediante la derogación de la norma es justamente la regla general. Desde el punto de vista administrativo constitucional, el profesor EDUARDO CORDERO subraya el peligro que significa esta mirada, en su posición más radical, podría resultar una verdadera «congelación del régimen jurídico», limitando de sobremanera al legislador[28].

En el Derecho comparado la propiedad como fundamento del límite de irretroactividad también ha sido menoscaba. Como explica ANA MACHO, en Alemania y en España la justificación de la limitación a la retroactividad de las normas tributarias fundada en el derecho de propiedad y en los derechos adquiridos no prosperó[29]. La sentencia del Tribunal Constitucional español (6/1983) estableció la no aplicación de esta teoría en razón de que las leyes que establecen beneficios no generan un derecho adquirido; este es un elemento de la relación obligacional generada por las leyes, el cual no genera un supuesto derecho subjetivo a favor del contribuyente[30]. A este respecto, tal vez la idea de Estado social,

---

cualquier cambio legislativo: Ver MAGASICH HUERTA, JORGE(1971) p. 160 y ss.; NAVARRO, MARÍA PILAR(2021) p. 407 a 417; y Sentencia del Tribunal Constitucional de 5 de agosto de 2010, Rol 1452-09 (considerandos 36 y 37).

[28] CORDERO QUINZACARA, E. (2006), p. 128. Ver FERMANDOIS, A. (2010). pp. 199-200, especialmente la cita del fallo TCCH de 10 de febrero de 1995, Rol 207, considerando 29, que señala «una pretendida regulación de una actividad económica debe tener presente los derechos legítimamente adquiridos por las personas al amparo de la norma vigente al momento de su adquisición».

[29] MACHO PÉREZ, A. (2005), pp. 393 y ss.

[30] STCE de 4 febrero de 1983, 6/1983, FJ 2. «Sin embargo, a nuestro juicio es más correcto entender que el llamado derecho a la exención o a la bonificación tributaria es simplemente un elemento de la relación jurídica obligacional, que liga a la Administración y al contribuyente y que, en el caso de la contribución territorial, no integra el derecho de propiedad, el de usufructo o el derecho real concreto que sea objeto de la contribución. El objeto de la exención —no pagar o pagar una cantidad inferior a la prevista con carácter general— es distinto del

con una mirada redistributiva y una marcada función social de la
propiedad, además de la no regulación de esta como derecho fundamental y la expresión constitucional de la existencia del deber
de contribuir, ubicado en equivalencia al derecho de propiedad,
ha significado una menor trascendencia en el rol que desempeña
este principio como límite al legislador tributario. Esta es una situación diferente a la experiencia chilena, donde esta regla, situa-
da dentro de los derechos fundamentales, se ha transformado en
uno de los actores fundamentales del sistema jurídico chileno[31].

La jurisprudencia nacional también da cuenta de la pérdida de
fuerza de la propiedad como límite a la retroactividad, circunscri-
biendo su ámbito de aplicación. Primero la Corte Suprema, con
fecha 29 de abril de 1998, Figueroa Gaete con SII, Rol 31560,
determina que (considerando 7) las normas tributarias «tienen
vigencia in actum».«De ello se sigue, como consecuencia, que las
operaciones tributarias que tienen un desarrollo en el tiempo
deben regirse por la legislación que les es aplicable en su oportunidad, esto es, al momento en que deben ser tenidas presentes, que no es otro que su liquidación, la sola existencia de un
beneficio tributario(...) no lleva aparejada, necesariamente, su
mantenimiento en el tiempo en forma indefinida y obligada(...)
Sin perjuicio de las disposiciones especiales sobre vigencia que
pueda contener(...) que posibilita a los contribuyentes adecuar
sus inversiones en el tiempo». (Considerando 8). «No es posible

---

objeto sobre el que recae el derecho real. Por ello, no puede hablarse
en puridad de un auténtico derecho a la bonificación tributaria o al
mantenimiento del régimen jurídico-tributario de bonificación, que
pueda entenderse incorporado al patrimonio de los titulares del dominio —en nuestro caso, a la propiedad de viviendas de protección
oficial— y del que estos puedan entenderse privados en virtud de una
norma como el Real Decreto-ley 11/1979, por lo cual se muestra como
totalmente infundada la eventual idea de una violación del art. 33 de
la Constitución.»

[31] CORDERO QUINZACARA, E. (2006), p. 128; SACCO AQUINO, S. (2010),
pp. 486-487.

afirmar que existan derechos adquiridos respecto de beneficios tributarios...» (Considerando 10).«Que las nuevas disposiciones legales no han tenido efecto retroactivo(...) sino que han puesto término a una franquicia tributaria[32]». Luego, el Tribunal Constitucional, en sentencia de 5 de agosto de 2010, Rol 1452-09 (considerando 30), al igual como lo hiciera la Corte Suprema, aparta a la propiedad de la protección de situaciones jurídicas que la antigua jurisprudencia protegía, debido a que los beneficios tributarios no generan derechos adquiridos y su término no implica retroactividad, sino simplemente el fin de un determinado elemento de la obligación tributaria[33], que en dicho momento implicaba solo una expectativa (considerando 32).

Estos fallos terminan con la idea de que un beneficio legal era un derecho incorporal y, como tal, incorporado al patrimonio, perdiendo el derecho de propiedad, la fuerza que tenía como límite al efecto retroactivo de las normas tributarias.

---

[32] En parecidos términos, Corte Suprema, sentencia de 26 de noviembre de 1998, «Asociación Chilena de Seguridad con SII, considerando 7 indica "que cabe rechazar dese ya la supuesta vulneración a la norma constitucional invocada, ello por cuanto no puede pretenderse tener derechos adquiridos sobre las franquicias tributarias, ya que ellas son esencialmente temporales, y por ende revocables en cualquier momento"».

[33] SCS de 29 de abril de 1998, Figueroa Gaete con SII, Rol 31560, y STCCH de 5 de agosto de 2010, Rol 1452-09. En ambos juicios se discute sobre la posibilidad de que una ley derogue un beneficio tributario: el primero, referido a las inversiones en fondo mutuo cuya ganancia quedaba exenta de impuesto, y el segundo, establecido por la Ley N° 18293 de 31 de enero de 1984, que permitía que las personas naturales rebajaran de las rentas imponibles de cada año comercial (sin tope de años) el 20% del valor invertido en acciones de pago de sociedades anónimas abiertas de las que fueran dueños desde más de un año al 31 de diciembre, beneficio que perduraba mientras el sujeto mantuviera dichas acciones en su poder sin límite. Se trataba ambos de derechos que se generaron bajo la vigencia de una ley, por lo que bajo la lógica de los derechos adquiridos el beneficio quedaba radicado en el patrimonio del sujeto, no siendo posible de eliminar si no era afectando el derecho de propiedad.

No obstante lo señalado, el Tribunal Constitucional distinguió entre un efecto sobre situaciones pasadas (concluidas) y sobre otras que estén en desarrollo, pero no terminadas, entre las que se incluyen no solo las que denominamos «de retroactividad impropia», sino también las referidas a beneficios no devengados. Es importante esta distinción, ya que a partir de ella construye un nuevo alcance del derecho de propiedad como límite a la libertad de configuración legislativa. Para este sentenciador, en las situaciones pasadas podría generarse una contravención a la propiedad si la nueva norma alcanzara desfavorablemente obligaciones tributarias ya concluidas (retroactividad auténtica), pues estas ya configuraron una determinada forma de cumplir la prestación, lo que se traduce en una situación patrimonial ya incorporada y, por lo mismo, protegida. Es decir, en este evento el derecho de propiedad sí se configura como límite; en cambio, en el caso que la norma afecte situaciones en curso, entiende el tribunal que la regla operará sobre hechos futuros, afectando a «eventuales beneficios pendientes de producción, pero aún no devengados al no haberse verificado en su integridad el período impositivo», con lo cual la propiedad deja de actuar como límite.

De esta forma, se reduce el ámbito de protección del derecho de propiedad a situaciones donde se alteren supuestos de obligaciones ya concluidas y, como efecto de ello, realmente patrimonializadas.

IV.1. Seguridad jurídica

Menoscabada y limitada la protección contra la retroactividad desde el derecho de propiedad, su justificación se ha trasladado a la seguridad jurídica y a su manifestación de confianza legítima.

No es el espacio para analizar en profundidad la seguridad jurídica. Esta normalmente se mira desde la previsibilidad[34], esto

---

[34]   MASSONE PARODI, P. (2013). p. 117; SÁNCHEZ PINO entiende la seguridad jurídica como la «confianza o perspectiva razonablemente fundada

es, que los sujetos puedan anticipar razonablemente los efectos que el Derecho asigna a sus actos y a los de otros, con lo cual podrán actuar en su presente y planificar su futuro. No obstante, en nuestra perspectiva y siguiendo en parte a HUMBERTO ÁVILA, entendemos que esa postura da cuenta de solo un aspecto de la seguridad[35]. HUMBERTO ÁVILA ordena y amplía los requerimientos que de esta norma emanan utilizando tres dimensiones: cognoscibilidad, confiabilidad y calculabilidad. La idea de cognoscibilidad apunta a un estado de cosas donde los sujetos pueden conocer y entender el Derecho, lo que les permite actuar y orientarse sobre su base. Este estado de cosas se refiere a una dimensión presente, donde las cualidades a destacar son la seguridad y la orientación. Por su parte, la confiabilidad atiende a la transición presente-pasado, a un estado de cosas donde lo sucedido bajo un marco no puede ser alterado con posterioridad. Por último, la calculabilidad se refiere a la transición presente-futuro, esto es, a un estado de cosas donde los sujetos puedan prever de manera aproximada las consecuencias de sus actos en el futuro, sin que de un momento a otro queden alteradas por un cambio brusco o sorpresivo[36].

---

de los ciudadanos en cuál será la actuación de los poderes públicos en la aplicación del derecho (aplicación que incluye creación del derecho)». SÁNCHEZ PINO, A. (2001). pp. 163-164; MARÍN BENÍTEZ, G. (2013), p. 96.

[35] ÁVILA define la seguridad jurídica como aquella «norma-principio que exige, de los Poderes Legislativos, Ejecutivo y Judicial, la adopción de comportamientos que contribuyan más a la existencia, en beneficio de los ciudadanos y desde su perspectiva, de un estado de confiabilidad y calculabilidad jurídica, con base en su cognoscibilidad, mediante la controlabilidad jurídico racional de las estructuras argumentativas reconstructivas de normas generales e individuales, como instrumento garante del respeto a su capacidad de —sin engaño, frustración, sorpresa ni arbitrariedad— plasmar de forma digna y responsable su presente y hacer una planificación estratégica jurídicamente informado sobre su futuro». ÁVILA, H. (2012), p. 231.

[36] ÁVILA, H. (2012), pp. 251 y 499-501.

La confiabilidad se traduce en la creencia razonable de que los actos y efectos radicados bajo un determinado ordenamiento no serán modificados o desafectados por reglas posteriores de manera desfavorable para el contribuyente[37], oponiéndose a la retroactividad, en la cual una norma posterior afecta situaciones concluidas bajo un régimen jurídico, alterándose el estado de cosas o afectando situaciones en desarrollo, esto es, que se iniciaron bajo un sistema, pero que aún no han concluido.

En el Derecho comparado ha sido justamente este principio el que se ha desarrollado como límite a la retroactividad de las normas tributarias. Así, el Tribunal Constitucional español ha indicado que «las normas tributarias retroactivas pueden estimarse constitucionalmente ilegítimas cuando atentan a tal principio y a la confianza de los ciudadanos» (STCE 126/1987, FJ 11). Con más claridad ha indicado que la retroactividad es contraria a la Constitución cuando se traduce en un «quiebre de la confianza legítima que todo obligado tributario debe tener en la actuación de los poderes públicos» (STCE 234/2001, FJ 8)[38].

En Chile tal idea está presente directa o indirectamente desde viejas sentencias[39] y en la actualidad la doctrina la incorpora expresamente, adquiriendo una incipiente importancia. El Tribunal Constitucional chileno en la sentencia de 10 de febrero de 1995, Rol 207/1995 (considerando 67), refiriéndose a la retroactividad plantea que esta tiene como límite los elementos propios de un Es-

---

[37]   MACHO PÉREZ, A. (2005), pp. 462-463 y 567-568. Ver también SÁNCHEZ PINO, A. (2001), pp. 175 y ss.

[38]   Ver también: STCE 150/1990, FJ 8, STCE 173/1996 (voto particular, apartado 3) y STCE 182/1997; asimismo, STJCE de 3 de diciembre de 1998, C-381/97; de 8 de junio de 2000, C-396/98 y de 11 de julio de 2002, C-62/00.

[39]   Las sentencias Corte Suprema, 4 de mayo de 1964 «León Caro Azar con Impuestos Internos», Rol 5393; de fecha 3 de octubre de 1966, Rol 7084, «Ford Motor Co», inaplicabilidad; y luego el 8 de julio de 1967, «Esso Estándar Oil Co (Chile) SAC», Rol 7397, todas hablan de confianza y garantía que entrega el Estado.

tado de derecho, dentro de los cuales se encuentran la seguridad jurídica, la certeza del derecho y la protección de la confianza de quienes desarrollan su actividad con sujeción al derecho. Contra ello atentan el hecho de que el legislador atribuya a determinados actos consecuencias jurídicas más desfavorables que «aquellas con las cuales quien las realizó en el pasado podía contar al realizar tales actuaciones[40]».

Al utilizar la confianza como límite de la retroactividad se establece un principio que evalúa el rompimiento de lo que se espera razonablemente que se respete y mantenga, por lo que grados de imprevisibilidad, o al contrario, de conocimiento, lleva a aplicar o flexibilizar el juicio. Entendida en esta perspectiva la norma, funciona como argumento que cubre amplios espectros de situaciones. Así, la protección contra la irretroactividad se extiende a situaciones que van desde la irretroactividad propia o auténtica, pasando por la impropia o incluso limitando situaciones no retroactivas, donde normas de efecto inmediato anulan reglas cuyo contenido atribuye beneficios como, por ejemplo, en los supuestos en que el contribuyente había ejecutado actos en razón de la situación tributaria. Es más, en el Derecho comparado ha servido como argumento que justifica una suerte de vigencia anticipada, previo a la publicación, en lo que se conoce como *efecto anuncio, sancionado por el Tribunal Superior de Justicia de la Unión Europea* (STJCE 26 de abril 2005 C-376/02)[41], que se justifica en el cono-

---

[40] En parecido sentido, sentencia Tribunal Constitucional de 5 agosto de 2010, Rol 1452 (considerando 28).

[41] (33) «Si bien, por regla general, el principio de seguridad jurídica se opone a que el punto de partida del ámbito de aplicación temporal de un acto comunitario se fije en una fecha anterior a su publicación, puede ocurrir de otro modo, con carácter excepcional, siempre que lo exija un fin de interés general y se respete debidamente la confianza legítima de los interesados...» (37) «El Gobierno sueco apoya en este extremo al Gobierno neerlandés. Dicho Gobierno precisa que, a pesar de que en Suecia se presta mucha atención al respeto de los principios de protección de la confianza legítima y de seguridad jurídica, la Cons-

cimiento que se supone tienen los sujetos sobre la modificación, que hace razonable que un sujeto se abstenga de realizar los supuestos o efectos que pretenden modificarse.

El problema para que este principio actúe como límite a la retroactividad es que en el ordenamiento jurídico no existe un precepto expreso con base en el cual construir una dogmática adecuada, este se extrae indirectamente en la Constitución chilena en los artículos 6, 7 y 19 N° 26[42], los primeros referidos a la legalidad, y el tercero a la no afectación de los derechos fundamentales en su esencia. Además, la elaboración jurisprudencial[43] y dogmática[44] de este principio en Chile es casi inexistente. En el Derecho comparado algunos lo han realizado desde la noción de Estado de derecho[45]. En efecto, como expresa HUMBERTO ÁVILA, el Estado de derecho como modo de delimitación y organización

---

titución sueca, para evitar que aumente la evasión fiscal antes de la entrada en vigor de una ley destinada a combatirla, permite al Parlamento sueco decidir que una nueva ley sea aplicable desde el día en que el Gobierno de este Estado le comunique por escrito su intención de modificar la ley». (38) «En este sentido, de la lectura del comunicado de prensa de 31 de marzo de 1995 se desprende que el efecto retroactivo de la Ley de modificación no estaba motivado por el deseo de acabar con las operaciones financieras que se realizaban desde hacía muchos años, sino por el temor a que tales operaciones se incrementaran considerablemente entre el momento en que se decidió modificar la Ley y la fecha de entrada en vigor de esta».

[42]   CEA EGAÑA, J. L. (1998). p. 66.

[43]   Algunas sentencias de Tribunal Constitucional entienden que el principio de «seguridad y certeza jurídica» es uno de principios y valores básicos que estructuran el orden constitucional establecido por la carta fundamental de 1980. Sentencia de 21 de diciembre de 1987, Rol 46, (considerando 19) y sentencia de 20 de octubre de 1998, Rol 280, (considerando 12).

[44]   Un interesante aporte es el de VILLAMÁN RODRÍGUEZ, FRANCISCA (2019).

[45]   La seguridad jurídica ha llegado a ser calificada como «supraprincipio», esto es, un principio que opera para la realización de otros principios. DE BARROS CARVALHO, P. (2008). pp. 15-16.

del poder estatal requiere que las actuaciones del Estado y sus órganos se rijan por «reglas generales, claras, conocidas, relativamente constantes en el tiempo, prospectivas y no contradictorias», igual que se necesita que, en lo relativo a la protección de derechos y responsabilidad estatal, exista un ordenamiento inteligible, confiable y previsible. Sin estos rasgos, ni la dimensión formal del Estado de derecho (separación de poderes y estructura del sistema normativo) ni su dimensión material (protección de derechos y responsabilidad estatal) son efectivos[46]. Sin embargo, el requerimiento de seguridad jurídica es más profundo y llega hasta el núcleo del Estado de derecho constitucional, que se basa en una noción del ser humano como sujeto digno en sí mismo, con capacidad de decidir y sentir y de comportarse conforme a su propio mando en pos de un proyecto de vida por él mismo concebido, siendo la seguridad jurídica, junto a otros principios, el que permite que los sujetos puedan desarrollarse conforme a sus propios planes. Sin ella, el sujeto carecería de certezas mínimas, impidiéndole estructurar su quehacer.

Enfrentados a la carencia de normas y de elaboración jurisprudencial y dogmática del principio de seguridad jurídica, el considerarlo como límite abre un amplio margen de preguntas, respecto a las cuales no hay respuestas claras. La primera pregunta es sobre la entidad o «tamaño» del quiebre de la confianza, que puede traducirse en la ineficacia de la regla cuestionada; consecuencialmente a ello surge un cuestionamiento sobre la sanción o ineficacia; esta será únicamente la anulación de la norma o podría aplicarse otra decisión, como podría ser la postergación de vigencia; un tercer cuestionamiento, relacionado con la evaluación del quiebre de la previsibilidad y del respeto a lo realizado bajo la oferta jurídica pasada, está la determinación de la proporcionalidad entre la afectación cuantitativa (relacionado con el tipo de beneficio, temporalidad del mismo, etc.) y las exigencias de

---

[46] ÁVILA, H. (2012). *Teoría de la seguridad jurídica.* Madrid: Marcial Pons, pp. 177-181.

interés general que subyace con la nueva normativa, etc. Y, por último, preguntarse sobre la necesidad de incluir este precepto, expresamente como norma constitucional.

En conclusión, si bien pareciera ser que la «seguridad jurídica» se presenta como un límite jurídico real contra la retroactividad de las reglas tributarias, el estado actual de su regulación y elaboración jurisprudencial y dogmática nos llevan a concluir que el principio de seguridad como límite a la retroactividad de las reglas tributarias sustanciales parece ser que no es muy seguro, en su acepción más básica de previsibilidad, por lo cual se hace necesario con urgencia empezar una abordaje importante de este principio del Derecho, quizás el únicamente propio y jurídico.

V. CONCLUSIONES

Podemos señalar como conclusiones principales las siguientes:

1) No existe en el sistema normativo chileno norma constitucional expresa que limite la posibilidad del legislador de establecer normas tributarias con efecto retroactivo, y las normas legales existentes no son eficaces.

2) Se han elaborado distintos fundamentos jurídicos para limitar el efecto retroactivo. El primero es el de «legalidad», que como ley previa semejante a la penal no funciona como tal, dado que la legalidad es una garantía formal y no sustancial.

3) El segundo fundamento jurídico es el «derecho de propiedad», que recae sobre cosas incorporales, el cual manifestado como un derecho se incorpora al patrimonio de un sujeto, constituyendo un derecho adquirido. Este tuvo aceptación jurisprudencial, pero en los últimos años se encuentra cuestionado por una desnaturalización del concepto de cosa entendido como derecho y por la influencia del Derecho comparado.

4) El derecho de propiedad solo actúa como límite en el evento que se esté ante una «retroactividad autentica o propia», donde efectivamente existe una situación jurídica concluida y como tal incorporada al patrimonio del sujeto. No funciona respecto de la impropia (situación no concluida), ya que ahí existen meras expectativas.

5) El último fundamento es el de «seguridad jurídica». En su vertiente de confiabilidad es un argumento que naturalmente limita la retroactividad. El problema de este principio en Chile es que no existe un texto normativo expreso que lo consagre, ni existe una adecuada elaboración dogmática, por lo que su aplicación y alcance no es del todo previsible ni seguro.

6) Quizás pudiese ser el momento de plantear su incorporación como norma expresa a la Constitución Política e iniciar en la academia la construcción de una adecuada dogmática que permita la aplicación y uso de este principio, no solo como límite a la retroactividad, sino que también como parámetro de las actuaciones de los distintos órganos y entes estatales.

VI. BIBLIOGRAFÍA

ALDUNATE LIZANA, E. (1995). *Deficiencias en la argumentación jurídica. Comentario crítico al fallo del Tribunal Constitucional librado en la causa Rol N° 207.* En Revista de Derecho de la Universidad Católica de Valparaíso, XVI.

ASTE MEJÍAS, C. (2018), *Curso de Derecho y Código Tributario, (tomo I).* Santiago de Chile: Legal Publishing.

ÁVILA, H. (2012). *Teoría de la seguridad jurídica.* Madrid: Marcial Pons.

CEA EGAÑA, J. L. (1998). *Los principios de reserva legal y complementaria en la Constitución chilena.* En *Revista de Derecho de la Universidad Austral de Chile,* IX.

CORDERO QUINZACARA, E. (2006). *La dogmática constitucional de la propiedad en el derecho chileno.* En *Revista de Derecho (Valdivia),* 19.

DE BARROS CARVALHO, P. (2008). *El supraprincipio de la seguridad jurídica y la revocación de normas tributarias.* En *Quincena Fiscal* (7).

GARCÍA VIZCAINO, C. (1996). *Derecho tributario, tomo I*. Buenos Aires: Depalma.

GUZMÁN BRITO, a. (1995). *Las cosas incorporales en la doctrina y en el derecho positivo*. Santiago de Chile: Editorial Jurídica de Chile.

FERMANDOIS, A. (2010). *Derecho Constitucional Económico, Tomo II*. Santiago de Chile: Ediciones UC.

FAUNDEZ UGALDE, A. (2012). *Los derechos adquiridos como límite a la potestad tributaria: análisis desde perspectiva de la argumentación jurídica*. En *Revista de Estudios Tributarios de la Universidad de Chile* (6).

FLORES ZAVALA, E. (1969). *Elementos de finanzas públicas mexicanas*. México D. F.: Porrúa.

MACHO PÉREZ, A. (2005). *El principio de irretroactividad en materia tributaria* (tesis para optar al grado de doctor en derecho). Barcelona: Universidad Pompeu Fabra.

MAGASICH AIROLA, ÁLVARO (2021) *La reserva de Ley Tributaria, hacia una concepción de un mandato con "intensidades" diferenciadas*. En *Derecho tributario constitucional. En tiempos de decisión de una nueva constitución*. Coordinado por Francisco Saffie y Antonio Faundez.

MAGASICH HUERTA, JORGE (1971) *El poder tributario y los contratos leyes sobre exenciones tributarias*. Revista de Ciencias Jurídicas, N°2.

MARÍN BENÍTEZ, G. (2013), *¿Es lícita la planificación fiscal? Sobre los defectos de neutralidad y consistencias del ordenamiento tributario*. Valladolid: Lex Nova.

MASSONE PARODI, P. (2013). *Principios de derecho tributario, Tomo I*. Santiago de Chile: Legal Publishing.

MIR PUIG, S. (2015), *Derecho penal. Parte general*. Barcelona.

NAVARRO, MARÍA PILAR (2020) *Los Cambios al estatuto jurídico de las "viviendas económicas" contempladas en el D.F.L. N° 2 de 1959 y su carácter de contrato ley*. En *Reforma tributaria 2020: principales cambios, Coordinado por María Pilar Navarro y Álvaro Magasich A.*

SACCO AQUINO, S. (2010). *La Constitución de 1980 como fundamento y origen de una teoría constitucional de la Irretroactividad*. En *Revista Chilena de Derecho*, (33).

SÁNCHEZ PINO, A. (2001). *Exigencias de la seguridad jurídica en materia tributaria*. En *Revista Española de Derecho Financiero*.

VERGARA BLANCO, A. (1992). *La propietarización de los derechos*, En *Revista de Derecho de la Universidad Católica de Valparaíso*, XVI.

VILLAMÁN RODRÍGUEZ, FRANCISCA (2019). *La certeza jurídica y el derecho tributario chileno*. En *Revista de Derecho Tributario Universidad de Concepción*, Vol. 5 (enero-julio 2019).

VII. ÍNDICE DE SIGLAS

SCS	Sentencia Corte Suprema de Chile
SS.	Siguientes
SII	Servicio de Impuestos Internos (agencia tributaria chilena)
STJUE	Sentencia Tribunal de Justicia de la Unión Europea
STJCE	Sentencia Tribunal de Justicia de la Comunidad Europea
STCCH	Sentencia del Tribunal Constitucional de Chile
STCE	Sentencia del Tribunal Constitucional Española

El principio de reformatio in peius en materia tributaria

POR ABEL BERNABÉ HIDALGO VEGA[1]

RESUMEN: En virtud del principio de prohibición de *"reformatio in peius"*, los recurrentes no pueden ver empeorada su situación por el hecho de haber impugnado —administrativa o judicialmente— una decisión. Este artículo tiene por objetivo analizar la aplicación de este principio a las impugnaciones administrativas tributarias, dentro del contexto del derecho del contribuyente a poder rectificar. En particular, a la Revisión de la Actuación Fiscalizadora del artículo 6 letra B numeral 5, y a la Reposición Administrativa Voluntaria del artículo 123 bis, ambos del Código Tributario contenido en el Decreto Ley N° 830 del año 1974.

PALABRAS CLAVE: *Reformatio in peius*—reforma peyorativa—impugnación de resoluciones—actuación fiscalizadora — inactividad procesal.

INTRODUCCIÓN

En virtud del principio de prohibición de *"reformatio in peius"*, también denominado prohibición de una reforma peyorativa o en perjuicio, los recurrentes no pueden ver empeorada su situación por el hecho de haber impugnado —administrativa o judicialmente— una decisión. En efecto, el ordenamiento jurídico aplica transversalmente este principio a distintas materias, tanto en sede administrativa como judicial, no escapando de esto —por supuesto— las controversias tributarias.

---

[1] Abogado. Licenciado en Ciencias Jurídicas y Sociales, Universidad de Chile. Magíster en Derecho Tributario, Universidad de Chile. Profesor Invitado en la Universidad de Chile y en la Universidad Adolfo Ibáñez. Director en Cabello & Cía. Abogados Tributarios.

Prueba de ello, es que en sede de impugnaciones administrativas el artículo 41 inciso 3° de Ley N° 19.880 sobre Bases de los procedimientos administrativos que rigen los actos de los órganos de la administración del Estado, establece que, en los procedimientos tramitados a petición del interesado, la resolución debe ajustarse a las peticiones formuladas por él, sin que "en ningún caso" pueda agravarse su situación inicial.

Por lo mismo, este artículo tiene por objetivo analizar la aplicación de este principio a las impugnaciones administrativas tributarias, dentro del contexto del derecho del contribuyente a poder rectificar. En particular, a la Revisión de la Actuación Fiscalizadora del artículo 6 letra B numeral 5, y a la Reposición Administrativa Voluntaria del artículo 123 bis, ambos del Código Tributario contenido en el Decreto Ley N° 830 del año 1974.

Por otro lado, en lo que respecta a las impugnaciones judiciales, es menester examinar la posición que han tomado nuestros tribunales superiores de justicia en lo que versa sobre la aplicación del principio *"reformatio in peius"* en los recursos ordinarios y extraordinarios.

En relación al recurso de apelación, la doctrina procesal clásica ha sido prolífera y tajante en afirmar que el apelante no puede ver desmejorada su posición frente a la inactividad de su contraparte, engarzando a la prohibición de *"reformatio in peius"* dentro de una garantía del debido proceso y del derecho a defensa, como parte integrante del derecho al recurso y como una consecuencia de principio de congruencia procesal.

Sin embargo, existe una opinión más controvertida en materia de nulidades formales y esto último nos interesa especialmente, por cuanto la Ley N° 21.210 sobre "Modernización Tributaria" incorporó al recurso de casación en la forma en estas materias, cuestión que posibilita que actualmente los litigantes puedan deducir a esta nulidad en contra de una sentencia dictada por un Tribunal Tributario y Aduanero. Lo anterior, estaba completamente prohibido desde antaño por aplicación del vetusto artículo 140 del Código Tributario, disposición legal que era un resabio de la época en la cual el Servicio de Impuestos Internos actuaba como juez y parte. Asimismo, en contra de un fallo de segunda instancia dictado por la Ilustrísima Corte de Apelaciones respectiva, las partes actualmente pueden incoar al recurso de casación en la forma por todas las causales establecidas en el artículo 768 del Código de Procedimiento Civil, algunas de las cuales estaban anteriormente vedadas conforme lo dispuesto en su inciso 2º, norma jurídica que excluye a ciertas causales de la casación en la forma al tratarse de juicios especiales.

De esta manera, siendo toda una novedad el recurso de casación en la forma en materia recursiva-tributaria, cabe analizar especialmente la posición de la jurisprudencia en la aplicación del principio *"reformatio in peius"* a las nulidades formales. Lo precedente, por cuanto en este contencioso administrativo tributario los tribunales de instancia pueden pronunciar perfectamente una sentencia parcial, la cual acoja en parte al reclamo tributario incoado y deje —parcialmente— sin efecto al acto administrativo final reclamado, cuestión que puede conllevar a ordenar la reliquidación de los impuestos supuestamente adeudados, entre otras consideraciones. No obstante, ¿Qué ocurre si el tribunal en alzada anula efectivamente al fallo dictado (que fue lo pedido) y procede luego a dictar una sentencia de reemplazo que deja en peor posición al propio recurrente? ¿Existirá la aplicación del principio *"reformatio in peius"* al litigante que impugnó el fallo dictado?

I. ACERCA DEL PRINCIPIO DE *REFORMATIO IN PEIUS*

A nadie le es ajeno el principio de prohibición de *"reformatio in peius"* en el contexto del derecho adjetivo. No obstante, si bien sabemos que existe, la mayoría de los estudios no se encuentran precisamente enfocados en él. De esta forma, si bien pareciera que está arraigado dentro de nuestro inconsciente colectivo jurídico, se ha advertido que nos hemos olvidado de: *"destacar su fun-*

damento y finalidad, como condición de elemento integrante del contenido esencial del derecho al recurso y/o defensa"[2].

Con todo, para efectos de lo que se dirá en párrafos venideros, es siempre importante traer a colación algunas definiciones dadas por destacados procesalistas, las cuales rescata BARRIENTOS PARDO en su artículo denominado: "Prohibición de la *reformatio in peius* y la realización de nuevo juicio"[3]. Según HORVITZ LENNON y LÓPEZ MASLE, se trata de una garantía que consiste en la prohibición que pesa sobre un tribunal para modificar una resolución judicial en perjuicio del imputado, cuando ella solo hubiese sido recurrida por él o por otra persona autorizada por la ley, en su favor [4]. A su vez, MOSQUERA RUIZ y MATURANA MIQUEL la han definido como: *"aquella regla impuesta al órgano jurisdiccional de apelación como impedimento para agravar o hacer más gravosa la condena, o restringir las declaraciones más favorables de la sentencia de primera instancia, en perjuicio del apelante"*[5].

En este mismo sentido, FERNANDO DE LA RÚA afirma que es una manifestación de la limitación a los agravios, agregando que es una consecuencia del objeto defensivo del recurso[6]. En este mismo sentido, JORGE CLARIÁ OLMEDO manifiesta que la prohibición de la *reformatio in peius* excluye la posibilidad de modificación de la sentencia en perjuicio del apelante o recurrente sin que haya mediado instancia impugnativa admitida de la parte contraria[7].

Dentro de este mismo contexto, LINO PALACIO expresa que la prohibición de *reformatio in peius* preserva la vigencia de la garantía de la defensa en juicio y del derecho de propiedad, por cuanto impide el empeoramiento de una situación jurídica frente a

---

[2]   BARRIENDO PARDO, I., 2007, p. 4.
[3]   Ibíd.
[4]   HORVITZ LENNON, MARÍA INÉS y LÓPEZ MASLE, JULIÁN, 2005, pp. 237-238.
[5]   MOSQUERA, MARIO y MATURANA, CRISTIÁN, 2010. p. 210.
[6]   DE LA RÚA, FERNANDO, 1991, p. 214.
[7]   CLARIÁ OLMEDO, JORGE. A., 1983, p. 304.

un recurso que la ley concede para asegurar su eventual mejora y asegura la estabilidad de las resoluciones judiciales que —en los aspectos no impugnados— configuran un derecho adquirido para la parte a quien benefician[8]. A su vez, JULIO MAIER señala que la prohibición de la *reformatio in peius* constituye la frontera de la competencia (de la potestad) del tribunal[9]. Finalmente, CLAUS ROXIN afirma que la misma pretende lograr que nadie se abstenga de interponer un recurso por el temor de ser penado de un modo más severo en la instancia siguiente[10].

Como se denota de lo expuesto, el desarrollo de la *reformatio in peius* está principalmente ligado al Derecho Procesal Penal quien, por un lado, la entiende como una consecuencia del principio de congruencia o correlación procesal y, por otro lado, la vislumbra como una garantía asociada de forma inherente al derecho a la defensa en juicio. En ambos casos, existe consenso en que un fallo debe ceñirse a las pretensiones del recurso incoado, sin poder desmejorar o perjudicar al recurrente. De esta forma, el no agravamiento de su situación inicial es una consecuencia del objeto defensivo del recurso, por cuanto concluir en contrario haría alejarse de la idea fundante de poder recurrir, la cual descansa en obtener una ventaja o un resultado más favorable, precisamente, para la parte recurrente.

II. LA *REFORMATIO IN PEIUS* EN LAS IMPUGNACIONES ADMINISTRATIVAS

Como adelanté, el artículo 41 inciso 3° de la Ley N° 19.880, ubicado en el Párrafo 4° del Capítulo II denominado "El Procedimiento Administrativo", indica con meridiana claridad que la

---

[8]   PALACIO, LINO E., 1998, p. 34.

[9]   MAIER, J., 2002, p. 590-592.

[10] ROXIN, CLAUS, 2000, p. 454-455.

Administración debe ajustarse a las peticiones que formula el administrado, sin que pueda agravar su situación inicial[11].

Esto resulta relevante para nosotros, porque luego de la Ley N° 21.210 de fecha 24 de febrero de 2021, sobre Modernización Tributaria, es completamente pacífico que se aplica la Ley N° 19.880 al procedimiento administrativo tributario. Prueba de ello, son las Circulares N° 12 y N° 41, ambas de 2021, donde el Servicio de Impuestos Internos ha efectuado un reconocimiento expreso de la aplicación de la referida ley. Si bien esto podría parecer obvio, existen hasta el día de hoy algunos pronunciamientos del Servicio donde se niega a aplicar supletoriamente la Ley sobre procedimientos administrativos[12].

---

[11]   Ley N°19.880. Artículo 41. Contenido de la resolución final. La resolución que ponga fin al procedimiento decidirá las cuestiones planteadas por los interesados. Cuando en la elaboración de la resolución final se adviertan cuestiones conexas, ellas serán puestas en conocimiento de los interesados, quienes dispondrán de un plazo de quince días para formular las alegaciones que estimen pertinentes y aportar, en su caso, medios de prueba. Transcurrido ese plazo el órgano competente decidirá sobre ellas en la resolución final. En los procedimientos tramitados a solicitud del interesado, la resolución deberá ajustarse a las peticiones formuladas por éste, sin que en ningún caso pueda agravar su situación inicial y sin perjuicio de la potestad de la Administración de incoar de oficio un nuevo procedimiento, si fuere procedente. Las resoluciones contendrán la decisión, que será fundada. Expresarán, además, los recursos que contra la misma procedan, órgano administrativo o judicial ante el que hubieran de presentarse y plazo para interponerlos, sin perjuicio de que los interesados puedan ejercitar cualquier otro que estimen oportuno. En ningún caso podrá la Administración abstenerse de resolver so pretexto de silencio, oscuridad o insuficiencia de los preceptos legales aplicables al caso, aunque podrá resolver la inadmisibilidad de las solicitudes de reconocimiento de derechos no previstos en el ordenamiento jurídico o manifiestamente carentes de fundamento. La aceptación de informes o dictámenes servirá de motivación a la resolución cuando se incorporen al texto de la misma.

[12]   En este sentido ver, por ejemplo, la Resolución DRE08 Ex. N° 816 de fecha 11 de noviembre de 2021, dictada por la Unidad de Talcahuano,

Asimismo, cabe resaltar el fallo Rol N° 8297-2020 de fecha 31 de enero de 2020, pronunciado por el Excmo. Tribunal Constitucional, mediante el cual se declaró inconstitucional la parte final del primitivo artículo 6 letra A) numeral 7 del Código Tributario, que pretendía inicialmente que fuera el Sr. Director (Nacional) del Servicio de Impuestos Internos quien regulara el procedimiento administrativo asociado al recurso jerárquico.

En este caso, el Excmo. Tribunal Constitucional manifestó que dicho precepto era contrario a los artículos 19 N° 3 inciso 6° y 63 N° 18, ambos de la Constitución vigente a esta fecha[13]. Por ende, al haber ocurrido esto último, se hizo plenamente aplicable la citada Ley N° 19.880 al recurso jerárquico tributario, por no existir norma jurídica alguna que pudiera regular dicho procedimiento (ni instrucción administrativa por inconstitucional), sin perjuicio de lo que siempre han dispuesto el art. 2 de la Ley N° 19.880 y el art. 2 del Código Tributario.

Pues bien, analicemos el principio de prohibición de la *reformatio in peius* en una situación en particular, asociado al derecho de todo contribuyente/ciudadano[14] a rectificar, cuestión que se encuentra subsumida —en mi opinión— en el derecho constitucional a petición (artículo 19 N° 14 del actual texto constitucional). Como es sabido, todos cometemos errores y tenemos derecho —constitucional— a intentar subsanarlos. Por lo mismo, es que el legislador tributario entiende aquello y situándose dentro del mundo de los negocios otorga expresamente ese derecho en los arts. 8 bis N° 17, 33, 33 bis, 36 bis, 63 y 127 del Código Tributario,

---

donde se sostuvo: *"Que el recurso de reposición no se encuentra contemplado en el procedimiento de fiscalización que regulan los arts. 59 y siguientes del Código Tributario y no resulta pertinente la aplicación supletoria de las normas de la Ley 19.880 sobre procedimientos administrativos (…)".*

[13]   Excmo. Tribunal Constitucional. Rol N° 8297-2020, sentencia de fecha 31 de enero de 2020.

[14]   Sobre este concepto, ver el Manual del Ciudadano Fiscal frente a la Administración Pública Tributaria, de MARCO PONTIGO DONOSO, Ediciones Jurídicas de Santiago, año 2021.

es decir, desde sede de fiscalización y hasta el momento de incoar el escrito de reclamación tributaria.

En sede de Revisión de la Actuación Fiscalizadora ("RAF") del artículo 6 letra B numeral 5, y Reposición Administrativa Voluntaria ("RAV") del artículo 123 bis, ambos del Código Tributario, el nuevo artículo 36 bis inciso 2º del Código Tributario —creado por la Ley N° 21.210 sobre Modernización Tributaria— establece que: *"Excepcionalmente, previa autorización del Servicio, los contribuyentes podrán presentar declaraciones rectificatorias también en los procedimientos administrativos a que se refieren los artículos 6°, letra B, N° 5 y 123 bis. En los casos en que el contribuyente presente una rectificación el Servicio deberá, a solicitud de éste, certificar que las diferencias en los montos impuestos se encuentran solucionadas".*

¿Cuál es la relación entre el derecho constitucional a rectificar y el principio de prohibición de *reformatio in peius*? Es sencilla, en sede de RAF o RAV el contribuyente puede solicitar ante la Administración tributaria rectificar, esto es, subsanar los eventuales errores que hubiere cometido en confeccionar su declaración de impuestos, lo cual puede implicar reconocer o no a la pretensión fiscal, pero en ningún caso el administrado puede ver empeorada o desmejorada su situación inicial. En efecto, para estos casos, los límites ya vienen impuestos previamente por el acto administrativo terminal que fue objeto de impugnación. En otras palabras, el Servicio de Impuestos Internos, por expreso mandato legal, no puede perjudicar la posición jurídica primitiva del contribuyente, dada por el acto final reclamado.

En definitiva, el derecho constitucional a rectificar engarza en perfecta armonía normativa con el principio de prohibición de *reformatio in peius*, razonamiento que goza de robustez normativa al tener asidero legal en el artículo 41 inciso 3º de la Ley N° 19.880. De esta manera, el contribuyente en sede de "RAV" o "RAF" no debe tener miedo o temor alguno a rectificar, por cuanto la Administración tributaria no puede empeorar su situación jurídica inicial. Y aun cuando lo hiciera hipotéticamente en un nuevo procedimiento administrativo posterior, le estaría también vedado aquello en esta opinión, por aplicación del principio conocido como *non bis in ídem,* asociado al artículo 59 del Código Tributario.

Cabe comentar para finalizar que, en materia del Recurso Jerárquico Tributario ("RJT") del artículo 6 letra A numeral 7 del Código Tributario, el Servicio de Impuestos Internos tampoco puede desmejorar la situación del contribuyente al serle igualmente aplicable el art. 41 de la Ley N° 19.880. Si bien no existen antecedentes de que la Administración haya acogido alguna vez algún recurso jerárquico, según datos obtenidos vía Ley de Transparencia[15], aparecen casos en los cuales los actos finales han sido anulados de oficio, clasificado bajo la nomenclatura de "pérdida de objeto" por el Sr. Director del Servicio de Impuestos Internos.

III. LA *REFORMATIO IN PEIUS* EN LAS IMPUGNACIONES JUDICIALES

En sede de apelación, la doctrina procesal ha sido uniforme en reconocer plenamente la aplicación de la institución de la prohibición de *reformatio in peius.* Sobre ello, MOSQUERA RUIZ y MATURANA MIQUEL han sostenido, por ejemplo, que: *"(…) puede darse el caso de que una parte acepte el gravamen que le cause la resolución dictada por el juez a quo, pero bajo la condición de que ese perjuicio no puede ser incrementado mediante la substanciación del recurso de apelación interpuesto por la parte contraria, quien además gozaría del beneficio que supone no arriesgar un perjuicio directo para sus intereses por jugar en su favor la institución de la reformatio in peius"[16].*

Siguiendo en esta misma línea, dichos autores han concluido que: *"Como consecuencia de la aplicación del principio dispositivo en materia civil, y específicamente como concreción de este respecto de la apela-*

---

[15]   Solicitud efectuada vía Ley de Transparencia bajo AE006W50020508, con respuesta el día 8 de abril de 2021.

[16]   MOSQUERA, MARIO y MATURANA, CRISTIÁN, 2010, p. 177.

ción de los principios de la congruencia y del tantum devolutum quantum appellatum, se proscribe de la apelación civil la reformatio in peius"[17].

En definitiva, en materia de recursos ordinarios, como es precisamente la apelación, el impugnante no puede ver empeorar su situación por ejercer su derecho al recurso, cuestión que se encuentra protegida por el principio de *reformatio in peius,* lo cual doctrinal y jurisprudencialmente resulta completamente pacífico. Bajo esta misma línea argumentativa, ha indicado la Excma. Corte Suprema bajo el Rol N° 2209-2009, Considerando 14°, que: *"Atingente resulta entonces la regla de la reformatio in peius, seguida por nuestro derecho y conforme con la cual se proscribe la reforma peyorativa o en perjuicio del apelante. Esta regla impone al tribunal que conoce de la apelación, hacer más gravosa para el apelante la sentencia contra la cual ha recurrido (salvo, por cierto, los casos en que le está permitido proceder de oficio), y no es sino la concreción del ya mencionado principio tantum devolutum quantum apellatum al que se hizo referencia en el considerando anterior. De ahí que se diga que si el Tribunal de segunda instancia no respetare estas reglas, incurriría en el vicio de ultra petita, puesto que su fallo otorgaría más de lo pedido por las partes o se extendería a puntos no sometidos a su resolución, a menos que exista ley que lo faculte para actuar de oficio"*[18].

A mayor abundamiento, ha señalado la Excma. Corte, en sentencia de 7 de mayo de 2009, Rol N° 1595-2008, Considerando 5°, que la justificación dogmática de la prohibición de *reformatio in peius* en el proceso civil se encontraría en la combinación de los principios dispositivo y de vencimiento como condición de legitimación para impugnar. El mencionado principio *tantum devolutum quantum appellatum* se integra, pues, con el añadido de una ulterior condición: tanta devolución como apelación, dentro de los límites del vencimiento del apelante[19].

---

[17]   MOSQUERA, MARIO y MATURANA, CRISTIÁN, 2010, p. 210.

[18]   MOSQUERA, MARIO y MATURANA, CRISTIÁN, 2010, p. 211.

[19]   En este punto resalto que el fallo cita a PIERO CALAMANDREI, 1945, pág. 302.

Asimismo, en palabras de la Excma. Corte Suprema, el Juez *ad quem* está obligado a examinar la controversia solo en los límites del agravio sufrido por el recurrente en el primer grado, porque si se determinase a *reformar in peius* la primera sentencia, esto es, a agravar el vencimiento del apelante, declarándolo vencido allí donde originalmente había resultado vencedor, vendría con esto a examinar una parte de la controversia, en relación a la cual, faltando al apelante la cualidad de vencido, es decir la legitimación para obrar, el recurso no habría tenido, ni podría tener, efecto devolutivo (Considerando 5°, sentencia de 7 de mayo de 2009, Rol N° 1595-2008). Resuelve luego la Excma. Corte Suprema en el Considerando 9° de este fallo: "*Que luego de lo expuesto en las consideraciones que preceden no puede sino arribarse a la conclusión que los sentenciadores que dictaron el fallo de rectificación que se reprocha han incurrido en la causal de nulidad formal prevista en el número cuarto del artículo 768 del Código de Procedimiento Civil, desde que, al decidir en la forma en que se ha dicho, se extralimitaron de sus facultades, actuaron fuera del ámbito de las atribuciones que les eran propias y se extendieron a puntos no sometidos a su decisión, error que por supuesto ha tenido influencia sustancial en lo resolutivo del fallo impugnado, por lo que corresponde acoger el recurso de casación en la forma por la señalada causal*"[20].

Sentado aquello, es menester detenerse en el recurso de casación en la forma que resulta ser una novedad en materia tributaria. Lo anterior, por cuanto tiene una reciente aplicación solo para los juicios tributarios iniciados con posterioridad a marzo de año 2020, conforme a la Ley N° 21.210 sobre Modernización Tributaria y sus disposiciones transitorias.

Como es sabido, con anterioridad a ello, el artículo 140 del Código Tributario y el artículo 768 inciso 2° del Código de Procedimiento Civil, prohibían y restringían, respectivamente, a las nulidades formales en materia tributaria. Sin embargo, el actual inciso 1° del artículo 140 del Código del ramo, establece que: "*Contra la sentencia que falle un reclamo podrán interponerse los recursos*

---

[20]   ECS. Considerando 9°, sentencia 07.05.2009, Rol N° 1595-2008.

de apelación y casación en la forma, dentro del plazo de quince días contados desde la fecha de su notificación. En caso de que se deduzcan ambos recursos, estos se interpondrán conjuntamente y en un mismo escrito". A su vez, el inciso 2° del artículo 145 del Código Tributario exclama: *"Sin perjuicio de lo anterior, en los juicios sobre reclamaciones tributarias no regirá la limitación contenida en el inciso segundo del artículo 768 del Código de Procedimiento Civil".*

La explicación de esta restricción descansaba en que era el propio Director Regional del Servicio de Impuestos Internos, quien ejercía funciones de juez y parte en el pasado, conociendo y juzgando el contencioso tributario, pero sin ser necesariamente abogado. Por lo cual, no era imprescindible que conociera la forma de las sentencias conforme al artículo 170 del Código de Procedimiento Civil y tampoco el Auto Acordado sobre formas de las sentencias del año 1920. No obstante, siendo actualmente el Juez Tributario de profesión abogado desde la Ley N° 20.322 de 2009, la restricción a la nulidad formal había quedado como un vetusto resabio del pasado que ya no tenía cabida en la litigación contemporánea.

Pues bien, volviendo a la nulidad formal, cabe indicar que es la ley adjetiva la que regula lo que se debe pedir ante el tribunal *ad quem*. En particular, cada uno de los incisos del artículo 786 del Código de Procedimiento Civil regula el estado en el cual queda el juicio luego de acogerse el recurso, o si el tribunal debe en un acto continuo y sin nueva vista, pero separadamente, dictar la correspondiente sentencia de reemplazo con arreglo a la ley. Lo precedente, por cuanto lo que pide el recurrente es, precisamente, que se invalide la sentencia recurrida y que se dicte una nueva sin los mismos vicios de nulidad formal, conforme a la causal que en derecho corresponda. Por lo mismo, el artículo 764 del Código de Enjuiciamiento Civil manifiesta prístinamente que: *"El recurso de casación se concede para invalidar una sentencia en los casos expresamente señalados por la ley".*

En materia procesal penal, por ejemplo, donde hace años existe el recurso de nulidad, el legislador se preocupó de regular la situación del principio de *reformatio in peius* al menos parcialmente. En este sentido, el inciso final del artículo 360 del Código Procesal Penal indica que: *"Si la resolución judicial hubiere sido objeto de recurso por un solo interviniente, la Corte no podrá reformarla en perjuicio del recurrente"*. Afirmo que es una regulación parcial, por cuanto existe una lata discusión asociada a cuando se ordena la realización de un nuevo juicio, cuestión que dice relación con el artículo 386 del Código Procesal Penal.

Con todo, volvamos al derecho adjetivo civil donde la discusión nunca ha sido pacífica. Prueba de ello, son los distintos fallos que ha ido dictado en esta materia la Excma. Corte Suprema de Justicia. Por ejemplo, bajo el Rol N° 1977-2001, en fallo de fecha 24 de abril de 2002, Considerando 2°, la Excma. Corte Suprema indicaba para una casación en la forma que: *"(...) hay un principio que no admite en la legislación civil nacional, empeorar la situación del recurrente (reformatio in peius) y es irrestricto"*. No obstante, posteriormente, ya en fallo Rol N° 3282-2005 de fecha 28 de mayo de 2007, dicha opinión era solo un voto disidente, el cual sostenía contra la nulidad formal que: *"(...) en este caso, el que interpuso los recursos de casación fue el ejecutante y aparece que este ha resultado más afectado con la nulidad, con lo cual en la práctica se ha producido una verdadera reformatio in peius lo que es inadmisible en el proceso civil"*. Finalmente, el máximo tribunal bajo el Rol N° 97.197-2020, en sentencia de fecha 8 de marzo de 2021, la Excma. Corte sostenía que las facultades con que la Corte obra son aquellas que fueron otorgadas por el propio recurrente en su libelo, quien solicitó anular el fallo de la instancia y fue justamente lo ocurrido. En este último caso, la parte recurrente fue la más afectada por el fallo dictado por la I. Corte de Apelaciones.

Toda esta discusión nos debería importar por cuanto en el contencioso administrativo especial que nos convoca, el Tribunal Tributario y Aduanero puede acoger en parte a un reclamo tributario y dejar, en consecuencia, parcialmente sin efecto al acto final. Dentro de este mismo contexto, dicho órgano jurisdiccional puede, si es que así se pide, ordenar incluso la reliquidación[21] de los impuestos supuestamente adeudados. ¿Qué ocurre, entonces, sí es que una de las partes recurre y se acoge su impugnación, invalidando la sentencia recurrida y dictando una de reemplazo, la cual la deja en una peor posición jurídica que la que tenía previo a incoar su recurso?

En esta opinión, en los contenciosos administrativos especiales no existe una relación entre privados como ocurre en materia civil, por lo general, sino que es el contribuyente quien como sujeto activo (reclamante) se enfrasca en un adversarial en contra del Fisco, representado en materias tributarias por el Servicio de Impuestos Internos (reclamante), ante el Tribunal Tributario y Aduanero competente.

En relación a ello, la Excma. Corte Suprema bajo el Rol N° 5128.2016, en sentencia dictada con fecha 12 de octubre de 2016, Considerando 42°, establece que: *"Ahora bien, esta forma de cálculo, que hubiera sido la ideal, no puede implementarse sin incorporar un factor de corrección en relación a ACH, toda vez que aquella, por el segundo acuerdo anticompetitivo había sido condenada a un 25%, tope que esta Corte no puede sobrepasar, so pena de incurrir en ultrapetita y vulnerar el principio de reformatio in peius. No ocurre lo mismo en relación a Enex, a quien, por haberse acogido al beneficio de delación compensada por cumplir con los requisitos previstos en el artículo 39 bis del Decreto Ley N° 211, queda exenta de multa, según viene reconocido en el fallo reclamado".*

---

[21]   Sobre esto último, cabe hacer una breve alusión a una sentencia dictada por la I. Corte de Apelaciones de Santiago bajo el Rol TTA N° 78-2018, en fallo de fecha 22 de julio de 2019, Considerando 12°, donde se indicó que: *"Que, al decidir el Juez a quo reliquidar el impuesto, sin que ninguno de los litigantes se lo haya solicitado, por cierto ha incurrido en un vicio de ultra petita, que autoriza a esta Corte a remediar dicha decisión dejando sin efecto lo obrado en contravención al contenido de la pretensión y la resistencia formulada por las partes".* De esta manera, el I. tribunal de alzada ha revocado fallos en los cuales se ordenó reliquidar los impuestos, sin que ninguno de los litigantes lo hubiera así solicitado en los escritos de rigor y dentro del periodo de discusión.

Para nuestro caso, es el contribuyente reclamante (por regla general), o quien represente sus intereses, quien tiene un interés pecuniario actualmente comprometido, y se encuentra protegido por garantías constitucionales como es el debido proceso, el derecho a la defensa y el derecho al recurso, las cuales constan asimismo en Tratados Internacionales ratificados por Chile y que se encuentran vigentes, como son el Pacto de San José de Costa Rica y el Pacto Internacional de Derechos Civiles y Políticos, entre otros. Estas garantías funcionan como una protección para él, en base a las cuales, no puede ver desmejorada su situación, por cuanto en la vereda de al frente se encuentra el Fisco, bajo la hipótesis de no haber recurrido de una decisión judicial. Esto último es importante, porque para que opere el principio de *reformatio in peius* la vencedora parcial no debe haber deducido recurso alegando la existencia de un eventual perjuicio. En otras palabras, la inactividad de una parte no puede ser galardonada, por cuanto los tribunales de justicia no pueden en ningún caso subsidiar o suplir a los deberes y cargas procesales de las partes.

En lo que respecta a los demás procedimientos y la nulidad formal, el legislador tributario ha dejado resabios sin modificarlos derechamente dentro del Código Tributario. Por ejemplo, el artículo 156 del Código del ramo dice que en el contexto de los juicios sobre vulneración de derechos solo procede la apelación. A su vez, el artículo 161 bis sobre el procedimiento judicial de la norma antielusiva general, indica simplemente que procederá la apelación. No obstante, en este caso no utiliza la nomenclatura "solo" y, además, su inciso final otorga en esta opinión la posibilidad de casar en la forma al sostener que: *"En lo no establecido por este Párrafo, y en cuanto la naturaleza de la tramitación lo permita, se aplicarán las demás normas contenidas en el Título II de este Libro"*.

Pues bien, la norma adjetiva sobre la declaración de una eventual elusión nos lleva a examinar la hipótesis donde ocurra esto. Por ello, cabe traer a colación el inciso final de artículo 4° quinquies, el cual indica que: *"En caso que se establezca la existencia de abuso o simulación para fines tributarios, el Tribunal Tributario y Aduanero deberá así declararlo en la resolución que dicte al efecto, dejando en ella constancia de los actos jurídicos abusivos o simulados, de los antecedentes de hecho y de derecho en que funda dicha calificación, determinando en la misma resolución el monto del impuesto que resulte adeudado, con los respectivos reajustes, intereses penales y multas, ordenando al Servicio emitir la liquidación, giro o resolución que corresponda".*

Como se denota de lo expuesto, puede existir hipotéticamente un acto declarado abusivo, otro simulado y un último que no sea ni abusivo ni simulado. Para lo que nos interesa, el contribuyente requerido recurre de casación en la forma, pide la invalidación del fallo y la dictación de la correspondiente sentencia de reemplazo. La parte requirente no recurre de recurso alguno. ¿Puede la I. Corte romper al principio de *reformatio in peius?* ¿Puede declarar a los tres actos como abusivos y simulados?

En esta opinión, el derecho constitucional al debido proceso, a la defensa en juicio y a ejercer los recursos de rigor, me permite concluir que la prohibición de *reformatio in peius* no puede ser violada en estos casos. Si lo anterior aconteciera, se vulneraría la seguridad jurídica, se inhibiría de presentar recursos fundados y se aceptarían consecuencias injustas.

Además, en base a la máxima *"tantum apellatum, quantum devolutum",* la competencia del superior solo alcanza a la resolución impugnada y a su tramitación, cuestión que debe necesariamente ligarse con el principio de congruencia o correlación procesal.

Dentro de este contexto, es menester indicar que la lógica del recurso descansa en poder precisamente suprimir el gravamen sufrido con la dictación del fallo, asociado a un vicio procesal en los casos de casación en la forma. Y si bien el principio de *reformatio in peius* no se encuentra positivizado en materias tributarias judiciales, no es necesario hacerlo en esta opinión, por cuanto deriva desde el derecho a la tutela judicial efectiva. Sobre ello, el Tribunal Supremo Español ha recordado que: *"la infracción del principio de prohibición de "reformatio in peius", o reforma peyorativa, tiene lugar cuando la parte recurrente, en virtud de su propio recurso, ve empeorada o agravada la situación jurídica creada o declarada por la resolución impugnada, de modo que lo obtenido con la resolución judicial que resuelve el recurso produce un efecto contrario al pretendido por el recurrente que era, precisamente, eliminar o minorar el gravamen sufrido con la resolución objeto de la impugnación. Como ha dicho el Tribunal Constitucional, aunque este principio no está positivizado, es un principio procesal que forma parte del derecho a la tutela judicial efectiva"*[22].

En definitiva, todo litigante tiene pleno derecho a ejercer de una forma libre y tranquila los recursos de rigor, y la competencia de los tribunales superiores de justicia, cuando solo una parte recurre, está determinada por el interés del impugnante. Por lo cual, la inactividad recursiva de la parte que no decidió recurrir no puede, en ningún caso, ser premiada.

IV. CONCLUSIÓN

Con base en el principio prohibición de *"reformatio in peius"*, los recurrentes no pueden ver desmejorada su situación por el hecho de haber impugnado una decisión, ya sea en sede administrativa o judicial.

Para el primer caso, el artículo 41 inciso 3° de Ley N° 19.880 sobre Bases de los procedimientos administrativos, establece que en los procedimientos tramitados a petición del interesado, la resolución debe ajustarse a las peticiones formuladas por él, sin que "en ningún caso" pueda agravarse su situación inicial. Esta norma se aplica en sede de Revisión de la Actuación Fiscalizadora del artículo 6 letra B numeral 5, y Reposición Administrativa Voluntaria del artículo 123 bis, ambos del Código Tributario, en particular, al derecho que tiene todo contribuyente/ciudadano a rectificar y así corregir sus errores.

Para el segundo caso, el recurso de apelación es un perfecto ejemplo donde la doctrina y la jurisprudencia han sido tajantes

---

[22]   Sentencia Tribunal Superior de 11.03.2016, Rol N° 2442-2014.

en afirmar que el apelante no puede ver desmejorada su posición frente a la inactividad de su contraparte, engarzando a la prohibición de *"reformatio in peius"* dentro de una garantía del debido proceso y del derecho a defensa, como parte integrante del derecho al recurso y como una consecuencia de principio de congruencia o coherencia procesal.

Bajo este mismo contexto, la novedad de la nulidad formal en materia tributaria de la Ley N° 21.210 de 2020 merece un comentario especial. Lo anterior, por cuanto en materia procesal penal existe una norma expresa (art. 360 CPP) que prohíbe la *"reformatio in peius"*, disposición legal que no se ha encontrado exenta de polémicas en los casos en los cuales se ordena la realización de un nuevo juicio. Por otro lado, en materia procesal civil el criterio jurisprudencial ha sido oscilante, encontrándose fallos donde se aplica a la institución de la prohibición de *"reformatio in peius"*, como otros en los cuales se rechaza —con disidencia— en las casaciones en la forma.

Con todo, al encontrarnos en un contencioso administrativo especial, el derecho al debido proceso, la defensa en juicio y el derecho al recurso, entre otras consideraciones, nos permiten concluir que el recurrente no puede ver desmejorar su posición por haber ejercido las vías procesales que le entrega la propia ley. En esta opinión, no puede ser premiada la actitud procesal de quien resultó parcialmente favorecido por el fallo, y no recurrió de dicha decisión. En efecto, la inactividad de una parte no puede ser galardonada, por cuanto los tribunales de justicia no pueden en ningún caso subsidiar o suplir a los deberes y cargas procesales de los litigantes.

En análisis resulta relevante en la materia que nos convoca, por cuanto los tribunales de instancia pueden pronunciar perfectamente una sentencia parcial, la cual acoja en parte al reclamo tributario incoado y deje —parcialmente— sin efecto al acto administrativo final reclamado, cuestión que puede conllevar a ordenar la reliquidación de los impuestos supuestamente adeudados, entre otras consideraciones. No obstante, cuando solo una de las partes recurre, el fallo que se dicte de reemplazo no puede en ningún caso empeorar su posición jurídica, por cuanto se vulneraría la seguridad jurídica, se inhibiría de presentar recursos fundados y se aceptarían consecuencias injustas lo cual no puede prosperar.

V. BIBLIOGRAFÍA

BARRIENDO PARDO, IGNACIO. Prohibición de la reformatio in peius y la realización de nuevo juicio (ir por lana y salir trasquilado). REJ — Revista de Estudios de la Justicia — N° 9 — Año 2007.

CLARIÁ OLMEDO, JORGE. A., Derecho Procesal, Tomo II, Estructura del Proceso, Ediciones Depalma, Buenos Aires, 1983.

DE LA RÚA, FERNANDO, "Límites de los recursos. La prohibición de reformatio in peius en materia penal y civil", en Teoría General del Proceso, Ediciones Depalma, Buenos Aires, 1991.

HORVITZ LENNON, MARÍA INÉS Y LÓPEZ MASLE, JULIÁN, Derecho Procesal Penal Chileno, Tomo I, Editorial Jurídica de Chile, 1° Edición, Santiago de Chile, 2005.

MAIER, J., Derecho Procesal Penal, Tomo I, Fundamentos, Editores del Puerto, Buenos Aires, 2002, 2° edición, 2° reimpresión.

MOSQUERA, MARIO Y MATURANA, CRISTIÁN. Los Recursos. Editorial Jurídica, año 2010.

PALACIO, LINO ENRIQUE, Los recursos en el proceso penal, Abeledo-Perrot, Buenos Aires, 1998.

ROXIN, CLAUS, Derecho Procesal Penal, Editores del Puerto, Buenos Aires, 2000.

La resolución de conflictos tributarios en Chile. Actualidad y futuro

POR SERGIO ENDRESS GÓMEZ[1]

RESUMEN: Examinamos la justicia tributaria después de más de 10 años de existencia de los Tribunales Tributarios como primera instancia independiente. Analizamos diversos factores, considerando diversas fuentes cuantitativas y percepciones, identificando las modalidades y características de la acción administrativa en la resolución de las controversias tributarias, los resultados obtenidos por los contribuyentes ante el SII y ante los TTA, la duración de los juicios, la discusión ante las Cortes y la fundamentación y profundidad del debate, como aspectos centrales que deben considerarse para fortalecer la imparcialidad, publicidad, calidad técnica y eficiencia del sistema de resolución de conflictos en Chile.

PALABRAS CLAVE: Tribunales Tributarios, Recursos Administrativos, Conflictos Tributarios, Duración de Juicios, Disminución de Litigios.

I. INTRODUCCIÓN

La resolución de conflictos tributarios, cuyo principal hito fue la creación de los Tribunales Tributarios independientes en primera instancia, representó el fruto tardío pero necesario, de la discusión democrática sobre el tema. Actualmente, este diseño se encuentra en una situación de profundo cambio y crítica, expresada en variables cuantitativas y cualitativas que se encuentran alejadas de las expectativas que se consideraron en su diseño original. A dicha discusión pretende contribuir el presente artículo, de manera que la realidad sea modelada por una discusión técnica y democrática que supere y mejore la resolución de los conflictos tributarios en Chile.

---

[1]   Abogado, Magíster en Derecho. Comentarios a sergio.endress@udechile.cl

Nos hemos concentrado en la información de los Tribunales Tributarios en la Región Metropolitana por su importancia en la litigación nacional, pues representa el 70 % del total vigente de causas, [23] no obstante agregar algunas observaciones sobre las Cortes superiores. Cabe prevenir que las fuentes de información son escasas, fragmentadas e insuficientes, tanto en términos cuantitativos cómo cualitativos. Habida cuenta de estas limitaciones, nuestros asertos se basan en la información reunida a la fecha de diversas fuentes, antecedentes y percepciones sobre el sistema de conflictos tributarios vigente. Considerando al contribuyente como el actor principal de la actividad litigiosa, examinaremos desde su óptica las variables del conflicto.

II. DESCENSO EN LA LITIGACIÓN TRIBUTARIA

La interposición de reclamos tributarios conforme al Código Tributario,[4] ha descendido a un tercio desde el año 2013[5] conforme se muestra en el siguiente cuadro:

---

[2] SELMAN, 2021, p. 75.

[3] Aludiremos a los Tribunales Tributarios y Aduaneros con la abreviación "TTA" y por el adjetivo ordinal correspondiente, de manera que el Primer Tribunal Tributario y Aduanero de la Región Metropolitana, será simplemente "PRIMERO" y así, respectivamente. De acuerdo con cifras de la unidad administradora Santiago es responsable del 47% de las causas a nivel nacional y llega al 73% si se incluyen los TTA de Valparaíso, Araucanía y Biobío. Resulta muy claro que la situación en los Tribunales Tributarios regionales es, en muchos aspectos, muy distinta de la que observamos en tribunales de la región metropolitana, incluso existen diferencias sustantivas entre estas últimas jurisdicciones, como puede observarse más adelante.

[4] Nos referimos al reclamo tributario regulado en los artículos 123 a 148 del Código Tributario, procedimiento general de reclamo, del Decreto Ley N° 830 de 31 de diciembre de 1974.

[5] Primer año de la vigencia total de los Tribunales Tributarios en el país. Usaremos también la sigla "TTA", y realizaremos el análisis considerando el reclamo tributario regulado en el artículo 123 y ss. Del Código Tributario, en adelante, el "reclamo".

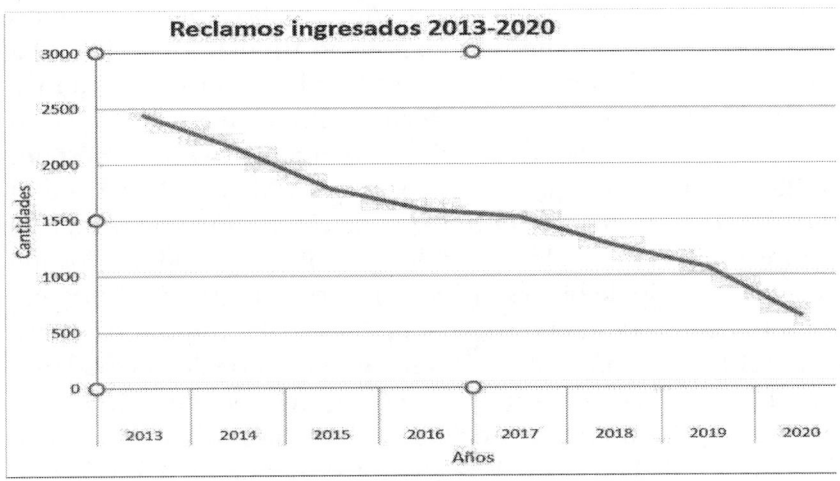

Cuadro de elaboración propia basado
en Cuenta Pública ATTA 2020.

Desglosando el ingreso de reclamos en materia tributaria para los tribunales de Santiago, tenemos:

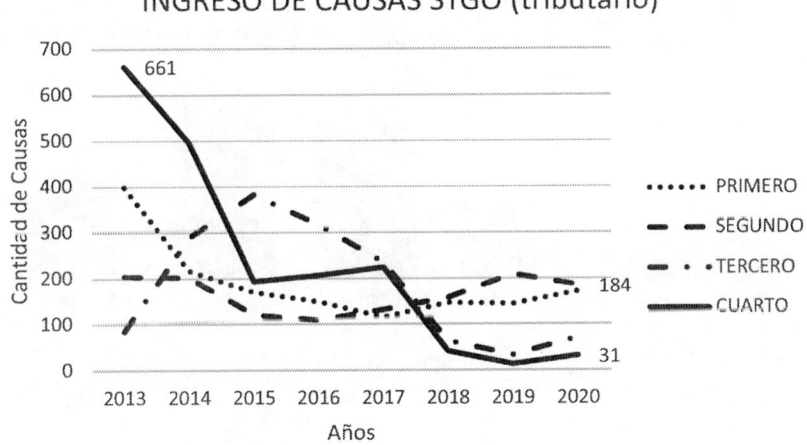

Cuadro de elaboración propia con base en información
de la Corte Suprema.

Cabe señalar que no existen estudios públicos ni estimaciones que establezcan el óptimo de litigiosidad tributaria en Chile. La reforma original realizada en el año 2009 al parecer sobreestimó la demanda de juicios, pues en el Mensaje Presidencial del proyecto de ley de reforma a la justicia tributaria, apenas tres años después en 2012, se indicaba que "...para la Región Metropolitana [en el año 2009] se estimó que el número de causas que ingresarían al nuevo sistema serían alrededor de 10.000 (sin considerar los juicios por reavalúo de bienes raíces de la serie no agrícola), cifra que contrasta con las nuevas estimaciones, las cuales indican que para el año 2013, las causas a ingresar en definitiva serían como máximo unas 1.500."[6] El proyecto de ley proponía, en consecuencia, reducir las plantas y eliminar el conocimiento exclusivo de causas tributarias por salas de las Cortes de Apelaciones de San Miguel, Valparaíso y Concepción, dejándolas solo para conocimiento preferente.

Considerando que la litigiosidad puede asociarse a variables como la recaudación, carga tributaria, la complejidad impositiva y la actividad de fiscalización del SII, a continuación, examinamos la información existente para el periodo.

Los ingresos tributarios netos aumentaron en el periodo:

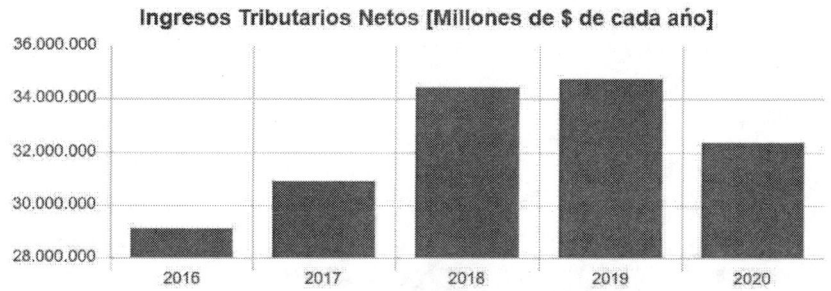

Fuente: sitio web del SII.

---

[6]   Mensaje del Presidente de la República, N° 038-360, de 26 de octubre de 2012, página 1, luego, Ley N° 21.039, 2017, que además estableció el derecho a transferir las causas tramitadas en esa fecha ante el SII a los TTA.

La carga tributaria expresada como porcentaje del PIB, era de 18, 3 % del PIB en 2014,[7] descontada la seguridad social y aumentó a 19, 6 % en 2019.[8] Específicamente, la reforma tributaria de 2014, perseguía elevar la carga tributaria en tres puntos porcentuales del PIB.

De otra parte, la complejidad del sistema tributario se ha traducido en modificaciones tributarias de importancia en los años 2014, 2016 y 2020, expresados en los impuestos principales (renta e IVA) así como en la creación de regímenes de tributación transitorios, normas de incentivos (vgr. rebajas impositivas a la repatriación de patrimonios) e impuestos, algunos de duración limitada (vgr. impuesto único al FUT) y otros permanentes (impuesto a los servicios digitales), así como en numerosas reformas sustantivas en el Código Tributario, lo cual debería haber producido un aumento en la discusión e interpretación de los aspectos dudosos de las mismas regulaciones y eventualmente, mayor litigiosidad que en un escenario de permanencia y estabilidad en el sistema tributario.

Por último, los principales actos de la Administración tributaria emitidos en el periodo, representados por Liquidaciones por diferencias de impuestos detectadas por parte del Servicio de Impuestos Internos en el periodo, se encuentran en el siguiente cuadro:

---

[7]   RUBIÓ, ESTÉFANO Y VERGARA, RODRIGO: Carga y estructura tributaria en Chile: comparación con países de la OCDE, 2017, página 3.

[8]   Que llevaría esta cifra a 20, 3% del PIB, según ADOLFO FUENTES Y RODRIGO VERGARA, en Carga tributaria en Chile: evidencia revisitada, en Puntos de Referencia, N° 451, enero 2020, página 4, Centro de Estudios Públicos (edición en línea).

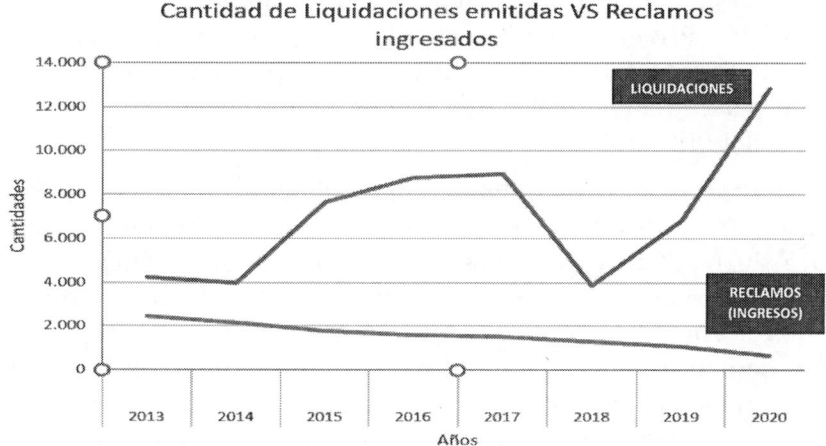

Fuente: Cuadro de elaboración propia con base en información obtenida vía Ley de Transparencia en el SII y en Unidad Administradora de los TTA.

Del total de causas tributarias y aduaneras presentadas desde el año 2010 a la fecha, ascendente a 14.332 litigios, se mantienen vigentes en total 2.485 al 31 de diciembre de 2020, de las cuales 1.672,[9] esto es, el 67 %, se tramitan en los tribunales tributarios de la Región Metropolitana.

Estas cifras demuestran que el descenso de la litigiosidad tributaria es de signo contradictorio y opuesto al aumento de las variables de crecimiento económico, complejidad del sistema tributario y aumento de los actos tributarios impugnables emanados de la Administración tributaria.

El presente artículo persigue identificar aspectos de esta problemática.

---

[9]   El total de causas informadas a la Corte Suprema como "En tramitación al 31-12-2020 (Vigentes)", en el "Estado de las Causas Tributarias y Aduaneras" en los cuatro tribunales de la R.M. fue de un total de 1.628 casos.

III. RECURSOS ADMINISTRATIVOS

La regulación de los recursos administrativos en el derecho tributario chileno es extensa y profunda. Existen acciones contra vulneraciones a derechos del contribuyente y por la determinación de diferencias de impuestos e incluso cobros; frente a errores de hecho y de derecho, incluso por violación de interpretaciones administrativas; de reposición y jerárquicos; pueden interponerse antes, durante e incluso después del procedimiento de reclamo y ante la misma autoridad administrativa o ante un tribunal tributario u ordinario, incluso a libre opción del contribuyente, casi sin prerrequisitos. No existe obligación de agotar la vía administrativa antes de impugnar el acto administrativo en los Tribunales Tributarios.

En primer lugar, se encuentra la revisión de errores o vicios manifiestos, denominada por el SII revisión de la actuación fiscalizadora o "RAF", [10] regulada en el artículo 6, letra B, N° 6 del Código Tributario, para corregir vicios o errores manifiestos, sin plazo de interposición, existente en nuestra legislación hace más de treinta años.

Junto con la creación de los Tribunales Tributarios en 2009, se incorpora el recurso de reposición administrativa, no obligatoria, de los actos reclamables en el artículo 123 bis del Código Tributario, denominado por el SII reposición administrativa voluntaria "RAV", y que hoy incluso suspende el plazo para interponer el reclamo. El plazo promedio informado por el SII para resolver este recurso es de 47 días.

En el 2020, se incorporó el recurso de resguardo por transgresión de derechos del contribuyente en el artículo 8 bis del Código Tributario y el recurso jerárquico en el artículo 6, letra A, N° 7 del Código Tributario, destinado a conocer vicios o errores de derecho en la aplicación de normas legales o interpretaciones del SII, en reposición del recurso anterior.

---

[10]   Circular N° 45 del SII, de 30 de julio de 2010.

La duración de la tramitación de estas acciones es inferior a noventa días, en la mayoría de los casos, si bien por supuesto, su resultado no siempre es positivo para los intereses de las partes.

A continuación, se muestran y comentan algunos datos sobre el tema.

En materia de RAF, fueron dictadas 10.438 resoluciones[11] por el SII dando lugar total o parcialmente, a la revisión solicitada por el contribuyente. Es significativo que el volumen más importante favorable al contribuyente se presenta en los años 2016 a 2019.

LIQUIDACIONES RAF HA LUGAR T/P

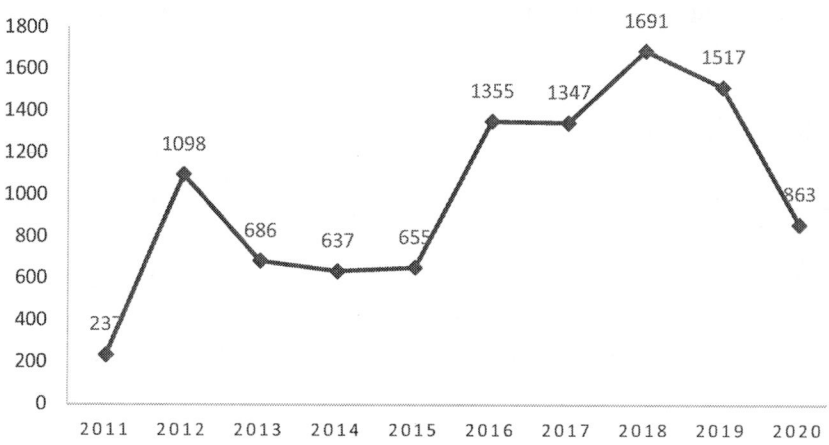

Fuente: Elaboración propia según cifras del SII obtenidas por Ley de Transparencia.

En el cuadro siguiente se observa la evolución de las reposiciones administrativas voluntarias o "RAV". Se interpusieron 18.011 recursos de revisión durante el periodo 2012 a 2020, de las cuales

---

[11] El total de RAF en contra de Giros ascendió a 2.348 y fueron 3.580 resoluciones las impugnadas, para el mismo periodo 2010-2020. No hemos incluido en general, las actuaciones realizadas en el año 2021, por encontrarse pendiente su término a la fecha de redacción del presente artículo, diciembre de 2021.

8.692, fueron acogidas en todo o parte, esto es, un 53 % del total de RAV presentadas, considerando solo las rechazadas y las acogidas en todo o parte.

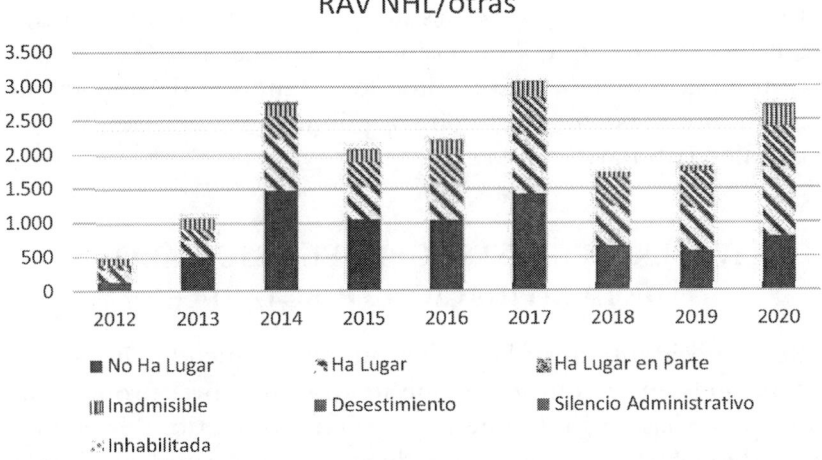

Fuente: Elaboración propia según cifras del SII obtenidas por Ley de Transparencia.

De esta manera, el total de recursos resueltos o presentados vía RAF y RAV, según los cuadros adjuntos sumaron 28.449 presentaciones (RAV 10.438 + RAF 18.011[12]) y constituyeron casi tres veces el total de los ingresos por reclamos del periodo 2010-2020 que ascendió a 13.831 (tributarias y aduaneras).[13]

Nos parece que estas opciones administrativas han influido decisivamente en la disminución de la litigación judicial y plantean dudas a la permanencia de la jurisdicción tributaria, tal como la conocemos. En efecto, la utilización de estos remedios presenta innegables ventajas para el contribuyente: a) no produce cosa juzgada, preclusión ni impide las posteriores acciones en tribunales;

---

[12]   Solamente considerando las RAF que culminaron con una resolución de Ha lugar, total o parcial.

[13]   Según cifras de SATCA proporcionadas por el Juez Hernán Farías.

b) presenta plazos breves y acotados de resolución; c) su tramitación posee exigencias formales mínimas, por regla general, y d) presenta menores costos de litigación, pues no requiere representación letrada, obligatoria en los reclamos de que tratamos.

Como una desventaja de este sistema de resolución administrativa, cabe constatar que las decisiones adoptadas por la Administración en la actualidad carecen de los estándares de publicidad y certidumbre, así como el control público, que en cambio los Tribunales Tributarios proveen.

IV. PERCEPCIONES SOBRE EL RESULTADO DE LA LITIGACIÓN TRIBUTARIA

Resulta evidente que el contribuyente persigue el éxito de sus pretensiones en el conflicto y que tendrá una obvia propensión a interponer las acciones que le permitan obtenerlo. Por el contrario, desechará las acciones condenadas al fracaso, salvo que la interposición de estas le otorgue otros beneficios.[14] De este modo, preliminarmente, resultados mayoritariamente favorables incentivarán el litigio y viceversa.

Sobre el tema existen los siguientes antecedentes.

Para los Tribunales Tributarios más relevantes, el Observatorio Judicial divulgó las siguientes cifras:

---

[14]   Suspensión de la exigibilidad del pago del impuesto y eventualmente, distracción del patrimonio en perjuicio del acreedor fiscal.

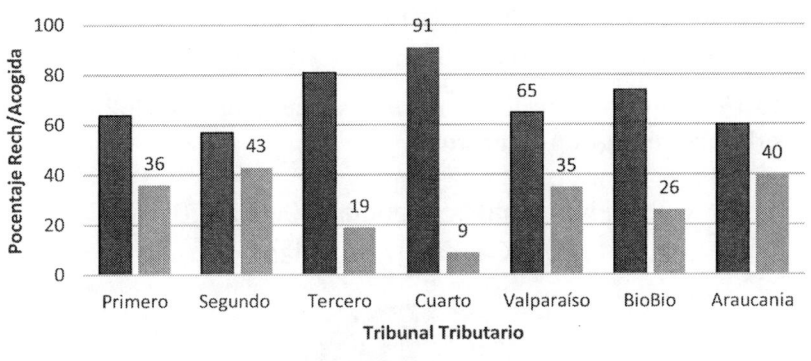

Fuente: Informe N° 11, 23 de Julio de 2018,
Observatorio Judicial, página 4.

Para el periodo va desde 2013 a 2020, las cifras son las siguientes:

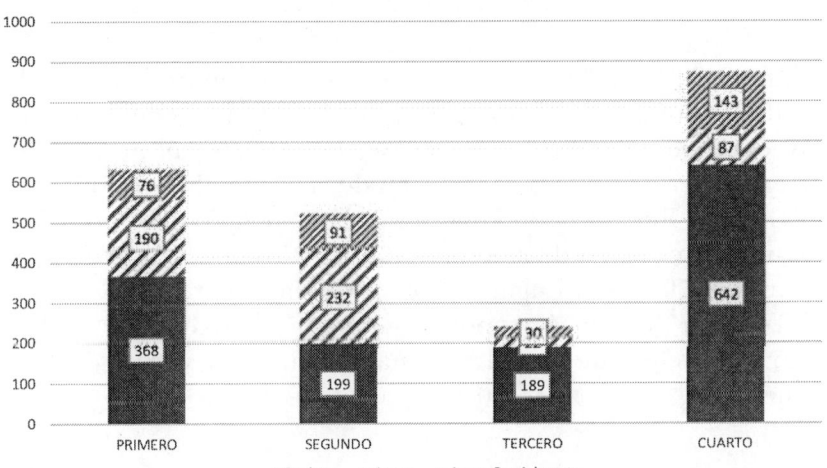

Fuente: proporcionada por magistrado
H.F. con base en SATCA.

En este cuadro, no se han considerado las sentencias "sin caracterización" informadas por cada tribunal y que ascienden a 204 sentencias en el Primer TTA, 161 en el Segundo TTA, 402 en el Tercer TTA y 39 en el Cuarto TTA de Santiago.

Para el conjunto de los Tribunales, hasta el año 2020 puede considerarse el siguiente gráfico:

Total Nacional Sentencias 2009-2020
Solo Causas Tributarias

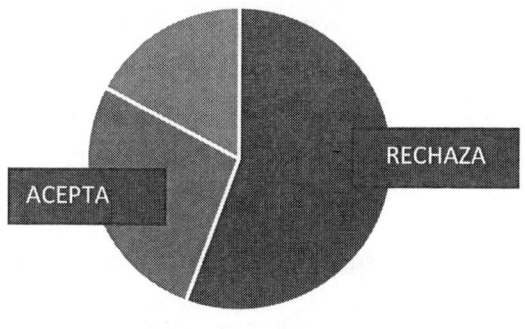

■ Rechaza   ■ Acoge (T)   ■ Acoge (P)

Para A. Selman, "A nivel nacional, y considerando para el cálculo de los porcentajes el número total de sentencias de todos los TTA, el porcentaje "No Ha Lugar" es de un 66% y el porcentaje "Ha Lugar" es de un 34%. El 2° TTA de la Región Metropolitana, el TTA de la Región de O'Higgins, el TTA de la Región de Arica y Parinacota y el TTA de la Región de Los Ríos tienen porcentajes cercanos al 50% "Ha Lugar" y 50% "No Ha Lugar". El 3° TTA y 4° TTA de la Región Metropolitana tienen el porcentaje "No Ha Lugar" más relevante a nivel nacional, con un 89% y 88%, respectivamente." [15]

---

[15]   Selman, 2021, p. 74, para el periodo según indica que va del "año 2010 a septiembre del año 2020."

En la Corte Suprema, el 82 % se decidía en contra del contribuyente:

Gráfico n° 6: porcentaje general de éxito y fracaso de casaciones tributarias interpuestas por contribuyentes (2013-2018)

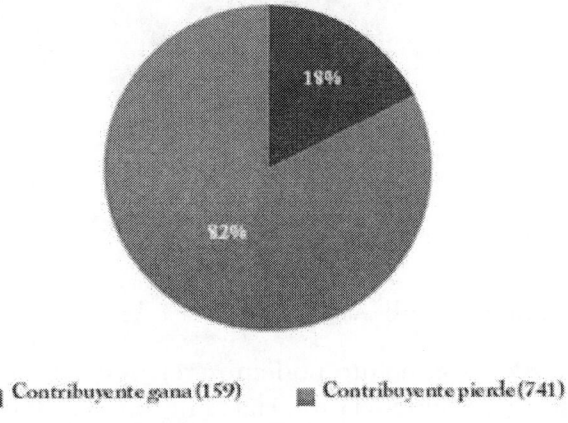

■ Contribuyente gana (159)   ■ Contribuyente pierde (741)

Fuente: Observatorio Judicial.

Gráfico n° 5: porcentaje de éxito del SII y del contriuyente en la 2ᵈᵃ sala de la Corte Suprema (2013-2018)

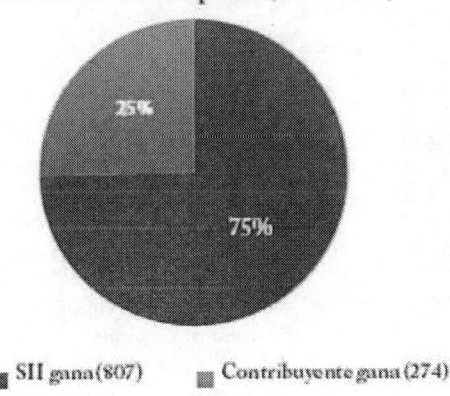

■ SII gana (807)   ■ Contribuyente gana (274)

Fuente: Observatorio Judicial.

Gráfico n°8: porcentaje general de éxito y fracaso de casaciones
tributarias interpuestas por SII (2013-2018)

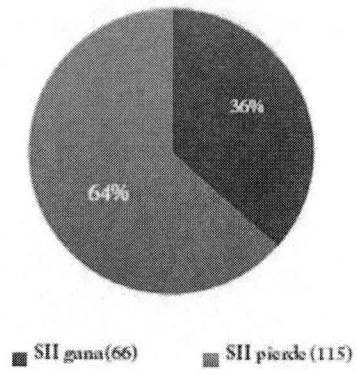

■ SII gana (66)   ■ SII pierde (115)

Fuente: Informe N°33, 20 de Abril 2021, en el sitio web de Observatorio Judicial.

En el cuadro siguiente podemos ver que no todas las causas terminaron por sentencia judicial, sino que existe una cantidad importante que concluyó con una sentencia interlocutoria, lo que en cifras totales son las siguientes:

Término de Causas 2012-2020

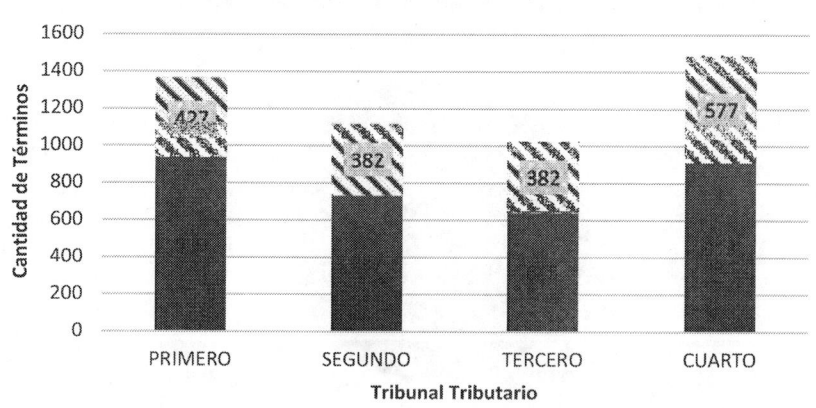

Fuente: proporcionada por magistrado H.F. con base en SATCA.

El término anormal de la causa se produce por causales como apercibimiento de tener por no presentado el reclamo por no subsanar defectos dentro de tercer día, inadmisibilidad, extemporaneidad del reclamo, etc...No contamos con información detallada sobre las causales aplicables. Suponemos que las causas rechazadas en tales casos, no se consideran en las estadísticas de rechazo o acogida respectiva, ni tampoco en la duración global de ellas, pero no contamos con la confirmación oficial.

Las cifras indicadas muestran en general un resultado desfavorable a los contribuyentes, más acusado sobre todo en algunos tribunales de la Región Metropolitana, la cual concentra la discusión judicial en volumen y complejidad de los temas debatidos. La influencia de la percepción desfavorable que describimos ya fue propuesta como causa de la disminución en la litigación, en informe N° 11, de 2018, realizada por el Observatorio Judicial, [16] el que identifica la disminución más acusada de los ingresos por reclamos en los tribunales cuyas decisiones fueron más desfavorables al contribuyente. El cambio legal en la distribución de causas en Santiago, realizada en 2017, podría haber morigerado esta tendencia. El Observatorio Judicial señala que no puede calificar la tendencia antes descrita como concluyente porque no ha examinado el contenido de los reclamos presentados ni su mérito.[17] En efecto, careciendo del análisis cualitativo de las decisiones adoptadas, su fundamentación y procedencia, no es posible realizar un juicio categórico al respecto. Ello, sin embargo, no obsta a que exista esta percepción en los operadores, probablemente influenciada por los resultados expuestos y, además, por la insuficiente justificación de las resoluciones y sentencias, conforme se anotará más adelante.

En conclusión, creemos que la jurisprudencia adversa a los intereses de los contribuyentes representada por la información

---

[16]   En el mismo sentido, SELMAN, 2021, p. 76, Justicia Tributaria en Chile, Jornadas Chilenas de Derecho Tributario, página 76, 12 de noviembre de 2021.

[17]   Observatorio Judicial, Informe 11, año 2018, p. 10.

estadística compulsada, ha influido significativamente en el descenso de la litigación tributaria.

V. ENCARECIMIENTO DE LA LITIGACIÓN TRIBUTARIA

Los honorarios profesionales de un área especializada del derecho suelen ser superiores a las de aquellos vinculados a materias más generales, y lo propio ocurre en el Derecho Tributario. Usualmente, además, el análisis de un caso requiere el concurso de profesionales del área financiera o contable, lo cual aumenta las necesidades técnicas del equipo legal. La participación de un perito técnico en un juicio tributario es frecuente y sus honorarios encarecen el litigio para el contribuyente. Por su parte, todos estos gastos del contribuyente no son cubiertos por las costas procesales ni personales, [18] tanto porque el tribunal en la práctica no condena al Servicio de Impuestos Internos sino muy excepcionalmente, cuanto porque cuando se establecen devienen en cantidades meramente simbólicas sin correspondencia con el esfuerzo económico real del contribuyente. En el otro extremo, la contribución en las costas del contribuyente está claramente regulada en la ley.

Legalmente, la existencia de recargos vinculados a la duración del juicio como los intereses penales obran también como desincentivo a la litigación.[19] A esto debe agregarse que, en términos generales, salvo por la interposición de los recursos usuales, el contribuyente tiene poca influencia en la abreviación de estos plazos. Este tópico requiere un análisis más detenido que identifique y distribuya eficientemente y en forma justa los costos de la litigación entre las partes.

---

[18]   Conforme a la noción del artículo 139 del Código de Procedimiento Civil.

[19]   En tal sentido, el Observatorio Judicial examina la aplicación de los intereses por la demora en enterar el impuesto discutido, regulado en el artículo 53 del Código Tributario.

VI. DURACIÓN DEL JUICIO TRIBUTARIO

Es el lapso de días corridos que media entre la interposición de la acción y la resolución final de la controversia, sea por sentencia de término o por otros medios denominados anómalos de término, tales como, la inadmisibilidad, el desistimiento, la conciliación, etc. Se trata de un tema de crítica usual en la justicia civil chilena.[20]

La duración como atributo de la eficacia del sistema de resolución de conflictos, está vinculado a la dimensión de la tutela efectiva.[21] En España la resolución de un tema administrativo requirió 500 días en 2017 y el doble en Italia, ubicando a ambos países entre aquellos en el tercio de países europeos de mayor demora.[22] En materia de cobro ejecutivo de obligaciones tributarias, existe una jurisprudencia importante de la Corte Suprema que establece el decaimiento de las acciones de cobro superado plazos en pugna con la duración razonable de ellos.[23]

La extensión en la duración de un juicio es un desincentivo de la litigación pues mantiene la incertidumbre y aumenta los costos de defensa. Adicionalmente, la regulación de recargos legales asociados a estos plazos penaliza al contribuyente por la lentitud del proceso y la congestión en la resolución de conflictos que sufren los Tribunales, y en los cuales no le cabe influencia relevante. Comparativamente, las acciones al interior de la Administración tributaria son de menor duración, aun cuando dicha opción pueda carecer de la independencia técnica buscada.

Según el Observatorio Judicial,[24] la duración promedio en primera instancia sería de 576 días, en la Corte de 186 días y en la

---

[20] Riego, Cristián y Lillo, Ricardo. ¿Qué se ha dicho sobre el funcionamiento de la justicia civil en chile? Aportes para la reforma. p. 30.

[21] Modelo Orgánico para la Nueva Justicia.

[22] The 2019 EU Justice scoreboard. 2019, p. 14.

[23] Endress, Sergio. 2020, p.6.

[24] Según indica, habiendo considerado 541 sentencias en los TTA, 200 causas en las Cortes de Apelaciones y 113 juicios en la Corte Suprema, Informe N°33, 20 de abril 2021.

Corte Suprema de 324 días. Para los Tribunales Tributarios me-
tropolitanos la duración de los juicios se muestra en el siguiente
cuadro:

DÍAS DE TRAMITACIÓN

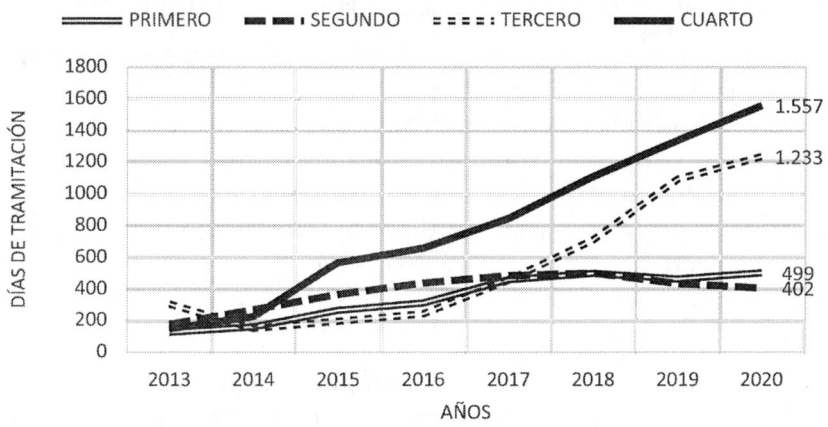

Fuente: proporcionada por magistrado H.F. con base en SATCA.

En el derecho comparado, un índice asociado a la duración
de los juicios es la capacidad del tribunal para resolver más casos
de los que ingresan, índice que, en Europa para casos civiles, comerciales y administrativos, se ha ubicado sobre el 80% y cercano
al 100%, es decir, los tribunales europeos en primera instancia en
estas materias son capaces de resolver un número casi idéntico a
las causas que ingresan.[25]

En los TTA de la Región Metropolitana, la disminución de las
nuevas causas ingresadas en 2020 (457 causas, en total) y la atribución de ellas al primer y segundo tribunal para descongestionar

---

[25]   The 2019 EU justice scoreboard. 2019. p. 15. En España este porcentaje
       (*"clearence rate"*) ha sido levemente superior al 100% en casos administra-
       tivos para los años 2015 a 2017, que son las últimas cifras disponibles.

al Tercero y Cuarto, implica que todos tienen hoy una carga equivalente, pero estos últimos mantienen causas más antiguas. Cómo indica Selman, "si cuatro de los seis TTA que concentran el mayor número de causas a nivel nacional están por debajo del promedio nacional de causas terminadas, es razonable concluir que la mayor carga laboral impacta —en mayor o menor medida— en un retraso en el término de los juicios, y, en consecuencia, en los tiempos de tramitación."[26]

En las Cortes superiores también la duración de las causas tributarias es importante. De acuerdo con la experiencia usual, las cortes superiores agregan de entre 3 a 5 años cada una, a esta litigación especializada.[27]

El diseño legal del procedimiento en primera instancia no parece ser causa de esta demora y, en efecto en su letra, se regulan exigentes plazos que, en la práctica, no se cumplen. Tampoco los litigantes poseen herramientas para dilatar el conocimiento del tribunal. De esta manera, pudiera argüirse que la ausencia de suficiente personal o el exceso de causas, es posiblemente un elemento para considerar en estos retrasos. También se ha citado como causa de estas dilaciones la complejidad de las causas o la cantidad de documentos a considerar, pese a que no se observa siempre en las sentencias argumentaciones suficientes, el examen meditado de los documentos o el análisis razonado que dichos aspectos deberían reflejar en la decisión final, sino que simples enunciaciones, genéricas, repetitivas y carentes de valor epistemológico, que no justifican la demora que examinamos.

Al respecto, el establecimiento de audiencias orales de prueba y la creación de un tribunal único para la Región Metropolitana, permitiría administrar más eficientemente los recursos existentes. La disminución de las etapas del juicio, ante un tribunal pluriper-

---

[26]   Ibidem, página 71.
[27]   Riego, Cristián y Lillo, Ricardo, op, cit. p. 46, con los mismos plazos según Davor Harasic pero en causas civiles en 2015.

sonal de única instancia, es el diseño que, según la experiencia en Chile en otras áreas, asegura menores plazos y produciría mejor fundamento de las decisiones técnicas adoptadas.

También se ha sugerido anticipar la producción y análisis de la prueba del litigio, como se recomendaba a propósito de la reforma civil ya en 2006, lo cual debería mejorar las decisiones finales, pero tenemos dudas de su influencia en una menor duración del juicio.[28]

VII. MEDIOS ALTERNATIVOS DE RESOLUCIÓN DE CONFLICTOS

Existen medios de terminar el juicio tales como la renuncia, el desistimiento, la transacción y en el ámbito específico tributario, la conciliación, el avenimiento extrajudicial, el apercibimiento de tener por no presentado el reclamo conforme al artículo 125, inciso tercero del CT y la inadmisibilidad (por ejemplo, por extemporaneidad del reclamo, por improcedencia del procedimiento o de la causal invocada).

La ley estableció salidas alternativas para la resolución de las posibles controversias en materia tributaria. La revisión administrativa de los actos terminales reclamables ya visto anteriormente,[29] la

---

[28]   García, José y Leturia, Francisco: Justicia Civil: Diagnóstico, evidencia empírica. p 366.

[29]   Representada por hoy numerosas acciones administrativas, en el artículo 6 y 123 bis del Código Tributario. En el 2017, se ampliaron los plazos para la revisión administrativa (denominada por el SII "RAV" o revisión administrativa voluntaria solo cabe respecto de actos reclamables) regulada en el artículo 123 bis y se estableció la suspensión del plazo para interponer reclamo tributario, antes no considerado: Ley N° 21.037 de 2017. La misma ley permitió a los tribunales en Santiago, tener competencia sobre toda la Región Metropolitana, la que antes estaba fraccionada y ocasionó una gran congestión. Art. 1°, N° 2, con vigencia el 1° de noviembre de 2017.

conciliación,[30] el avenimiento[31], la renuncia y el desistimiento son los principales medios de término del conflicto, con la prevención de que la revisión administrativa se verifica antes del inicio judicial del mismo.

La utilización de la conciliación ha sido muy baja, [32] atribuyéndose este resultado principalmente a la Administración Tributaria que no ha adoptado políticas ni impulsado dichos acuerdos, probablemente por ausencia de incentivos para ello. Algunas dificultades que han impedido su adopción pueden ser: la dificultad técnica de la materia; la falta de experiencia en estos arreglos; el legítimo interés en que los actos administrativos prosperen por sus méritos y el esfuerzo que han involucrado; la cultura administrativa temerosa ante el error (y sus sanciones) y refractaria a la autonomía de los operadores que la representan en el litigio; temores de corrupción o captura, y el efecto en otros contribuyentes de estas concesiones o acuerdos públicos, etc. A esto debe agregarse que la ley establece limitaciones a la conciliación cuya redacción no es totalmente clara para los intérpretes.

El avenimiento extrajudicial, establecido como un acuerdo excepcional a propuesta del contribuyente al Director Nacional del SII, por una sola vez durante el procedimiento de reclamo y sujeto a limitaciones de la conciliación, ha sido establecido recién en el año 2020 por la ley. Dotado de valiosas características tales como, la exigencia de plazo y fundamentos, el levantamiento de un acta autorizada por el Juez, la inclusión de sus señas en el sitio web del organismo fiscal, así como la inexigibilidad previa de la renuncia a la acción (desistimiento), probablemente se encamine al mismo fracaso que la conciliación, por la falta

---

[30] Incorporado a los artículos 131 bis y relacionados, del Código Tributario, por la ley N° 21.039 de 20 de octubre de 2017, no se encontraba en el Mensaje del ejecutivo de la misma ley.

[31] Regulado hoy en el artículo 132 ter de Código Tributario.

[32] Se nos ha informado de 72 casos conciliados, 56 de ellos concentrados en tres tribunales, el primero y segundo de Santiago y TTA de Valparaíso.

de interés de la misma autoridad, sobre todo considerando la mayor publicidad involucrada. Además, resulta mucho más sencillo, rápido y expedito, para la Administración y para el mismo contribuyente, continuar con los acuerdos extrajudiciales con desistimiento previo, sin exigencia legal expresa de justificación ni publicidad alguna.

El desistimiento es un medio alternativo no regulado expresamente para arribar a un acuerdo con la Administración que permite terminar el juicio. Se concreta en una declaración de voluntad del actor en el sentido de no proseguir con el proceso que se inició, frente a una oferta de la Administración tributaria o basado en la propuesta del interesado. Basado en la experiencia, este desistimiento se realiza por el contribuyente exigido por la autoridad fiscal como contrapartida para modificar o anular los actos tributarios dañosos que el contribuyente impugna en su reclamo. Para apreciar la importancia de esta institución, el siguiente cuadro ilustra los montos objeto de desistimiento en pesos en conjunto con otras causales de término:

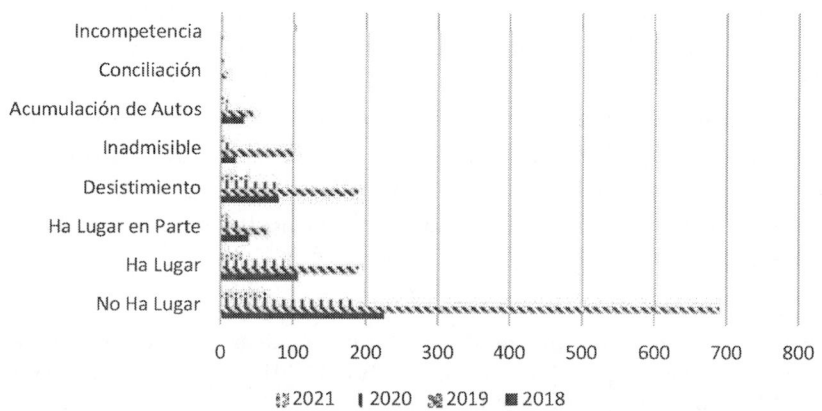

Fuente: elaboración propia basado en información del SII obtenida por Ley de Transparencia.

En relación con los montos comprometidos en cada caso, el siguiente cuadro muestra lo siguiente para los tres últimos años:

Término de Juicios ($ Liquidaciones)

	2018	2019	2020
■ Inadmisible	51.372.242	36.850.203.665	9.270.964.369
▨ Desistimiento	118.814.802.903	194.141.249.056	129.438.683.101
■ Ha Lugar en Parte	2.255.518.375	8.414.973.716	5.843.529.695
■ Ha Lugar	10.794.624.434	11.790.044.241	3.653.959.952
■ No Ha Lugar	19.607.717.124	128.662.600.754	28.188.629.033

Fuente: Elaboración propia según información del SII obtenida
por Ley de Transparencia.

Como puede observarse, los montos acogidos a esta modalidad fueron muy importantes en el total resuelto. Evidentemente, el desistimiento evita resultados adversos para el contribuyente y, en ocasiones, también para el SII en los tribunales, así como las consecuencias administrativas desfavorables que dichas situaciones podrían acarrear a los funcionarios que han participado en su emisión y control. Como contrapartida, la falta de publicidad nos parece, impide el examen técnico de terceros y el aprovechamiento de las posibilidades de mejora que entraña para el organismo fiscal.

De esta manera, es recomendable la regulación administrativa previa, completa y pública de estas prácticas, así como la constancia en el litigio de las razones que han motivado la actuación del contribuyente, con la finalidad de aumentar así el control ciudadano sobre dichas acciones. Finalmente, el contribuyente afectado debería recibir una compensación por los gastos incurridos, a la par de una disculpa clara y escrita de la Administración, si es que esta ha incurrido en un error que le sea atribuible.

Otra recomendación que podría incrementar la disposición al acuerdo de las partes en la conciliación es la presentación por el Juez de las "bases de arreglo", exigidas expresamente por la ley, pero infrecuente en la práctica. El incremento de estas soluciones podría tener un efecto en la duración de los juicios y por dicha vía, en la certidumbre del contribuyente.

En conclusión, los medios alternativos de solución de conflictos en materia tributaria no cuentan con los incentivos para cumplir su función en forma relevante, y por lo tanto, creemos que no han sido un aspecto de influencia relevante en la disminución de los litigios, tal como lo muestran las cifras.

VIII. INSUFICIENTE FUNDAMENTACIÓN DE ACTOS ADMINISTRATIVOS, RECLAMOS Y SENTENCIAS

En esta parte, se requiere un análisis cualitativo de las sentencias de los TTA con lo cual no contamos.

No obstante, algunas manifestaciones concretas pueden identificarse. Así, en materia de actos administrativos, puede citarse la calificación jurídica de hechos sin sustento suficiente, la referencia en las liquidaciones de normas no vinculadas directamente al conflicto; la enunciación de requisitos legales ajenos a la impugnación (por ejemplo, de todos los requisitos del artículo 31 de la LIR, cuando solamente aplica uno); la emisión de resoluciones independientes y en otros casos, en forma conjunta con la liquidación sobre el mismo impuesto, periodo y contribuyente; la simple transcripción de hechos sin la explicación de su relación con las normas sustantivas. En el caso de los contribuyentes, la ausencia de la debida identificación de los hechos controvertidos y sus relaciones con principios y normas de la contabilidad y de las disposiciones tributarias; la ausencia de orden, exhaustividad y análisis de la prueba y el desconocimiento de principios constitucionales y legales aplicables al derecho tributario. Y finalmente, en las sentencias de primera instancia, en ocasiones, la falta de desarrollo y acuciosidad en la justificación de sus decisiones, la adopción de posiciones de tribunales superiores en forma acrítica, sin fundamentación propia y aplicando el precedente como si fuera obligatorio y la ausencia de elaboración sistemática de conceptos tributarios (ilustradas en la aplicación de la noción de la necesariedad como obligatoriedad, por ejemplo)[33] y finalmente, en la segunda instancia y ante el máximo tribunal, la ausencia de suficiente análisis de los hechos y de la justificación jurídica esperada; la ausencia de control de importantes decisiones de la primera instancia, examinadas sin vista de la causa o de difícil evaluación para un tribunal superior no especializado (vgr. puntos de prueba).

Obviamente, existen casos destacados en todos los ámbitos en que, con dedicación y esfuerzo, actos, reclamos y sentencias, se realizan con la mayor rigurosidad y estándar.

Coincidiendo con las percepciones recién indicadas, en la ley N° 21.210 de 2020 se introdujeron mayores exigencias de fundamentación de actos y decisiones judiciales incorporando normas referidas a los actos administrativos y su control (artículo 6, letra A, N° 7 y art 8 bis CT) y exigencias de mayor justificación de las sentencias (vgr. normas probatorias expresas, explicitación de razonamientos en la sana crítica, creación y ampliación del régimen de recursos ante cortes superiores, entre otros).

En estos temas, se requiere mayor análisis de la jurisprudencia con el objetivo de precisar sus aciertos y limitaciones. En tanto dicho análisis no constate un conjunto suficientemente racional y justificado de decisiones jurisdiccionales, la litigación enfrentará

---

[33]   En materia infraccional, sin embargo, se aprecia un desarrollo jurisprudencial sólido en aplicación de principios sistemáticos del derecho penal, incluso de otras áreas del derecho.

una mayor incertidumbre, lo que posiblemente ejercerá influencia en la disminución de ella.

IX. CORTES ESPECIALIZADAS

La regulación actual establece que, al interior de algunas cortes de segunda instancia, existen salas que conocen preferentemente de temas tributarios. La integración se realiza con jueces (Ministros) elegidos al interior del mismo tribunal. No existen audiencias públicas para la elección de sus miembros ni se verifican especiales requisitos del área tributaria. Tampoco en la E. Corte Suprema, existe una sala especializada en materia tributaria, aun cuando si existe en materias de Derecho Público.

Para la doctrina, "La ventaja fundamental de la especialización judicial es que reduce los costes marginales de la resolución de casos, lo que potencialmente permite acortar la duración de los procedimientos e incrementar la cantidad, la calidad y el acierto de las decisiones adoptadas. Además, tiende a aumentar la coherencia interna y la uniformidad de la jurisprudencia emanada por los órganos jurisdiccionales especializados."[34]

La creación de salas especializadas ha tenido como obstáculo la insuficiente cantidad de litigios tributarios, así como la ausencia de expertos en el área. Los jueces de primera instancia, que tendrían la mayor experiencia en el área, no pueden ser promovidos a las cortes superiores. Existen, sin embargo, relatores en algunas cortes superiores, que han sido seleccionados considerando sus conocimientos y experiencia en el área, pero cuya decisión técnica no forma parte obligatoria de la sentencia.

En la práctica, se observa en algunas sentencias la omisión de referencias sobre las pruebas documentales o del debido análisis de los hechos establecidos en primera instancia. El examen de los puntos de prueba, apelados, carece de la profundidad que re-

---

[34] DOMENECH Y MORA-SANGUINETTI, 2015, p. 28.

quiere un acto clave para la mejor decisión del caso. Tampoco el diseño legal y práctico de audiencia de vista de la causa en las cortes superiores, promueve la discusión y reflexión que requieren los problemas tributarios. Se trata hasta hoy de una presentación oral breve, sin intervención activa de los participantes, sin réplicas ni debate, sin consulta a la documentación presentada y sin medio audiovisual de apoyo alguno, lo que resulta a todas luces insuficiente e ineficaz para el objetivo de mejorar la discusión y fundamentación exigible en el Estado de derecho moderno.

En conclusión, la presencia de una jurisdicción especializada en primera instancia debiera tener por consecuencia lógica, el incremento de dichas capacidades en las cortes superiores o, derechamente, el cambio de un modelo de varias etapas jurisdiccionales por uno concentrado en una sola instancia.[35]

X. CONCLUSIÓN

Sostenemos que la justicia tributaria, los operadores y el mundo académico enfrentan el desafío de repensar la resolución de conflictos para el próximo decenio. Resulta evidente que existen oportunidades, dificultades y problemas, por lo que se requiere más información y transparencia para identificarlos, el coraje para asumirlos y consenso técnico para encontrar las mejores soluciones.

Creemos que el fortalecimiento de las soluciones administrativas al interior del Servicio de Impuestos Internos debe ser fruto de la discusión política abierta sobre sus fines y del examen técnico de sus resultados, debe incorporar intensas medidas de publicidad y permitir el control público y académico, aspectos hoy ausentes.

El incremento del análisis, la reflexión y discusión sobre las decisiones adoptadas, es una exigencia de las responsabilidades

---

[35]   ZIMMER, Markus: *Overview Of Specialized Courts*. International Journal For Court Administration. 2009. p.2.

otorgadas a los actores, esencia del compromiso democrático que asumen los tribunales y el Servicio de Impuestos Internos, lo que además contribuirá al incremento del prestigio y progreso de la resolución de los conflictos tributarios en forma pública, independiente, técnica y eficiente.

XI. BIBLIOGRAFÍA

Doménech Pascual, Gabriel y Mora-Sanguinetti, Juan S, 2015: *El mito de la especialización judicial,* Barcelona: InDret N° 1/enero de 2015, Facultad de Derecho Universitat de València. Banco de España — Eurosistema.

Endress Gómez, Sergio: *Prescripción, Interrupción y Derecho a Juicio en plazo razonable en el cobro de obligaciones tributarias.* Comentario de Jurisprudencia. Diario Jurisprudencial. Agosto 2020. Tirant Lo Blanch.

European Judicial System, Efficiency and Quality of Justice, 2016.

Fuentes, Adolfo y Vergara, Rodrigo: *Carga tributaria en Chile: evidencia revisitada,* en Puntos de Referencia, N° 451, enero 2020, página 4, Centro de Estudios Públicos (edición en línea).

García, José Francisco y Leturia, Francisco Javier: *Justicia Civil: Diagnóstico, evidencia empírica y lineamientos para su reforma.* Revista Chilena de Derecho, 2006, vol. 33 N° 2, pp. 345-384.

Goga Gina Liviora: *Bureucratic Administration in Modern Society.* 2009. En www.researchgate.net.

Hall, Daniel and Stromsen, Jam and Hofffman, Richard: *Professional Court Administration: The Key to Judicial Independence.* 2020. En www.ncsonline.org

IFA Cahiers Droit Fiscal. *Costos de Cumplimiento.* UK, 1989.

Índice del Estado de Derecho, 2020, World Justice Project.

Informe de Evaluación de Desempeño, Sistema de Administración Tributaria 2019-2020, España. *Herramienta de Evaluación y Diagnóstico de la Administración Tributaria (TADAT, por sus siglas en inglés).* Informe Técnico 2020. Fondo Monetario Internacional.

Modelo Orgánico para la Nueva Justicia, estudio para Corte Suprema. Pontificia Universidad Católica. En línea http://decs.pjud.cl/estudio-modelo-organico-para-la-nueva-justicia-hallazgos-principales-y-recomendaciones/.

Observatorio Judicial (www.observatoriojudicial.org):

Informe N° 11, *Tribunales Tributarios y Aduaneros: ¿problemas de expectativas? Las razones de la disminución en el ingreso de causas a los TTA.* 23 de Julio 2018.

Informe Radar N° 5, *Justicia Tributaria: ¿hacia dónde va? Análisis estadístico de las casaciones resueltas por la segunda sala de la Corte Suprema.* publicado el 2 de septiembre de 2019.

Informe N° 33, *El costo de la justicia tributaria, Impacto del interés moratorio del artículo 53 del Código Tributario en los juicios de reclamación,* 20 de abril de 2021.

Pistone, Pasquale. Editor. *Tax Procedures.* EATLP Annual Congress, Madrid, IFBD, 2019.

Riego, Cristián y Lillo, Ricardo: *¿Qué se ha dicho sobre el funcionamiento de la justicia civil en chile? Aportes para la reforma.* Revista Chilena de Derecho Privado. Diciembre 2015. N° 25.

Rubio, Estéfano y Vergara, Rodrigo: *Carga y estructura tributaria en Chile: comparación con países de la OCDE,* Puntos de Referencia, N° 451, enero 2017, página 3, Centro de Estudios Públicos (edición en línea).

The EU 2019 Justice Scoreboard, Luxemburgo, 2019.

Zimmer, Markus B.: *Overview Of Specialized Courts.* International Journal For Court Administration. 2009.

Unidad Administradora de los Tribunales Tributarios y Aduaneros, 2020, Cuenta Pública.

Titularidad del ejercicio de la acción penal en delitos tributarios. Problemáticas

Por Margarita Herrera Herrera

Resumen: El presente trabajo busca, no solo mostrar la actual problemática existente respecto a la acción penal en materia de delitos tributarios, sino además entregar posibles soluciones que son reales y aplicables en la búsqueda de solución a este problema. Con lo anterior, logramos exponer los casos legales y sociales que se han presentado en el pasado, gatillados por la exclusiva titularidad del Director del Servicio de Impuestos Internos en esta materia. Para la presentación de soluciones revisamos tanto el proyecto de ley que busca cambiar la titularidad de la acción penal, como las razones esgrimidas por el Servicio de Impuestos Internos en pasadas acciones penales.

Palabras clave: Acción penal en delitos tributarios, Director del Servicio de Impuestos Internos, art. 162 del Código Tributario.

I. INTRODUCCIÓN

En la actualidad el ejercicio de la acción penal en materia tributaria está reservado de manera exclusiva al Director del Servicio de Impuestos Internos (en adelante, SII), esto de acuerdo al art. 162 del Código del ramo en concordancia con el art. 53 del Código de Procedimiento Penal y el 7 letra g de la LOC del SII.

Por su naturaleza penal esta acción debe cumplir con los principios penales, como el principio de tipicidad, por ello para que un acto sea considerado delito debe estar tipificado, siendo "La tipicidad la adecuación de una conducta del mundo real a esa descripción legal"[1].

---

[1] Politoff, *Et al.*, 2007, p. 164.

Esta es una de las problemáticas que enfrenta la acción penal tributaria, que antes de ejercerse pasará por el escáner del Director, quien no solo posee esta facultad sino además la potestad de interpretar las disposiciones tributarias, combinación que, como veremos, acarrea más de un problema

Ante la inexistencia de una regulación que establezca las directrices a seguir por el Director para ejercer esta acción, nos encontramos ante un singular suceso normativo, si bien no es ya una actuación inquisitiva del Director, por no ser este quien resuelve a fin de cuentas, estamos ante un caso en que la acción penal puede verse supeditada a la más absoluta discrecionalidad.

A continuación, expondremos algunos de los criterios que se tienen en consideración para el ejercicio de esta acción, problemas que se han presentado debido al monopolio de esta facultad, cerrando con algunas propuestas que pretenden generar un ejercicio más equilibrado de la acción penal en materia tributaria.

II. CRITERIOS PARA EL EJERCICIO DE LA ACCIÓN PENAL TRIBUTARIA

La acción penal ejercida por el Director, si bien es discrecional respecto a la presentación final de la querella o denuncia, no lo es respecto del análisis previo que se realiza de los antecedentes. Para afirmar esto nos basamos en el texto de la Ley 19.880 que en su artículo 11 indica que las acciones de la Administración deben ser fundadas, tanto en los hechos como en el derecho, impidiendo que la Administración actúe de manera arbitraria[2], esto en relación con el art. 8 bis número 4 letra a del Código Tributario.

---

[2]   Ley 19.880, 2003.

II.1. Razones esgrimidas por el SII para mantener el ejercicio de la acción penal

El SII, mediante la Circular N 9 del año 2010, creó el comité de análisis de casos, a cargo de la recopilación de antecedentes por delitos tributarios, tanto en las Direcciones Regionales como en la Dirección de Grandes Contribuyentes, mediante esta recopilación de antecedentes dicho comité "deberá remitir los antecedentes al departamento que determine".

Antes de proceder a remitir los antecedentes considerará especialmente ciertos factores como el monto del perjuicio al interés fiscal comprometido; relación del monto del crédito fiscal impugnado con el del crédito total empleado; la reiteración del delito; la intencionalidad de la conducta y si la persecución penal producirá un efecto ejemplarizador[3].

Por otro lado, el Departamento de Defensa Judicial Penal, en virtud del considerando tercero letra c), de la Resolución exenta N35 del 2016, se encargará de "recomendar la presentación de querellas o denuncias ante la justicia ordinaria, cuando los antecedentes sean a su juicio suficientes para que prospere la acción[4]"

En el mismo sentido es necesario también considerar la Circular número 65 del año 2015 del SII, que en su punto 2.1 indica que, si "durante la fiscalización de maniobras eventualmente elusivas" se detectara un delito tributario, se tendrá en consideración la presencia de documentos falsos, maniobras dolosas o maliciosas que impidan conocer el verdadero monto o nacimiento de una obligación tributaria y cualquier hecho tipificado especialmente el del 97 N 4 del Código Tributario.

Podríamos continuar con otras normas similares como la Circular número 60 del año 2001, o la número 10 del 2015, sin embargo, dichas normas vienen más que nada a complementar las

---

[3]   ASTE, 2020, p. 1339-1344.
[4]   Resolución exenta N35, 2016.

antes expuestas, e incluir algunos criterios para la decisión de ejercer la acción penal.

El SII como ente fiscalizador[5], cuenta con la facultad, y la capacidad técnica para investigar los delitos tributarios, en virtud de ello, y comprendiendo que aún no resolvemos la pregunta de ¿cuáles son los criterios del Director para el ejercicio de la persecución penal? Podemos responder que este ente pareciera, hasta este punto, ser el capacitado para evaluar los actos constitutivos de delito que deban o no ser perseguidos penalmente, análisis que permitirá remitir los antecedentes al Comité de análisis de casos antes expuesto[6].

II.2. Planteamientos ante el proyecto de ley que buscó cambiar la titularidad de la acción penal

Ante lo anterior, y en virtud de la falta de respuesta a nuestra principal interrogante, revisaremos el informe jurídico que analiza el proyecto de ley que buscaba cambiar la titularidad de esta potestad, en el que se observan comentarios variados como son, el de la Fiscalía Nacional, que indica la necesidad de "revisar el monopolio de la acción penal tributaria"[7], mientras que el SII reitera la complejidad técnica de estos delitos que por dicha razón requieren de la ponderación del ente fiscalizador.

Sin embargo, es interesante la opinión de un ente más imparcial como Libertad y Desarrollo, quienes apuntan a los errores del proyecto, que dejaría a "dos entidades facultadas lo que redunda en la falta de certeza jurídica para el contribuyente"[8], "y habría una potencial vulneración a la garantía del debido proceso"[9] esto en relación al *non bis in idem*, específicamente por la aplicación

---

[5]   Decreto con fuerza de ley 7 de 1980.
[6]   Servicio de Impuestos Internos, Circular N 65 de 2015.
[7]   Subdirección Jurídica, Servicio de Impuestos Internos, 2017.
[8]   Ídem.
[9]   Ídem.

penal que podría realizar la Fiscalía y las penas pecuniarias que podría perseguir el SII en los Tribunales Tributarios y Aduaneros.

II.3. Criterios del SII para presentar acciones penales

El 09 de mayo del 2017 el Director Fernando Barraza, en la columna que lleva el nombre de este punto, destacó las capacidades técnicas del SII, indicando que "las decisiones que el SII adopta en materia de acciones penales por delitos tributarios se basan en un exhaustivo y detallado análisis técnico de los antecedentes"[10], prescindiendo de consideraciones que no sean tributarias.

En este sentido, indica que, como ente fiscalizador del cumplimiento tributario, y por tanto, del correcto pago de impuestos, la potestad entregada para la acción penal es una herramienta que les ayuda al cumplimiento de dicha labor.

Habiendo dicho esto, el Director nos dice que es la priorización de la eficiencia en el uso de recursos y la maximización de la recaudación fiscal las que se consideran, entre otras cosas, para decidir entre la persecución administrativa o la penal.

Lo anterior sustentado en datos como que, del total de las querellas presentadas desde el 2008, por falta de formalización o de dictación de sentencia, el Fisco ha dejado de percibir sobre $62.000 millones de pesos, además, que solo un 9, 4 % de los casos ha logrado una sentencia efectiva, en contraste con la persecución en sede de Tribunales Tributarios y Aduaneros donde "sería posible lograr entre un 50% y un 300% del perjuicio fiscal[11].

De lo anterior se colige, que, a la vista del SII, la potestad en cuestión no implica la sola interposición de la querella o denuncia, lo importante es la revisión y ponderación que se realiza ex ante de los antecedentes, sopesando la posibilidad que implique

---

[10] BARRAZA, 2017, p. 2.
[11] Ídem.

la mayor recaudación fiscal en concordancia con un uso eficiente de los recursos que posee la Administración.

III. PROBLEMAS GATILLADOS POR EL MONOPOLIO DE LA ACCIÓN PENAL

A modo personal, consideramos que uno de los grandes problemas del ejercicio de la acción penal por parte del ente fiscalizador es la vulneración al derecho del contribuyente a guardar silencio. El SII tiene la facultad de solicitar antecedentes en virtud, entre otros, del artículo 59 del Código del ramo, con lo que, el contribuyente se ve impedido de ejercer el derecho antes mencionado, que se encuentra establecido en el art. 93 letra g del Código Procesal Penal en relación con el art. 19 de la Constitución Política de la República. Pero esto no parece ser todo.

Caso Penta

La conmoción social causada por el caso Penta atrajo a la mirada general la potestad excluyente del Director para perseguir penalmente los delitos tributarios, dejando a la luz dos problemas importantes.

a) La similitud entre la facultad del SII para recopilar antecedentes y la facultad de investigar del Ministerio Público[12], y por otro lado,

b) Una acción que requiere una instancia particular previa implica un bien jurídico disponible, lo que no se condice con el principio de indisponibilidad del tributo.

Contextualizando lo recién mencionado con el caso en cuestión, la opinión pública demostró su rechazo a una persecución penal de solo algunos de los investigados sin una causal aparente, en relación con dicha persecución y a pesar de todo lo ya expuesto en materia de fiscalización y Comités creados para la investiga-

---

[12] Vila, 2015, p. 64 — 70.

ción de los delitos tributarios, el contribuyente aun no cuenta con certeza jurídica sobre los motivos que conllevan a la decisión de perseguir el delito tributario[13].

En relación con los casos más bullados, tan solo este mes de agosto, la Fiscalía se pronunció sobre la imposibilidad de continuar la investigación sobre 34 de las personas que ya estaban siendo investigadas, con la consecuente utilización de recursos públicos que ello implica, debido a la inexistencia de querellas por parte del SII[14], son estos hechos los que aumentan la incertidumbre respecto a la persecución penal del delito tributario.

Pérdida de confianza

El año 2015 el SII enfrentó una de sus peores crisis de confianza, que llevó al entonces Ministro de Hacienda a solicitar la renuncia del Director Michel Jorrat, en medio de los cuestionamientos gatillados por el caso Penta[15]. Hoy en día el panorama no parece haber mejorado, con el cuestionamiento al actual Director Fernando Barraza luego de realizar una rebaja a la base imponible que devino en un menor pago de impuestos del ya vilipendiado grupo Penta[16], y que llevó a grupos a exigir una investigación del tema, [17] algo infructuoso para el Ministerio Público que a la hora de formalizar se ve atado de manos ante la inexistencia de una querella por parte del SII.

Cambio en las querellas del SII

La inconsistencia en las querellas del SII parece no ser excepcional, a las antes mencionadas se suman la del Senador Jorge Pizarro, lo que motivó a la Corte de Apelaciones de Santiago a rechazar el desafuero del Senador[18], el caso de Carlos Heller y

---

[13]   Ídem.
[14]   Radio Bío-Bío, 2021.
[15]   Centro de prensa de la camara de Diputados, 18 de mayo 2015.
[16]   Directorio Nacional Federación frente trabajadores de hacienda, 2020.
[17]   Ídem.
[18]   El Mercurio, 2018.

las devoluciones por \$2.744 millones[19], o el del ex Ministro Pablo Longueira[20].

A opinión del profesor MARTÍN VILA, uno de los motivos radica en el cambio en la redacción de ciertas querellas que evolucionaron desde el usual "en contra de ... y de todos quienes resulten responsables" a una nueva fórmula en exceso restrictiva de "la presente acción penal por delitos tributarios se dirige única y exclusivamente en contra de..."[21]. Lo anterior viene a restringir más aún la posibilidad de que el Ministerio Público ejerza su potestad de ente persecutor, aun cuando descubra durante su investigación, la existencia de más responsables de los hechos delictivos.

IV. PROPUESTAS PARA UN EJERCICIO EQUILIBRADO DE LA ACCIÓN PENAL

Con todo lo anterior, continuamos con la opinión de que el SII es uno de los organismos administrativos de mejor funcionamiento en la nación, pero con clara necesidad de cambios, como queda patente en lo ya expuesto, es por ello que presentamos algunas propuestas para el ejercicio de la acción penal en materia de delitos tributarios.

1. Tipificación de las causales que lleven al Director a ejercer la acción penal, este grupo de requisitos, sumado a la obligación de los entes de la Administración de fundar sus resoluciones, permitirán otorgar certeza jurídica a los contribuyentes. Esto ya debería existir si nos basamos, de manera estricta en el principio de legalidad que requieren los actos de la Administración del Estado.

2. Que el SII proporcione una resolución fundada de los motivos para no ejercer la acción penal en los casos en que

---

[19] CIPER, 2020.
[20] El Mostrador, 2019.
[21] VILA, 2015, p. 72 — 73.

el Ministerio Público solicite realizar una investigación. Esto no implica un gran cambio legislativo, es solo una extensión de las atribuciones con las que ya cuentan ambos entes, sin embargo, la fundamentación ante el rechazo de presentar dicha querella implicaría dar a conocer los motivos a los contribuyentes, y si nos extendemos un poco y tomamos ese fundamento como una interpretación normativa del Director, entregaría a la vez certeza jurídica.

3. Permitir que los Directores Regionales puedan también ejercer la acción penal, basado en que uno de los factores a considerar por el Comité de análisis es el "efecto ejemplarizador que podría alcanzar una eventual persecución penal de los hechos, considerando la realidad regional"[22], y teniendo en cuenta que el órgano más capacitado para dicho análisis debiese ser el Director Regional, nos parece una motivación suficiente para extender dicha potestad, incluso en base al art. 116 del Código Tributario.

V. CONCLUSIÓN

Son evidentes a nuestro juicio los problemas que acarrea la potestad discrecional que detenta el Director Nacional del Servicio de Impuestos Internos, entendiendo que la aplicación de sus plenas facultades afecta a la certeza jurídica. Consideramos que una facultad tan importante que afecta la sensibilidad y percepción de justicia o injusticia en nuestra sociedad no puede basarse solo en hechos circunstanciales.

Es clara la necesidad de un ente técnico para establecer la necesidad de la acción penal tributaria, pero esto no parece ser el problema de fondo, sino la ausencia de querellas de manera injustificada, lo que se produce por la inexistencia de esta exigencia al Director de fundar su decisión final, aun cuando los comités

---

[22]   Ver nota número 3.

especializados entregaran información que respalden el uso de la acción penal.

Por otro lado, Si consideramos a la jurisprudencia comparada, el Centro Interamericano de Administraciones Tributarias, en el art. 174 de su compendio, establece, en el mismo orden de ideas de nuestra legislación, que "Las acciones penales por delitos tributarios ante la justicia ordinaria serán iniciadas por querella o denuncia del titular de la Administración tributaria"[23]. Con ello vemos que esto no parece ser solo un problema de orden nacional.

Por último, si nos basamos en la resolución del Tribunal Constitucional que indica esta acción penal como una de derecho estricto por ser una manifestación del *ius puniendi* sancionador, se requeriría a lo menos, un fundamento por parte del Director al resolver este si llevará a cabo o no, el ejercicio de la potestad para perseguir los delitos tributarios en sede penal[24]

VI. BIBLIOGRAFÍA

Aste M. Christian (2020): Curso sobre derecho y código tributario Tomo II octava edición (Santiago, Thomson Reuters) p 1339 — 1344.

Barraza Fernando (2017) Criterios de SII para presentar acciones penales. https: //www.sii.cl/noticias/2017/090517noti01as.htm

Centro de prensa de la cámara de Diputados, (18/05/2015).

CIPER, (27/08/2020).

Código Tributario del centro interamericano de administraciones tributarias. Delitos Tributarios (2006).

Comunicado del Directorio nacional federación frente trabajadores de hacienda: (2020).

---

[23]　Código Tributario del Centro Interamericano de Administraciones Tributarias. Delitos Tributarios, 2006.

[24]　Tribunal constitucional, años 2008, causa Rol 1203-2008 considerando decimosexto.

Decreto con fuerza de ley N° 7 de 1980, Ley orgánica constitucional del Servicio de Impuestos Internos, artículo 1.

EL MERCURIO (09/05/2017).

EL MERCURIO (30/10/ 2018).

EL MOSTRADOR (14/05/2019).

Ley 19.880, Establece las bases de los procedimientos administrativos que rigen los actos de la Administración del Estado.

Politoff Sergio, Jean Pierre, Ramírez María (2007): Lecciones de Derecho Penal Chileno. Parte Especial. Editorial Jurídica (Santiago, Tirant lo blanch) p. 164.

RADIO BIO-BIO (03/08/2021).

Servicio de Impuestos Internos, Resolución exenta N° 35 de abril del año 2016.

Servicio de Impuestos Internos, Circular N° 65 de 23 de julio de 2015.

Subdirección jurídica Servicio de Impuestos Internos, Informe Jurídico, ejercicio de la acción penal por delitos tributarios, (2017).

Tribunal Constitucional, Resolución causa Rol 1203-2008.

Vila B. Martín, (2015): *Titularidad de la acción penal en los delitos tributarios.* (Anuario de derecho) p. 64-70, 72-73.

El principio de transparencia algorítmica como mecanismo de fiscalización tributaria

Por Pedro Gálvez Muñoz
Egresado de Derecho
Pontificia Universidad Católica de Valparaíso

Resumen: el presente artículo se enmarca en el contexto de la utilización de las más variadas técnicas que reporta la Inteligencia Artificial (IA) con el objetivo de cumplir diferentes propósitos que pretenden alcanzar ciertas instituciones. En particular, se abordará el uso dado por parte de las Administraciones tributarias y los consecuentes problemas que se podrían derivar de su utilización, ahondando en soluciones que sean satisfactorias para los intereses de todo contribuyente.

Palabras claves: Inteligencia Artificial, Derecho tributario.

I. ANÁLISIS EVOLUTIVO DE LA INTELIGENCIA ARTIFICIAL Y ALGUNOS EJEMPLOS DE SU UTILIZACIÓN POR LAS ADMINISTRACIONES TRIBUTARIAS

¿Pueden pensar las máquinas? Esta era la pregunta que se realizaba el célebre padre de la informática moderna Alan Turing en su artículo *"computing machinery and intelligence"* del año 1950. Esta pregunta nos aproxima en cierta medida acerca de lo que es la inteligencia artificial (en adelante "IA"). Para responderla, el mismo Turing ideó su test homónimo, en virtud del cual las máquinas "pensaban" si en un proceso de utilización de técnicas de lenguaje natural, lograban convencer a personas de que estas se estaban comunicando con otras personas y no con una máquina propiamente tal durante el 70% de un tiempo determinado.

Es también durante esta época donde comienzan a proliferar las primeras computadoras comerciales en el mundo, siendo la primera la UNIVAC 1 de EEUU (*universal automatic computer* 1) aunque el origen de las computadoras como tal data de años antes, específicamente, de 1941, cuando el ingeniero alemán KONRAD ZUSE crea la primera computadora programable y completamente automática denominada Z3. Se considera el primer ordenador de la historia moderna.

En 1956, John McCARTHY acuña oficialmente el término de IA en una conferencia dictada en la Universidad de Dartmouth. Para McCARTHY la IA es la ciencia y la ingeniería para fabricar máquinas inteligentes, especialmente programas informáticos inteligentes que comprendan y emulen la propia inteligencia que poseemos los seres humanos[1].

Un año más tarde, el estadounidense Frank ROSENBLATT diseña la primera red neuronal artificial cuya función es "emular" la forma en que las personas tomamos decisiones de un modo similar al funcionamiento de las neuronas en nuestro cerebro. Se basan en algoritmos[2] de aprendizaje, diseñados especialmente para reconocer patrones. Serán de especial utilidad debido al uso que hoy se les está dando con múltiples propósitos que dicen relación con esta investigación. Luego, casi una década más tarde, Marvin MINSKY escribe "perceptrones", trabajo fundamental del análisis de las redes neuronales artificiales ideadas por ROSENBLATT.

Posteriormente, se dan otros importantes hitos como la creación de programas tales como ELIZA en 1966 por Joseph WEIZENBAUM, siendo uno de los primeros programas en procesar el lenguaje natural con el objetivo de enseñar a las computadoras a comunicarse con nosotros mediante nuestro lenguaje vía conversación de texto sin requerir una programación en código que realice estas tareas. Otros importantes sucesos se dan en ámbitos como la robótica o los juegos. En este último caso, por ejemplo,

---

[1]   McCARTHY, 2007, p. 2.
[2]   En términos sencillos, podríamos definir un algoritmo como una secuencia de instrucciones finita que, mediante pasos sucesivos, lleva a la solución de un problema.

en 1996 la supercomputadora *Deep blue* venció a un campeón del mundo en ajedrez.

Como se puede observar, son variados los hitos por los cuales esta disciplina ha forjado su propio camino. Si bien hubo importantes avances, también hubo épocas en donde se dudaba de la utilidad práctica que podría reportar la IA, donde incluso se llegó a hablar de periodos invernales de la misma, específicamente en los años '80. Sin embargo, con los avances tecnológicos de los cuales todos han sido testigos durante los últimos tiempos, la IA ha tomado un papel fundamental en las más diversas áreas y en esto ha contribuido en gran medida el proceso de digitalización con su consecuente generación de información y datos disponibles en aparatos electrónicos.

La digitalización ha sido importantísima. Con este proceso, se abre una brecha enorme de oportunidades. Por ejemplo, para el año 2018 en Chile había más teléfonos celulares que personas, casi duplicando la totalidad de nuestra población[3]. Prácticamente lo mismo ocurre con computadoras, notebooks, tabletas, etc. Asimismo, se nos presenta la digitalización de procesos que dejan atrás el "papel" para dar paso a programas que almacenan y procesan la información. Un ejemplo relevante a este respecto se da en el ámbito tributario, objeto de esta investigación. Y es que desde el año 2014, mediante la Ley N° 20.727 se obliga a los contribuyentes a facturar electrónicamente, proceso gradual que afectó a todos ellos desde febrero del año 2018.

Ahora, como bien se indicó, este proceso abre muchas oportunidades y una de ellas dice relación con la ingente cantidad de información o datos que se almacenan y procesan en aparatos digitales, lo que ha dado lugar a conceptos como el *big data* o los macrodatos. Mediante este término se alude a un conjunto de técnicas que permiten analizar, procesar y gestionar conjuntos de datos extremadamente grandes que pueden ser analizados informáticamente para revelar patrones, tendencias y asociaciones,

---

[3]   PETERSEN, 2018.

especialmente en relación con la conducta humana y las interacciones de los usuarios[4]. Se suelen mencionar como características de este conjunto de técnicas las "5V": volumen, variedad, velocidad, veracidad y valor[5]. Esta última característica es de relevancia, puesto que más que la cantidad exorbitante de datos disponibles, lo importante es el valor que eventualmente se les podría dar a estos. De hecho, existen los *data brokers,* término que alude a aquellos que negocian con nuestros datos personales.

Pero ¿cómo se vincula el big data con la IA? Se relacionan cuando los sistemas computacionales son capaces de tratar, aprender, resolver problemas y tomar decisiones a partir de los grandes datos bajo un cambio de paradigma que automatiza el objeto (los datos)[6]. Y es en este contexto donde las más diversas instituciones, ya sean públicas o privadas, han usufructuado de la utilidad que reportan las más diversas técnicas de IA y, ciertamente, las Administraciones tributarias (en adelante "AA.TT") no han sido la excepción.

Las AA.TT han ido adoptando paulatinamente las más diversas técnicas que nos ofrece la IA. Técnicas como sistemas expertos, *machine learning,* redes neuronales artificiales, son solo algunas que han sido utilizadas con el evidente propósito de optimizar las funciones propias de toda AA.TT como son el gestionar el cumplimiento tributario y el brindar apoyo y asistencia a los contribuyentes. Son diversas las resoluciones de la Organización para la Cooperación y el Desarrollo Económico (OECD) que apuntan en este sentido, entre las cuales se insta al uso de este tipo de tecnologías para una mejor Administración tributaria[7] como por ejemplo el uso de la analítica avanzada[8]. Algunos casos de utilización de IA por AA.TT en Latinoamérica son los siguientes[9]:

[4]   REAL ACADEMIA ESPAÑOLA, 23ª ed.
[5]   COTINO, 2017, p. 131.
[6]   COTINO, 2017, p. 132.
[7]   OECD, 2016, p. 3.
[8]   OECD. 2016, pp. 3-4.
[9]   FAÚNDEZ-UGALDE, *et al.*, 2020, pp. 3-4

a) En el año 2004 (siendo uno de los primeros casos en la región) Perú perfeccionó una herramienta de IA basada en redes neuronales con el propósito de detectar evasión fiscal.

b) En el mismo período, se realizaban investigaciones en Brasil para aplicar un proyecto denominado HARPIA (análisis de riesgos e IA aplicada) para detectar diversos tipos de fraude mediante la aplicación de IA, identificando operaciones sospechosas en materia de exportaciones e importaciones.

c) En lo que respecta a Chile, el año 2007 fue la primera vez que el Servicio de Impuestos Internos (en adelante "SII"), solicitó el análisis de datos para caracterizar a los contribuyentes obligados a declarar el IVA.

Dos años más tarde se desarrollaron modelos de riesgo para diferentes etapas del ciclo de vida del contribuyente, en los que se utilizaron técnicas de IA como redes neuronales, árboles de decisión y regresión logística. Asimismo, se detectaron por primera vez potenciales usuarios de facturas falsas, utilizando información de su declaración de IVA y de Impuesto Sobre la Renta en micro y pequeñas empresas.

II. PROBLEMAS DERIVADOS DE LA UTILIZACIÓN DE IA POR LAS AA.TT

Sin perjuicio de lo expuesto anteriormente, y no renegando de los beneficios y oportunidades que nos presentan las nuevas tecnologías y en específico la IA (como lo avalan las resoluciones de la OECD antes expuestas), es menester ahondar (desde un punto de vista jurídico) en los desafíos y problemas que conllevan su utilización y aplicación por parte de las AA.TT.

Lo anterior constituirá el objeto de este artículo y en particular se tratará el problema derivado de la falta de transparencia[10]:

---

[10] OSSANDON, 2020, p. 149.

Una de las funciones primordiales de las AA.TT, era la de gestionar el cumplimiento tributario. Es por esto, que uno de sus principales objetivos a la hora de utilizar las herramientas que proporciona la IA es la evaluación del riesgo tributario, entendido como la probabilidad de que un contribuyente deje de cumplir con sus obligaciones tributarias. Para esto es que se realizan segmentaciones de contribuyentes donde se utilizan como fuentes ciertos datos que, gracias a la digitalización de los procesos, es posible hacerlo. Sin embargo, surgen ciertas interrogantes como, por ejemplo:

— ¿Qué puede hacer un contribuyente que ha sido caracterizado con riesgo de incumplimiento de sus obligaciones tributarias y en virtud de tal caracterización, se le realiza un procedimiento de revisión o auditoría tributaria por parte de la Administración tributaria con la especial carga que este procedimiento administrativo conlleva?

— ¿Tiene el contribuyente la posibilidad o el derecho de conocer las fórmulas algorítmicas utilizadas que llevaron a tal caracterización?

Las dudas son completamente atingentes toda vez que los algoritmos no son imparciales[11] y perfectamente pueden heredar o reflejar perjuicios y patrones de exclusión o ser resultado de quienes han tomado decisiones anteriores[12].

En nuestro sistema, el desarrollo de principios como el de la transparencia algorítmica que permitirían efectivamente al contribuyente conocer de aquellas fórmulas, no se encuentra expresamente regulado, generando una serie de problemáticas que serán abordadas en el transcurso de este artículo.

Por lo anterior, nuestro objetivo particular será analizar cómo en diversos instrumentos internacionales se ha ido articulando y

[11]   ARELLANO, 2019, p. 4.
[12]   COTINO, 2017, p. 138.

desarrollando el principio de la transparencia algorítmica en virtud del cual se podría eventualmente conocer las fórmulas algorítmicas que mediante un proceso de aplicación de técnicas de IA, han manifestado ciertos resultados que pudiesen ser perjudiciales para los contribuyentes (principio que como se mencionó, no se encuentra expresamente recogido en nuestro ordenamiento). Además, se examinará cómo la doctrina con base en ciertos conflictos jurídicos ha analizado y determinado el alcance de dicho principio.

III. EL PRINCIPIO DE LA TRANSPARENCIA ALGORÍTMICA

El principio de la transparencia algorítmica, se enmarca dentro de los nuevos derechos digitales que han surgido en el contexto de la denominada cuarta revolución industrial[13].

Este principio ha encontrado desarrollo en cierta doctrina especializada y en diversos instrumentos internacionales europeos que dicen relación con el derecho a la protección de datos personales, puesto que las técnicas de IA y *Big Data*, requieren de ingentes cantidades de datos que muchas veces corresponden a datos de carácter personal de los individuos, por lo que las autoridades europeas han encargado la competencia a organismos relacionados con la fiscalización y supervisión de este derecho cuestiones relativas al ejercicio de nuevos derechos conferidos a los ciudadanos de la Unión Europea (en adelante "UE"), entre los cuales se destacan derechos de transparencia y explicabilidad. En

---

[13] La Cuarta Revolución Industrial supone la existencia de máquinas y sistemas inteligentes y conectados. Pero su alcance es más amplio, abarcando ámbitos que van desde la secuenciación genética hasta la nanotecnología, y de las energías renovables a la computación cuántica. Es la fusión de estas tecnologías y su interacción a través de los dominios físicos, digitales y biológicos lo que hace de esta revolución una diferente a las otras tres que le preceden. Para más información, véase SCHWAB, 2016.

Chile, por ejemplo, ya mencionábamos que, para la aplicación de diversas técnicas de IA, se utilizaban informaciones sobre declaraciones de distintos tipos de impuestos que perfectamente pueden contener y contienen datos de carácter personal.

Por ende, para efectos de construir y comprender qué características poseería un eventual principio de transparencia algorítmica aplicable a nuestro ordenamiento jurídico y en particular a nuestro derecho tributario, se recurrirá a las disposiciones que contempla al respecto el Reglamento General de Protección de Datos personales europeo (en adelante "RGPD")[14] ya que, dentro de su regulación normativa, contiene diversas consideraciones relativas a la transparencia en el uso de IA. También, se tendrá en cuenta la resolución dictada por el parlamento europeo sobre "las implicaciones de los macrodatos en los derechos fundamentales: privacidad, protección de datos, no discriminación, seguridad y aplicación de la ley"[15]. Y por último, se expondrán análisis doctrinales acerca de cómo ciertos Estados miembros de la UE (Países bajos e Italia) a través de su jurisprudencia han interpretado este principio con base en las disposiciones del RGPD.

Cabe recordar que, en Chile, el derecho a la protección de datos personales se regula por la Ley 19.628 del año 1999 sobre protección de la vida privada y que dicho derecho posee rango constitucional desde el año 2018 mediante una reforma realizada al artículo 19 número 4 de nuestra CPR[16].

Esta protección recibe diversas críticas y es de conocimiento por nuestra doctrina nacional las deficiencias que presenta la regulación de este derecho en nuestro ordenamiento jurídico, por no ajustarse a materias de diversa índole como los desafíos

---

[14]   Parlamento Europeo, 2016, pp. 1-88.
[15]   Parlamento Europeo, 2017.
[16]   La mentada disposición señala: "el respeto y protección a la vida privada y a la honra de la persona y su familia, y asimismo, la protección de sus datos personales. El tratamiento y protección de estos datos se efectuará en la forma y condiciones que determine la ley".

que conllevan los avances tecnológicos y los estándares internacionales sobre la materia. Uno de los principales problemas de la ley es que no busca proteger a los individuos del tratamiento de sus datos realizado por terceros, sino regular el mercado de tratamiento de datos personales. Esto se traduce en: falta de sanciones efectivas a la vulneración de las normas, ausencia de regulación del flujo transfronterizo de los datos personales, uso de datos para marketing directo sin autorización del titular, falta de registro de bases de datos privados, ausencia de una autoridad pública de control, excepciones amplias al consentimiento para el tratamiento de datos y falta de mecanismos procedimentales de resguardo efectivo[17].

Ahora, es en razón de estas mismas deficiencias que actualmente existen proyectos de ley[18] que buscan modificar este cuerpo normativo y reconocen y estipulan explícitamente que son varios los estándares por los cuales optar, pero el más elevado de aquellos y por el cual definitivamente se opta es el RGPD, por lo que la remisión a construir un principio de transparencia algorítmica basado en este elevado estándar es completamente atingente para los efectos de esta investigación.

III.1. Alcance genérico del principio de transparencia algorítmica

En primer lugar, en cuanto a la resolución sobre las implicancias de los macrodatos en los DD.FF, se nos revela una cuestión sumamente importante y es la relacionada con la confianza pública respecto de las técnicas de macro datos e IA. Dicha confianza se basa en cuatro pilares fundamentales:

a) Observancia de los DD.FF en el tratamiento[19] del cual pueden ser objeto las personas.

---

[17]   VIOLLIER, 2017, P. 47.
[18]   Boletín 11092-07 y 11144-07.
[19]   Por tratamiento se entiende cualquier operación o conjunto de operaciones realizadas sobre datos personales o conjuntos de datos persona-

b) Observancia del RGPD: en particular se alude a la base jurídica que debe poseer todo tratamiento, en el sentido de que este sea considerado lícito en virtud de su artículo 6.

c) Seguridad jurídica y construcción de normas científicas y éticas estrictas.

d) Transparencia

En relación con este último elemento, la resolución reconoce que las actividades actuales de tratamiento de datos no siempre tienen un grado de transparencia suficiente, lo que plantea un desafío a la capacidad de los ciudadanos y de las autoridades de evaluar los procesos y la finalidad de la recopilación, compilación, análisis y uso de datos personales. Además, la información revelada por los análisis de los macrodatos no ofrece una visión general objetiva e imparcial de ninguna materia y que esta información es tan fiable como lo permitan los datos subyacentes. Se resalta que los análisis predictivos basados en macrodatos únicamente pueden ofrecer una probabilidad estadística y que, por ello, no pueden predecir siempre con precisión la conducta individual. Debido a lo anterior, se remarca la necesidad de un grado de transparencia y de una responsabilidad algorítmica mucho mayor por lo que respecta al tratamiento y la analítica de datos por los sectores público y privado.

Aclaradas las limitantes que conlleva el tratamiento, se menciona al principio de transparencia algorítmica como mecanismo y herramienta paliativa y se le dota de cierto contenido en la presente resolución, estando en plena concordancia con lo dispuesto por el RGPD como se analizará más adelante. En virtud del principio, se debe facilitar a las personas información fiable sobre la

---

les, ya sea por procedimientos automatizados o no, como la recogida, registro, organización, estructuración, conservación, adaptación o modificación, extracción, consulta, utilización, comunicación por transmisión, difusión o cualquier otra forma de habilitación de acceso, cotejo o interconexión, limitación, supresión o destrucción.

lógica aplicada por el algoritmo, el significado y las consecuencias que derivan de los resultados según los fines para los cuales se fijó el tratamiento. Por ende, con este mecanismo, un contribuyente afectado por una decisión que fue tomada mediante técnicas de IA o sirvió de base para aquella, podría acceder a información relativa al funcionamiento del algoritmo y cómo este ha proporcionado resultados que pudiesen producir efectos jurídicos en él o afectarlo significativamente en un modo similar.

Sin embargo, ¿Cómo un contribuyente o un individuo en general, puede comprender las implicancias de fenómenos tan complejos como el uso de algoritmos de IA? Esta interrogante es de suma importancia puesto que la mayoría de las personas no saben cómo interpretar estos fenómenos y es por esto mismo que la resolución plantea una "alfabetización digital" a los ciudadanos de la UE en donde es fundamental la educación en cuanto a la comprensión de los principios y la lógica de cómo funcionan los algoritmos y los procesos de toma de decisiones automatizadas y cómo interpretarlos de forma significativa. Por último, la comprensión de dónde y cómo se recaban los flujos de datos.

En segundo lugar, en cuanto al RGPD, se consagra a la transparencia dentro de los principios estipulados en el artículo 5, junto a los de licitud y lealtad en el tratamiento.

Por su parte, los artículos 13 y 14 mencionan la información que deberá proporcionarse a las personas objeto de tratamiento (interesados), cuando los datos personales se obtengan de él mismo o de terceros respectivamente. Lo relevante aquí es lo expresado en el apartado N° 2 letra F del primer artículo y el apartado N° 2 letra G del segundo, en el sentido de que *se deberá informar a los interesados* (en el contexto del artículo 22 sobre decisiones individuales automatizadas, incluida la elaboración de perfiles) *información significativa sobre la lógica aplicada, así como la importancia y las consecuencias previstas de dicho tratamiento para el interesado*, lo que guarda estrecha relación con la configuración que del principio realizaba la resolución sobre las implicaciones de los macrodatos en los DD.FF. Igual información se reitera en el artículo 15 que consagra el derecho de "acceso" del interesado[20], en su apartado primero letra H.

Ahora, el artículo 22 que contiene hipótesis de aplicación de IA ya mencionadas, consagra un *derecho a no ser objeto de una decisión basada únicamente en el tratamiento automatizado, incluida la elaboración de perfiles, que produzca efectos jurídicos en el interesado o le afecte significativamente de modo similar*. En cuanto a este último aspecto, pensemos en aquellos casos donde mediante IA se segmentan contribuyentes para gestionar el riesgo tributario y detectar oportunamente a quienes no cumplen con sus obligaciones tributarias y por tal motivo, se lleve a efecto un requerimiento en virtud del artículo 59 del Código Tributario (en adelante "CT") para que el SII ejerza sus facultades fiscalizadoras con los consecuentes efectos jurídicos que este solo acto administrativo genera tanto para la Administración tributaria como para el contribuyente. Por ende, en estos supuestos, el contribuyente tendría un derecho a no ser objeto de una decisión basada únicamente en el tratamiento automatizado.

Este derecho a no ser objeto de una decisión basada únicamente en un tratamiento automatizado, no se aplicará si la decisión es necesaria para la celebración o la ejecución de un contrato entre el interesado y el responsable del tratamiento; si está autorizada por el derecho de la UE o de los Estados miembros que se aplique al responsable del tratamiento; o si se basa en el consentimiento explícito del interesado. En la segunda hipótesis, el derecho de la UE o de los Estados miembros deben establecer medidas adecuadas para salvaguardar los derechos y libertades y los intereses legítimos del interesado. Sin embargo, es en la primera (contrato) y tercera hipótesis (consentimiento) donde se estipulan importantes derechos que pueden dotar de contenido a un principio de transparencia algorítmica, los cuales son:

---

[20]   Derecho consistente en obtener del responsable del tratamiento confirmación de si se están tratando o no datos personales que le conciernen y, en tal caso, derecho de acceso a los datos personales.

a) Derecho a obtener intervención humana por parte del responsable en decisiones tomadas por IA o que sirvan de base para aquello.

b) Derecho a expresar el punto de vista del interesado y a impugnar la decisión.

Esta excepción (de no ejercicio del derecho a ser objeto de una decisión basada únicamente en un tratamiento automatizado) no se aplicará cuando la decisión se base en las categorías especiales de datos personales que estipula el apartado primero del artículo 9 del reglamento[21], salvo que se base en la letra A (hipótesis de consentimiento explícito) o G (presencia de un interés público esencial) del apartado segundo y se hayan tomado las medidas adecuadas para salvaguardar los derechos y libertades y los intereses legítimos del interesado.

Entonces, según los instrumentos internacionales recién analizados, el principio de transparencia algorítmica permitiría a un contribuyente:

Obtener información fiable sobre la lógica utilizada por el algoritmo de IA así como la importancia y las consecuencias que se derivan de esas decisiones, en el sentido de si se producirán efectos jurídicos o afectaciones significativas en modo similar. Al presente esquema general, se agregan los derechos a no ser objeto de una decisión basada únicamente en un tratamiento automatizado; el derecho a obtener intervención humana por parte del responsable y el derecho de impugnación.

Delimitado el contenido que debe dotar al principio de transparencia algorítmica objeto de esta investigación, es menester analizar como ciertos Estados miembros de la UE han interpre-

---

[21] Como el origen étnico o racial, las opiniones políticas, las convicciones religiosas o filosóficas, o la afiliación sindical, y el tratamiento de datos genéticos, datos biométricos dirigidos a identificar de manera unívoca a una persona física, datos relativos a la salud o datos relativos a la vida sexual o la orientación sexual de una persona física.

tado o aplicado dicho principio en sus conflictos jurídicos para determinar si se corresponden con este esquema general o van más allá de esta delimitación:

a) Países bajos

Este país es un ejemplo de correspondencia con dicha delimitación conceptual con base en el caso del programa "SyRI", cuyo propósito era la determinación predictiva del riesgo de defraudar al Estado mediante algoritmos de IA.

La Corte del distrito de La Haya, en sus consideraciones jurídicas acerca de si era admisible o no la utilización de este tipo de softwares, otorga el mayor peso de su argumentación jurídica al principio de transparencia y remarca que la normativa que regula SyRI no ofrece información alguna sobre el modelo algorítmico utilizado por la herramienta, con lo cual es imposible comprobar cómo se forma un perfil de riesgo, o cómo resulta el tratamiento de datos de aquellas personas que no derivan en perfiles de riesgo[22].

Lo importante en este caso es que la interpretación sobre la transparencia se hizo bajo las disposiciones del RGPD y que por estas mismas consideraciones (entre otras), se determinó que SyRI no ofrece garantías suficientes por no injerir mínimamente en el derecho de privacidad, a pesar de considerarse lícita la utilización de estas herramientas cuando hay un interés público comprometido.

b) Italia

Representa un caso de notable interés por el alcance atribuido al principio por parte del consejo de Estado italiano, máxima autoridad administrativa del país.

---

[22]   Lazcoz y Castillo, 2020, p. 217.

El conflicto jurídico consistió en la transferencia y designación mediante algoritmos de IA de ciertas plazas destinadas a profesores del sector público. En una primera instancia, un tribunal administrativo regional (Región del Lacio) abogó por la insustituibilidad del funcionario humano en la toma de decisiones, basándose en las capacidades de juicio y valoración presentes en el ser humano y no así en las máquinas. Sin embargo, el consejo de Estado es contrario a estas consideraciones, puesto que en un primer momento no considera insustituible al funcionario humano en aquellas decisiones sobre procesos repetitivos y estandarizados, en decisiones de naturaleza reglada y no discrecional. Posteriormente, el consejo configura tres principios que dotarían de legalidad al algoritmo, con lo cual este tipo de decisiones se podrían ampliar. Esta legalidad la constituyen los principios de no exclusividad de la decisión algorítmica en el sentido de requerir intervención humana en base a lo que estipula precisamente el artículo 22 del RGPD; de no discriminación en base al considerando 71 también del RGPD y de transparencia.

En cuanto a esta última, el consejo va más allá de la delimitación del principio dada anteriormente, expresando que el juez hace derivar el deber, para las administraciones, de proporcionar no solamente todas las instrucciones relativas al funcionamiento del algoritmo, asegurando la comprensibilidad del funcionamiento del software incluso para el ciudadano común, sino también el lenguaje resultante (conocido como código fuente[23]) del sistema algorítmico. El conocimiento del algoritmo debe garantizarse en todos sus aspectos: desde sus autores hasta el procedimiento utilizado para su elaboración, el mecanismo de decisión, incluidas las prioridades asignadas en el procedimiento de valoración y decisión de los datos seleccionados como relevantes[24]

---

[23]   En términos sencillos, el código fuente es un texto escrito en un lenguaje de programación que al compilarlo o interpretarlo se vuelve un programa ejecutable y funcional.

[24]   CARLONI, 2020, pp. 1-12.

IV. CONCLUSIONES

Se ha logrado evidenciar que la Ley 19.628 sobre protección de la vida privada no se ajusta a los estándares internacionales y a los tiempos actuales que transcurren.

Así, en el análisis de los instrumentos normativos europeos se puede apreciar que cuentan con las garantías suficientes a la hora de resguardar los derechos e intereses de los ciudadanos de la UE y, por cierto, se hace cargo de aquellos fenómenos tecnológicos que están revolucionando los más diversos aspectos de nuestras sociedades.

Creemos que la delimitación y contenido de un principio de transparencia algorítmica realizada por el RGPD es la correcta e idónea para que todo contribuyente tenga el derecho a obtener información fiable sobre la lógica utilizada por el algoritmo de IA así como la importancia y las consecuencias que se derivan de esas decisiones, en el sentido de si producirán efectos jurídicos o afectaciones significativas en modo similar. Además, debe tener el derecho a no ser objeto de una decisión basada únicamente en un tratamiento automatizado, a obtener intervención humana por parte del responsable y, por cierto, el derecho de impugnar tales decisiones.

BIBLIOGRAFÍA

Arellano, Wilma, *El derecho a la transparencia algorítmica en big data e inteligencia artificial*, en *Revista General de Derecho Administrativo* 50 (2019), p. 4.

Carloni, Enrico. 2020. IA, Algoritmos y Administración pública en Italia, *Revista de Internet, Derecho y política*. 2020. pp. 1-12. [visible en internet: https: //www.researchgate.net/publication/339633312_IA_algoritmos_y_Administracion_publica_en_Italia]

Cotino, Lorenzo, *Big Data e inteligencia artificial. Una Aproximación a su tratamiento jurídico desde los derechos fundamentales*, en *Revista Dilemata* 9 (2017) 24.

En cuanto al término Big Data, véase: REAL ACADEMIA ESPAÑOLA: Diccionario de la lengua española, 23. ª ed., [versión 23.4 en línea]. [visible en internet: https: //dpej.rae.es/lema/big-data]

FAÚNDEZ-UGALDE, Antonio, MELLADO-SILVA, Rafael y ALDUNATE-LIZANA, Eduardo, *Use of artificial intelligence by tax administrations: An analysis regarding taxpayers' rights in Latin American countries*, en *Revista Elsevier* 38 (2020) pp. 3-4.

LAZCOZ, Guillermo, CASTILLO, Jose, *Valoración Algorítmica ante los derechos humanos y el reglamento general de protección de datos: el caso SyRI*, en *Revista Chilena de Derecho y Tecnología* 9 (2020) 1, p. 217.

MACCARTHY, John. 2007. What is artificial intelligence?, *Computer Science Departament Standford University*, 2007, p.2. [visible en internet: http: //jmc. stanford.edu/articles/whatisai.html]

OECD. 2016. Technologies for Better Tax Administration: A Practical Guide for Revenue Bodies, *OECD Publishing, Paris*. p. 3. [visible en internet: http: //dx.doi.org/10.1787/9789264256439-en]

OECD. 2016. Advanced Analitycs for Better Tax Administration: Putting Data to Work, *OECD Publishing Paris*. pp. 3-4. [visible en internet: http: //dx.doi.org/10.1787/9789264256453-en]

OSSANDON, Francisco, *Inteligencia Artificial en las administraciones tributarias: Oportunidades y desafíos*, en *Revista de estudios tributarios* (2020) 24, p. 149.

Parlamento Europeo. 2016. Reglamento (UE) 2016/679, *Diario Oficial de la Unión Europea*, 2016, pp. 1-88. [visible en internet: https: //www.boe.es/ doue/2016/119/L00001-00088.pdf]

Parlamento Europeo. 2017. Resolución sobre las implicaciones de los macrodatos en los derechos fundamentales: privacidad, protección de datos, no discriminación, seguridad y aplicación de la ley, *Parlamento Europeo*, 2017. [visible en internet: https: //www.europarl.europa.eu/doceo/ document/A-8-2017-0044_ES.html]

PETERSEN, V. 2018. Celulares en Chile se acercan a los 27 millones, *La Tercera*, 2018. [visible en internet: https: //www.latercera.com/entretencion/ noticia/celulares-chile-se-acercan-los-27-millones/63290/]

SCHWAB, Klaus, *La cuarta revolución industrial* (sine loco, Debate, sine die, 2016).

VIOLLIER, Pablo. 2017. El estado de la protección de datos personales en Chile, *Derechos digitales*, 2017 P. 47. [visible en internet: https: //www. derechosdigitales.org/wp-content/uploads/PVB-datos-int.pdf]

Tax compliance, una aproximación necesaria[1]

Por José Luis Caamaño
Nicolás Montalva Barría

Resumen: El presente trabajo reflexiona sobre la nueva cultura de los negocios en relación con el fortalecimiento de la responsabilidad social empresarial, en su vertiente de asumir de forma real y efectiva el cumplimiento con el ordenamiento jurídico que la habilita para operar en el tráfico comercial. Especialmente, cómo la responsabilidad social empresarial se ha traducido en la expansión de la figura del *compliance*, cuyos deslindes han avanzado desde la responsabilidad penal hasta comprender la protección de datos. A nuestro juicio, aún queda una última frontera, esto es, el *compliance* tributario. Así, veremos cómo el *compliance* tributario forma parte de una evolución necesaria dentro de la evolución del *compliance*. Finalmente, exploraremos los fundamentos normativos que permiten darle cabida en nuestro ordenamiento jurídico, así como también, el especial sentido en que deben ser comprendidas las disposiciones que permiten su desarrollo, junto con los efectos jurídicos que puede implicar esta figura para la responsabilidad empresarial.

Palabras clave: *tax compliance*, responsabilidad empresarial, cooperación fiscal.

I. INTRODUCCIÓN

El *compliance* a secas[2] entró en nuestra legislación como una figura exótica, utilizada por organizaciones con sólidas conviccio-

---

[1] Por José Luis Caamaño Gutiérrez, Abogado, candidato a Magíster en Gestión, Mención Tributación Nacional, Pontificia Universidad Católica de Valparaíso y Nicolás Montalva Barría, Abogado, candidato a Magíster en Gestión, Mención Tributación Nacional, Pontificia Universidad Católica de Valparaíso.

[2] Su origen lo podemos rastrear en el XIII Congreso de la Asociación Internacional de Derecho Penal, realizado en El Cairo durante el año 1984;

nes sobre la corrección de su actuar y que no cobró relevancia sino con la entrada en vigor de la Ley chilena sobre responsabilidad penal de las personas jurídicas, Ley 20.393. Con todo, incluso, luego de la entrada en vigor de dicha ley, según la encuesta de "Sondeo de Generación Empresarial" publicada por el diario El Mercurio de Santiago el 11 de octubre de 2010, solo un total de 73% de los empleados, de una muestra de 43 empresas chilenas, desconocían la existencia de la ley que sancionaba a las empresas que se involucraban en lavado de activos, financiamiento del terrorismo y cohecho. Peor aún, no sólo no era extendida su aplicación en la cultura organizacional de las empresas, sino que, donde existía, generalmente se encontraba circunscrito al cumplimiento penal[3]. Pero, como bien ha enfatizado la doctrina,

---

el Proyecto del Código Penal de la República de Guatemala, y, en general, a la adhesión al principio de que las sociedades pueden delinquir en múltiples Ordenamientos del Derecho Comparado. En lo que respecta a nuestro país, su reconocimiento y promoción formó parte del proceso de integración de Chile a la Organización de Cooperación y Desarrollo Económico (en adelante, OCDE). En este proceso, el Grupo de Trabajo de Anticorrupción de la OCDE determinó que las sanciones civiles y administrativas de nuestro ordenamiento jurídico *"no eran lo suficientemente eficaces, disuasorias y proporcionadas en la prevención de delitos al interior de las empresas"*. Así las cosas, la Ley N°20.393 tuvo por objeto mejorar el sistema jurídico-penal chileno recogiendo experiencias del Derecho comparado, estableciendo mecanismos que incentiven a las empresas a adoptar modelos de prevención eficaces respecto de situaciones que pueden traer aparejadas sanciones penales a la empresa.

[3]   En relación con la existencia de los modelos de cumplimiento, un estudio de la Universidad del Desarrollo señala que, de un 93% de las empresas que cuentan con un programa de prevención, dicen tener un proyecto directamente relacionado a la prevención de responsabilidad penal, le sigue con un 67% planes de cumplimiento en materia de libre competencia, y luego, con un 31%, la protección al consumidor y protección de datos. Por el contrario, las áreas con menos desarrollo son las de medio ambiente y derechos humanos (24%) y laboral (21%), sin mencionar la existencia de programas de cumplimiento tributario (*"Compliance en Chile: un 33% de las empresas ha sancionado a trabajadores por incumplimiento en los últimos dos años"*, DF, martes 23 de marzo de 2021).

la complejidad de los procesos y la gestión de una empresa crea condiciones propicias para que se produzcan una serie de hechos contrarios al ordenamiento jurídico. Es así como surgen formas de criminalidad que estarán relacionadas con: seguridad de los trabajadores y obligaciones laborales en general; lavado de activos; defectos en productos y responsabilidad ligada al derecho del consumidor; daños contra el medio ambiente y responsabilidad medioambiental; cohecho; delitos económicos, y un largo etcétera que la doctrina y la jurisprudencia se han preocupado de hacer notar. En este contexto, el ámbito de aplicación del *compliance* fue extendiéndose a otras áreas distintas de la penal. Sin perjuicio de lo anterior, a pesar de los avances en orden a su extensión en diversas materias, aún no existe una presencia explícita y consciente del *compliance tributario*[4] en nuestro país.

La evidencia empírica y como anuncia parte de nuestra doctrina, muestra que la responsabilidad en el cumplimiento normativo que deben asumir las empresas en sus obligaciones legales y administrativas ya no solo constituye un elemento que consideran para efectos de evitar una eventual sanción. Actualmente constituye un activo importante que es valorado y exigido por parte de los *stakeholders*.[5] La responsabilidad social empresarial cobra un rol central en el desarrollo y gestión de todo proyecto de inversión. Así las cosas, una contingencia que exhiba visos de irregularidad supone un poderoso golpe ya no solo por las sanciones directas que deberá cargar la organización, sino también una pérdida — en muchos casos irreparable— de su imagen y reputación empresarial[6]. De ahí que la necesidad de autorregulación dentro de las organizaciones es fundamental.

---

[4] Se utilizará indistintamente las expresiones *tax compliance*, cumplimiento tributario o compliance tributario, para referirse a un mismo concepto.

[5] Cfr. PERCY GARCÍA CAVERO, 2016, *Las políticas anticorrupción en la empresa*, Revista de Derecho de la Pontificia Universidad Católica de Valparaíso, Núm. 47.

[6] Ver SILVA WALBAUM, A y FAÚNDEZ ALLIER, P, Derecho, Economía y Ética de los Negocios. Una Relación Necesaria para el Mercado de Valores,

Es por ello, que pensamos, es necesario comenzar a transitar desde la "planificación tributaria" al "cumplimiento tributario". El primero, que aún prima entre nosotros en lo referente a servicios de asesoría tributaria, y que enfatiza la optimización del rendimiento económico por sobre un leal y efectivo cumplimiento de las obligaciones tributarias. El segundo, por su parte, dirige sus esfuerzos a cumplir cabal y lealmente las obligaciones tributarias que correspondan, aún cuando ello pueda suponer, en principio, un menor rendimiento económico directo y a corto plazo. Esto que puede parecer poco alentador, se puede entender mejor si se entiende el fondo de esta figura. La idea del *compliance* tributario es que persigue inspirar confianza fundada en que existe un compromiso real y consciente en cumplir con las obligaciones fiscales; confianza que inspira seguridad en la autoridad fiscal, los usuarios y/o consumidores y los *stakeholders* en general. En un sentido más abstracto, se parte de la base en que la empresa reconoce y honra las obligaciones que tiene para con la sociedad de la que forma parte y de la que se nutre para erigir su riqueza. La sociedad, a cambio, reconoce y valora positivamente esta postura, consecutivamente genera confianza y un mayor grado de seguridad en la corrección de la actividad privada. Esto que aparece tan abstracto, se traduce, por una parte, en que la autoridad tributaria, deberá dirigir un comportamiento deferente en su actividad fiscalizadora aminorando la intensidad fiscalizadora sobre aquellas entidades que cuenten con programas de cumplimiento reales y efectivos, al tiempo que, ante eventuales incumplimientos involuntarios, observará un comportamiento colaborativo tendiente a corregir las irregularidades producidas y promover el cumplimiento tributario. Por otra parte, los usuarios y/o consumidores preferirán los servicios y/o productos de esta entidad por sobre aquellas que abriguen comportamientos reñidos con la legalidad, lo que repercutirá en un mejor rendimiento neto de dicha entidad.

No podemos olvidar que, aquello que se esconde dentro de la obligación tributaria (en su espíritu), es el deber de contribuir con las cargas que impone vivir en sociedad. En la satisfacción de la obligación tributaria el Estado queda habilitado para financiar su funcionamiento, tanto en lo referente al mantenimiento del orden público, por medio de la fuerza, y, mejor aún, por medio de la satisfacción de las necesidades básicas que permiten a todo ser humano desarrollarse de forma equitativa, en relación con sus pares. Solo, de esta forma, como nos recuerda RAWLS, es posible generar "sociedades ordenadas", condición necesaria para ese contexto virtual de intercambio eficiente que supone el mercado.[7]

Por último y antes de entrar al desarrollo de este trabajo, no podemos dejar de mencionar que entre nosotros no tenemos registro de alguna actividad a nivel nacional de discusión académica o trabajo de investigación que se refiera al *compliance* tributario. En este sentido, únicamente destaca, como un destello en el abismo, el curso sobre "Especialización en *Compliance* Tributario", impartido por el profesor y abogado JULIÁN CARRASCO, impartido en septiembre de 2021, que inaugura la discusión seria y sólida sobre la materia. En este sentido, muchas de las disposiciones jurídicas que citaremos y que nos permiten referir al *compliance* tributario han sido previamente identificadas por el profesor CARRASCO. Lo que intentaremos en este trabajo, es dotar de un contenido teórico a estas disposiciones, de modo tal que se pueda construir un sólido andamiaje interpretativo para la construcción del edificio del *Tax Compliance*.

II. *TAX COMPLIANCE*

Referirse al *compliance* al interior de las organizaciones se ha tornado en una necesidad ineludible. Esta figura ha sido parte de una evolución dentro de la cultura empresarial. En un pri-

---

[7]   RAWLS, J. (2003). Teoría de la Justicia. México: Fondo de Cultura Económica, p. 69.

mer momento se impone como una exigencia normativa deóntica inspirada en el pudor o la moral de una entidad particular. En la actualidad se ha ido perfilando como un comportamiento imprescindible e inexcusable, que nutre y vigoriza la imagen y reputación empresarial de una organización. Si dicha imagen se posee, constituye un poderoso activo, que puede ser aquel que marque la diferencia con la competencia. Si se pierde, puede marcar la diferencia entre el éxito y el fracaso; o, en el mejor de los casos, una pérdida que se acarreará indefinidamente. De esto último, PENTA y SOQUIMICH son ejemplos conspicuos, de lo primero; ENRON, un triste ejemplo de sus consecuencias más fatales[8].

Ahora bien, si constatamos que existe este nuevo clima en la cultura empresarial que premia la corrección en el actuar de las organizaciones y condena su incorrección, cabe preguntarse si es posible construir normativamente un argumento que dé cabida al *tax compliance*.

Somos conscientes que referirse al *tax compliance* puede parecer un tema exótico; lejano a nuestra realidad nacional. Más aún cuando, como ya constatamos, no abunda su mención entre nuestra comunidad jurídica ni tampoco cuenta con un reconocimiento expreso en nuestra legislación. Sin embargo, un análisis normativo más fino podría habilitar su aplicación.

---

[8] Recordemos que, además de quebrar en 2001 y cesar definitivamente en sus actividades en 2007, varios de sus partícipes tuvieron un trágico destino. Así, JEFFREY SKILLING, presidente de la corporación y principal responsable de la contabilidad, fue condenado a 24 años de prisión (aunque posteriormente fue reducida a 14 años) y, posteriormente, multado con 45 millones de dólares. Por su parte, KENNETH LAY, fundador de ENRON, en 2006 fue declarado culpable de 6 delitos de conspiración y fraude, aunque posteriormente, en el mismo año, falleció repentinamente de un infarto cardíaco en su residencia de Colorado mientras esperaba la fecha en la que debía dictarse la pena de cárcel en su contra. Finalmente, ANDREW FASTOW, exjefe financiero de Enron, fue condenado por fraude a 6 años de cárcel.

Por lo pronto, es dable señalar que el legislador tributario ha manifestado su preocupación por disminuir la judicialización de las contiendas jurídico-tributarias. Es así como la Ley 21.210, publicada en el Diario Oficial el 24 de febrero de 2020, modificó el Código Tributario, entre otras cosas, perfeccionando la conciliación (art. 132 bis del CT) y estableciendo la figura del avenimiento extrajudicial (art. 132 ter del CT). Incluso, se puede intuir que la modificación del concepto de gasto necesario tributario (art. 31 del CT), puede, en parte, obedecer a este propósito. Es decir, existe una especie de intención del legislador de disminuir las contiendas judiciales en materia tributaria.

Desde luego, hay muy buenas razones que apoyan esta dirección. Por lo pronto, es evidente que la congestión actual de los Tribunales Tributarios y Aduaneros supone dilatados juicios que, a su vez, constituyen una pesada carga financiera para el Estado y —quizá más aún— para el contribuyente (sobre todo aquellos pequeños y medianos).

En dicho sentido, acortar la duración de los juicios es una buena medida para colaborar con este problema. Pero, como es obvio, lo óptimo es evitar que el solo evento del juicio ocurra o, más bien, evitar la existencia de contingencias tributarias que puedan dar lugar a uno. En este marco es que aparece la figura del *compliance* tributario como el mecanismo por excelencia para asegurar el cumplimiento tributario.

Una vez encontrado un primer fundamento para problematizar sobre la aplicación del *compliance* tributario en nuestra legislación, nos pronunciaremos sobre algunos aspectos generales sobre la materia. Primeramente y de forma somera, en torno a algunas virtudes de este instituto, para luego ofrecer una caracterización general del *tax compliance*. Finalmente, y que será el centro de nuestro análisis, los argumentos que permiten pronunciarse afirmativamente acerca de la introducción de esta figura en nuestra legislación.

Los beneficios de un *tax compliance* son múltiples, tanto para el Estado recaudador como para los contribuyentes. Los que, de forma esquemática, se pueden categorizar en cuatro grandes ejes.[9] En primer lugar, a propósito de la seguridad jurídica con relación al agente económico y la corrección de su estructura y su actividad comercial, pues, permite, de un lado, confiar en la estructura y gestión de la organización tendiente a configurar un cuerpo corporativo que vuelve improbable el incumplimiento tributario. De otro lado, habilita el desarrollo de actividades comerciales con un mayor grado de certeza respecto a que, la actividad en cuestión está siendo realizada conforme a derecho, lo que a su vez otorga mayor grado de confianza en la toma de decisiones comerciales; un punto no menor si se considera el hecho de que la regulación tributaria es compleja. En segundo lugar, un programa de cumplimiento permite un mayor grado de celeridad en los procesos, tanto de cumplimiento de este, como de reacción frente a eventuales infracciones, dado que hay un mayor grado de conocimiento y control de los procesos asociados; dicho sea de paso, un buen programa de *compliance* no solo enfatiza la prevención del incumplimiento tributario sino también las medidas tendientes a operar una vez que este se produce para morigerar o corregir sus efectos. En tercer lugar, un programa de cumplimiento tributario fortalece las relaciones de confianza recíproca entre el ente fiscalizador y los contribuyentes, sobre todo si estos programas de cumplimiento van acompañados de programas fundados en una relación cooperativa entre el contribuyente y la autoridad fiscal. Finalmente, hay un efecto indirecto de fortalecimiento en la economía, dado que las relaciones comerciales se tornan menos riesgosas y con un mayor grado de confianza fundada en el hecho de que las empresas están operando con un mayor grado o estándar de calidad, lo que en definitiva, colabora a inspirar una imagen de compromiso empresarial que se torna en un positivo activo intangible, que, en relación a lo anterior debe —y seguramente

---

[9]   Cfr. Borja Pareja García, "El tax compliance y el cumplimiento tributario: nuevos retos empresariales", Revista de Derecho, Empresa y Sociedad, Núm. 12, enero 2018, pp. 143-156.

así será— ser premiado por la autoridad fiscal y por los usuarios y/o consumidores. Volveremos sobre este último punto al final de este trabajo.

Como ya lo enunciamos al inicio, el *tax compliance* parece no ser un tema tan ajeno o distante a nuestra legislación, dado que hay ciertas normas que podrían estar dándole cabida. Por ejemplo, a propósito de la condonación de intereses y sanciones en el artículo 6 letra b N° 4 del Código Tributario, toda vez que pudiendo acreditar un buen programa de *compliance* podría servir para acreditar que el incumplimiento tributario no se verificó por causas que le fueran imputables al contribuyente dado que tomó todas las medidas conducentes a cumplir con su obligación. Y este ejemplo aislado, puede ser extensible perfectamente a todos aquellos supuestos dónde se exige una actuación imputable al contribuyente para configurar su responsabilidad (que no son pocos). Con esto queremos decir que, adoptar un programa de prevención de incumplimiento tributario manifiesta, al menos, una actitud diligente por parte del contribuyente, es decir, aquella actuación que supone, un cuidado mediano en la ejecución de los negocios propios[10]. Otro ejemplo, nada desdeñable, lo encontramos en materia de delitos tributarios, dado que las figuras penales del artículo 97 del Código Tributario exigen la concurrencia de malicia y dolo en el acto, situación que no podría verificarse si

---

[10]   Dicho sea de paso, si tenemos en consideración el estándar de conducta de "*un hombre medio*" o del " *buen padre de familia*", que usualmente es invocado a la hora de reflexionar si una conducta concreta puede ser estimada dentro de algún rango de culpabilidad (culpa levísima, leve o grave), y notamos que, en los hechos, no existen programas de cumplimiento tributario con independencia de la envergadura de la organización tenida en análisis, podría concluirse que, al ser una *rara avis* en materia de cumplimiento tributario, el hecho de contar con un programa de cumplimiento tributario real puede manifestar un grado de esmerada diligencia (que se opone al dolo). Desde luego, una afirmación como esta requiere un análisis más profundo y solo la exponemos para efectos de convocar al debate.

el contribuyente, a través de un programa de cumplimiento tributario serio y efectivo, ha hecho todo lo que estaba de su parte para cumplir con sus obligaciones. Es decir, no ha querido incurrir en la infracción que se le imputa y ha hecho lo propio para evitarlo, actuando conforme a la buena fe —que como sabemos, según establece el artículo 8 bis N° 19 del CT, se presume[11]— y, por tanto, no podría constituirse el elemento subjetivo, necesario para configurar una actuación dolosa.

Sobre este marco, y al apreciar las importantes ventajas de contar con un programa de cumplimiento, comenzar a deliberar sobre *tax compliance* resulta ser un tema necesario, tanto sobre lo que significa, como también cuáles podrían ser sus características esenciales. Para evitar equívocos en torno a la figura que trataremos en lo sucesivo, propondremos una breve descripción general de este concepto. Así las cosas, proponemos una definición analítica del *tax compliance,* entendiendo por tal, un instituto de autorregulación privada de las organizaciones, que tiene por objeto asegurar el cumplimiento, control de los procedimientos y obligaciones tributarias de forma efectiva y eficiente, animado por el principio de cooperación fiscal, y que la Administración Tributaria debe tomar en consideración como evidencia e índice para evaluar el grado de cumplimiento tributario del contribuyente.

Además, sugerimos, que se trata de una institución dirigida a todo tipo de organizaciones, con independencia de su tamaño, naturaleza o actividad, pero cuya naturaleza distintiva (y del que deriva su principal virtud) estriba en su carácter voluntario. En definitiva, será una herramienta para todas aquellas organizaciones que deseen establecer un sistema de gestión y control de riesgo tributario e implementar una cultura organizativa basada en las buenas prácticas tributarias.

---

[11]   La adopción de un programa de compliance tributario constituye un revestimiento más sólido para derrotar la presunción de buena fe de que goza el contribuyente.

Finalmente, nos referiremos a su fisionomía general. Proponemos cinco notas distintivas que lo caracterizan:

1) Promueve la eficiencia y la adecuada gestión de la Administración Fiscal.

2) Constituye una herramienta preventiva de las contingencias y riesgos tributarios.

3) Favorece las buenas prácticas tributarias en la organización, lo que, a su vez, fortalece la confianza de la Administración tributaria depositada en el contribuyente (buena fe) y, consecuentemente, debería traducirse en distender la atención fiscal que pesa sobre el contribuyente.

4) Habilita a dar un cumplimiento efectivo y eficiente a las obligaciones en materia de gestión y control de riesgos fiscales, las que para su óptima operación deben estar ligadas con responsabilidades directas del consejo de Administración y/o comité de Auditoría.

5) Constituye el principal medio probatorio para evidenciar la diligencia debida de los controladores y de los órganos de administración de la compañía en materia tributaria.

Una vez dilucidado el punto sobre a qué nos referimos cuando utilizamos el concepto *tax compliance*, una última cuestión estriba en identificar qué disposiciones nos permiten reconocer la existencia y operatividad del *compliance* tributario, así como también el fundamento interpretativo que encauce un correcto entendimiento de estas disposiciones, en torno a la figura del *compliance* tributario.

Conforme a esta intención del legislador en orden a reducir las contiendas judiciales y privilegiar las salidas autocompositivas a las controversias entre la autoridad fiscal y el contribuyente, que revisamos al principio de este apartado, se suma el ya existente espíritu de privilegiar un entendimiento colaborativo entre estos dos sujetos de derecho.

En este orden de ideas, la Ley N° 20.899 de 2016 introduce una nueva facultad para el Director Nacional del SII en su Artículo 7, Lit. Q) de la Ley Orgánica del SII[12], la que lo faculta para "*llevar a cabo acciones de capacitación destinadas a los contribuyentes, sus representantes y a sus colaboradores o intermediarios tributarios* en materia de tributación fiscal interna y *establecer acuerdos u otras acciones orientadas a promover el cumplimiento tributario*".

Lo anterior ha tenido por efecto la creación del Modelo de Gestión de Cumplimiento Tributario (MGCT) del SII. Por medio de este mecanismo el Servicio apoya y promueve, a través de acciones preventivas, a quienes, por desconocimiento, pueden cometer errores en sus obligaciones tributarias, con un enfoque preventivo. A su vez, en el marco del MGCT, desde 2016, se han celebrado los denominados Acuerdos de Colaboración Tributaria (ACT) con la autoridad fiscal, en virtud del cual, las organizaciones que lo suscriben (fundamentalmente asociaciones gremiales) tienen acceso a un canal directo con el Servicio para: 1) recibir apoyo y capacitación en temas tributarios; 2) responder consul-

---

[12] En relación con este artículo debe tenerse presente también el artículo 8 bis del Código tributario, que contiene los derechos de los contribuyentes, y en su n° 1, reconoce "el ser informado sobre el ejercicio de sus derechos, el que se facilite el cumplimiento de sus obligaciones tributarias y a obtener información clara del sentido y alcance de todas las actuaciones en que tenga calidad de interesado". También el n° 4 que prescribe que "las actuaciones del Servicio constituyan o no actuaciones o procedimientos de fiscalización (...) d) Se informe a todo contribuyente, en cualquier momento y por un medio expedito, de su situación tributaria y el estado de tramitación de un procedimiento en que es parte". También el n° 13, que ordena al SII habilitar al contribuyente para "Tener certeza de que los efectos tributarios de sus actos o contratos son aquellos previstos por la ley, sin perjuicio del ejercicio de las facultades de fiscalización que corresponda de acuerdo con la ley". Finalmente, y el que constituye la segunda piedra angular en materia de compliance tributario, el n° 19 que ordena "Que se presuma que el contribuyente actúa de buena fe". Dicha presunción cobrará mayor vigor con el establecimiento de un compliance tributario.

tas o dudas tributarias respecto de problemáticas comunes de los asociados; 3) contar con reportes personalizados con las principales brechas que deben corregir o solucionar; 4) detectar faltas e incumplimientos, y buscar soluciones colaborativas para solucionarlas. En definitiva, la idea detrás de los ACT es facilitar a los contribuyentes el conocimiento necesario para que comprendan sus compromisos y adopten un cumplimiento tributario efectivo.

En el mismo sentido, en los considerandos resoluciones que aprueban dichos convenios, el SII ha destacado que "*el Servicio de Impuestos Internos ha estado implementando de manera progresiva un modelo de gestión del cumplimiento tributario que aborda el estudio de los diferentes segmentos y atributos que componen el sistema tributario, la medición de las brechas tributarias operacionales que ellos muestran y, especialmente, la identificación de los factores que inciden en el cumplimiento o en el incumplimiento de las obligaciones tributarias*"[13]. También reconoce "*la creciente importancia que ha tomado el tema de la colaboración tributaria entre las principales administraciones tributarias de la OECD como un nuevo mecanismo para solucionar las brechas y contingencias tributarias de los contribuyentes*"[14]. Además, identifica que el SII "*prioriza la generación de estrategias preventivas que promuevan el cumplimiento tributario de los contribuyentes, sus representantes, sus colaboradores o intermediarios tributarios*"[15]. Finalmente, reconoce un trato preferente a aquellos contribuyentes que suscriben los convenios al señalar que "*el mejoramiento constante de los servicios de asistencia y colaboración hacia el contribuyente permite generar procesos de facilitación, que se traducen en un reconocimiento especial a los contribuyentes que asumen un compromiso superior de comportamiento tributario*

---

[13] Resolución EX. SII N° 75. Si bien aquí solo referenciamos una resolución relativa a la suscripción de estos ACT, en general, todos conservan la misma fórmula en orden a los considerandos tenidos a la vista. Por último, considere el lector la amplia suscripción que han tenido estos acuerdos, pues, a la fecha se han suscrito 52 Acuerdos de Colaboración Tributaria en el país.

[14] Ídem.

[15] Ídem.

y se convierten en su entorno social y empresarial en un refuerzo positivo de la actividad de la Administración Tributaria"[16].

Ahora bien, ¿cuál es la relación de estos ACT con la figura del *compliance* tributario? Aunque en principio puede intuir que estamos en presencia de una figura de *compliance*, debemos descartar esta conclusión. Los ACT son convenciones entre la autoridad fiscal y no un estatuto privado que se proporciona de forma autónoma, la organización. Además, tampoco suponen necesariamente el establecimiento de programas permanentes con oficiales de cumplimiento o departamentos internos de auditoría que tiendan a controlar de cerca y dar cumplimiento efectivo al pacto con la autoridad fiscal, rasgos esenciales en toda figura de *compliance* que se precie de tal.[17] Sin perjuicio de lo anterior, a nuestro juicio hay dos razones relevantes que permiten relacionar los ACT con la figura del *tax compliance*. Primero, constituye la antesala propicia para la construcción de un programa de *compliance*. Básicamente porque el foco está puesto en facilitar a los contribuyentes el conocimiento necesario para que comprendan sus compromisos fiscales y adopten un cumplimiento tributario efectivo en base a las particularidades de su giro específico, es decir, permite identificar los riesgos propios de la actividad particular del contribuyente en relación a las eventuales contingencias tributarias que genere, para que luego la misma organización adopte las medidas pertinentes para evitar su ocurrencia, lo que constituye, el primer paso en la formación de un programa de *compliance*. Segundo, porque pensamos que, en tanto que el *compliance* es una figura de autorregulación consistente en que la propia organización es la que constituye los estatutos y estructuras necesarias para su vigencia efectiva, lo que impone costos financieros y una limitación en la virtualidad de sus operaciones posibles, el reconocimiento

---

[16]   Ídem.

[17]   Dopico Gómez-Aller, J. *Posición de garante del compliance officer por infracción del "deber de control": una aproximación tópica.* En Arroyo Zapatero, L., y Nieto Martín, A., 2013, *El derecho penal económico en la era compliance,* Tirant lo Blanch, Valencia, págs. 211-230.

de un cierto trato preferente por parte de la autoridad fiscal a quienes implementen programas de prevención reales y efectivos es indispensable. En este sentido, destacamos que la autoridad fiscal destaque el valor de adoptar un ACT y lo coloque en un estatus distinto de aquellos contribuyentes que no estén dispuestos a suscribir un ACT. Para estos efectos, recordamos las palabras del SII *"se traducen en un reconocimiento especial a los contribuyentes que asumen un compromiso superior de comportamiento tributario"*[18], bajo esta misma lógica, *a fortiori* debería brindarse un trato preferente al contribuyente que adopte un programa de *compliance,* pues, no solamente manifiesta su compromiso a cumplir sus obligaciones tributarias (como supone suscribir un pacto con la autoridad tributaria en este sentido), sino que destina recursos y esfuerzos en la gestión del cumplimiento de sus obligaciones tributarias. Así las cosas, de forma similar a la suscripción de los ACT, y en ejercicio de la misma facultad por parte del SII, debería existir una resolución que certifique la existencia de programas de *compliance* tributario, que satisfagan requisitos mínimos que permitan identificar su seriedad y efectividad. En este sentido, nos parece acertado el modelo adoptado en Países Bajos, en que la autoridad fiscal certifica a los contribuyentes que cuentan con prácticas efectivas de cumplimiento, lo que se traduce en que posteriormente las fiscalizaciones se centran en aquellos contribuyentes que representan un mayor riesgo de contingencias tributarias por carecer de estos programas de prevención.[19]

III. CONCLUSIÓN

El último tiempo ha estado caracterizado por la proliferación de una cultura empresarial, inspirada en la discusión sobre la res-

---

[18] Resolución Ex. SII N° 84.
[19] Ver modelo de monitoreo horizontal Holandez, Fair Tax, "DUTCH HORIZONTAL MONITORING: The Handicap of a Head Start" of Dennis de Widt (2017), Working Paper Series N° 13, University of Exeter.

ponsabilidad social empresarial, que ha puesto acento en la necesidad de que las empresas cumplan con las obligaciones que les impone el ordenamiento jurídico de forma cabal y honrada. Esto a su vez ha sido tierra fértil para el nacimiento del *compliance* ligado a la responsabilidad penal de las organizaciones y su posterior desarrollo hacia otras áreas del derecho (libre competencia, derecho del consumo, protección de datos, derecho del trabajo, etc.). No obstante, en nuestro país, la figura del *tax compliance* aún no ha encontrado un suelo fecundo en el cual echar sus raíces. El propósito de este trabajo es contribuir a abonar el terreno para dar cabida a esta figura.

De partida pensamos que el espíritu del legislador ha introducido dos direcciones correctas que nos permiten referir a esta figura. En primer lugar, a partir de la Ley 20.899 de 2016, que introduce la relación colaborativa que debe promover la autoridad fiscal con los contribuyentes en el conocimiento y compromiso del cumplimiento tributario. En segundo lugar, a partir de la Ley 21.210 de 2020, que promueve la pretensión de disminuir la excesiva litigiosidad que reina en los TTA y promueve las salidas autocompositivas.

El *compliance* tributario representa una institución óptima para colaborar con tales propósitos. Primero, parte de la base de una relación colaborativa entre la autoridad fiscal y los contribuyentes; al contribuyente que cuenta con un programa de prevención le interesa cumplir sus obligaciones tributarias y para ello será indispensable contar con el apoyo de la autoridad encargada de fiscalizar y hacer cumplir tales obligaciones. Segundo, la esencia de toda figura de *compliance* es evitar la sola existencia de una contingencia que dé lugar a un litigio, contribuyendo en la disminución de la pesada carga con la que actualmente deben funcionar los TTA.

Como antecedente destacado, ya contamos con la existencia de ACT, que, como vimos, allanan el camino para la construcción y adopción de programas de cumplimiento dentro de las organizaciones.

Finalmente, en ejercicio de la facultad del Artículo 7, Lit. Q) de la Ley Orgánica del SII, la autoridad tributaria se encuentra facultada para certificar la existencia de programas de cumplimiento, y, al mismo tiempo, reconocer un trato preferencial a aquellos contribuyentes que cuenten con programas de *compliance* tributario, como de forma similar lo ha estado haciendo respecto de los ACT.

IV. BIBLIOGRAFÍA

Bofill, Jorge, 2011, *Estructura de prevención e imputación de delitos al interior de la persona jurídica. En Gobiernos corporativos aspectos esenciales de las reformas a su regulación.* Thomson Reuters.

Borja Pareja García, 2018, *"El tax compliance y el cumplimiento tributario: nuevos retos empresariales"*, Revista de Derecho, Empresa y Sociedad, Núm. 12.

Dopico Gómez-Aller, J., 2013, *Posición de garante del compliance officer por infracción del "deber de control": una aproximación tópica.* En Arroyo Zapatero, L., y Nieto Martín, A. *El derecho penal económico en la era compliance,* Tirant lo Blanch, Valencia.

Fair Tax, 2017 *"Dutch Horizontal Monitoring: The Handicap of a Head Start" of Dennis de Widt,* Working Paper Series N° 13, University of Exeter.

Guerra Espinosa, Rodrigo, 2016, *Una aproximación a la responsabilidad penal de las personas jurídicas en Chile en el marco de los delitos contra el medio ambiente, Ed.* Tisné Cuadernos de extensión jurídica, U. de los Andes

Lascuraín Sánchez J. A. La responsabilidad penal individual por los delitos de empresa. En Nieto Martín, A., Manual de cumplimiento penal en la empresa, Tirant lo Blanch.

Percy García Cavero, 2016, *Las políticas anticorrupción en la empresa,* Revista de Derecho de la Pontificia Universidad Católica de Valparaíso, Núm. 47.

Rawls, J., 2003, *Teoría de la Justicia.* México: Fondo de Cultura Económica.

Silva Walbaum, A y Faúndez Allier, P., 2019, *Derecho, Economía y Ética de los Negocios. Una Relación Necesaria para el Mercado de Valores,* Revista de Derecho PUCV, Núm. 52.

Los riesgos jurídicos presentes en la toma de decisiones automatizadas en actividades de fiscalización tributaria

Por Roberto Padilla Parga[1]

Resumen: El uso de herramientas digitales para la toma de decisiones automatizadas en el ámbito de las actividades fiscalizadoras estatales, en materia de tributos e impuestos, puede ser útil de cara al combate contra la evasión y la elusión. Sin embargo, supone riesgos inherentes a su funcionamiento, razón por la que se expone cómo bienes jurídicos de titularidad de las personas pueden verse afectados por los resultados de los procesos de decisión de la IA y perspectivas de solución con enfoque en aquellas que florezcan en legislación tributaria.

Palabras clave: Inteligencia Artificial, Derechos del Contribuyente, Fiscalización Tributaria.

I. INTRODUCCIÓN

El escenario tecnológico actual a nivel global ha despertado variado tipo de inquietudes sobre las implicancias jurídicas derivadas de lo que aparece como una nueva revolución productiva.

La inteligencia artificial (en adelante IA) ocupa un lugar central entre los gatillantes de dichas preocupaciones. Esta tecnolo-

---

[1] Doctorando en programa de Doctorado en Derecho de la Universidad de Talca. Magíster en Derecho del Trabajo y la Seguridad Social de la Universidad de Talca y de la Universitat de Valencia en España. padillaparga@gmail.com

gía ha experimentado un auge en su desarrollo y utilización en el último tiempo producto de las numerosas aplicaciones que desde el sector público y privado se han visualizado posibles con su implementación.

La posibilidad de usar estas herramientas resulta atractiva desde la mirada de la eficiencia productiva, en particular, en la medida que se utiliza para producir modelos predictivos, perfilamientos de riesgos o decisiones automatizadas basadas en el procesamiento masivo de datos.

Sin embargo, desde las características inherentes de estos sistemas, se plantean riesgos sobre distintos bienes jurídicos, especialmente en lo relativo a sus eventuales efectos sobre Derechos Fundamentales. Para las siguientes reflexiones, el enfoque es el del uso que de estas aplicaciones se pueda hacer en el ámbito público, con especial énfasis en lo que pueda ocurrir con las actividades de fiscalización tributaria.

Es dable esperar que, habida consideración de las preocupaciones para el derecho en general que sobre el uso de IA ha levantado la literatura especializada, éstas tengan una manifestación específica sobre lo que se refiere a esta actividad estatal, la que, además, supone el ejercicio de potestades públicas. Será el objeto de lo que sigue encontrar estas expresiones particulares del problema y exponer sus fundamentos, argumentando la necesidad de contar con una gobernanza sobre la utilización de estas herramientas.

Para lo anterior, en el siguiente texto se buscará brindar, en primer lugar, una breve explicación sobre los rasgos que nos permitirán identificar la IA y sus riesgos jurídicos en general. En segundo lugar, se procede a fundamentar lo anterior, tratando de aplicar lo señalado al ambiente específico de la legislación tributaria y en especial a lo relativo a fiscalización. Finalmente, se mencionan algunas de las perspectivas de solución a las problemáticas planteadas conforme han venido siendo desarrolladas desde otras latitudes jurídicas más avanzadas en la materia.

La fundamentación de las siguientes reflexiones proviene fundamentalmente del dato doctrinario disponible sobre IA y su relación con el Derecho, el dato doctrinario sobre la relación entre facultades públicas e IA y el dato doctrinario e institucional sobre la actividad fiscalizadora tributaria, con especial enfoque en lo que sucede al respecto en Chile, en este último caso.

La idea es ofrecer una lectura sobre uno de los fenómenos que mayor preocupación jurídica genera en la actualidad respecto a la convivencia entre derechos y tecnologías, manifestando esta discusión en una de las múltiples aristas que en el ambiente jurídico tributario podría expresarse.

II. ACERCA DE LAS DECISIONES AUTOMATIZADAS

El desarrollo tecnológico que nos preocupa hace posible que un dispositivo imite procesos y comportamientos, que usualmente asignamos a la inteligencia humana, mediante el uso de determinadas técnicas o herramientas. De estas últimas destaca el algoritmo, que refleja un conjunto de instrucciones o reglas cuya aplicación resuelve un problema y le permite llevar a cabo determinadas actividades, imitando la experiencia humana. Para que eso pueda ser posible, la máquina deberá llevar a cabo la administración de un número relevante de datos e información mediante sistemas informáticos basados en dicho algoritmo[2].

Resulta esencial, entonces, el concepto de algoritmo para el crecimiento exponencial de la inteligencia artificial. La inserción de esta técnica en el programa computacional de la máquina le permite procesar enormes cantidades de datos para la aplicación de estas reglas e instrucciones, los que pueden tener una naturaleza sensible dado su potencial carácter personal o profesional. Esto permite la adopción de decisiones automatizadas basadas en el procesamiento de dicha información, función que se repite

---

[2]   BRAVO, 2021, Online.

una y otra vez. A mayor abundamiento, buena parte de estos pasos son indescifrables para el humano, pues producto de la etapa de compilación, las instrucciones y reglas plasmadas en el código de programación son traducidas por el sistema para su aplicación por la máquina, siendo este proceso imposible de reversar, y conocer, por parte de las personas que administran la plataforma. A través de dicha operación, se generarán predicciones sobre comportamientos o situaciones que no solo influyen en la toma de decisiones directivas, si no que derechamente conducen a adoptarlas[3].

Bajo esta lógica, existe la posibilidad de al menos dos resultados distintos respecto del uso de la tecnología para la toma de decisiones automatizadas que puedan afectar a las personas a las que se dirigen. La primera, es que se produzca un uso legítimo de la tecnología traducido en una decisión de mando que se encuentra dentro de un marco de acción tolerado jurídicamente. La segunda es que se produzca un uso ilegítimo de esta tecnología, manifestado en la afectación de derechos más allá de lo que acepta el ordenamiento jurídico.

III. CONSIDERACIONES SOBRE EL USO DE DECISIONES AUTOMATIZADAS EN EL ÁMBITO PÚBLICO

Estas tecnologías no son solo utilizadas por agentes privados, el Estado también, tanto en el mundo como en Chile, ha adoptado herramientas de estas características con miras a, evidentemente, modernizar el cumplimiento de sus funciones y objetivos. Esto quiere decir que existe la posibilidad de que este tipo de desarrollos informáticos sea utilizado para cumplir funciones públicas características del mandato constitucional o legal de un determinado agente estatal.

---

[3]   Ofrecen explicaciones sobre este asunto: Toyama y Rodríguez (2019) pp. 256-257; Miranda (2021) pp. 712-720; Velasco y Viollier (2021) pp. 348-349; Labbé (2021) pp. 133-135, entre otros.

En el terreno de la Administración del Estado, esto puede manifestarse en que las decisiones automatizadas adoptadas con intermediación del uso de inteligencia artificial puedan traducirse en que sus agentes descansen en ellas sus funciones de aplicación y ejecución de las leyes, pudiendo incluso abarcar, teóricamente, manifestaciones de la potestad reglamentaria. Esto debiera despertar nuestras preocupaciones sobre los alcances jurídicos de la inserción de estas tecnologías en la esfera de lo público[4].

Las características de la tecnología que se utiliza para estas decisiones suponen un desafío a la hora de evaluar los alcances jurídicos de la misma, toda vez que le es inherente la opacidad. Resulta difícil poder conocer a cabalidad los procedimientos y pasos adoptados por la máquina para llegar a los resultados que deriven en un modelo predictivo o en una determinada decisión. En consecuencia, la capacidad para escrutar estas definiciones por parte de las personas que puedan verse afectadas por ellas se ve reducida por cuestiones esenciales implícitas a los métodos para llegar a dichas determinaciones. Un primer punto que obsta a poder conocer de forma suficiente estos aspectos es, por supuesto, la complejidad de las tecnologías involucradas. En segundo término, el volumen de datos que se deben administrar, que es precisamente identificable por tratarse de una cantidad imposible de gestionar sin la intervención de estas herramientas. Finalmente, el secreto, corporativo o de Estado, también suele invocarse para hacer más complejo conocer los métodos que se utilizan para producir estos resultados[5]. En general, esto suele ser referido como el problema de la *black box*[6].

Si resulta difícil tener acceso a la transparencia necesaria para contrarrestar la opacidad de los sistemas algorítmicos que producen decisiones automatizadas, cuando estas aparecen en el ámbito público, el cuestionamiento se refuerza pues implica, en la

---

[4]   Boix Palop, Andrés, 2020, Online.
[5]   Velascoy Viollier, 2021, p. 354.
[6]   Deloozy Gutiérrez, 2021, pp. 202-203.

medida que mediante ella se ejerzan algunas dimensiones de potestades públicas, un obstáculo al ejercicio de controles democráticos por parte de los ciudadanos que puedan ser objeto de estas determinaciones.

Esto supone riesgos para varios derechos garantizados por el ordenamiento, especialmente reconocidos como derechos fundamentales. Entre ellos, producto del uso de datos, la privacidad e intimidad de las personas que producen dichos datos. Además, por razones similares, el derecho a la protección de datos de la persona[7]. También se afecta, por último, la garantía de no discriminación y el derecho a la igualdad.

IV. USO DE IA EN LA TOMA DE DECISIONES AUTOMATIZADAS PARA LA FISCALIZACIÓN TRIBUTARIA

Procede cuestionarse qué ocurre en aquellos casos en que un servicio público, como podría ser el Servicio de Impuestos Internos (en adelante, el Servicio) que efectivamente reconoce el uso de tales herramientas informáticas[8], utilice las aplicaciones de un *software* que administre información de la base de datos que maneja el Servicio respecto de los contribuyentes, para adoptar decisiones en materia de fiscalización.

Esta fiscalización supone la ejecución de un mandato legal, pues son actos de competencia de un agente del Estado vinculado al principio de legalidad de los actos administrativos. En específico, la función fiscalizadora en materia tributaria fluye del encargo que el artículo 6° del Código Tributario le asigna a este servicio y que se desarrolla en su legislación complementaria. De esta for-

---

[7] Incorporado mediante reforma constitucional de 2018, no obstante estar agregado en las normas sobre garantía de la privacidad, consiste en un derecho autónomo cuyo bien jurídico protegido es la libertad y desarrollo de la persona. Artículo 19 número 4°. Constitución Política de la República, 1980.

[8] Servicio de Impuestos Internos, 2021.

ma, se puede concluir que al menos una parte de este mandato legal es ejecutado por este *software* de gestión de datos. Además, corresponde destacar que la función fiscalizadora en comento supone el ejercicio de una parte de la potestad tributaria estatal.

Una primera alerta que fluye de lo anterior es, como se indicó en el apartado previo, la del control democrático que se pueda realizar sobre esta aplicación tecnológica en la medida que desarrolle funciones públicas. Si se considera la opacidad de estas tecnologías, que se produce debido a que los modelos algorítmicos suelen ser de difícil interpretación, supone colocar en entredicho esta característica con algunos principios de la Administración como son la transparencia, la motivación del acto administrativo, la interdicción de la arbitrariedad, preliminarmente[9].

En segundo término, se puede cuestionar lo relativo al uso que se les da a los datos que se utilizan en la gestión de la Administración tributaria mediante algoritmos, especialmente habida consideración de que, en esta materia, los datos son aportados generalmente de forma voluntaria por los administrados, en cumplimiento de sus obligaciones tributarias principales y accesorias[10]. A mayor abundamiento, podemos elevar cuestionamientos en el caso de que el *software* provenga de una entidad privada, con fines de lucro. La gestión de los datos, más allá de los resguardos que se hayan contemplado al momento de materializarse esta colaboración público-privada, queda a cargo del programa informático elaborado por un ente externo al servicio, pero que, además, puede no corresponder a un servicio público.

Lo que ya permite levantar preocupaciones, lo es aún más si se considera que en virtud de este trato, un particular se hace cargo de parte de una función pública que involucra el ejercicio de una potestad estatal particularmente sensible para los derechos de las y los contribuyentes como lo es la fiscalización tributaria.

---

9   DELOOZ Y GUTIÉRREZ, 2021, pp. 207-208.
10 Servicio de Impuestos Internos, 2021.

Un tercer riesgo dice relación con el hecho de lo que suele llamarse como sesgo algorítmico[11], es decir, los sesgos que afectan a las personas humanas que intervienen y desarrollan los algoritmos y códigos en los que se expresan estos sistemas y que puedan manifestarse en ellos, de manera tal de revestir una decisión automatizada de una apariencia libre de discriminación en razón de su carácter tecnológico pero que es en efecto discriminatoria por reproducir subrepticiamente los sesgos de quienes participaron en la construcción del *software*.

Entonces, más allá de cierto ímpetu por incorporar IA a la adopción de decisiones directivas en lo privado y en lo público, descansar en las características técnicas de estos métodos, sin incorporar mecanismos de control, puede dejar en posición de vulnerabilidad a un cúmulo de bienes jurídicos de especial relevancia para el ordenamiento.

V. LA IDEA DE GOBERNANZA SOBRE LA IA Y SOBRE SU USO EN EL EJERCICIO DE POTESTADES PÚBLICAS

La presencia de la opacidad o *black box* como fuente de riesgos para los derechos de las personas y el dinamismo en la evolución de la IA y de sus aplicaciones deriva en dos cosas. Primero, un impulso por generar una forma de regular su implementación y, segundo, una variedad de mecanismos heterogéneos ideados con dicho fin, sin que se pueda verificar una respuesta única y generalizada en los diversos ordenamientos nacionales e internacionales sobre cómo obtener el objetivo señalado en primer lugar.

Dentro de la variedad se pueden distinguir dos vías. Por un lado, acudir a principios y guías de carácter ético, o *soft law*, y la incorporación de reglas e instituciones vinculantes al ordenamiento, o *hard law*[12].

---

[11]   Herrera y Matheus, 2021, pp. 221 — 223; Velasco y Viollier, 2021, pp. 349–350.
[12]   ContrerasyTrigo, 2021, pp. 457-462.

Para el primer caso, se apela a las dificultades que supone ordenar el uso de una tecnología que evoluciona a una velocidad elevada que puede no ser capturada eficazmente por las normas jurídicas tradicionales, involucrando en su regulación la colaboración de los distintos actores públicos y privados, enmarcando su actuar dentro de un marco ético que aporta flexibilidad regulatoria[13]. En sentido opuesto, las críticas respecto de este camino surgen de la vaguedad de las reglas emanadas de estándares éticos amplios que tienen su origen en dinámicas fuertemente protagonizadas por los mismos actores de la industria.

Para el segundo caso, los problemas de la opacidad y del ritmo al que se desarrolla la IA, son rápidamente verificables como los principales obstáculos a superar. Sin embargo, dado que los bienes jurídicos potencialmente afectados dicen relación con derechos humanos, resulta jurídicamente coherente que su regulación no quede entregada a principios de *soft law*.

Resulta claro, de todas formas, que estos enfoques deben apuntar a reunir ciertas características que digan relación con el abordaje de las complejidades señaladas, por lo que se evidencian a continuación algunas ideas destinadas a cumplir con estos requerimientos en términos de poder asumir una solución jurídica al problema de la gobernanza de la IA en términos generales y, además, con especial enfoque en la utilización de ésta en el ejercicio de potestades públicas en actividades fiscalizadoras.

VI. IA Y DERECHOS HUMANOS

La dignidad de la persona humana como valor esencial del Estado es el fundamento de base de aquellos derechos cuyo reconocimiento supone un límite al poder soberano[14].

---

[13]   Contreras y Trigo, 2021, pp. 458-461.
[14]   Constitución Política de la República, 1980.

Si el uso de esta tecnología es una fuente de afectaciones a derechos de este tipo, las reglas jurídicas vinculantes que eventualmente se incluyan en un ordenamiento determinado deben contemplar instituciones destinadas a la protección de estos derechos. Por su parte, si se plantea un marco ético no vinculante para la regulación del fenómeno, como lo hacen distintos instrumentos nacionales e internacionales, el concepto de derechos fundamentales resulta ineludible para generarlo[15].

Sin embargo, en lo que nos atañe, al tratarse de derechos a cuya promoción y protección se encuentra obligado el Estado chileno, límites al ejercicio del poder estatal, su consideración no puede encontrarse ausente si el trabajo realizado por la IA supone la generación de una regla particular para un caso concreto (fiscalizar o no) a partir de normas generales.

Por cierto, si consideramos el carácter universal de estos derechos, el hecho de que éstos se encuentran, además de en la Constitución, en tratados internacionales ratificados por Chile que se encuentran vigentes y que el problema de la gobernanza sobre la IA es de carácter global, debiera poder ser una vía que permita una apertura en la cultura jurídica nacional hacia conceptos como el pluralismo jurídico o al diálogo judicial[16], de manera tal que permita incluir consideraciones de Derechos Humanos emanadas de jurisprudencias de tribunales internacionales, en la medida que los razonamientos esgrimidos en ellas permitan ser utilizados en la realidad nacional.

Existen, en el contexto europeo, evidencias jurisprudenciales que dan cuenta de ciertos criterios que podrían ser útiles para dilucidar como se pueden resguardar los derechos de quienes se puedan ver afectados por decisiones automatizadas adoptadas por entes fiscales, las que podrían eventualmente predicarse al caso

---

[15]   Herrera y Matheus, 2021, pp. 225—230; Delooz y Gutiérrez, 2021, pp. 208—211; Miranda, 2021, Online.
[16]   Florence y Triart, 2008.

chileno[17]. Sin embargo, quizás estemos en un escenario en que quede sustancialmente en evidencia como los ordenamientos, y el nacional no es excepción, han resultado insuficientes para enfrentar el fenómeno de la inteligencia artificial con miras a la protección de los derechos de las personas.

VII. SOLUCIONES ESPECÍFICAS: TRANSPARENCIA ALGORÍTMICA Y DERECHO A UNA EXPLICACIÓN

Lo opaco de la IA implica una dificultad que surge, como se dijo, casi naturalmente de la implementación de esta en cualquier actividad que pueda significar la afectación de un derecho. Como se dijo, bajo la idea de *black box,* se contemplan las distintas consideraciones sobre el origen de este rasgo. Teniendo en cuenta ello, y siendo esta característica una de las principales sindicadas como fuente de los riesgos de afectación a intereses jurídicos protegidos, resulta una consecuencia lógica que una de las hebras que, en distintas formas y mecanismos específicos, los distintos ordenamientos van explorando para hacer frente a esta circunstancia sea el dotar de transparencia a los procesos de toma de decisiones automatizadas. La finalidad es facilitar mecanismos de adjudicación de responsabilidades en caso de vulneración de derechos más allá de los límites tolerados por el ordenamiento[18].

Esta transparencia, para poder ser efectiva, debe ser ajustada para eficazmente proveer al sujeto que pueda reclamarla con la información necesaria que le permita la inteligencia de los criterios y procesos que se utilizaron en la toma de una decisión automatizada que le afecte, es decir, debe hacerse cargo de las fuentes de la opacidad[19].

Por su parte, el derecho a una explicación, tomado desde el reglamento general europeo de protección de datos, supone el

---

[17]   LAZCOZ y CASTILLO, 2020, Online.
[18]   VELASCO y VIOLLIER, 2021, p. 354.
[19]   VELASCO y VIOLLIER, 2021, p. 354.

derecho de cualquier persona a no ser objeto de una decisión basada únicamente en el tratamiento automatizado de datos, es decir, el derecho a exigir la intervención humana en la toma de decisiones que utilicen tecnología algorítmica y que puedan tener efectos jurídicos sobre la persona que es objeto de ella. Se postura como derecho a una explicación pues es exigible *ex post*, y le permite oponerse a una decisión adoptada de dicha forma permitiéndole acceder a información respecto de cómo se adoptó la decisión.

En particular, este último concita interés en nuestro contexto por su ubicación geográfica positiva en el reglamento europeo indicado, que es el que, eventualmente, sirve de base para el proyecto de reforma a la legislación de protección de datos chilena, actualmente en tramitación ante el Congreso.

VIII. CONCLUSIONES

El uso de tecnologías basadas en IA se enfrenta con los derechos de las personas que pueden ser afectadas por las decisiones adoptadas conforme dichos mecanismos. Esto se debe fundamentalmente a características inherentes a las herramientas algorítmicas para el manejo de datos como su opacidad.

Aplicadas estas tecnologías a las actividades estatales, los riesgos de afectación a bienes jurídicos de especial protección para el ordenamiento se expresan de formas específicas y propias. Dichas manifestaciones, adicionalmente, tienen forma propia en el ámbito de la fiscalización tributaria.

No se puede descansar en la idea del revestimiento técnico del método para desentenderse de los bienes que pueden resultar afectados de esta forma, que son variados y de especial consideración por el ordenamiento al tratarse de derechos fundamentales.

Es un fin noble aplicar estos mecanismos para aumentar la recaudación haciendo más eficiente la fiscalización y cerrando puertas a la elusión y evasión. Sin lugar a dudas, la IA puede resultar instrumental y hacer más eficaz la labor recaudatoria. El problema es que no puede permitirse crecer sin una regulación pues quedarían expuestos los derechos de los contribuyentes.

Resulta deseable entonces una regulación sobre el fenómeno que considere los aspectos complejos de producir una normativa sobre el tema, pero que regule con certeza jurídica, haciéndose cargo de sus dificultades técnicas, conciliando intereses contrapuestos y con respeto a los Derechos Humanos.

IX. BIBLIOGRAFÍA

AZUAJE, Michelle. FINOL, Daniel (2020) *Transparencia algorítmica y la propiedad intelectual e industrial: tensiones y soluciones*. Revista La Propiedad Inmaterial. N° 30 pp. 111-146

AZUAJE, Michelle y CONTRERAS, Pablo (editores) (2021) Inteligencia artificial y derecho: Desafíos y perspectivas. Tirant lo Blanch. Valencia, España.

BRAVO, Pablo (2021) *¿Qué es un algoritmo? Introducción para abogados,* en https://www.pucv.cl/uuaa/derecho/noticias/que-es-un-algoritmo-introduccion-para-abogados

BOIX PALOP, Andrés (2020) *Los algoritmos son reglamentos: la necesidad de extender las garantías propias de las normas reglamentarias a los programas empleados por la administración para la adopción de decisiones.* Revista de Derecho Público: Teoría y Método. Marcial Pons Ediciones Jurídicas y Sociales. Vol. 1 | 2020 pp. 223-270 (online) extraído de: http://www.revistasmarcialpons.es/revistaderechopublico/article/view/33/50

CONTRERAS, Pablo. TRIGO, Pablo. (2021) *La gobernanza de la Inteligencia Artificial. Esbozo de un mapa entre Hard Law y Soft Law internacional* en AZUAJE, Michelle y CONTRERAS, Pablo. (Coord.) (2021) *Inteligencia artificial: Derecho y perspectivas.* Tirant lo Blanch. Santiago, Chile, pp. 457-473.

DELOOZ BROCHET, Benoit y GONZALEZ GUTIERREZ, Juan (2021) *Algoritmos y decisiones administrativas. En* AZUAJE, Michelle y CONTRERAS, Pablo. (Coord.) (2021) *Inteligencia artificial: Derecho y perspectivas.* Tirant lo Blanch. Santiago, Chile, pp. 199-216.

HERRERA ORELLANA, Luis y MATHEUS HIDAKGO, Mayerlin (2021) *Inteligencia artificial y derecho administrativo: Problemas y criterios éticos en la incorporación de la IA en la Administración Pública.* En AZUAJE, Michelle y CONTRERAS, Pablo. (Coord.) (2021) *Inteligencia artificial: Derecho y perspectivas.* Tirant lo Blanch. Santiago, Chile, pp. 217-240

LABBÉ FIGUEROA, María Francisca (2021) *¿Colusión, yo? No señor, mi algorit-mo fue.* Actualidad Jurídica n.° 44, pp. 131-140.

LAZCOZ MORATINOS, Guillermo y CASTILLO PARRILLA, José Antonio (2020) *Valoración algorítmica ante los derechos humanos y el Reglamento General de Protección de Datos: el caso SyRI.* Rev. chil. derecho tecnol. [online] vol.9, n.1 (Visto el 29/08/2021), pp.207-225. Extraído de: http: //www.scie-lo.cl/scielo.php?script=sci_arttext&pid=S0719-25842020000100207&l-ng=es&nrm=iso. ISSN 0719-2584.   http: //dx.doi.org/10.5354/0719-2584.2020.56843.

MIRANDA BONILLA, Haideer (2021) *Algoritmos y derechos humanos.* Re-vista de la Facultad de Derecho de México, Tomo LXXI, Número 280, (online) visto el 05/12/2021. recuperado de: DOI: http: //10.22201/fder.24488933e.2021.280-2.79666

PEREDO ROJAS, Marcela (2021) *inteligencia artificial y derechos fundamentales,* en AZUAJE, Michelle y CONTRERAS, Pablo. (Coord.) (2021) *Inteligencia artificial: Derecho y perspectivas.* Tirant lo Blanch. Santiago, Chile, pp. 25-37.

SEVERIN CONCHA, Juan Pablo (editor) (2021) Derechos fundamentales de la persona del trabajador. Vida privada, honra, inviolabilidad de las comunicaciones y protección de datos. Tirant Lo Blanch. Valencia, Es-paña.

TOYAMA MIYAGUSUKU, Jorge. RODRIGUEZ LEON, Ariana (2019) *Algo-ritmos laborales: big data e inteligencia artificial.* THEMIS — Revista de Dere-cho 75. Perú. Pp 255-266.

VELASCO, Patricio. VIOLLIER, Pablo (2021) *El uso de toma de decisiones auto-matizadas para la selección de personal.* En, SEVERIN CONCHA, Juan Pablo (editor) (2021) *Derechos fundamentales de la persona del trabajador. Vida pri-vada, honra, inviolabilidad de las comunicaciones y protección de datos.* Tirant Lo Blanch. Valencia, España.

Política tributaria y filantropía: análisis del escenario actual de las donaciones en Chile

POR FELIPE IGNACIO VALENZUELA AGUILERA[1]

RESUMEN: El presente artículo revisa si el desarrollo de la filantropía en el país es propiciado por la actual legislación o no. Para esta tarea, se desarrollan distintos conceptos y ejes que nos permiten dilucidar las decisiones y la forma de actuación del Estado en la materia. Para ejemplificar que como Estado no se ha tomado una decisión planificada, se presenta parte de la legislación del área —que ha sido seleccionada por su pertinencia y grado de aplicación en la práctica— para que, utilizando categorías desarrolladas en la primera parte, se puedan sistematizar, explicar y, especialmente, dar cuenta de los déficits de la actual legislación para dar respuesta a las inquietudes del tercer sector. Por último, se revisa el proyecto de ley Boletín 14486-05 señalando que es un avance, pero que no termina con los problemas identificados.

PALABRAS CLAVES: Donaciones — Filantropía — Política tributaria.

I. INTRODUCCIÓN

No es desconocido por quienes se relacionan con el tercer sector[2] que el régimen de donaciones en Chile se encuentra frag-

---

[1] Abogado Universidad Adolfo Ibáñez, Diplomado en Filosofía Política y Ética de la misma Universidad. Coordinador área organizaciones sociales en Fundación Pro Bono.

[2] Aquel sector de la economía que no está conformado ni por el sector privado, ni por el sector público. Principalmente organizaciones de la sociedad civil. ANINAT, DE LA FUENTE Y FUENSALIDA, Centro de Estudios Públicos. 2020, p. 2.
Conformado en su mayoría por organizaciones comunitarias (79, 7%) y en menor medida por corporaciones o fundaciones constituidas de

mentado y por tanto el deseo del estudio sistematizado del área se desvanece ante los distintos regímenes jurídicos que constituyen las distintas leyes especiales en la materia. Ante este escenario, el presente artículo sirve de base para adentrarse en la materia, comprendiendo el escenario actual de la legislación desde el enfoque de la Política tributaria del Estado y, por lo tanto, como una decisión respecto a recaudación y gasto público en la satisfacción de intereses sociales.

Si bien, este trabajo reconoce que la filantropía y su práctica tiene un rol clave en suplir las deficiencias del Estado y del mercado en la provisión de bienes y servicios a todos los ciudadanos[3], —lo que en adelante denominaré comprensión estrecha—, considero que la aproximación apropiada para el análisis de la legislación tributaria en materia de donaciones es desde una perspectiva que denominaré como amplia, en donde también se reconoce que la práctica filantrópica aporta un valor público al tejido social en el que descansa la sociedad, mediante la colaboración de distintos actores en la solución de problemas públicos[4].

Una comprensión estrecha o amplia del fenómeno de la filantropía tiene consecuencias importantes en distintos elementos que son esenciales en la legislación de este tipo. A continuación se desarrollan distintos ejes de estudio, señalando las distintas consecuencias cuando sea pertinente:

II. CONCEPTOS BÁSICOS

II.1. Rol del Estado

Un análisis desde una perspectiva estrecha señala que el rol del Estado es el de promocionar y facilitar el trabajo de las or-

---

acuerdo con el Título XXXIII, Libro I del Código Civil (9, 7%) Irarrázaval y Streeter, Centro de Políticas Públicas UC, 2020, p. 24.

[3]   Aninat, Vallespín y Villar, CEFIS UAI, 2020, p.4

[4]   ídem.

ganizaciones de la sociedad civil respecto de aquellos problemas públicos que son críticos. Así, sin perjuicio de que la sociedad civil puede participar en diversos ámbitos, existen incentivos para que se destinen recursos —ya sea en dinero o trabajo- a determinadas causas. El Estado tiene un rol importante en poder identificar estos problemas públicos y mediante una técnica legislativa apropiada generar esos incentivos. En Chile, esto se traduce en la diversidad de leyes especiales en materia de donaciones respecto a ciertas causas sociales valiosas como, por ejemplo: cultura, educación, fines sociales, deportivos, etc.

Por otro lado, una comprensión amplia, también reconoce un deber de promoción, sin embargo, no es respecto a determinadas causas, sino que del fenómeno en si mismo, esto es, una promoción de cultura filantrópica, no debiendo la sociedad civil esperar el diagnóstico por parte del Estado, sino que, teniendo un rol activo precisamente en esa tarea, identificando problemas sociales y articulando distintos actores para la solución a estos.

II.2. Fines Sociales

Respecto a los fines sociales o causas, en el caso de una perspectiva estrecha implica que se reconocen ciertos fines sociales que deben ser favorecidos por sobre otros, siendo una de las fórmulas, señalar beneficios —en este caso tributarios- que se pueden obtener si se apoyan estas causas. Una crítica que se puede hacer a este punto es que el Estado trata de manera desigual a distintas organizaciones por los fines sociales de los que se hace cargo, aun cuando son igualmente valiosos. Por ejemplo, hasta la fecha no se cuenta con legislación que favorezca el desarrollo de organizaciones sin fines de lucro que tengan por objeto la protección del medio ambiente —aun cuando se ha identificado como una de las problemáticas principales de nuestra generación— y, por lo tanto, estas organizaciones quedan en una situación de desventaja respecto a otro tipo de organizaciones que tienen por objeto otras causas valiosas, como lo son, por ejemplo, cultura y educación.

Adoptar una perspectiva amplia valora que la sociedad civil reconozca problemas sociales y por lo tanto debe utilizar una fórmula amplia de fines sociales que pueden ser cubiertos y favorecidos por la legislación. De esta forma, se pueden incluir fines sociales que el Estado no ha identificado y que requieren desarrollarse. Ahora bien, un riesgo de una fórmula que sea muy amplia es que se puede aprovechar el tenor de la norma para financiar organizaciones que no necesariamente se hacen cargo de un fin público como, por ejemplo, el financiamiento de centros de estudios vinculados o relacionados con partidos políticos. Por lo tanto, se debe señalar que los objetos de las organizaciones de la sociedad civil tienen que ir en beneficio público y debiendo, además, excluir los fines políticos.

II.3. Tributarios –Límites[5]

En la práctica, el legislador ha optado por generar incentivos tributarios para que el tercer sector se pueda financiar. Al respecto, es relevante señalar que esta decisión de política tributaria descansa en una tensión. Si bien, la sociedad civil puede focalizar las ayudas y tener tiempos de respuesta mucho más rápidos, no deja de ser cierto que al final aquellas causas que son cubiertas responden a aquellas a las que los donantes deciden donar, pudiendo dejar fuera o con menos recursos aquellas con las que personalmente no se encuentran comprometidos. Por otro lado, la ayuda

---

[5] Considero que los beneficios tributarios no son intrínsecos al desarrollo de una cultura filantrópica, sino que la filantropía responde a la libertad de asociación de los ciudadanos que libremente deciden apoyar y hacerse cargo de problemas públicos. No obstante lo anterior, es innegable que la posibilidad de obtener beneficios tributarios por parte del donante es un incentivo que ha favorecido el financiamiento del tercer sector.
Agradezco a Francisco Saffie quien al finalizar mi exposición en las III Jornadas Académicas de Derecho Tributario de la Universidad Austral, preguntó si los beneficios tributarios son intrínsecos al desarrollo de la cultura filantrópica.

por parte del Estado puede tardar y ser difusa, sin embargo, tiene el deber de cubrir las distintas problemáticas sociales. Por lo tanto, los límites de las donaciones y los beneficios asignados tienen que reconocer este punto, debiendo el Estado contar con suficiente recaudación para responder ante las amplias necesidades públicas, pero también generando incentivos suficientes para que las organizaciones sociales cuenten con recursos suficientes para que las ayudas sean idóneas y efectivas.

II.4. Donante y donatario

Para que se propicie la filantropía, la legislación debe tener información clara respecto a los requisitos que deben cumplir tanto los donantes como los donatarios, como así también cuales son los respectivos registros en los que las organizaciones deben inscribirse y facilidad para reconocer la contraparte en sede administrativa. En el caso de los donatarios, es importante que el mecanismo de acreditación sea idóneo respecto a ser una organización que sea en beneficio público. En el caso del donante, es necesario que se cuente con información clara respecto del origen de los montos destinados y que sea posible realizar la trazabilidad de estos. Contar con sistemas claros y transparentes no solo facilita el trabajo de las organizaciones y las decisiones del donante, sino que también entrega certezas suficientes para el resto de los ciudadanos y de esa forma, aumentar la confianza por parte de la ciudadanía respecto a estas prácticas.

III. LEGISLACIÓN SOBRE DONACIONES

Habiendo dilucidado algunos ejes centrales para el estudio en la materia, en esta sección se presenta parte de la legislación del área, que ha sido seleccionada por su pertinencia y grado de aplicación en la práctica, para dar cuenta de similitudes y diferencias entre estas, para con esa información hacer un análisis general del marco normativo referido a las donaciones. En particular, se revisa con detalle la siguiente legislación: Ley 19.885 sobre donaciones con fines sociales; Ley 18.985 sobre donaciones con fines culturales; y DL 3.063 donaciones bajo ley de rentas municipales.

III.1. Ley 19.885 sobre fines sociales

En el caso de esta ley, de acuerdo con los artículos 1 y 1 bis podrán donar las personas naturales y jurídicas afectas a impuesto de primera categoría que declaren renta efectiva según contabilidad completa (en adelante, IDPC), y las afectas a Impuesto Global Complementario (en adelante, IGC), también contribuyentes de Impuesto único de segunda categoría (en adelante, IUSC).

Respecto de quienes pueden recibir la donación, de acuerdo con el artículo 2°, estas deben ser dirigidas a financiar proyectos o programas de corporaciones o fundaciones constituidas conforme a las normas del Título XXXIII, libro I del Código Civil, que tengan por objeto en sus estatutos, como en su actividad real, proveer directamente servicios a personas de escasos recursos o con discapacidad, y estar incorporadas en el registro establecido en el artículo 5° de la ley. También pueden recibir donaciones los establecimientos educacionales que tengan proyectos destinados a la prevención o rehabilitación de adicciones de alcohol o drogas, para sus alumnos o apoderados, o ya bien, destinar la donación al Fondo Mixto de Apoyo Social.

Esta donación deberá efectuarse siempre en dinero, además están liberadas del trámite de insinuación y el pago al impuesto a las herencias y donaciones, de acuerdo con el artículo 1° N° 5.

Por último, de acuerdo con el artículo 1° N° 10, los beneficios tributarios y los créditos varían dependiendo de la donación. Al respecto, si el monto donado es menor a 1.000 UTM, dará un crédito equivalente al 50% del monto donado y el 50% restante podrá ser deducido como gasto. En el caso que la donación sea mayor a 1.000 UTM, el monto que excede las 1.000 UTM variará en su tratamiento dependiendo de si donó o no al fondo social. Si al menos el 33% del exceso se donó al Fondo, se aprovecha un 50% del exceso como crédito y el otro 50% como gasto, en cambio, si del exceso, menos del 33% fue aportado al Fondo, el crédito es del 35%, mientras que el 65% restante se aprovechará como gasto.

Las instituciones deben acreditarse e incorporarse en el registro del artículo 5°, debiendo acreditar, en la forma determinada por el reglamento, que han estado en funcionamiento y dando cumplimiento efectivo de su objeto social, de manera ininterrumpida por un año. Este registro es elaborado por el Ministerio de Desarrollo Social. Además, se deberá acreditar la respectiva donación mediante la emisión del respectivo certificado.

III.2. Ley de donaciones con fines culturales

De acuerdo con el artículo 1° N° 2 de la respectiva ley, pueden donar los contribuyentes de IDPC que declaren sus rentas efectivas según contabilidad completa, así también los contribuyentes afectos del IGC, de Impuesto Único de Segunda Categoría (IUSC), impuesto adicional (en adelante, IA) e impuesto a las herencias y donaciones.

Respecto de los donatarios, el artículo 1° N° 1 señala que podrán ser las universidades e institutos profesionales estatales y particulares reconocidos por el Estado, a las bibliotecas abiertas al público en general o las entidades que las administran, a las corporaciones o fundaciones constituidas de acuerdo a la Ley 19.418 y las reguladas por la Ley 20.500, cuyo objeto sea la investigación, desarrollo y difusión de la cultura y el arte, también cuando administren bienes nacionales de uso público, en aquellos casos en que el proyecto tenga como objeto restaurar y conservar zonas típicas y zonas de conservación histórica. Los museos estatales y municipales, y privados cuando sean abiertos al público en general y siempre que sean de propiedad y estén administrados por entidades o personas jurídicas sin fines de lucro. También podrán ser beneficiarios el Consejo de Monumentos Nacionales, el Servicio Nacional de Patrimonio Cultural, los dueños de inmuebles que hayan sido declarados Monumentos Nacionales.

En el caso de las donaciones, se pueden donar en Chile o desde el extranjero, dineros o especies, salvo contribuyentes de IUSC y de IA, en cuyo caso deberán siempre donar en dinero. Además, para realizar la donación, se exime al donante de realizar el trámite de la insinuación. Respecto al destino de lo donado, este debe utilizarse para desarrollar el proyecto cultural o artístico determinado que el donante buscó financiar.

Con relación a los beneficios tributarios, hay que distinguir las distintas hipótesis. En el caso de los contribuyentes de IDPC, podrá utilizarse el 50% del monto donado como crédito, y deducir el monto restante como gasto. En el caso de los contribuyentes de IGC, de IUSC y de impuesto a la herencia y donaciones, pueden utilizar el 50% del monto donado como crédito, en el caso de contribuyentes de IA, solo se puede aprovechar el 35% como crédito.

Los beneficiarios, para poder acogerse a este régimen de donación, deberán cumplir los requisitos señalados en el artículo 9° de la ley. En concreto, esto implica presentar un proyecto al Comité de Donaciones Culturales, que este sea aprobado, que estos proyectos estén abiertos al público general y que tengan una duración máxima de 3 años. Además, una vez recibida la donación, se debe emitir el correspondiente certificado.

III.3. DL 3.063

Conforme con el artículo 46 inc. 2°, podrán donar las personas naturales o jurídicas, que sean contribuyentes de IDPC y que declaren sus rentas efectivas mediante balance general.

Por otro lado, el artículo 46 inc. 3° letras a) b) y c), señala quienes podrán ser beneficiarios de estas donaciones. Entre ellos, destacan los establecimientos privados de educación reconocidos por el Estado, de enseñanza básica gratuita, de enseñanza media científico humanista y técnico profesional, siempre que dichos establecimientos no realicen un cobro por realizar tales instrucciones de una suma superior a 0, 63 UTM, establecimientos de educación superior creados por ley o reconocidos por el Estado o al Fondo

Nacional de Desarrollo Científico y Tecnológico y por instituciones sin fines de lucro cuyo objeto sea la creación, investigación o difusión de las artes y las ciencias o realicen programas de acción social en beneficio exclusivo de los sectores de mayor necesidad.

Bajo esta ley solo podrá donarse en dinero, y el monto se podrá destinar para solventar cualquier gasto de la organización beneficiaria. Respecto al beneficio tributario, el monto donado podrá ser deducido como gasto siempre y cuando no exceda el 10% de la renta líquida imponible.

Para poder acogerse a este régimen, será necesario acreditar la calidad de institución donataria de acuerdo con el artículo 46, para eso variará respecto al objeto del proyecto. En el caso de las ciencias, se debe acreditar mediante un certificado emitido por la facultad de una universidad acreditada por el Estado, en donde se certifique que durante los dos últimos años se han desarrollado proyectos de este tipo por parte de la organización que solicita la acreditación. Si se trata de un objeto social, se debe contar con un certificado emitido por el Alcalde o la Alcaldesa de la comuna, en donde se indique que la organización efectivamente realiza proyectos que favorezcan a los sectores de mayor necesidad. Por último, en el caso de la difusión de las artes, se acredita mediante un certificado emitido por el Ministerio de Educación en donde se señala que la organización cumple con ese objetivo.

Una vez acreditado, se debe solicitar al Servicio de Impuestos Internos (en adelante, SII) que se registre a la institución como institución donataria para que el Ministerio de Justicia pueda evaluar la organización con la finalidad de emitir un informe favorable. Cuando eso ocurra, el SII emite resolución aprobando el registro de la institución donataria, para que luego esta pueda solicitar la autorización para timbrar los certificados de donación.

IV. PROBLEMAS DEL MARCO NORMATIVO

Evidentemente, queda fuera del análisis una gran cantidad de legislación referida a donaciones, no obstante lo anterior, la normativa señalada nos permite evidenciar algunos problemas del marco normativo general de la materia que procedo a desarrollar.

El primer problema que queda a la vista es que el Estado ha optado por promover distintos cuerpos legales que se hacen cargo de determinados objetos, generando que no exista un sistema único, sino que más bien existe legislación sectorial. Esta decisión de regular de manera sectorial las donaciones, produce que fines valiosos para la sociedad no puedan acogerse a algún régimen de donación y deban optar por el régimen general, esto es, debiendo realizar el trámite de insinuación y el respectivo pago del impuesto a las herencias y donaciones. Así, por ejemplo, una organización que se dedique a temas de género, medioambiente o derechos humanos, no tiene un régimen claro al que pueda acogerse, como sí lo pueden hacer aquellos deportivos, culturales, educacionales o sociales. En la práctica, esto se traduce en un desigual tratamiento para el financiamiento de organizaciones que se hacen cargo de objetos sociales igualmente valiosos[6].

Un segundo déficit del marco normativo es que, al optar por la vía de la legislación sectorial, no existe un sistema único de acreditación y de registro, esto se traduce en una barrera para que las organizaciones puedan optar por esta vía de financiamiento. Incluso, si una organización opta por acogerse a más de un régimen, deberá interactuar con distintas contrapartes y registros. Desde el punto de vista del donante, arriesgarse a que una organización —dada la dificultad- no se haya acreditado conforme a lo señalado en la ley, puede generarle problemas tributarios respecto a la posibilidad de hacer uso de los beneficios tributarios de la donación efectuada[7].

---

[6]   Aninat, De la Fuente y Fuensalida, Centro de Estudios Públicos, 2020, p. 7.

[7]   La falta de mecanismos sencillos afecta el funcionamiento de las organizaciones, y podría explicar la diferencia existente entre la cantidad de organizaciones constituidas (319.819), respecto de aquellas que están

Desde el punto de vista de la ciudadanía, que no existe un sistema único y transparente donde se cuente con la información de las organizaciones acreditadas, como también de las donaciones recibidas, propicia la desconfianza en las donaciones y se presenta a esta como una fórmula para la reducción de impuestos, no reconociendo el valor social detrás del financiamiento de organizaciones de la sociedad civil que se hacen cargo de problemas públicos, potenciando valores necesarios en una sociedad democrática, como por ejemplo la colaboración y la libertad de asociación.

En definitiva, el gran déficit en la materia es que no ha habido una decisión por parte del Estado para el desarrollo de una política pública seria en materia de filantropía. No existe un cuerpo normativo que señale los principios orientadores en la materia, con procedimientos que sean acorde a tales fines, y en donde se expliciten las reglas y procedimientos que puedan otorgar claridad tanto para los usuarios de los sistemas, como para la ciudadanía en general[8].

V. PROYECTO DE LEY BOLETÍN 14486-05

A propósito del escenario legislativo actual, es imperativo comentar el proyecto de ley Boletín 14486-05, que modifica el régimen de donaciones del DL 3063 sobre rentas municipales revisando su idoneidad para resolver los problemas previamente desarrollados.

Referido a los problemas de acreditación y de transparencia, se crea un medio de registro público, con su respectivo portal, que permite a la ciudadanía, donantes y donatarios, conocer la información de las donaciones., siendo particularmente relevantes

---

activas (214.046). Irarrázaval y Streeter, Centro de Políticas Públicas UC, 2020, p. 25.

[8] Para los efectos de optar por la vía de la dispersión legislativa o legislación sectorial, ver Aninat, De la Fuente y Fuensalida, Centro de Estudios Públicos, 2020, pp. 7-9.

el origen y el uso de los fondos. Para el funcionamiento de este registro, se obliga al donante a informar sobre las donaciones que realice, y en los casos en que esta donación sea internacional, la obligación es más rigurosa en los casos sobre 10.000 dólares, en tanto se debe individualizar ante el SII quien es el donante, el donatario, el monto, el origen, la moneda, la institución bancaria relacionada y las cuentas de origen y destino. Respecto al donatario, se exige que las instituciones sean de beneficio público. Así, el proyecto de ley permite avanzar en la transparencia de las donaciones, que tiene como consecuencia la promoción de una cultura de donaciones que vaya derribando mitos y desconfianzas relacionadas a las donaciones.

El problema de esta iniciativa es que se circunscribe dentro de solo un cuerpo normativo, esto es, del DL 3.063 y, por lo tanto, sigue siendo un procedimiento y registro más dentro del gran escenario de procedimientos establecidos por las distintas legislaciones. No se hace cargo del problema de fondo, sino que solo respecto al funcionamiento de una ley.

Respecto de los objetos o fines sociales, como se observó, un problema importante para el desarrollo y financiamiento de las OSFL es el hecho de que no todos los objetos sociales están cubiertos bajo la actual legislación en materia de donaciones. Así, por ejemplo, los proyectos sociales, educacionales o culturales, cuentan con leyes específicas que permiten a las organizaciones que se dediquen a desarrollar este tipo de proyectos, emitir un certificado de donaciones, sin embargo, aquellas organizaciones que se dediquen por ejemplo a temas medioambientales, de salud, derechos humanos, igualdad de género hasta el momento no contaban con una legislación especial que les permitiera tener el mismo funcionamiento. En ese sentido, la ampliación de nuevas causas es un avance importante en tanto las sociedades son dinámicas y las causas sociales incrementan y se ven modificadas por este dinamismo. Así, por ejemplo, en el actual contexto de crisis climática, era inconcebible que no hubiera una legislación que favoreciera el desarrollo de OSFL cuyo principal objetivo sean temas ambientales que ayuden a revertir el actual escenario climático.

Por último, el proyecto de ley no deroga, por ejemplo, las leyes especiales en materia de donaciones, como la ley de donaciones con fines educacionales, ley de donaciones con fines sociales, ley del deporte, etc. Por lo tanto, se traduce en una opción más para donantes y donatarios y habrá que ver en la práctica como conviven estos sistemas, considerando que la ampliación de objetos permite que organizaciones puedan acogerse a más de un régimen de donaciones, y por lo tanto habrá que esperar si terminan conviviendo, o uno desplazando al otro.

En conclusión, el proyecto de ley Boletín 18846-05, es un primer paso en el desarrollo de una cultura filantrópica más profesional en nuestro país, que crea una legislación clara, operativa y que nace del producto de la escucha y diálogos con los actores involucrados en el sector, que es prioridad y va a permitir avances importantes en distintas materias que por años han sido preocupaciones de las OSFL. No obstante lo anterior, el problema de fondo es que no ha desarrollado una política pública en la materia y para eso será necesario unificar el sistema en una ley única de donaciones, en donde se establezcan principios, procedimientos idóneos y acorde a tales principios, y que evite la superposición de sistemas y dificultades de uso por parte de las organizaciones beneficiarias[9].

VI. CONCLUSIONES

En definitiva, en Chile no existe una legislación que propicie la filantropía, sino que, al contrario, mediante la fragmentación normativa se ha tendido a dificultar el financiamiento de las organizaciones sin fines de lucro mediante donaciones. Así, la Política Tributaria del Estado parece alejarse de una que sea filantrópica y

---

[9]   En ese sentido, CEFIS UAI, 2020, pp. 82 y ss. presenta una serie de recomendaciones que debería contener una legislación unificadora en la materia. También ANINAT, DE LA FUENTE y FUENSALIDA, Centro de Estudios Públicos, 2020, pp. 9 y ss.

ha tendido a mirar con desconfianza estos regímenes jurídicos tributarios. Enderezar el rumbo implica que como Estado se planifique el desarrollo de la filantropía como política pública, se vean sus impactos sociales y se determine cuánto puede permitirse el Estado dejar de recaudar para que se puedan cumplir con estos objetivos. En ese sentido, será necesario seguir con el estudio de esta materia, dilucidando el rol del Estado en la materia, teniendo a la vista modelos o casos de éxito a nivel internacional.

VII. BIBLIOGRAFÍA

ANINAT, MAGDALENA. DE LA FUENTE, GLORIA y FUENSALIDA, CAROLINA, 2020: Donaciones en Chile: Análisis del marco normativo vigente y propuestas para su modernización", *Puntos de Referencia, Centro de Estudios Públicos*, ed. digital. N° 552.

ANINAT, MAGDALENA. VALLESPÍN, ROCÍO Y VILLAR RODRIGO, 2020: Hacia un nuevo Marco Legal para las donaciones en Chile: Análisis Comparado entre Chile, América Latina y OCDE. CEFIS UAI.

Decreto Ley 3.063 que establece normas sobre rentas municipales.

IRARRÁZAVAL, IGNACIO Y STREETER, PAULA, 2020: Mapa de las Organizaciones de la Sociedad Civil 2020. Centro de Políticas Públicas UC.

Ley 19.885 que incentiva y norma el buen uso de donaciones que dan origen a beneficios tributarios y los extiende a otros fines sociales y públicos.

Ley 18.985 que establece normas sobre reforma tributaria.

Proyecto de ley que modifica el Decreto Ley N° 3063, de 1979, sobre rentas municipales, y crea un régimen de donaciones con beneficios tributarios en apoyo a las entidades sin fines de lucro, Boletín 14486-05

El sentido del tributo

Por Andrés Ignacio Fajardo Molina

Resumen: El siguiente análisis corresponde a una investigación cuyo propósito es el desarrollo del sentido del tributo como herramienta interpretativa. De tal manera se utilizará un método expositivo para el estudio de cómo se constituye el tributo en el marco de una Constitución económica y cómo es que esta le otorga un contenido previo en tanto forma el modelo de Estado. Posteriormente, se busca incluir tanto un breve análisis de los principios que conforman el sentido del tributo, así como su relación constitucional. En un tercer punto, se desarrollan las diferentes posturas en su perspectiva jurídico-política y cómo se presenta el tributo en una faz propia del desarrollo social. Finalmente, se trae a colación cómo es el efecto que el sentido del tributo trae en una discusión jurisprudencial y cómo se sirven las Cortes de dicha argumentación.

Palabras clave: Derecho tributario — El sentido tributario — Relevancia tributaria

I. INTRODUCCIÓN

El modelo de Estado que se quiera desarrollar presenta todo tipo de interrogantes y así una multiplicidad de respuestas. Cada propuesta se caracteriza principalmente de ciertos elementos, una visión que desea desarrollar y que en definitiva da al actor una base de donde ampliar sus propósitos. Así como cada deseo y cada idea contraen ciertos presupuestos y consecuencias, cada proposición política busca un verdadero fin que se define dentro del conjunto, considerando aquellos elementos que la guían y forman.

En la actualidad, de las necesidades de la sociedad moderna, surge el imperativo de prever que haya un cierto estándar que cumplir. Esto se logra principalmente por medio de la normativa constitucional, protectora de la persona, como método de garantía de su vida en sociedad, perfilando al aparato estatal como benefactor del ser humano y una herramienta para su mejor desarrollo. De esta forma se anticipa que el deseo de cada operador debe ser el de lograr lo que entienda del bien común.

Hay que reconocer, sin embargo, que en el mundo existe escasez; esto, conforme a los planteamientos de Mankew conlleva una limitación a la sociedad que incapaz de satisfacer todas las necesidades de quienes la componen y que la vez implica racionalizar y categorizar[1]. Esto además envuelve que, para desarrollar proyectos, cumplir con este Estado que apoya al individuo y en definitiva lograr llevar a cabo las medidas para cumplir con el bien común, se requiera captar parte de lo producido y redirigir su uso a lo que debería ser beneficioso para la sociedad. Así también, se puede verificar que se restringe la propia libertad de disponer del producto del trabajo de las personas y con ello, coartar ciertamente el fruto de cualquier labor. De tal forma puede decirse que cada programa o proyecto tiene un coste correlativo social y personal.

Al aplicar tales consideraciones impera concluir que el Estado, para poder disponer de recursos y llevar a cabo sus planes de desarrollo, requiera que algo lo sustente. Bien podría intentar este desarrollar sus propias actividades económicas o buscar la contratación de empréstitos que financien la creación de tales programas; sin embargo, la mayoría de los casos la solución a la que se recurre es a la tributación.

Desde una perspectiva extrema, se puede entender que el tributo comprende todo aquello que requiere el Estado y con tal que cumpla con un número preestablecido de requisitos. De esta forma alguno podría verse tentado a interpretar este fenómeno y ver el tributo como cualquier norma que extraiga recursos. Han existido casos donde la realidad jurídica da a entender que así es la situación de los impuestos y que, ante tal ocurrencia, al operador solo le queda ver cómo se puede cumplir de mejor manera esta obligación y/o cómo se puede extender la normativa para lograr un mayor cumplimiento.

---

[1]   Mankew, 2012, pp. 4 y ss.

De esto se desprende que hay diferentes posturas de este fenómeno jurídico, lo que implica la existencia de distintas concepciones e interpretaciones de la misma realidad; esto le importa al operador un deber de análisis. Por consiguiente, se desprende que el cómo se comprende los distintos tipos de tributos encaminará a interpretaciones jurídicas variadas y que impactan en el entendimiento de los mismos y de las demás instituciones que rodean su funcionamiento. De esta forma, el propósito de este trabajo será el de tratar acerca del sentido de los tributos desde una perspectiva jurídica y de cómo dicho sentido puede derivar de la Constitución económica que impactará a fin de cuentas en la interpretación jurídica.

Para cumplir con estos objetivos, se analizará la Constitución económica chilena en el período actual y las distintas posturas que existen acerca de su cometido. Posteriormente se presentará cómo esta Constitución impacta en el surgimiento de diversos principios a partir de ella, mencionándose aquellos de mayor relevancia. Luego se analizarán ciertas vías de entendimiento que permiten visualizar, en el ordenamiento jurídico, el fenómeno tributario y la conceptualización del mismo. Finalmente se discurrirá cómo la jurisprudencia cambia conforme varía la interpretación del sentido que se le otorga al tributo.

II. DEFINICIONES

De la esencia del derecho tributario se alza el concepto de tributo como un elemento central para el desarrollo de esta disciplina. Hay que reconocer que en la legislación nacional esta noción no está tan delimitada, por lo que queda su determinación a la merced del intérprete jurídico.

El Código Tributario Modelo para América Latina dispone en su artículo 9 que los tributos son "las prestaciones en dinero que el Estado exige, en razón de una determinada manifestación de capacidad económica, mediante el ejercicio de su poder de imperio, con el objeto de obtener recursos para financiar el gasto público o para el cumplimiento de otros fines de interés general"[2]. Por lo demás, agrega en su artículo 13 que "[l]a obligación tributaria surge entre el Estado y los sujetos pasivos en cuanto ocurre el presupuesto de hecho previsto en la ley".

Se verifica en este punto una cuestión central y es que la normativa que compone el tributo va enfocada principalmente en el aporte monetario que la persona obligada debe enterar al Estado, quien lo exige bajo el título de su potestad inherente. El cobro del mismo en sí es de la esencia del ejercicio del poder estatal y su propósito es neutro, dado que el contenido del gasto público se resuelve por el interés general de la sociedad representada.

Jorge Bravo reconoce connotaciones del vocablo tributo cuya validez y utilización en la vía práctica se presenta directamente; tales distinciones corresponden a los sentidos estático y dinámico de la palabra. Para el primero, se hace referencia a la obligación de dar, que asigna el contenido a la obligación tributaria y que pertenece al objeto de la misma. Para el segundo, se entiende que es la norma jurídica cuya hipótesis cumplida en el plano de la realidad, da lugar a la obligación tributaria correspondiente y que siendo insertada en el ordenamiento jurídico forma parte del financiamiento del Estado[3].

Para complementar lo anterior, es bueno referenciar lo planteado por De Barros en relación con el tributo, quien clasifica y distingue seis nociones diversas al tributo; así se presentan las ideas como i) importe o valor, ii) objeto de la prestación del contribuyente, iii) derecho personal del Estado en contra de quien corresponda, iv) sinónimo de la relación jurídica normada del derecho, v) norma jurídica propiamente tal y vi) como regla jurídica, hecho y relación jurídica en conjunto[4].

---

[2]   Modelo Código Tributario del CIAT, 1999.
[3]   Bravo, 2015, pp. 68 y ss.
[4]   De Barros, 2009, p. 19.

Esta clasificación permite vislumbrar cuántas acepciones puede abarcar el concepto de tributo, y cómo es que una palabra puede tener múltiples significados. Esto a su vez genera problemas, puesto que la implícita complejidad de la voz tributo contrae la posibilidad de intentar evitar la figura, para lograr mayores libertades en la configuración del mismo.

III. CONSTITUCIÓN ECONÓMICA Y ORDEN ECONÓMICO PÚBLICO

Al desarrollar esta materia se genera una gran interrogante consistente en cómo otorgar un contenido efectivo a lo que se entiende por Constitución económica. En este sentido el conflicto radica en que ello es esencialmente una decisión que va de la mano de una opción política. Una cuestión característica es la intención del operador jurídico, manifiesta en diversas posturas, de cómo se aprecia la normativa y cómo se debe configurar la Constitución económica material, cuya última composición se ve afecta a la postura política del mismo intérprete. A continuación, se busca presentar de modo general las diferentes visiones, en forma tal de exponer las distintas versiones de lo que compone la Constitución económica en su faz material, donde se incorporan los elementos doctrinales de la aplicación del texto constitucional.

Ahora bien, respecto de la Constitución económica ARTURO FERMANDOIS reconoce que el elemento principal y que le otorga contenido a esta, corresponde al principio de primacía del hombre y que en tal se conforma y guía toda la organización económica. Este enfoque en el individuo presenta una distintiva característica y es que le va restando importancia a la labor activa estatal y pone mayor énfasis en el estado pasivo y fiscalizador, que facilita la actuación de sus habitantes y favorece la satisfacción de las necesidades públicas a través de la labor particular de cada hombre y por su propia iniciativa[5].

---

[5] FERMANDOIS VÖHRINGER, 2006, pp. 85 y ss.

Por otra parte, los autores Christian Viera, Jaime Bassa y Juan Carlos Ferrada ponen, al contrario, un acento mayor en la obligación del actuar estatal. En este sentido dichos autores postulan una idea diferente de Constitución económica. Afirman "una Constitución económica es una figura con techo ideológico abierto, propio de un sistema democrático, que se funda en acuerdos entre diversos actores que pueden fundar sus pretensiones en diferentes cosmovisiones"[6]. De esta forma cuestionan todo el contenido limitante de la actividad estatal (alegado por posturas más liberales), reclamando el deber de acción que existiría por parte del Estado con respecto de sus habitantes como forma de satisfacción de las necesidades que la comunidad y sus miembros tienen como derecho.

Ellos reconocen que una mirada a la Constitución económica debe hacerse a partir de la necesidad social y la interpretación subsecuentemente debe guiarse por esta vía. Así, relatan una cuestión central en su postura al señalar que "si la Constitución económica es de techo ideológico abierto, no debiera admitir un sistema de mercado puro, con una economía altamente liberalizada"[7], y posteriormente deducen que "pareciera necesario en el derecho chileno huir de la opción seguida por algunos autores de sacralizar las bondades de la mercantilización del mundo de la vida, reconociendo que en un Estado democrático moderno le corresponden a este ciertas actividades económicas, especialmente en función del respeto y la promoción de los derechos sociales y de la superación de la pobreza"[8]

Cabe destacar que, en un principio, Juan Carlos Ferrada cuestionaría la existencia de la Constitución económica, indicando que los análisis hechos de ese contenido limitarían el efectivo deber de actuación del Estado frente a sus obligaciones para con la sociedad, toda vez que se haría referencia a una misma

---

[6] Viera Álvarez, Bassa Mercado, y Ferrada Bórquez, 2016, p. 19.
[7] Viera Álvarez, Bassa Mercado, y Ferrada Bórquez, 2016, p. 20.
[8] Viera Álvarez, Bassa Mercado, y Ferrada Bórquez, 2016, p. 20.

interpretación heredera de una base predefinida e ideologizada. En otras palabras, se debería rechazar dicho término por la carga significativa que implicaba, ello en contexto del desarrollo de un Estado más cercano al modelo "neoliberal" de la época. De esa forma también habría una necesidad de reformular los planteamientos y la interpretación de la normativa constitucional, dando paso a una nueva forma de entender el Estado; abandonando las posibles visiones originales de sus redactores, y adoptando nuevas posturas que reflejen las necesidades de la sociedad; dicha visión presenta al Estado como un verdadero ente regulador y abandonando el contenido supuestamente predeterminado que autores antecedentes habrían propugnado[9].

Aún con las diferentes configuraciones de la Constitución económica, hay que reconocer ciertos márgenes que delimitan la discusión. De esto, se puede verificar que, para configurar al Estado, su organización y límites, debe existir una piedra límite que restrinja cualquier opinión que a juicio de cualquiera pudiera ser aberrante.

Bien lo reconoce GUERRERO BECAR al disponer "en la Constitución chilena no hay una referencia expresa a un sistema económico, esta sí recoge los elementos necesarios para su funcionamiento: la libertad de empresa y la propiedad privada. Además, regula la actuación del Estado en la economía"[10]. Esto permite afirmar que en Chile no se puede llevar a cabo una planificación central de la economía tal como se presentaba como proyecto en el ideario comunista del siglo pasado; al mismo tiempo requiere de la creación de un aparato central de poder que controle y detente de la fuerza legítima y vigile las áreas esenciales de la vida en comunidad, pudiendo por consiguiente requerir que defienda los elementos de un mercado saludable. En este sentido se constata que la pregunta de qué tanta intervención sea la correcta, es una cuestión abierta y que deberá ser para cada quien el que tome una decisión al respecto.

---

9   FERRADA BÓRQUEZ, 2000, p. 52.
10 GUERRERO BECAR, 2020, p. 152.

De esta forma, Guerrero recuerda que el cambio de nomenclatura permite asignar nuevos contenidos a las nociones preexistentes, pero sostiene que en definitiva si se desean realizar cambios sustantivos lo realmente efectivo sería un cambio en la fórmula del texto antes que intentar realizar reinterpretaciones jurídicas. De esta forma indica que:

> "La evolución social necesariamente conlleva la redefinición de esos parámetros en la Constitución económica material, lo que puede chocar con definiciones expresas en la Constitución económica formal, por ello, la redefinición del orden establecido, si hay consenso en que este existe, en ese escenario, probablemente, no tenga una solución meramente hermenéutica de la Constitución, sino que requerirá de cambios expresos en el texto fundamental"[11].

IV. PRINCIPIOS DEL DERECHO TRIBUTARIO

La visión del Estado se manifiesta a través del análisis de la Constitución y la formación del Orden económico público. De esta surgen múltiples principios del derecho tributario. Doctrinariamente se puede hablar de una extensa multiplicidad de principios que afectan y se desarrollan en el derecho tributario que tienen como común denominador presentar un límite a la potestad tributaria del Estado; mas ellos son tantos como los que cada autor pueda reconocer. Como ejemplo de ciertos principios se puede mencionar el principio de no especificidad, el principio de neutralidad y en general el principio de protección de la propiedad y la no confiscatoriedad. A continuación, se analizarán aquellos que han cobrado mayor relevancia doctrinaria, de modo que permitan establecer cómo se formula el sentido jurídico del tributo a partir de una visión de Estado.

Cabe recordar que la Constitución le asigna al Presidente de la República la potestad para proponer y modificar los tributos de cualquier estilo, así como dictar las leyes que contemplen gasto

---

[11]   Guerrero Becar, 2020, p. 104.

público o endeudamiento. Ello se desprende de los artículos 63 y 65, en específico el numeral primero al disponer la iniciativa exclusiva. La consagración legal de los tributos y del que surge el principio de legalidad tributaria, surge como relación de lo anteriormente expuesto y al referirse con los artículos 19 N° 20, 19 N° 26 y el artículo 32 N° 8.

El principio de legalidad es la gran base doctrinal que los autores nacionales usan para la limitación del fenómeno tributario en Chile. Tal como señala PATRICIO MASBERNAT, se ceden los múltiples principios materiales del derecho tributario en pos de la regulación positivada que se encuentra presente en el texto constitucional y haciendo abandono de otras herramientas para lograr un sistema tributario justo[12].

En una línea similar, VÍCTOR MANUEL AVILÉS HERNÁNDEZ afirma que este principio es la forma y respuesta para otorgar la seguridad jurídica propia del Estado de derecho. Por lo tanto, es necesario que su interpretación se realice acorde a tal visión. AVILÉS reconoce, sin embargo, la problemática de la complejidad del derecho tributario y da certeza de que hay tensiones entre el principio de legalidad, su aplicación y la necesidad propia de ajustar y hacer eficaz la regulación en tanto se verifica la profundidad técnica de los elementos tributarios. De esa forma señala que "No vemos inconveniente para que en materias no esenciales del tributo exista la posibilidad de que el legislador remita al Ejecutivo la determinación de algunos conceptos. Estos conceptos deben determinarse dentro de un marco legal prestablecido y sin margen de discrecionalidad[13]".

Otro principio tributario emanado del texto constitucionales la igualdad de los tributos. Emanado del artículo 19 N° 20 y su relación con lo dispuesto por el artículo 19 N° 2. Su contenido, desde ya hay que indicar, no corresponde a una igualdad numé-

---

[12]   MASBERNAT MUÑOZ, 2013, pp. 156-158.
[13]   AVILÉS HERNÁNDEZ, 2005, p. 58.

rica. El autor Pedro Massone recuerda que la igualdad tributaria obliga al legislador a procurar un trato igualitario a quien se encuentre en una situación similar al otro, y en contrapartida, implica el deber de distinguir a quienes sean diferentes, sin antes fundar racional y circunstanciadamente aquellas diferencias[14]; de esta forma se puede pensar que habría una especificación del derecho a no ser discriminado contenido en el artículo 19 N° 2, mas es necesario precisar ciertas cuestiones previas.

Conforme con lo escrito por Víctor Avilés, se debe indicar que el principio contenido en el artículo 19 N° 20 es diferente al contenido en el numeral segundo de dicho artículo. Habría como requisito en materia tributaria, la designación necesaria de los elementos del tributo, su hipótesis de concurrencia, la alícuota correspondiente, así como los elementos de fiscalización de cumplimiento de la tributación y que estarían comprendidas en la igualdad de la tributación[15].

Prosigue al indicar que de esta forma se agregan requisitos mayores a lo reglado por el numeral segundo que obliga a la ley a no discriminar arbitrariamente, cuyo contenido es que no hay diferencias ante la ley (sumariado en la expresión de tratar a los iguales por igual). En otras palabras, el derecho consagrado como principio corresponde a la igualdad en la ley y la igualdad ante la ley. Así se justifica que, de acuerdo con lo propuesto por las propias actas de la Comisión de Estudios de la Nueva Constitución, se siga la línea de no efectuar formulaciones ociosas o repetitivas, y que no se incluyeran elementos no garantistas o que no fueran dogmáticos en el texto propiamente tal.

De esta forma se concluye que el contenido propio del artículo 19 N° 20 comprende la igualdad según la ley; su contenido comprende que es el legislador como poder del Estado el que está facultado para el establecimiento y regulación de los tributos, los

---

[14]   Massone Parodi, 2016, p. 15.
[15]   Avilés Hernández, 2005, pp. 99-102.

que nunca pueden establecer diferenciaciones arbitrarias (ello en referencia al artículo 19 N° 2).

Un tercer principio que es necesario traer a colación es el de capacidad económica. Tal como afirma PATRICIO MASBERNAT su contenido comprende un reparto justo de las cargas tributarias; en un trabajo posterior dicho autor lo define como "la aptitud para concurrir a las cargas públicas (tributos) manifestada en la posesión de riqueza económica, lo que implica tanto que constituye condición como fundamento excluyente de la obligación de contribuir"[16]. En este sentido, PEDRO MASSONE plantea que se conduce a la aptitud de concurrencia con respecto a la carga pública, en una medida suficiente de aptitud para ser objeto del cobro de impuestos y tributos[17]. Ahora bien, la base textual que sirve como fuente de este principio corresponde a oración constitucional donde se imposibilita de establecer tributos "manifiestamente desproporcionados o injustos" según recita el artículo 19 N° 20 de la Constitución.

Es necesario señalar que el contenido específico del principio puede variar según cómo se le categorice. MASBERNAT lo entendería como complemento o subprincipio de la garantía de respeto a la propiedad privada, posteriormente lo distingue como un principio material del derecho tributario y cuya relevancia aumenta si se le tiene como elemento primario, especialmente considerando el potencial desarrollo del mismo[18]; de otra manera, PEDRO MASSONE lo interpreta como parte integrante del principio de legalidad tributaria, tal que su desarrollo teórico se integra a este[19].

Así las cosas, este principio toma importancia al considerar que su contenido viene a limitar el actuar estatal, en sintonía con las demás reglas para la protección del individuo en sociedad; de esta forma, dentro de dichas limitaciones es que una interpretación de este principio permite comprender de mejor forma la obliga-

---

[16]   MASBERNAT MUÑOZ, 2013, p. 179.
[17]   MASSONE PARODI, 2016, p. 15.
[18]   MASBERNAT MUÑOZ, 2002, p. 321.
[19]   MASSONE PARODI, 2016, p. 15.

ción de contribuir al desarrollo social y justificar en definitiva el financiamiento estatal por esta vía. Así por ejemplo indica Matías Pascuali que "en el último tiempo se ha producido una revitalización de dicho principio, pero con un fundamento distinto, en el sentido de que el ciudadano debe contribuir como manifestación de un deber de solidaridad que deriva de pertenecer a una sociedad organizada en relación con su capacidad contributiva"[20].

De igual forma, dicho actuar se manifiesta en figuras específicas que terminan por componer el sistema tributario y que en definitiva también se ven afectadas por este principio. En ese sentido, Patricio Masbernat indica que es razonable que cada tributo sea examinado conforme los principios que regulan el ordenamiento jurídico y que sería inútil el no permitir dicha aplicación por cuanto se desvanecerían las garantías y derechos que ellos protegen[21].

V. SENTIDOS JURÍDICOS Y TRIBUTOS

Para poder lograr una correcta percepción de qué sentido le corresponde al tributo, es bueno verificar la existencia de dos métodos de análisis. Por un lado, se encuentra aquel puramente jurídico directamente relacionado con la filosofía jurídica, donde se presentan sus razonamientos con base en los elementos esenciales del Derecho como ciencia. En otra faz de la determinación del sentido del tributo se alza el análisis jurídico político y que versa con mayor cercanía a las ciencias políticas. Es esta forma analítica la que cobra mayor relevancia en los estudios jurídicos y es la fórmula que se tiene en consideración para la delimitación de los efectos prácticos.

De ahí que autores como Dworkin o Rawls trataron el tema de una tributación moderna en sus postulados y cuestionaron la

---

[20]   Pascuali Tello, 2021, p. 468.
[21]   Masbernat Muñoz, 2010, pp. 321-322.

realidad tributaria del momento, en pos de presentar una visión que fuera más acorde a sus planteamientos de un nuevo estado social de derecho. Así, por ejemplo, RAWLS señala que para lograr un buen desarrollo de la institucionalidad se deben incorporar elementos de justicia compatibles con las condiciones sociales y que se definan conforme a la teoría de diseño social que él busca deliberar[22].

De ello es que se puede relacionar tales posturas con el análisis que se presentó anteriormente al respecto de la Constitución económica chilena; en otras palabras, para encontrar el sentido del tributo se hace menester lograr la conexión con la visión política-jurídica de Estado. Entonces, se plantea la pregunta de cómo se va a entender el tributo dentro de cada fórmula de Estado (bajo una visión jurídica política determinada) y cómo es que cada interpretación cobra relevancia para lograr el cumplimiento de dicha fórmula.

Conviene en este punto traer a colación las distinciones que efectúan los escritores ALONSO SILVA, ÓSCAR FLANTRMSKY Y YENIFFER DÍAZ al respecto de la justificación del tributo. Ellos presentan un estudio donde tratan las diversas concepciones que fundan la tributación al tiempo que despliegan un primer reconocimiento de los pensamientos políticos existentes. Así las ideas de origen libertario determinan que la tributación se justifica en la medida que haya un intercambio de lo recibido (tal como la protección de la propiedad o la seguridad externa). La corriente utilitaria, por otra parte, basaría la existencia del tributo en la medida que aumente ese bienestar social y en tal desconocen la racionalidad económica del mismo[23].

Habría al tiempo otro tipo de posturas donde ponen el acento en el tributo como forma de redistribución de recursos. Estas a su vez concordarían con RAWLS y DWORKIN que, si bien tienen

---

[22] RAWLS, 2006, pp. 243 y ss.
[23] SILVA ROJAS, FLANTRMSKY CÁRDENAS y DÍAS PORTERO, 2017, pp. 75-79.

supuestos diferenciables, las dos conciben el Derecho como fórmula de regulación de injusticias cuyo fin es la satisfacción social como método de legitimación sistémico.

De ello es bueno hacer referencia a FRANCISCO SAFFIE quien determina que el derecho tributario es el método social para dar solución a un problema presente y no solamente una forma de financiamiento de políticas públicas[24]. Esto es en consonancia con los planteamientos de RAWLS, quien indica que dentro de la organización social existe el deber de identificar y corregir aquellos puntos que generen impedimentos de la justicia societaria y que es a través de impuestos y subsidios que se desarrollarían tales cometidos[25].

Bajo tal perspectiva es que, si se busca lograr dicho modelo de justicia, se hace necesario contar con instituciones que permitan concurrir como tal, y, por consiguiente, la determinación específica de las normas será secundaria. Esto se traduce, en referencia al derecho tributario, en que este busca corregir y perfeccionar el modelo de sociedad presente como una forma directa de solución de los problemas sociales. Con todo, si bien puede aceptarse múltiples propósitos del tributo, su constitución y posterior interpretación debe ser configurada para lograr una equidad en la libertad y la justa igualdad de oportunidades. Así concluye dicho autor al disponer que "En términos más abstractos es posible sostener que la función de corrección de los impuestos busca asegurar las condiciones que hacen posible el orden de una sociedad justa"[26].

En contraposición con lo expuesto, existen posturas contrarias que ven valores negativos a la asignación de propósitos ajenos a la pura financiación del Estado. Así MATÍAS PASCUALI indica que "el principio de capacidad contributiva se encuentra en discrepancia con las finalidades extrafiscales de los impuestos, principalmente con aquella que tiene relación con la tributación que busca redu-

---

24 SaffieGatica, 2011, pp. 7-10.
25 Rawls, 2006, pp. 258-259.
26 Saffie Gatica, 2011, p. 18.

cir las desigualdades"[27] y posteriormente recalca que "en el caso de los impuestos extrafiscales que buscan redistribuir la riqueza, pensamos que estos son una violación al principio de la tributación basada en la capacidad contributiva"[28].

Desde una posición un tanto similar, TEODORO RIBERA indica que cualquier intromisión del Estado en la imposición de tributos, cuyo fin no sea sinoel asegurar los medios esenciales para su funcionamiento traería consigo una vulneración a los derechos fundamentales. Dicha opinión iría en línea con la aplicación de un Orden económico público expresado en la Constitución y cuya visión final implicaría no ir en contra del mayor desarrollo humano y espiritual posible, que sí ocurriría en una desviación de la potestad tributaria[29].

En otro documento previo, dicho autor afirma que "relevante es para el análisis posterior afirmar que el Estado, en nuestro Ordenamiento Fundamental no tiene un rol rector de la vida de los individuos o planificador en la vida social, sino que su función es más bien subsidiaria a la función de los órganos intermedios, teniendo una misión de servicio, esto es, promover el bien común en general y asumir ciertos deberes específicos, en especial"[30]. De esta manera se concluye que al Estado no le incumbe intervenir en los ámbitos de la realización espiritual y material, por lo que corresponde excluir la potestad tributaria para reforzar la servicialidad.

VI. JUICIOS EN CASOS DE ELUSIÓN

El año 2014 se modifica el Código Tributario y se tipifica formalmente la elusión y la simulación como actos contrarios al derecho; así también facultan al Servicio de Impuestos Internos para

---

[27] PASCUALI TELLO, 2021, p. 469.
[28] PASCUALI TELLO, 2021, p. 469.
[29] RIBERA NEUMANN, 2000, pp. 24-26.
[30] RIBERA NEUMANN, 1998, p. 238.

judicializar los actos calificables como tales y evitar los abusos que antes se realizaron por parte de los contribuyentes para sortear el cumplimiento de la obligación.

Anteriormente tales figuras jurídicas no estaban expresamente disponibles en la ley; mucho menos indicaba las potestades o alguna regulación guía para la Administración. De esto entonces se muestra la relevancia de las causas rol 4038-2001 y 5118-2012, ya que deben solucionar los conflictos jurídicos sin contar con la regulación normativa que introdujo la reforma del 2014. En ambos casos los tribunales fallan conforme a diversas reglas, considerando especialmente la base imponible del propio tributo. En definitiva, la cuestión a resolver en los dos casos es de cómo se configura el tributo y si al respecto de su naturaleza existe alguna actuación de la cual el contribuyente pueda tener parte. Ambos fallos buscan, en definitiva, delimitar el sentido del tributo y para ello utilizan múltiples técnicas e interpretaciones para lograr una respuesta.

La causa rol 4038-2001 corresponde a un recurso de casación en el fondo, interpuesto por Inmobiliaria Bahía S.A. dado que la sentencia de la Corte de Apelaciones confirmaba la de primera instancia; la recurrente en ella reclamaba las liquidaciones efectuadas por el Servicio de Impuestos Internos, en tanto en el proceso de cálculo habían diferencias en el cobro del Impuesto al Valor Agregado, ya que se sostenía por dicho servicio que no había ocurrido la declaración de débitos fiscales provenientes de un centro vacacional. La razón de dicha diferencia estaba en tanto la empresa usaba dos sociedades diversas: una titular del inmueble y otra dueña del mobiliario, arrendando separadamente el bien raíz y el mueblaje a los usuarios; esto, al tiempo que existía un dueño único, la sociedad recurrente. Sin perjuicio de ello, la reclamante afirmaba que, de acuerdo con el artículo octavo del Código Tributario, eran contribuyentes distintos independientemente que sus servicios coincidieran y se complementaran. El Servicio de Impuestos Internos interpretaba que se debía de considerar como un único contribuyente, debiéndose ignorar la construcción jurídica.

Finalmente, la sentencia reconoce un elemento de suma importancia para las interpretaciones que se efectuaban al respecto. Así señala la Corte que:

> *"el Servicio confunde, en este caso, dos conceptos jurídicos que tienen una diferencia notoria: el de evasión tributaria ilícito—, con el de elusión, que consiste en evitar algo con astucia, lo que no tiene que ser necesariamente antijurídico, especialmente si la propia ley contempla y entrega las herramientas al contribuyente, como aquí ocurre, para pagar impuestos en una medida legítima a la que se optó, y no en aquella que se le liquida"*[31].

De esta forma, en el caso de Inmobiliaria Bahía S.A., la Corte Suprema consideró que existía un derecho del contribuyente para que con astucia utilizara las fórmulas jurídicas para su propio beneficio, independientemente que haya o no abuso al respecto. Se puede concluir que existe preponderancia para cualquier actividad económica y la excepción es el tributo específico, por lo que solo se puede efectuar una interpretación restrictiva de las normas tributarias; esto se confirma en el considerando decimonoveno al efectivamente reconocerse que aquellas posibilidades que franquea el ordenamiento jurídico deben considerarse lícitas independientemente del fundamento.

En contraposición cabe alzar el fallo del caso Coca Cola Embonor contra Servicio de Impuestos Internos, donde hay un cambio donde la Corte varía la doctrina del rol anteriormente comentado; en este juicio el Tribunal Supremo confirma la utilización de interpretaciones normativas y jurídicas ajenas a la ley tributaria pues hace uso de un sentido jurídico diferente[32]. Ahora bien, cabe señalar que en el rol 5118-2012, la Corte Suprema conoce de un recurso de casación en el fondo a raíz de la sentencia confirmatoria de Corte de Apelaciones. Esta última ratifica el veredicto del Tribunal Tributario y Aduanero de Arica. El caso consiste en la reclamación efectuada por Coca Cola Embonor S.A. puesto que

---

[31] Excma. Corte Suprema, 28.01.2003Rol 4038-2001.
[32] Excma. Corte Suprema, 23.7.2013, Rol 5118-2012.

el Servicio de Impuestos Internos modificó las pérdidas tributarias en la liquidación de impuestos.

Para la mejor comprensión de este caso hay que mencionar cómo fue la construcción jurídica que dio pie a este conflicto jurídico. Se narra en los hechos de la sentencia que la recurrente constituyó una agencia extranjera en un paraíso fiscal para que esta emita bonos en Estados Unidos; dichas ganancias se aportarían a una filial de sociedades anónimas en Islas Caimán. Dicha filial finalmente sería quien adquiriera otra sociedad anónima en Panamá quien era la propietaria de las 5 operaciones en Chile (y cada operación correspondería a una sociedad diferente)[33].

Posteriormente, la agencia de Islas Caimán vendería las acciones de la sociedad panameña a la sucursal de la sociedad anónima chilena. Esto queda constatado en el pasivo de la sociedad. La filial adquirente luego se reorganiza en dos empresas, la madre y otra nueva que es la dueña de las actividades en Chile de la empresa panameña y de la cuenta de pasivos que tiene las deudas emanadas de la adquisición anterior. Finalmente, Coca Cola Embonor S.A. adquiriría la filial dueña de las operaciones.

Estas acciones generan en definitiva el adeudamiento de los intereses que surgen de los bonos norteamericanos, cuyo cobro se le efectuaría a la sociedad recurrente; se debe agregar que también se debería pagar las obligaciones que surgen a lo largo del tiempo para la adquisición de operaciones. Al respecto Coca Cola Embonor S.A. defendía que ello era permitido por la ley, en específico el artículo 31 de la Ley de Impuesto a la Renta en su inciso tercero y relacionado con el artículo 41 letra A y B del mismo cuerpo legal.

Ahora bien, cabe señalar que el foco de la discusión se basa en la impugnación del cobro de intereses, según lo determina el considerando Décimo Quinto de la sentencia. De esta forma en los considerandos Décimo Séptimo al Décimo Noveno se exponen

---

[33] Faúndez Ugalde, 2013, pp. 144-149.

dos vías interpretativas de la regulación aplicable, defendidas por las partes según si se amplía el objeto de regulación o no. Finalmente se señala en el considerando Vigésimo Sexto:

> *"Que, efectivamente este tribunal después de haber ponderado y valorado debidamente todos los medios probatorios acompañados por la reclamante y, confrontados con las exigencias de la normativa de la ley de renta y haber revisado el material probatorio reiteradamente, advierte que los mismos no son suficientes para demostrar el cumplimiento de la exigencia racional antes señalada, esto es que los intereses asociados a deudas, estén directamente relacionados con la generación de rentas afectas al Impuesto de Primera Categoría y, por el contrario, dichos intereses generaron resultados tributarios sólo de pérdida para COCA COLA EMBONOR S.A."*[34]

Luego, en el considerando Quincuagésimo confirma la decisión del Servicio de Impuestos Internos y rechaza el reclamo interpuesto. Este razonamiento, de utilizar herramientas y criterios jurídicos se basa en la concepción del tributo en el sistema nacional y como contraposición al fallo previo, distingue que no basa la utilización de formas jurídicas para la no aplicación del cobro respectivo.

Así, se presenta al tributo como una obligación jurídica regulada por la ley, fuera de la actividad económica en tanto sus factores van de la mano con el orden público; esta reglamentación a su vez está fuera de las capacidades del contribuyente quien está obligado a las cargas públicas, y que estas se comparten bajo una misma realidad. Así, es que se debe el cumplimiento del impuesto respectivo y no basta solo una excusa para configurar sus elementos propios. En esta sentencia se refleja una comprensión del tributo en términos de una obligación a la contribución del bienestar social.

De esta forma, se reflejan tales razonamientos en la argumentación de los considerandos vigésimo tercero y vigésimo cuarto,

---

[34] Tribunal Tributario y Aduanero de Arica y Parinacota, 16.8.2013, RIT GR-01-00003-2011.

donde el tribunal da cuenta que una conducta infundada e irracional, no puede catalogarse como gasto ni ser descontada de la base imponible, ya que no se cumple con la hipótesis de descuento ni con los otros requisitos legales[35]. De ahí es que también hay una percepción especial de los impuestos, que en cuanto norma es racional, necesaria y constituye un aporte del individuo a la composición de la sociedad y su organización.

VII. CONCLUSIÓN

El objetivo del presente texto es lograr una labor introductoria y de presentación en el desarrollo de la ciencia jurídica. Su función principal es brindarle al operador una guía para la interpretación de la normativa tributaria. Una primera parte de este trabajo, se hace cargo del análisis del fenómeno tributario presentando la complejidad inherente del concepto tributo. Luego en una posterior sección, se presentan diferentes visiones de modelos de Estado analizados a raíz de distintas posturas de la Constitución económica. A continuación se describen ciertos principios del carácter tributario y de los que se describen diferentes perspectivas de contenido.

En una posterior etapa de este documento, se busca analizar las diferentes concepciones posibles del tributo en tanto se despliega un estudio jurídico político del mismo. El apartado final describe dos casos jurisprudenciales relacionados con la elusión tributaria y que permiten una correcta comprensión de cómo es que el desarrollo del sentido del tributo afecta la vida práctica, en tanto se describe la aplicación y utilización del ordenamiento jurídico conforme a la interpretación jurisprudencial.

Finalmente, no queda sino afirmar que la definición del sentido del tributo permite al operador jurídico una concreta determinación del funcionamiento del sistema estatal. Este tema, sin

---

[35] Tribunal Tributario y Aduanero de Arica y Parinacota, 16.8.2013, RIT GR-01-00003-2011.

embargo, ha sido poco desarrollado ya que se favorece el análisis de la normativa concreta, ignorando la expresión del cómo y qué es lo que se busca para el derecho tributario.

VIII. BIBLIOGRAFÍA

AVILÉS HERNÁNDEZ, Víctor Manuel, 2005: *Legalidad Tributaria*, Santiago, Editorial Jurídica de Chile.

BRAVO, Jorge, 2015: *Fundamentos de Derecho Tributario* (Quinta Edición), Lima, Publicado por Juristas Editores.

Centro Interamericano de Administraciones Tributarias, 1999: Modelo de Código Tributario.

DE BARROS, Paulo, 2009: *Curso de Dereito Tributario* (Vigesimoprimera Edición), Sao Paulo, Editorial Saraiva.

FAÚNDEZ UGALDE, Antonio, 2013: *"Gasto Tributario por intereses pagados o devengados en operaciones de crédito: Análisis de Jurisprudencia"*, *Revista Estudios Tributarios* Volumen 8. http://repositorio.uchile.cl/handle/2250/138175

FERMANDOIS VÖHRINGER, Arturo, 2006: *Derecho Constitucional Económico* (Segunda Edición) Tomo I, Santiago, Ediciones Universidad Católica de Chile.

FERRADA BÓRQUEZ, Juan Carlos, 2000: *"La Constitución Económica de 1980: Algunas reflexiones críticas"*, *Revista de Derecho Universidad Austral de Chile*, Volumen 11, N° 1. http://revistas.uach.cl/index.php/revider/article/view/2912

GUERRERO BECAR, José Luis, 2020: *La Constitución Económica Chilena: Bases para el cambio* (Segunda Edición), Santiago, Der Ediciones.

MANKEW, Gregory, 2012: *Principios de Economía* (Sexta Edición, español), Santa Fe, Cengage Learnign Editores.

MASBERNAT MUÑOZ, Patricio, 2002: *"Garantías Constitucionales del Contribuyente: Crítica al enfoque de la Doctrina Nacional"*, *Ius Et Praxis*, Volumen 8, N° 2. https://scielo.conicyt.cl/scielo.php?script=sci_abstract&pid=S0718-00122002000200010&lng=es&nrm=iso

MASBERNAT MUÑOZ, Patricio, 2010: *"El Principio de Capacidad Económica como principio jurídico material de la tributación: su elaboración doctrinal y jurisprudencial en España"*, *Ius Et Praxis*, Volumen 16, N° 1. https://www.scielo.cl/scielo.php?script=sci_arttext&pid=S0718-00122010000100011

MASBERNAT MUÑOZ, Patricio, 2013: *"Reglas y Principios de Justicia Tributaria: Aportes del Derecho español al Derecho comparado"* *Revista de Derecho Universi-*

dad Católica del Norte, Volumen 20, N° 1. https://scielo.conicyt.cl/scielo.php?script=sci_abstract&pid=S0718-97532013000100007&lng=es&nrm=iso

MASSONE PARODI, Pedro, 2016: *Principios de Derecho Tributario* (Cuarta Edición), Tomo I, Valparaíso, editorial Thompson Reuters.

PASCUALI TELLO, Matías, 2021: *"Los Principios Constitucionales Tributarios materiales, el estado del arte en el ámbito comparado"*, Revista de Derecho de la Universidad del Desarrollo, Volumen 43, N° 1. https://derecho.udd.cl/actualidad-juridica/articulos/los-principios-constitucionales-tributarios-materiales-el-estado-del-arte-en-el-ambito-comparado/

RAWLS, John, 1995: Teoría de la Justicia (Segunda Edición, español), Ciudad de México, Editorial Fondo de Cultura Económica.

RIBERA NEUMANN, Teodoro, 2018: *"Tributos Manifiestamente desproporcionados o injustos: Aspectos relevantes de la jurisprudencia constitucional"*, Revista Chilena de Derecho, Número Especial. https://dialnet.unirioja.es/descarga/articulo/2650090.pdf

RIBERA NEUMANN, Teodoro, 2000: *"La potestad tributaria del Estado"*, Revista de Derecho Público, Volumen 62. https://revistas.uchile.cl/index.php/RDPU/article/view/43193.

SAFFIE GATICA, Francisco, 2011: *"Justicia Distributiva e Impuestos: La importancia del Derecho Tributario"*, Seminario de Filosofía del Derecho (*Universitat de Girona*). http://www2.udg.edu/Portals/89/Filosofia%20Dret/textos%20seminaris/Saffie_Girona2011.pdf.

SILVA ROJAS, Alonso, Flantrmsky Cárdenas, Óscar y Días Portero, Yeniffer Elízabeth, 2017: *"Derecho Tributario y teorías de la Justicia: una visión desde la propuesta aristotélica y las teorías contemporáneas de la justicia de Rawls y Dworkin"*, Reflexión Política, Volumen 19 N° 37. https://www.redalyc.org/pdf/110/11052397013.pdf

Tribunal Tributario y Aduanero de Arica y Parinacota, 16 de agosto de 2013, RIT GR-01-00003-2011.

VIERA ÁLVAREZ, Christian, BASSA MERCADO, Jaime y FERRADA BÓRQUEZ, Juan Carlos, 2016: *"Una aproximación a la idea de "Constitución Económica" y sus antecedentes en la Constitución chilena"*, Boletín Mexicano de Derecho Comparado, Volumen 49, N° 145. http://www.scielo.org.mx/scielo.php?script=sci_arttext&pid=S0041-86332016000100011.

Jurisprudencia:

Excma. Corte Suprema, 28 de enero de 2003, rol 4038-2001.

Excma. Corte Suprema, 23 de julio de 2013, rol 5118-2012.

Breve historia del tiempo en el derecho tributario

Por Sergio Caro Flores[1]
Carolina Figueroa Bustos[2]

RESUMEN: El tiempo en el Derecho tributario constituye una dimensión nuclear tanto en el ámbito administrativo como judicial; especialmente, cuando las restricciones temporales a las actuaciones hipotecan su eficacia y legitimidad a una extensión determinada, fijando oportunidades, estableciendo situaciones y dando origen a conceptos y límites de la potestad tributaria. El objetivo de este trabajo es explorar la relevancia jurídica del tiempo en el Derecho tributario y cómo viaja a través de la geografía de nuestro Código y leyes tributarias con incidencias en la relación entre Servicio de Impuestos Internos y el contribuyente.

PALABRAS CLAVE: Derecho a ser juzgado dentro de un plazo razonable — prescriptibilidad — restricciones temporales — caducidad.

I. INTRODUCCIÓN

El tiempo. Una forma de medida física para determinar la duración o separación de determinados acontecimientos. Constituye una dimensión nuclear en todo procedimiento, también cuando hablamos de los procedimientos tributarios donde, lejos de ser un asunto baladí, resulta trascendental, no solo por las normas de prescripción y caducidad contenidas en los artículos 200 y 59 del Código Tributario, sino sobre todo cuando las restricciones temporales a las actuaciones hipotecan su eficacia y legitimidad a

---

[1] Abogado (U. Del Desarrollo) LL.M (California Western School of Law, EE. UU) Magíster en Derecho Público (U. De Concepción).

[2] Abogada (U. Del Desarrollo), LL.M © (Georgetown University) Magíster en Derecho Tributario (U. De Concepción).

una extensión determinada, fijando oportunidades, estableciendo situaciones y dando origen a conceptos y límites de la potestad tributaria.

El alcance material de los procesos de fiscalización en sus distintas etapas tiene importancia tanto para la Administración tributaria como para el contribuyente y esto ha sido destacado en sentencias recientes de nuestros tribunales. De esta manera, nuestro estudio se enfoca en el tiempo y su transcurso como medida de oportunidad, tranquilidad y fijación de hechos con relevancia jurídica en el mundo tributario, específicamente en los conceptos y cómo de manera transversal podemos encontrarlos presentes sosteniendo instituciones en el Derecho tributario.

Y es que el tiempo en el Derecho tributario toma relevancia desde que una persona —natural o jurídica— inicia negocios susceptibles de producir una renta gravada[3] cuando se hace necesario determinar su residencia[4], aplicar exenciones, solicitar devoluciones o, incluso, terminar el ciclo de vida del mismo contribuyente.

En nuestra investigación, con base en los elementos temporales en materia tributaria, habrá un tiempo referido a horas, días, meses o años, pero también sobre un antes, durante y después; trilogía que tiene incidencia, en determinadas circunstancias, en la fijación y afianzamiento de situaciones de hecho en beneficio del contribuyente[5].

El objetivo de este trabajo es explorar la relevancia jurídica del tiempo en el Derecho tributario y como viaja a través de la geografía de nuestro Código y leyes tributarias con incidencias en re-

---

[3]   Artículo 68 del Código Tributario.

[4]   Artículo 8 N° 8 del Código Tributario.

[5]   Como, por ejemplo, la posibilidad de solicitar la aprobación de un proyecto antes de su ejecución por el Director Regional respectivo, para efectos de favorecerse con la utilización del crédito por Ley Austral según la Circular N° 66 del año 1999.

lación Servicio de Impuestos Internos — Contribuyente, así como respecto a los derechos fundamentales de los intervinientes con el sistema impositivo a razón de sus pretensiones.

Finalmente, nos referiremos al tiempo, el abandono del mismo y los efectos en un debido proceso y su forma de medición, exponiendo el problema del tiempo en la ejecución de las resoluciones de los tribunales de la materia.

II. EL TIEMPO Y EL DERECHO

Desde los orígenes de nuestro calendario podemos observar como la existencia del tiempo — en aquello que nos ocupa en esta presentación—es acto de voluntad humana, tanto su concreción como su medición. Así, y a modo de ejemplo, en la adecuación de la calendarización Occidental se determinó que el día que sucedería al 4 de octubre de 1582 sería el día 15, y no el 5 como sería lo natural.

Lo anterior tuvo como antecedente la adecuación realizada por el astrónomo jesuita alemán Christopher Clavius, respaldada en la bula papal "Inter gravissimas" del 24 de febrero de 1582, firmada por Gregorio XIII.[6] De esta manera, de acuerdo con un acuerdo proveniente de la voluntad humana, el tiempo entre los días 5 a 14 de octubre de 1982, no existieron.

Precisamente por lo anterior, esa indesligable vinculación que existe entre el tiempo, o más precisamente su transcurso, y la existencia humana, es que aquel constituye un hecho jurídico de la mayor relevancia[7].

Ahora, a pesar de la certeza de la existencia y sensación de su transcurso, conceptualizar o establecer una noción genérica

---

[6]   https: //www.bbc.com/mundo/noticias-41560248 página consultada el 08-10-2021.

[7]   VIDAL, p. 1.

del tiempo resulta una tarea compleja y corresponde más bien a una tarea de la Filosofía que del Derecho. Correctamente señala García Amigo que el Derecho recibe la idea del tiempo del mundo extrajurídico, acoplándola a sus exigencias y tomando en consideración notas peculiares: la necesidad de su acaecer; la de ser un hecho permanente, continuo y constante; y la de ser un fenómeno cuantitativamente medible y computable, por unidades convencionales[8].

Luego, el Derecho, como obra humana, al igual que el tiempo, se crea — en general— en torno a decisiones y consensos. Es más, muchas de sus instituciones relevantes descansan en el concepto temporal, avivado por principios anteriores, como la seguridad y la certeza jurídica, toda vez que el Derecho reconoce en el tiempo un factor de modificación de relaciones jurídicas.

Es así, con base en lo anterior y comenzando esta presentación, podemos hacer algunas aseveraciones que son plenamente aplicables al Derecho tributario; Primero, que no existe una lógica común para el establecimiento de los plazos administrativos o judiciales contenidos en nuestra legislación tributaria; y segundo, a pesar de esta falta de lógica en su imposición, el transcurso del tiempo resulta implacable con las partes en sus distintos roles; contribuyentes, Estado o partes de un litigio.

III. APLICACIÓN DE LA LEY TRIBUTARIA. PLAZOS Y MOMENTOS EN EL ÁMBITO ADMINISTRATIVO

III.1. El tiempo en la ley tributaria

a. Vigencia de la norma tributaria

Para comenzar nuestro análisis del tiempo en el Derecho Tributario, uno de los primeros elementos a revisar será la vigencia de la norma tributaria. Cuestión que de acuerdo con el actual Có-

---

[8]   García Amigo, p. 883.

digo resulta fundamental tener en consideración para efectos de entender y aplicar la norma tributaria, lo anterior resulta esencial en los últimos años, de constantes reformas tributarias.

Es así como en el artículo 3 del Código Tributario encontramos las instrucciones de carácter general[9] en torno al tema. La premisa de la norma es que, para efectos de determinar la vigencia, si o si debemos distinguir según el siguiente criterio:

1. Norma que crea, modifica o suprime un impuesto: Tendrá vigencia desde el día 1 del mes siguiente a su publicación en el Diario Oficial.

2. Norma que modifica la tasa o la base imponible de un impuesto de aplicación anual: regirá desde el primero de enero del año siguiente a su publicación en el Diario Oficial.

3. Norma que establece sanciones o infracciones tributarias: Solo aplicarán aquellas normas que beneficien al infractor.

No obstante lo anterior, es necesario recordar que la técnica legislativa será la que primará en el análisis, toda vez que, para efectos de determinar la vigencia, primariamente deberemos revisar la propia ley (si esta establece algún plazo) en aplicación del principio de especialidad, para luego ver si están algunas de las hipótesis del artículo 3[10], finalmente si no es así, aplicaría la norma general establecida en el artículo 7 del Código Civil[11].

b. Efecto retroactivo de la norma tributaria

En principio podríamos pensar que al tenor del inciso primero del artículo 3, no es posible aplicar efecto retroactivo, toda vez que dicha norma establece que *"en consecuencia, solo los hechos ocurridos a contar de dicha fecha estarán sujetos a la nueva disposición"*. Sin

---

[9]   MATUS, MARCELO y PÉREZ, RODRIGO, 2021.
[10] El SII en Circular 15 del 30 de enero del año 1986, manifiesta esta forma de aplicación al determinar la vigencia de la Ley 18.482.
[11] Ob. cit supra.

embargo, debido a que la norma tributaria contempla excepciones a este principio, para efectos de un adecuado análisis, debe en primer lugar determinarse si estamos frente a una de esas especiales situaciones, las que una vez descartadas darán espacio a la regla general.

Las referidas excepciones, son las siguientes:

1. Normas sobre infracciones: ya lo comentábamos anteriormente, esta clase de normas podrán tener efecto retroactivo, siempre y cuando la norma nueva sea más benevolente para el infractor. Lo que está en coherencia con el principio penal *in dubio pro-reo* y los preceptos mandatos constitucionales del artículo 19° y el debido proceso.

2. Aquella norma que modifica la tasa de impuestos anuales o su base. Su aplicación se extiende respecto del año comercial anterior a aquel en que entra en vigencia.

3. Tasa de interés moratorio: Se aplica la ley vigente al momento del pago.

III.2. *El tiempo como herramienta elusiva*

Si bien el concepto y discusiones sobre la legitimidad de la planificación tributaria escapan de la esfera de esta investigación, sí consideramos que el conocimiento de los plazos y momentos del Derecho tributario, tanto respecto de las actuaciones a nivel administrativo como judicial, son necesarios para efecto de realizar un adecuado cumplimiento de las normas impositivas, de manera tal que las obligaciones tributarias puedan ser abordadas con sustentabilidad por la empresa, persona o familia.

Como veremos más adelante, un entendimiento de los plazos y sus efectos, pueden generar condiciones muy favorables al contribuyente frente a la Administración tributaria, por cuanto, dentro de los márgenes de la legalidad establecida, la inactividad del contribuyente puede servir de base para el incumplimiento de obligaciones tributarias. Lo anterior, por supuesto que puede ser parte de un juzgamiento liviano que lo que constituye la obligación misma, sin que aquello lleve asociado, de por sí, una intención evasiva, pero también podría llegar a constituir una forma legítima de, intencionadamente, evadir la carga tributaria asociada a una actuación dentro de un tiempo determinado.

A modo de ejemplo de lo anterior, tenemos que, en relación con el impuesto a la herencia[12], se establece que existe finalmente un plazo de 8 años para que caduque la posibilidad del SII de fiscalizar y cobrar dicho impuesto. Por otro lado, la misma ley señala que el impuesto se paga al momento de solicitar la tramitación de la posesión efectiva ante el Registro Civil, lo que implica un acto de voluntad por parte del o los contribuyentes del impuesto. Es así como, en nuestro ejemplo, en el evento que el contribuyente no requiera la posesión efectiva de los bienes quedados al fallecimiento del causante, con la sola utilización del tiempo a su favor, la acción del fisco caduca y con ello, por un lado, pone fin a la posibilidad de cobro y por otro, podría liberarse de la obligación tributaria.

III.3. El tiempo como herramienta de entrada, permanencia y salida de las actuaciones de fiscalizaciones más generales

La dictación de la Ley 21.210 ha traído consigo modificaciones relevantes a razón de las facultades de fiscalización del SII. Es así como, sin cambiar el marco normativo de la prescripción, es que la norma de fiscalización general cambia, y establece algunos parámetros temporales para las actuaciones del SII, en específico las actuaciones de fiscalización y requerimientos.

Instamos por la necesidad de dotar de contenido estas normas en su interpretación y análisis aun cuando entendemos que son normas muy jóvenes, el adecuado conocimiento y entendimiento de estas normas facilitará para el operador tributario el resguardo de sus derechos.

---

[12] Ley 16.271, Ley de impuesto a las herencias, asignaciones y donaciones.

Así, la Ley contempló modificaciones al artículo 33, 59 y 60 del Código Tributario, con la finalidad de establecer las distintas actuaciones que se enmarcan en los procedimientos regulados en cada una de dichas normas, considerando un carácter gradual respecto de su intensidad, desde aquellos recogidos en el artículo 33, que tienen un carácter preventivo y colaborativo, a través de medios expeditos y de forma voluntaria; luego, actuaciones destinadas a obtener o examinar información y/o verificar el cumplimiento de sus obligaciones tributarias vía artículo 60, con las finalidades que se señalan más adelante; culminando con las acciones de fiscalización contempladas en el artículo 59 del Código Tributario.[13]

Como se puede apreciar, estas 3 normas vienen en establecer la piedra angular en las relaciones del contribuyente con el SII, estableciendo límites, fijando y estableciendo derechos permanentes en favor del contribuyente en determinadas circunstancias siendo estas normas — a nuestro parecer—las "llaves" de entrada a un contacto o fiscalización a un contribuyente, la vigencia de esta decantando en el término o salida de las acciones de intromisión por parte del SII.

a. Artículo 33 del Código Tributario

Este artículo establece las medidas preventivas y de colaboración que se pueden desarrollar en relación con el contribuyente para efectos de facilitar el cumplimiento tributario de sus diferentes obligaciones.

En base a la premisa anterior, lo primero que podemos afirmar es que no estamos en presencia de un procedimiento de fiscalización propiamente tal, por cuanto la finalidad de la norma es preventiva.

La afirmación anterior se desprende, en primer lugar, del hecho de que la norma está ubicada dentro del Título II sobre declaración y plazo de pago. En segundo lugar, desde el mismo texto del artículo 33 se desprende la afirmación anterior, toda vez que

---

[13] Circular N°41 /2021 del SII

este plantea en su inciso segundo numeral ii, que debe señalarse que el contexto del artículo es preventivo y expresamente indicar que no es un medio de fiscalización. En igual sintonía se encuentra el Inciso cuarto, que señala que *"si luego de reiterado el aviso en dichos términos, el contribuyente no realiza acción alguna, el Servicio podrá iniciar, si corresponde, un procedimiento de fiscalización conforme con las reglas generales"* lo que nos da a entender y reafirmar que la comunicación realizada al contribuyente con base en el artículo 33, es meramente una herramienta de facilitación y colaboración, mientras que para el Servicio constituye solo una primera auscultación.

ARTICULO 33 MEDIDAS PREVENTIVAS Y DE COLABORACION
Notificación: Correo electrónico / Mediante publicación en el sitio personal del contribuyente/ Otros medios que resulten expeditos.

| Informar a los contribuyentes el detalle de sus registros, impuestos o devoluciones y presentarles, a través de los sistemas destinados al efecto, propuestas de sus declaraciones. Los contribuyentes, voluntariamente, podrán aceptar, rechazar o complementar la información y las propuestas proporcionadas por el Servicio. | Enviar una comunicación al contribuyente para efectos meramente informativos si existen diferencias de información o de impuestos de acuerdo con los antecedentes que obren en su poder. | Solicitar antecedentes debiendo indicar en forma clara y precisa los objetivos de la solicitud, la materia consultada y demás fundamentos de la actuación. | Asimismo, el Servicio podrá solicitar fundadamente y en casos calificados en forma específica, concreta y determinada, antecedentes respecto de operaciones de las que haya tomado conocimiento, ocurridas durante el período mensual o anual y que pudieran tener incidencia directa en la declaración de impuestos que deberá presentar el contribuyente en relación con el período respectivo. |

Estas solicitudes y la consecuente revisión no constituyen un procedimiento de fiscalización

— El Servicio realizará las actuaciones que correspondan, en el plazo máximo de un mes.

— El contribuyente podrá realizar las actuaciones que correspondan en un plazo no menor a 15 días.

— El contribuyente puede cumplir o subsanar cualquier error en la entrega o cumplimiento de lo solicitado, pudiendo presentar los antecedentes en el plazo adicional de un mes contado desde el vencimiento del plazo primitivo.

— En caso de que el contribuyente voluntariamente se acoja a las actuaciones antes indicadas, y se detectaren o rectificaren diferencias de impuestos, el Servicio deberá condonar los intereses penales y multas.

El esquema presentado ayuda identificar las diferentes acciones que, en torno a esta medida de colaboración y prevención, puede realizar el SII en el contacto con el contribuyente.

Así, coincidimos con lo señalado por el Servicio en su Circular N° 41 del año 2021 al indicar que dicha norma regula tres instancias, una primera instancia de propuesta de declaraciones o de registros, una segunda instancia de entrega de información al contribuyente para posibilitar la corrección inmediata de las mismas, y finalmente, una última instancia de solicitud de antecedentes.

Resulta relevante el hecho de que, aun cuando se trate de una acción colaborativa y preventiva, para efectos del Servicio es necesario dar estricto cumplimiento a aquello que permite el artículo 33 inciso primero en sus números i; ii; y iii, so pena, a nuestro parecer, de desencadenar una acción de fiscalización o requerimiento diferente al preventivo. En este sentido, de no señalar la notificación o aviso que se trata de un procedimiento preventivo, necesariamente deberán aplicarse las normas generales, y entender que estamos frente a un requerimiento del artículo 60 del Código Tributario, siendo aplicables los plazos de caducidad indicados en dicha norma.[14]

---

[14]   Esto puede reafirmarse más aun con el deber de fundamentación de los actos administrativos y que hoy se recoge expresamente en el artículo 8 bis del Código Tributario.

b. Artículo 60 del Código Tributario. El requerimiento de Antecedentes

En primer lugar, es importante señalar que el requerimiento de antecedentes contemplado en el artículo 60 del Código Tributario, está establecido en el título IV del mismo, que establece los medios especiales de fiscalización.

Por lo anterior, resulta relevante realizar el distingo entre medios de fiscalización y procedimiento de fiscalización. De la misma manera — al parecer— ha distinguido el Servicio de Impuestos Internos, al indicar que la instancia contemplada en este artículo no constituye un procedimiento de fiscalización en los términos del artículo 59 del Código Tributario.

En específico, en el texto del artículo 60 *"se precisa el procedimiento para requerir información como **medio especial de fiscalización**"*, disponiendo al efecto que el requerimiento de antecedentes podrá realizarse telefónicamente, o por la vía más expedita posible, conforme a los medios establecidos en el artículo 33 del Código Tributario.

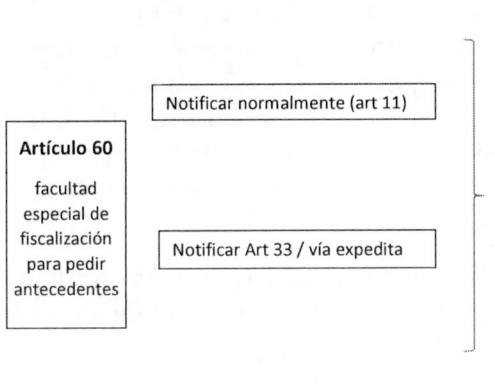

Luego, y siguiendo la Circular N° 41 del SII que regula dicha norma, podemos enumerar cuales son las facultades específicas que emanan de dicho artículo, a saber:

1. Obtener información para verificación de la exactitud de las declaraciones y cumplimiento tributario del contribuyente.

2. Obtener información de los contribuyentes y de terceros retenedores, en el ejercicio y desarrollo de las diversas acciones que se ejecutan conforme a las facultades que otorga la ley.

3. Verificar que las declaraciones presentadas por los contribuyentes sean expresión fidedigna de las operaciones registradas en sus libros de contabilidad, de la documentación de respaldo que corresponda y que reflejen las transacciones económicas efectuadas.

4. Comprobar que en dichas declaraciones la determinación de los tributos se haya efectuado en forma correcta, esto es, la determinación de los elementos de la obligación tributaria o la aplicación de créditos, exenciones o franquicias como, asimismo, que exista coherencia aritmética del cálculo de la obligación impositiva realizado por el contribuyente y que, en los casos que corresponda conforme a la ley, el impuesto se haya enterado en arcas fiscales. Lo anterior, según los antecedentes que les sirven de fundamento, ya sea proporcionados por el contribuyente o aquellos que obren en poder del Servicio.

5. Detectar situaciones de contribuyentes que en las referidas declaraciones no estén cumpliendo con sus obligaciones tributarias.

Finalmente, a partir de la respuesta que el contribuyente haga respecto del requerimiento de antecedentes, las actuaciones de cierre que pueden existir son las siguientes:

i. Requerir para el desarrollo de un proceso de fiscalización conforme al artículo 59 del Código Tributario.

ii. Citar al contribuyente de conformidad al artículo 63 del Código Tributario.

iii. Girar los impuestos en los casos en que sea pertinente.

iv. Procesar las solicitudes de rectificación que el contribuyente presente de conformidad a lo dispuesto en el artículo 36 bis del Código Tributario.

v. Resolver las peticiones administrativas.

vi. Llevar a cabo las acciones por las cuales se solicitó la información.

vii. Certificar, de oficio o a petición de parte, que no existen gestiones pendientes respecto de la materia por la cual se le ha solicitado la información.

Entonces y a modo de línea de tiempo las actuaciones por parte del SII deberían ir en cumplimiento gradual[15]

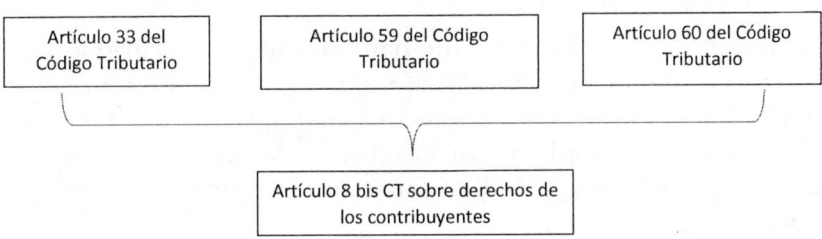

Finalmente, habiendo analizado el contenido de los artículos 33 y 60 del Código Tributario, podemos identificar las siguientes diferencias:

1. El artículo 33 plantea medidas preventivas o de corrección frente a un incumplimiento, mientras que el artículo 60

---

[15] Lo anterior es concordante además con el PGCT 2021 que plantea, en lo pertinente que, "La Estrategia de Gestión de Cumplimiento Tributario del SII es eminentemente preventiva, y busca anticiparse al incumplimiento" p 11. Consultado en www.sii.cl el día 27 de octubre de 2021.

plantea medidas intrusivas cuyo objeto es detectar un incumplimiento.

2. El artículo 33 es de cumplimiento voluntario por parte del contribuyente y su incumplimiento no acarrea sanción alguna. Por otro lado, el incumplimiento de un requerimiento en base al artículo 60 puede constituir entrabamiento.

3. El Servicio de Impuestos Internos ha señalado que la finalidad del artículo 33 es facilitar el cumplimiento tributario. Mientras que el requerimiento de antecedentes del artículo 60 tiene por finalidad verificar la exactitud de las declaraciones presentadas por el contribuyente, así como obtener y reunir información de los contribuyentes y de terceros retenedores, en el ejercicio y desarrollo de las diversas acciones que este realiza en el desempeño de la facultad de aplicación y fiscalización de los impuestos, aunque no necesariamente en el contexto del artículo 59 del Código Tributario.

Autores[16], de manera reciente han indicado que el artículo 60 es un medio de fiscalización directo, sumado a aquellos regulados principalmente en los artículos 60 bis, 60 ter, 60 *quáter* y 60 quinquies, frente a las medidas colaborativas y de prevención reguladas en el artículo 33 del Código Tributario e incluso en el artículo 59 bis (comparecencia).

Y es frente a este punto donde además podemos preguntarnos ¿es o no es el inicio de un procedimiento de fiscalización? Por cuanto es de la esencia de las actividades del SII el fiscalizar es a lo menos extraño entender que la acción desplegada en virtud del artículo 60 no sea una fiscalización necesariamente y es por

---

[16] Curso de Derecho Tributario Chileno. Parte general y especial Autor: Matus, Marcelo, Curso de Derecho Tributario Chileno. Parte general y especial Primera parte Teoría del tributo y su recepción en el Código Tributario chileno, Capítulo X Fiscalización, Editorial: Legal Publishing.

eso por lo que resulta necesario distinguir en lo ya mencionado en párrafos atrás; debemos visualizar la fiscalización propiamente tal — como procedimiento—y los medios de fiscalización.

Ahora, en este punto es necesario recalcar que, con fecha 5 de noviembre del 2021, se dictó la resolución N° 124 del Director Nacional del SII, la cual establece los plazos en los cuales se podrá llevar a cabo el requerimiento de antecedentes establecido en el artículo 60 del CT.

Ante aquello vale preguntarnos, ¿Qué fundamenta la dictación de la mencionada resolución? Es la propia ley la que determina en el inciso primero que *"Este examen, confección o confrontación deberá efectuarse con las limitaciones de tiempo y forma que determine el Servicio …"*. Además, la circular 41 del año 2021 señala que *"Este plazo — para presentar los antecedentes —será fijado por el Servicio mediante resolución dictada al efecto, teniendo en cuenta los plazos de caducidad dispuestos en el artículo 59 y que, de realizarse ambas instancias de revisión y fiscalización por parte del Servicio, deben necesariamente verificarse dentro de los plazos dispuestos en el artículo 200 del Código Tributario"*.

Es así como la Resolución citada plantea nuevos plazos a considerar por el contribuyente para efectos de cumplir con la solicitud y por la Administración tributaria para tomar una decisión.

1. Efectuada una solicitud de antecedentes en virtud del artículo 60 del Código Tributario, se deberá otorgar al contribuyente un plazo mínimo de 15 días hábiles para poner a disposición del Servicio la información respectiva. Dicho plazo podrá prorrogarse por el mismo número de días, en un máximo de 2 oportunidades, a solicitud del contribuyente.

2. El plazo máximo dentro del cual el Servicio realizará el examen o análisis respectivo será de seis meses, contados desde el día siguiente al vencimiento del plazo originalmente otorgado al contribuyente para poner a disposición del Servicio la información solicitada o desde el día siguiente al vencimiento del plazo prorrogado en los términos del resolutivo anterior.

Luego, de una lectura de la instrucción entregada por el Servicio en la citada Resolución, podemos observar lo siguiente:

a) El plazo establecido en la resolución es de días hábiles administrativos (lunes a viernes).

b) Es obligatorio el conceder un mínimo de 15 días para cumplir el requerimiento. El establecer menos días puede acarrear la nulidad de la actuación.

c) Existe posibilidad de solicitar prórroga; Y si bien su otorgamiento es facultativo para el SII la negativa debe ser fundada (art 8 bis del CT).

d) Existe un máximo de 2 prórrogas a conceder.

e) Eventualmente el máximo de días será de 45 días si se concede el mínimo fijado.

f) Si se concede un plazo superior a 15 días (por ejemplo, un mes) las prórrogas deberán ser por igual número de días.

g) El plazo para realizar el examen o análisis es de 6 meses; y para su contabilización deberemos distinguir si existió o no prórroga del plazo originalmente dado en el requerimiento:

    a. Sin prórroga: Se cuentan los 6 meses desde el día siguiente al vencimiento del plazo original.

    b. Con prórroga: Se cuentan los 6 meses desde el día siguiente del vencimiento de la última prórroga.

Finalmente, también es posible que el requerimiento termine o tenga como consecuencia algún despliegue de actividad por parte del contribuyente. Dicho despliegue también tiene consecuencias que son necesarias considerar.

Rectificación de una declaración por parte del contribuyente en base a lo propuesto por el SII; Se producirá el efecto dispuesto por el artículo 59 inciso primero del Código Tributario, impidiendo que aquello que fue rectificado pueda posteriormente ser objeto de una objeción distinta por parte del Servicio.

IV. APLICACIÓN DE LA LEY TRIBUTARIA EN EL ORDEN JUDICIAL

La relevancia del tiempo en materia judicial pudiera parecer muy obvia, y es que una vez determinada la obligación tributaria, el Fisco tiene un tiempo determinado por la ley para exigir el pago de la misma, y, por otro lado, el contribuyente tiene un tiempo específico para controvertir el contenido de los actos de la Administración que determinen diferencias de impuestos.

En este último más la herramienta principal a través de la cual se desarrolla el juicio es el proceso, respecto del cual, Eduardo Couture nos dice que no es otra cosa que "*una secuencia o serie de actos que se desenvuelven progresivamente, con el objeto de resolver, mediante un juicio de autoridad, el conflicto sometido a su decisión*".

Luego, esta serie de actos que se desenvuelven a lo largo del proceso, tienen un momento específico que va a estar definido por la ley respectiva que regule el procedimiento, a lo que se suman elementos como la caducidad, prescripción y otras observaciones. En este sentido, la incidencia del tiempo se observa desde el derecho objetivo, derecho subjetivo y relaciones jurídicas, por cuanto la importancia de un hecho para el Derecho proviene precisamente de que su verificación se genere en un momento preciso o dentro de un determinado espacio de tiempo.

En este sentido, el tiempo tendrá valor en el ámbito judicial por su estrecho vínculo con la eficacia de la acción fiscalizadora como objetivo de la Administración pública en orden a lograr el cumplimiento tributario.

El propio Servicio de Impuestos Internos ha señalado que el objetivo principal de la Administración tributaria es maximizar el cumplimiento tributario a través de su principal herramienta, la fiscalización[17].

---

[17] Evaluación de la capacidad recaudatoria del sistema tributario y de la evasión tributaria. Michael Jorrat De Luis. Octubre 1996. EVALUA-

Luego, la eficacia de la fiscalización se resume en la probabilidad de detección del incumplimiento tributario, es decir, mayor eficacia equivaldría a una mayor detección. En el mismo sentido, el Servicio ha señalado que dentro de las variables que influyen en el cumplimiento tributario, está la simplicidad de la estructura tributaria y la aceptación del sistema tributario.

En primer lugar, respecto de la simplicidad, tenemos que su antagonista, la complejidad, afectaría tanto el cumplimiento como la eficacia de la acción fiscalizadora. Así, desde el punto de vista del contribuyente, la complejidad es sinónimo de dificultad para cumplir con las obligaciones tributarias, en el sentido de los costos en que debe incurrir para tal fin, que no son otra cosa que el tiempo que el contribuyente dedica a entender las leyes e instructivos, recolectar los antecedentes requeridos por la Administración y presentar las declaraciones a que se encuentra obligado, así como el costo económico de las asesorías tributarias y contables de que requiera. La hipótesis, en definitiva, sería que la complejidad aumenta los costos de cumplimiento y con ello se afecta el cumplimiento tributario.

Y es aquí donde cobra relevancia el segundo factor, la aceptación del sistema tributario, por cuanto, cuando el contribuyente considera que, de alguna manera, el sistema tributario es injusto, obviamente estará menos dispuesto a cumplir con sus obligaciones tributarias, más aún, desde su perspectiva la evasión podría ser un acto más de justicia que de un delito.

Esta aceptación depende de varios factores, el primero de ellos es la moderación de la carga tributaria; un sistema tributario que impone una carga excesiva podría ser visto como injusto o expropiatorio. Un segundo factor es la equidad del sistema tributario; una de las principales fuentes de inequidad es la evasión tributaria, por lo cual estamos frente a un círculo vicioso en

---

CIÓN DE LA CAPACIDAD RECAUDATORIA DEL SISTEMA TRIBUTARIO Y DE LA EVASIÓN TRIBUTARIA (sii.cl)

el cual la evasión se retroalimenta[18]. Tercero, la opinión que los contribuyentes tengan del destino de los impuestos, en este sentido habrá una mayor disposición a cumplir con la carga tributaria en la medida que perciban que los recursos se gastan bien, financiando bienes públicos, programas sociales adecuados y con burocracia razonable. Un cuarto factor es la relación entre la Administración tributaria y los contribuyentes; en la medida en que los trámites tributarios sean expeditos y los contribuyentes reciban un trato justo y digno, tendrán una mejor disposición a pagar sus impuestos. En este ámbito la Administración tributaria puede emprender variadas acciones encaminadas a mejorar la atención a los contribuyentes, como, por ejemplo, reducir los tiempos de espera y de atención, reducir el número de trámites o mejorar la infraestructura.

La conclusión resulta obvia, la Administración tributaria debiera procurar no introducir demasiada complejidad al sistema tributario y propender a desarrollar los elementos que permitan una aceptación del sistema tributario en orden a generar un mayor cumplimiento tributario. La pregunta es qué sucede cuando hablamos del tiempo, de la extensión temporal de los procesos y lo que ello significa para el contribuyente y para la Administración del Estado. Aquí es donde nos debemos referir a un derecho fundamental y que tiene la mayor relevancia a la hora de relacionarlo el cumplimiento y la aceptación del sistema tributario, el derecho a ser juzgado dentro de un plazo razonable

IV.1. *El derecho a ser juzgado dentro de un plazo razonable*

El derecho a ser juzgado dentro de un plazo razonable está consagrado en el N° 1 del artículo 8 de la Convención Americana de Derechos Humanos e incorporado en nuestro ordenamiento jurídico en virtud de lo dispuesto en el inciso segundo del artículo 5 de la actual Constitución Política, y por el inciso 6° del artículo

---

[18] SERRA Y TORO, 1994.

19 N° 3 de la Constitución, que establece el derecho a un procedimiento justo y racional.

Dice el citado artículo que *"Toda persona tiene derecho a ser oída, con las debidas garantías y dentro de un plazo razonable, por un juez o tribunal competente, independiente e imparcial, establecido con anterioridad por la ley, en la sustanciación de cualquier acusación penal formulada contra ella, o para la determinación de sus derechos y obligaciones de orden civil, laboral, fiscal o de cualquier otro carácter"*.

El fundamento detrás del plazo razonable está en la idea de que la efectividad de la tutela jurisdiccional radica en que aquella debe ser oportuna, en términos tales que el proceso y el derecho material, si bien son autónomos, deben funcionar en conexión para una efectiva administración de justicia.[19]. En este sentido, un juicio excesivamente largo, no estaría en cumplimiento con el objeto de administrar justicia, por no ser oportuno, por más que respecto del derecho material exista, efectivamente, una decisión por parte del juez.

Ahora, en nuestro Derecho interno no existe regulación respecto de la razonabilidad del plazo para ser juzgado, no existe una medida de tiempo que limite un procedimiento a lo "razonable", no obstante, existen diversos pronunciamientos de la Excma. Corte Suprema, donde el criterio, últimamente casi unánime, ha sido señalar, en términos generales, que la injustificada demora en la tramitación de una causa que puede significar en la práctica la suspensión indefinida de la prescripción de la acción de cobro del fisco, puede generar una vulneración al derecho a que el juez decida el caso en un tiempo razonable, lo que no puede ser sancionado de otra forma que con la prescripción de la acción de cobro del Fisco.

La construcción argumental desarrollada por la Excma. Corte Suprema está dada por reconocer que la Convención Americana de Derechos Humanos, en su artículo 8 N° 1 asegura a toda per-

---

[19] Marinoni, 2007.

sona el derecho a ser oída, con las debidas garantías y dentro de un plazo razonable, por un juez o tribunal competente, independiente e imparcial, establecido con anterioridad por la ley. Por su parte, el inciso 2° del artículo 5° de la Constitución Política de la República establece como deber de todo órgano del Estado respetar y promover los derechos esenciales que emanan de la naturaleza humana garantizados por los tratados internacionales ratificados por Chile y que se encuentren vigentes.

Reconoce también que, si bien la determinación del límite temporal máximo para considerar que el proceso se ha ventilado dentro de un plazo razonable es un asunto de difícil resolución ante el silencio del legislador, tal cuestión puede zanjarse atendiendo a la normativa nacional. De esta manera, ha argumentado nuestro máximo tribunal, que el interés fiscal en la recaudación de impuestos no puede justificar que el procedimiento para realizar ese interés prolongue el estado de indefinición de la recaudación fiscal y de la situación patrimonial del ejecutado por un período superior al plazo de prescripción que contempla nuestro Código Civil. Así, un procedimiento que se extiende más allá del plazo referido deviene en una violación de las garantías judiciales del ejecutado que reconoce la referida Convención, al someterlo a una carga que perpetúa la indefinición de su situación tributaria y patrimonial.

Luego, en relación a la suspensión y la interrupción de la prescripción en materia tributaria, contempladas en el artículo 201 del Código Tributario, la Excma. Corte Suprema las estima inoponibles cuando aquellas se prolonguen más allá de un plazo razonable. En este sentido ha señalado *"Que, en tal perspectiva, si bien estos sentenciadores comparten que la presentación del reclamo basta para suspender el curso de la prescripción que consagra el Código Tributario, no pueden aceptar, en razón de la antedicha normativa —preferentemente integrada, en lo internacional, por el pacto de San José de Costa Rica y por el Pacto Internacional de Derechos Civiles y Políticos de las Naciones Unidas, además del artículo 5° de la Carta Política, en lo nacional—, que tal suspensión opere incluso por un periodo mayor que el asignado por la legislación para la prescripción adquisitiva extraordinaria, esto es, en la práctica de manera indefinida"*[20]

La jurisprudencia es abundante, el criterio ha sido sostenido por la Excma. Corte Suprema por lo menos desde el año 2014, donde encontramos la sentencia de casación dictada en causa Rol 13387-2017, donde el máximo tribunal fundamentó *"Noveno: Que, razonando en el primer sentido, cabe consignar que **las normas constitucionales y de derecho internacional exigen que la acción de la justicia sea rápida y oportuna**, tanto en escuchar a los justiciables como en resolver los problemas planteados, sean ellos del ámbito civil o del penal.*

En tal perspectiva, si bien estos sentenciadores comparten que la presentación del reclamo basta para suspender el curso de la prescripción que consagra el Código Tributario, no pueden aceptar, en razón de la antedicha normativa —preferentemente integrada, en lo internacional, por el pacto de San José de Costa Rica y por el Pacto Internacional de Derechos Civiles y Políticos de las Naciones Unidas, además del artículo 5° de la Carta Política, en lo nacional—, que tal suspensión opere incluso por un período mayor que el asignado por la legislación para la prescripción adquisitiva extraordinaria, esto es, en la práctica de manera indefinida."

Este criterio ha mantenido su presencia en la jurisprudencia de la Excma. Corte Suprema, y si bien hasta hace 3 años atrás la discusión no era pacífica, hoy en día la balanza se ha inclinado casi sin excepciones hacia la aplicación y primacía del artículo 8 de la CADH. Es recurrente además que explicite que no obsta a la prescripción la existencia de una suspensión como la contemplada en el inciso final del artículo 201 del Código Tributario, máxime, cuando ella pugna con una norma superior, el artículo 19 N° 3 de la Constitución Política, o una norma internacional, el artículo 8 N° 2 de la Convención Americana.

Así, en una Sentencia de casación de fecha 13 de julio de 2020, dictada en la causa Rol N° 6.242-2018, la Excma. Corte Suprema de-

---

[20]   Excma. Corte Suprema, Sentencia Recurso de casación Rol N° 2.246-2018, de 06 de febrero de 2020.

sarrolló "…*Que, en razón de lo anterior, la sentencia de segundo grado que acogió la excepción planteada por la reclamante, estableció que, "la excepción interpuesta se enmarca en lo que se define como el derecho a ser juzgado dentro de un plazo razonable como garantía del debido proceso, constatándose que la demora observada no es atribuible a la parte reclamante, pues no existieron en el proceso trámite o situaciones que justificaran el tiempo de tramitación. No es obstáculo para desvirtuar esta conclusión, la circunstancia de suspensión de cobro de los impuestos sujetos a una reclamación tributaria ya que el tiempo transcurrido desde la presentación del reclamo, hasta su fallo, constituye una violación del componente básico del debido proceso como es el derecho a ser juzgado dentro de un plazo justo y razonable. (…)"*

Este razonamiento se ve uniformemente asentado, en efecto, entre los años 2019 y 2020, la Excma. Corte Suprema dictó más de 20 sentencias respecto de esta materia, asentando el criterio de que "*un procedimiento que se extiende más allá del plazo referido deviene en una violación de las garantías judiciales del ejecutado que reconoce la referida Convención, al someterlo a una carga que perpetúa la indefinición de su situación tributaria y patrimonial*"[21], y que, en virtud de lo "*dispuesto en el N° 3 del artículo 19 de la Constitución Política de la República en relación al artículo 8° de la Convención Americana sobre Derechos Humanos, aplicable conforme lo establece el artículo 5° de la Carta Política ha de concluirse que tal como lo sostuvo el fallo recurrido, el injustificado retardo en la tramitación del presente proceso ha conculcado la garantía constitucional del debido proceso, en su manifestación relativa a ser juzgado en un plazo razonable*"[22].

Así, vemos como el tiempo ha jugado un rol trascendental en la litigiosidad tributaria y ese rol va mucho más allá de la sola ordenación del proceso en una secuencia temporal. Un elemento objetivo, sin participación o análisis de la conducta de las partes, puede dejar sin eficacia la acción del Fisco. Lo más relevante, nos

---

[21] Excma. Corte Suprema, Sentencia Recurso de casación Rol N°24.994-2018, de 11 de agosto de 2020, considerando Séptimo.

[22] Excma. Corte Suprema, Sentencia Recurso de casación Rol N°25.000-2019, de 29 de octubre de 2019, considerando Cuarto.

parece, es que las partes intervinientes no tienen en sus manos las herramientas para evitar el paso de este tiempo, lo cual pudiese parecer obvio, pero cuando hablamos de un proceso y una secuencia de actos que se desarrollan en el tiempo, consideramos que pueden encontrarse elementos subjetivos adicionales al solo transcurso del tiempo para analizar si existe o no una vulneración al derecho a ser juzgado dentro de un plazo razonable.

IV.2. *Spoltore Vs. Argentina*

Hace un poco más de un año, el 9 de junio de 2020, la Corte Interamericana de Derechos Humanos dictó sentencia[23] en este caso que resulta sumamente interesante y pertinente en relación con la materia tratada en este artículo, particularmente en lo referido al plazo razonable de los procesos judiciales. Resulta particularmente interesante por cuanto incorpora elementos distintos del solo transcurso del tiempo como medida objetiva.

Si bien el derecho sustantivo discutido no se relaciona con el Derecho tributario, si toca un tema trascendental y que trasciende toda área del Derecho, la extensión del tiempo de los procesos judiciales, que ataca o afecta, o ambos al mismo tiempo, directamente al acceso a la justicia y la tutela judicial efectiva.

Dice la Corte Interamericana de Derechos Humanos que los dos conceptos, de justicia y tutela judicial efectiva, no se limitan al acceso o posibilidad de, por ejemplo, presentar una demanda ante un juzgado, sino que comprende también, la resolución de la controversia, que el Estado por medio de la jurisdicción se manifieste, el acceso a la justicia no es solo formal, requiere del fondo para completarse, y dice la Corte que, una demora prolongada, además de la vulneración del plazo razonable es una evidente denegación de justicia[24].

---

[23]   Corte Interamericana de Derechos Humanos, Spoltore Vs. Argentina. Excepción Preliminar, Fondo, Reparaciones y Costas, Serie C No. 404.

[24]   Corte IDH, Fornerón e hija Vs. Argentina. Fondo, Reparaciones y Costas. Sentencia de 27 de abril de 2012. Serie C No. 242, párr. 109.

En el Caso Valle Jaramillo y Otros vs. Colombia[25], la Corte sostuvo que, el derecho de acceso a la justicia implica que la solución de la controversia se produzca en tiempo razonable, ya que una demora prolongada puede llegar a constituir, por sí misma, una violación de las garantías judiciales. Al respecto, la Corte IDH desarrolló un estándar de requisitos para corroborar si existió violación del plazo razonable o no, a saber: La complejidad del asunto, la actividad procesal del interesado y la conducta de las autoridades judiciales. Señala respecto de estos requisitos, que los antecedentes de hecho deberán ser analizados bajo estos prismas, para determinar si el derecho a ser juzgado dentro de un plazo razonable ha sido vulnerado.

En el caso en particular, Spoltore Vs. Argentina, la Corte hace el análisis, factor por factor, señala que se trata de un caso de indemnización emergente de enfermedad profesional donde el propio Estado reconoce que *"el proceso judicial en cuestión no revestía especial complejidad"*[26], juzga la Corte que hubo un impulso razonable del proceso por parte de los interesados, lo que, en definitiva, y respecto del tercer requisito, lleva a concluir que *"resulta irrazonable que las autoridades judiciales hayan tardado doce años en dilucidar si le asistía derecho en la demanda por enfermedad profesional contra su empleador"*[27]. Falla finalmente que ha existido una efectiva vulneración al artículo 8 N°1 de la Convención, por extenderse el procedimiento *"más allá de un plazo razonable"*.

Estos fallos resultan tremendamente relevantes, porque si bien reiterar el deber de los tribunales de cada Estado de resolver las contiendas sometidas a su decisión dentro de un plazo razonable, acorde al artículo 8 N° 1 de la Convención Americana, señala que

[25] Corte IDH, Valle Jaramillo y Otros vs. Colombia, Fondo, Reparaciones y Costas, Sentencia de 27 de noviembre de 2008. Serie C No. 192.

[26] Caso Spoltore Vs. Argentina. Excepción Preliminar, Fondo, Reparaciones y Costas, Serie C No. 404, párr. 101.

[27] Caso Spoltore Vs. Argentina. Excepción Preliminar, Fondo, Reparaciones y Costas, Serie C No. 404, párr. 101.

el análisis no debe hacerse solo desde una observación objetiva del tiempo, sino principalmente los fundamentos detrás de esa extensión de tiempo.

Lo anterior resulta una novedad respecto de los pronunciamientos que la Corte Suprema ha sostenido inalterables en los últimos años, y sería interesante ver un análisis subjetivo y a la luz del estándar desarrollado por la Corte Americana respecto de los procedimientos en orden a juzgar si existe o no violación al plazo razonable, sobre todo cuando hoy nuestros Tribunales Tributarios y Aduaneros han sido objeto de miradas críticas por el tiempo que toman en llegar al estado de dictar sentencia.

V. CONCLUSIONES

La Administración tributaria debe procurar no introducir demasiada complejidad al sistema tributario, y en específico poner especial atención al tiempo, a la extensión temporal de los procesos y lo que ello significa para el contribuyente y para la Administración del Estado.

La potestad tributaria, que emana de la soberanía del Estado, está sometida a los límites establecidos en la Constitución Política de la República, a los derechos garantizados en ella y los tratados internacionales ratificados por Chile. En este sentido, el derecho a ser juzgado dentro de un plazo razonable, consagrado en el N° 1 del artículo 8 de la Convención Americana de Derechos Humanos, actúa como límite al ejercicio de la potestad tributaria y, en específico, limita la actuación fiscalizadora del Estado.

La Excma. Corte Suprema ha fallado en protección del referido derecho, pero haciendo un análisis desde el punto de vista de la prescriptibilidad como regla general en nuestro sistema y protegiendo al contribuyente de la incertidumbre que significa la indeterminación en relación con los impuestos discutidos. Por otro lado, la Corte Interamericana nos ha dado una guía de ruta a seguir para hacer un análisis más profundo respecto del tiempo, criterio que consideramos debiera seguirse por nuestros Tribunales, por cuanto no podemos olvidar que, al final del día, en todos aquellos casos, no se está decidiendo el asunto controvertido.

Ahora, más importante que todo lo anterior, consideramos que resulta conveniente buscar una salida legal que permita a los contribuyentes terminar los litigios en un tiempo prudente y no hacer perder al Fisco toda la posible recaudación por la acción, o inacción, de otro ente estatal, los tribunales llamados a resolver la controversia. Si hay algo que jamás puede ocurrir en un Estado de derecho es desgastar y degradar a los ciudadanos que acuden a los tribunales.

VI. BIBLIOGRAFÍA

ARTAZA, OSVALDO, SALAZAR, ANDRÉS, & SALGADO, HUGO. (2016). Protección de la libre competencia en Chile: Desafíos para el derecho penal y las ciencias económicas. Política criminal, 11(22).

Banco mundial https: //datos.bancomundial.org/indicator/SI.POV.GI-NI?locations=CL (consultado el 15 de septiembre del 2020).

CLOTILDE CELORICO PALMA, "Evolución conceptual el concepto capacidad contributiva" https: //www.ciat.org/Biblioteca/ConferenciasTecnicas/2000/Espanol/Taormina_italia_e-book_2000.pdf consultado el 21 de octubre del 2020.

GARCÍA AMIGO, MANUEL (1979). Instituciones de Derecho Civil, Parte General, Madrid: Editoriales de Derecho reunidas.

LUQUI, JUAN CARLOS, (1989) La obligación Tributaria, Buenos Aires: Editorial Depalma.

MARINONI, LUIZ. Derecho fundamental a la tutela jurisdiccional efectiva. Lima: Palestra, 2007. p. 220.

MASSONE PARODI, PEDRO, (2016) "Principios de Derecho Tributario", cuarta edición.

MOSCHETTI, FRANCESCO, (2001) "El principio de capacidad contributiva" en Tratado de derecho Tributario, Amatucci coord., Bogotá: Temis, pp. 242 y ss.

NOVOA HERRERA, GERARDO, (2006). "El Principio de la Capacidad Contributiva" en Derecho & Sociedad (N°27).

PÉREZ DE AYALA, JOSÉ LUIS, y GONZÁLEZ, EUSEBIO, (1991) "Curso de Derecho Tributario".

SERRA, P. y J. TORO (1994), "¿Es Eficiente el Sistema Tributario Chileno?", Cuadernos de Economía, N°94, Pontificia Universidad Católica de Chile.

TALIBA, GERALDO, (1984) "Problemas Atuais do Imposto sobre Serviços" en Revista de Direito Tributário 27/28, Jan./Jun.

TARSITANO, ALBERTO, (2005) "El principio de capacidad contributiva. Un enfoque dogmático", en Estudios de Derecho tributario constitucional internacional, Pasquale Pistone, Heleno Taveira Tôrres, coords., Buenos Aires: Editorial Ábaco de Rodolfo Depalma, pp. 407-423.

VIDAL RAMÍREZ, F. (1985). El tiempo como fenómeno jurídico. Derecho PUCP, (39), 369-378. https: //doi.org/10.18800/derechopucp.198501.013.

YÁÑEZ HENRÍQUEZ, J. (2016). Tributación: Equidad y/o Eficiencia. *Revista de Estudios Tributarios*, (12), pág. 223-259. Consultado de https: //revistaestudiostributarios.uchile.cl/index.php/RET/article/view/40412/41958.

Cultura jurídica tributaria

POR AMALIA BEATRIZ CAMPOS VIERLING[1]

RESUMEN: Para erradicar la evasión tributaria se requiere hacer un cambio medular en la sociedad chilena. Este cambio dice relación con la cultura, en específico, la cultura tributaria, la cual sólo puede implementarse en la medida en que se configuren ciertas condiciones, entre ellas, normas e instituciones eficientes, las que deben, a su vez, ser revisados activamente por la ciudadanía.

PALABRAS CLAVE: Cambio cultural, civismo, participación ciudadana.

I. INTRODUCCIÓN

En su edición 2021, el Plan de gestión de cumplimiento tributario (PGCT) del Servicio de Impuestos Internos (SII) incorporó los conceptos de moral tributaria y responsabilidad social tributaria, aplicándolos en temáticas clave como el comercio informal y grupos empresariales. La razón de esta incorporación fue avanzar como país en la profundización de una cultura de responsabilidad mutua entre ciudadanos y autoridades, fortaleciendo valores como la probidad, la responsabilidad y la transparencia, como rasgos esenciales de cultura chilena.[2]

No es mera coincidencia que se hayan integrado estos conceptos, dado el contexto político y social en el que se encuentra nuestro país desde el año 2019, mediante el cual se está buscando instaurar nuevos cimientos, en que prime la confianza en las autoridades y los sistemas existentes, como también, instalar una cultura virtuosa en la sociedad. En tal sentido, el SII aspira a desa-

---

[1] Abogada Universidad del Desarrollo. Magíster en Tributación FEN U. de Chile.
[2] PGCT, 2021, p. 5.

rrollar una cultura tributaria en la sociedad chilena mediante la incorporación de los conceptos de moral tributaria y responsabilidad social empresarial.

El PGCT define la moral tributaria como un conjunto de normas, valores y creencias existentes y aceptadas en una sociedad, que sirven de modelo de conducta para determinar el correcto cumplimiento fiscal[3]. Así, el PGCT menciona el concepto de moral tributaria apuntando a la formalización de la economía informal y haciendo referencia al concepto de moral tributaria instaurado por la Organización para la cooperación y desarrollo económico (OCDE) y apoyado por diversos autores, como la motivación intrínseca a pagar impuestos.[4]

Asimismo, la moral, como objeto de reflexión de la ética, se compone de un conjunto de normas impositivas de deberes que presuponen una valoración positiva de la conducta exigida y, correlativamente, una valoración negativa del comportamiento prohibido[5]. De esta forma, si una norma jurídica impone a un contribuyente la obligación de pagar un tributo por haber percibido un determinado ingreso por prestar un servicio, su conducta puede ser valorada como positiva si cumple con dicha obligación, o bien, negativa frente al incumplimiento. En tal caso, la valoración jurídica no es sino la consecuencia de una valoración moral[6]. Así, una persona que actúa por un sentido del deber[7] o por el deseo de hacer lo que es correcto en sí[8], es quien asume una posición de rectitud, lo que, trasladado al deber jurídico de cumplir con las obligaciones tributarias, se denomina: moral tributaria. En ese mismo sentido, TORGLER[9] plantea que la moral tributaria debe estar orientada a establecer cuáles son las razones por las que

---

3   PGCT, 2021, p. 5.
4   OCDE, 2019 y ALM.& TORGLER, 2006, p. 224.
5   ROBLES, 2013, p. 833.
6   ROBLES, 2013, p. 875.
7   NOWELL-SMITH, 1954, p. 245.
8   BROAD, 2014, p. 123.
9   TORGLER, 2003, p. 120.

las personas son más cooperadoras de lo que parece ser racional dada la estructura de aplicación.

En cuanto al concepto de responsabilidad social tributaria, en la literatura internacional, se menciona, que las decisiones corporativas enfrentan una carga de conciencia moral[10], que al ser sometida a una dimensión axiológica del derecho[11], permite valorar la conducta moral o inmoral de un contribuyente. El PGTC lo nombra respecto a los grupos empresariales, ya que, busca realizar un trabajo colaborativo con estos para asegurar el correcto cumplimiento de sus obligaciones tributarias, postulando que las empresas socialmente responsables son las que cumplen debidamente sus deberes fiscales y no buscan minimizar sus impuestos mediante la planificación fiscal agresiva u otros tipos de planificaciones.[12]

Por su parte, la OCDE[13] señala que el concepto de responsabilidad social empresarial está relacionado con el ajuste efectivo en la empresa y la sociedad en la que opera. Esta noción de ajuste se refiere a una mutua interdependencia entre negocio y sociedad, es decir, un negocio no puede prosperar si la sociedad en que se desarrolla tiene deficiencias importantes; a su vez, si el sector económico tiene problemas produce también un perjuicio a la sociedad. Conforme al autor PASCUALI[14], responsabilidad empresarial refiere, consiguientemente, a las acciones por parte de la empresa tendientes a nutrir y mejorar esta relación simbiótica. En ese sentido, que una empresa pague una cantidad "justa" de impuestos se considera como responsable con el bien social; proporcionando los fondos para servicios públicos como salud, educación y para la inversión pública en infraestructura, ya sea en el mundo desarrollado o en vías de desarrollo.[15]

---

10   CAMPBELL, 1965, p. 80; AARNIO, 1997, p. 31.
11   REALE, 2002, p. 508; DE BARROS, 2013, p. 173.
12   PGCT, 2021, p. 5.
13   OCDE, 2001a.
14   PASCUALI, 2014, p. 208.
15   Institute of Business Ethics, 2013, p. 1.

No hay que olvidar que el derecho es un objeto cultural; obra o producto de la actividad humana y de la que puede predicarse un sentido, por ejemplo, el de ser justo o injusto. Pero si el derecho es un objeto cultural, hay también una cultura jurídica[16], una cultura del derecho, que se entiende formar parte de lo que suele denominarse sistema legal. En un sentido más amplio, la expresión sistema legal, al modo como la emplea LAWRENCE FRIEDMAN en su conocido trabajo Cultura legal y desarrollo social[17], designa un todo constituido por elementos jurídicos de tres tipos:

1. Estructurales: Se constituye a partir de las instituciones jurídicas, la forma y organización que adopta y los procedimientos que se diseñan para su actividad.

2. Culturales: Conjunto de valores y actitudes relacionado con el derecho.

3. Sustantivos: Leyes y normas jurídicas que operan en la vida social, usadas por autoridades y personas, que son obedecidas y aplicadas.

Ahora bien, la relación entre estos tres elementos es bastante estrecha, porque, la cultura jurídica resulta ser una expresión del modo de actividad de los otros dos elementos, con lo cual quiere decirse que tal cultura se forma y cristaliza al interior de una comunidad bajo la influencia, entre otros factores, de los elementos estructurales y sustantivos del sistema. Por otro lado, la cultura jurídica impacta también en esos dos tipos de elementos, porque dicha cultura es especialmente relevante en relación a las demandas que se dirigen al sistema. Pero, a su vez, los elementos no específicamente culturales del sistema revierten sobre la cultura jurídica, puesto que el tipo y contenido de las respuestas que el sistema pueda emitir acerca de tales demandas condicionará

---

[16]   AGUSTÍN SQUELLA, 1988, p. 28, 29 y 30.
[17]   FRIEDMAN, 1975.

igualmente a las personas que las formulan y, en último término, a la sociedad como un todo.[18]

Es por esto por lo que, se analizará si lo que propone el SII para impactar en la cultura tributaria chilena, es idóneo bajo la mirada de estos tres elementos que conforman un todo sistemático.

II. ANÁLISIS DE LAS PROPUESTAS DEL SII

II.1. *Grupos empresariales*

El primer ejemplo que se analizará sobre las medidas establecidas por el PGCT es respecto de los grupos empresariales, el cual establece que, con el objetivo de instaurar en ellos la responsabilidad social tributaria, se efectuará un trabajo colaborativo entre el Servicio y los grupos para transmitirles la importancia del aporte que realizan a la sociedad y de tal forma, mitigar los riesgos de erosión de base imponible y traslado de beneficios (BEPS)[19]. En este caso, el elemento estructural, quesería el SII, estaría colaborando con los grupos empresariales y, por ende, fomentando el cumplimento tributario cooperativo. Si el SII logrará transmitir la importancia de su aporte en la sociedad y los grupos empresariales tienen la intención de colaborar, a la hora de cumplir, los grupos empresariales efectuarán un análisis interno y evaluarán si la norma o elemento sustantivo es razonable, dado que la cultura de *compliance* tributario esta influenciada por la legitimidad del gobierno y percepción de justicia del sistema tributario[20], es decir, que quizás el factor más importante es la calidad de la gestión de gastos públicos, mediante la cual la ciudadanía evalúa la reciprocidad, determinada por los servicios públicos que ellos reciben en retorno por el pago de impuestos[21].

---

[18]   Agustín Squella, 1988, p. 30.
[19]   PGCT, 2021, p. 64.
[20]   OECD, 2013, p. 27.
[21]   Bird, 2010; OECD, 2008.

Es así como la conciencia tributaria suele vincularse con el cumplimiento tributario por parte de la ciudadanía, centrando su estudio en las causales de éste, sin embargo, no puede limitarse su análisis solo a los niveles que observe dicho cumplimiento, sino que también resulta necesario detenerse en las implicancias que ella genera en el sujeto pasivo del tributo en cuanto a su relación consciente para con la sociedad a la que pertenece.[22]

Por lo que, en este caso, el elemento sustancial, que es la norma propiamente tal, y el elemento estructural, que son las instituciones, ya sea la autoridad administrativa SII, o bien, la autoridad hacendaria, deben ser eficientes, por cuanto, la política tributaria que únicamente se base en la recaudación, probablemente consiga un buen resultado, pero trae consigo el constante sentimiento de inconformidad de los gobernados que derivará en la interposición de medios de defensa cada vez más robustos y difíciles de ignorar.[23]

II.2. Comercio informal

Otra de las medidas que se establecen en el PGCT es en cuanto al comercio informal, mencionando que, para fomentar la moral tributaria, se realizarán capacitaciones a gremios del sector pesquero con el fin de que conozcan los beneficios de acogerse a la tributación especial para ese rubro, establecida en el artículo 26 bis de la Ley de Impuesto a la Renta (LIR).[24]

Analizando esta medida, se podría decir que la institucionalidad y el procedimiento está planteada en términos factibles y si, también, tuviese una buena acogida en el gremio pesquero, estaría satisfaciendo el elemento estructural y cultural. Sin embargo, esta norma es una erosión a la base imponible lo cual agrega in-

---

[22] Schlapnik, 2021, p. 198.
[23] Ramírez, 2021, p.157.
[24] PGCT, 2021, p. 71.

eficacia a un sistema tributario[25], por cuanto le resta neutralidad y los sistemas tributarios deben ser lo más neutrales posible, minimizando la discriminación en favor o en contra de una elección económica en particular.[26]

Del mismo modo, en este caso, se podrían generar distorsiones en aquellos gremios diferentes al pesquero, que no tienen un tratamiento tributario especial y que, en iguales condiciones económicas, se verían mayormente gravados, faltando, también, al principio de la equidad horizontal que indica que contribuyentes en igual situación económica deberían ser gravados de igual forma, dado que tienen la misma habilidad y capacidad para enfrentar la carga impositiva, lo que significa que un impuesto sobre un determinado nivel de ingreso total debería ser el mismo, no importando cómo se componga o cuál sea la fuente de ese ingreso.[27]

Igualmente, esta norma faltaría al principio de la simplicidad, pues las leyes tributarias complejas son aquellas que contienen multiplicidad de erosiones en su base, esto es, tratamientos especiales, créditos, exenciones, deducciones, excepciones, diferimiento del pago del impuesto, etc.[28] y un sistema tributario complejo, no solo es más caro, sino que además crea incentivos perversos facilitando la evasión y elusión de los impuestos.[29]

Se entiende que la razón de legislar en torno a estos tratamientos especiales se debe a la necesidad de aliviar la carga tributaria de las empresas más pequeñas, sin embargo, una estructura de tasas con algún grado de progresión y una base sin erosiones ha-

---

[25] YÁÑEZ, 2010.
[26] Informe del Comité Asesor para Estudiar y Proponer Adecuaciones al Informe Anual de Gastos Tributarios, 2012, p. 30.
[27] Informe del Comité Asesor para Estudiar y Proponer Adecuaciones al Informe Anual de Gastos Tributarios, 2012, p. 30.
[28] YÁÑEZ, 2016, p. 171-206.
[29] Informe del Comité Asesor para Estudiar y Proponer Adecuaciones al Informe Anual de Gastos Tributarios, 2012, p. 31.

rían más eficaz un sistema tributario[30]. Así, por ejemplo, mediante la progresividad en el pago de impuestos empresariales que se implementó con el régimen de transparencia tributaria, se logra disminuir el gravamen para las MIPYMES de forma eficiente, sin la necesidad de agregar más erosiones al sistema.

II.3. Eficiencia sustancial y estructural

Por todo lo anterior, para implementar una cultura tributaria, es fundamental, que la norma y las instituciones sean eficientes, dado que la conciencia tributaria no es un fenómeno que corresponde únicamente al contribuyente, si no que compete por igual a la Administración pública y al Estado en su conjunto[31] y que, por lo tanto, debe haber una mayor y mejor preparación de las autoridades legislativas y hacendarias para diseñar e implementar sistemas tributarios propios y adecuados a la realidad de cada Estado.[32]

III. PARTICIPACIÓN CIUDADANA

Es complejo elaborar una legislación tributaria perfecta, sin embargo, para que esta sea lo más asertiva posible, es esencial que los contribuyentes y ciudadanos sean muy activos en la revisión del actuar hacendario y legislativo, por cuanto, no hay que olvidar que si bien, el propósito fundamental de los impuestos es recaudar ingresos para financiar servicios y bienes públicos, un sistema tributario efectivo es el que puede lograr un balance entre las necesidades públicas y privadas en orden a alcanzar metas de desarrollo nacional, prevaleciendo las condiciones estructurales y sociales, como también las prioridades políticas.[33] Más aún, cuando se trata de países en vías de desarrollo, los cuales necesitan es-

---

[30]   Yáñez, 2010.
[31]   Schlapnik, 2021, p.181.
[32]   Ramírez, 2021, pp. 172 y 173.
[33]   EC, 2010, p. 2.

tablecer sistemas tributarios que no solo son efectivos movilizando los recursos, sino que también, distribuyendo la carga fiscal de manera justa y minimizando las distorsiones que pueden desalentar las inversiones, desencadenar una mala asignación de recursos o perjudicar el crecimiento.[34]

III.1. Organizaciones no gubernamentales

En la experiencia internacional, se ha visto que organizaciones no gubernamentales (ONG) han participado en la educación tributaria del contribuyente enfocándose en la mejora de la política fiscal, la rendición de cuentas del gobierno y la enseñanza de los asuntos fiscales para que los ciudadanos puedan participar en debates sobre política hacendaria o hacer las preguntas correctas sobre el funcionamiento del sistema tributario con el fin de que los gobiernos justifiquen su actuar[35], lo cual es muy relevante, dado que la fundación de la democracia se basa en un ciudadano activo como individuo y como miembro de la comunidad y de las asociaciones.[36]

Equipar a los ciudadanos con las herramientas para hacer que el gobierno rinda cuentas del sistema tributario es una parte importante del contrato social y las ONG están especialmente bien posicionadas para cumplir con esta función, incluso pudiendo ayudar a generar confianza en el sistema tributario a largo plazo. Un ejemplo de esto es el Instituto de Negociaciones e Información Comercial de África Meridional y Oriental, con sede en Uganda, que demuestra este enfoque con su *"A Day in the Life of a Ugandan Tax Payer"*, el cual busca identificar todas las formas en las que un ciudadano ugandés se relaciona con los impuestos, animando a las personas a reflexionar sobre los servicios prestados a cambio. Es por esto por lo que las ONG son idóneas para este papel debido a

---

[34] OECD, 2013, p. 26.
[35] OCDE, 2021, p. 106.
[36] OECD, 2009, p. 27.

su independencia del gobierno, su buen conocimiento de las comunidades que representan y su capacidad, como resultado, para adaptar estas iniciativas a las necesidades de las personas. Por lo tanto, las ONG pueden convertirse en socios efectivos para las iniciativas de educación del contribuyente que buscan aumentar la responsabilidad del sistema tributario, siempre y cuando se asegure que la ONG mantenga su independencia, de lo contrario, la confianza se puede reducir en lugar de aumentar.[37]

III.2. Civismo

El civismo, entendido como el comportamiento respetuoso del ciudadano con las normas de convivencia pública, conforme a la definición de la RAE, se fomenta mediante la información, consultas y participación activa de los contribuyentes.[38] En el ámbito tributario, el civismo se traduce en una cultura tributaria, mediante la cual el contribuyente valida la norma, cumpliéndola voluntariamente.

En ese sentido, es importante que la mayor cantidad de ciudadanos participe de forma activa, es decir, que la gran parte tenga la calidad de contribuyente, ya que las obligaciones tributarias, finalmente, facultan a demandar mayor responsabilidad y un mejor manejo de los gastos públicos, servicios públicos perfeccionados, instituciones del Estado más eficientes y una supervisión más fuerte de la sociedad civil[39], pues los impuestos comprometen al ciudadano en el proceso político,[40] generando así, un círculo virtuoso, mediante el cual el contribuyente participa en la revisión de la norma y del actuar político y por ende, cumple voluntariamente. Por cierto, esto se debe implementar en conjunto con medidas educativas, de inclusión e incentivo a la participación.

---

[37]   OCDE, 2021, pp. 106 y 107.
[38]   OECD, 2001b.
[39]   OECD, 2008; BRAUTIGAM et al., 2008; PRICHARD, 2009 y EVEREST-PHILIPS, 2010, pp. 75-96.
[40]   MOORE, 2008, pp. 34-61.

Además, el hecho de que la mayoría de ciudadanos sea contribuyente, promueve el cumplimiento tributario de la sociedad en general, dado que, si se excluyeran, por ejemplo, los emprendimientos informales de la obligación de pagar impuestos, se crearía una percepción de que el sistema es injusto, erosionando el cumplimiento de los sujetos de impuestos,[41] esto se debe a que la percepción personal sobre si la mayor parte de la sociedad paga o no impuestos, afecta la decisión de cada contribuyente de cumplir con sus responsabilidades.[42]

IV. CONCLUSIONES

1. Las acciones tomadas por el SII relacionadas a la implementación de la moral tributaria y responsabilidad social empresarial están encaminadas a generar un cambio cultural en la sociedad chilena, lo cual es esencial que se acompañe con buenos mecanismos normativos y estructurales, dado que, la cultura o conciencia tributaria, sólo es posible inculcarla en una sociedad, en la medida en que la legislación y las instituciones sean eficientes.

2. Para que las normas e instituciones sean eficientes, se debe incentivar la participación ciudadana en la revisión del actuar legislativo y hacendario, dado que la norma será más adecuada a la sociedad que pretende regular por las intervenciones de los ciudadanos que la conforman y las instituciones deberán rendir cuentas. Esto impactará en la generación de un círculo virtuoso, mediante el cual, el contribuyente es parte de la formación del elemento sustancial y estructural, por ende, cumple voluntariamente con la norma.

3. En lo que concierne a la calidad de contribuyente, es importante que la mayor cantidad de ciudadanos tenga obligacio-

---

[41] OECD, 2013, p. 34.
[42] PGCT, 2021, p. 5.

nes tributarias, con el fin de promover el civismo o cultura tributaria a través del cumplimiento de sus deberes impositivos y, asimismo, empoderándolos en el derecho de intervenir en la formación de la norma y de pedir cuentas de las gestiones realizadas por el gobierno con sus impuestos.

4. Por último, es importante inculcar la participación y educación en aspectos normativos y hacendarios en toda la ciudadanía, mediante iniciativas estatales, como programas escolares, como también, iniciativas privadas, como las ONG, entre otras propuestas.

V. BIBLIOGRAFÍA

AARNIO, A., 1997. Las reglas en serio. La normatividad del derecho, Coord. AulisAarnio, Ernesto Garzón, Jyrki Uusitalo, Barcelona: Gedisa, p. 17-36.

ALM, J. & TORGLER, B., 2006. Culture differences and tax morale in the United States and in Europe. Journal of Economic Psychology, p. 27 (2), 224-246.

BIRD, R., 2010, Taxation and Developmente", Economic Premise, Issue 34, World Banck, Washington, DC, October.

BRAUTIGAM, D., O. FJELDSTAD, AND M. MOORE (eds.), 2008, Taxation and State-Building in Developing Countries: Capacity and Consent, Cambridge University Press, Cambridge.

BROAD, C., 2014. Conciencia moral y acción recta. En J. Feinberg (Ed.), Conceptos morales, p. 121-129. México: Fondo de Cultura Económica.

CAMPBELL, A., 1965, Conscience and conscientiousness, Rice University Studies, p.51, 71-83.

DE BARROS, P., 2013. Direitotributário, linguagem e método. São Paulo: Editora Noese.

European Commission (EC), 2010, Tax and Development: Cooperating with Developing Countries on Promoting Good Governance in Tax Matters, Brussels, p. 2.

EVEREST-PHILLIPS, M., 2010, State-Building Taxation for Developing Countries: Principles for Reform, Development Policy Review, 28 (1), p. 75-96.

FRIEDMAN, LAWRENCE, 1975. The legal system, a social science perspective. Nueva York: Russel Sage Foundation.

Informe del Comité asesor para estudiar y proponer adecuaciones al informe anual de los gastos tributarios, 2012. Medición y evaluación del gasto tributario, p. 30 y 31 Disponible en: https: //www.dipres.gob.cl/598/articles-94691_doc_pdf.pdf

Institute of Business Ethics, 2013. Business Ethic Briefing. Issue 31, April 2013, p. 1.

MOORE, M., 2008, Between coercion and contract: competing narratives on taxation and governance, in D. Brautigam, O. Fjeldstad, and M. Moore (eds.), 2008, Taxation and State-Building in Developing Countries: Capacity and Consent, Cambridge University Press, Cambridge, p. 34-61.

NOWELL-SMITH, P., 1954. Ethics. Londres: Penguin Books.

OECD, 2021, Building Tax Culture, Compliance and Citizenship: A Global Source Book on Taxpayer Education, Second Edition, OECD Publishing, Paris. P. 104-107. Disponible en: https: //doi.org/10.1787/18585eb1-en

OECD, 2019. Tax Morale: What Drives People and Businesses to Pay Tax?OECD Publishing, Paris. Disponible en: https: //doi.org/10.1787/f3d8ea10-en

OECD, 2013, Tax and Development: Aid Modalities for Strengthening Tax Systems, OECD Publishing, Paris. Disponible en: https: //doi.org/10.1787/9789264177581-en

OECD, 2009. Evaluación de la participación pública en la elaboración de políticas públicas. Página27. Disponible en: https: //read.oecd-ilibrary.org/governance/evaluacion-de-la-participacion-publica-en-la-elaboracion-de-politicas-publicas_9789264062610-es#page27

OECD, 2008, Governance, Taxation and Accountability: Issues and Practices, OECD, Paris, p. 21, 22, 25 y 27.

OECD, 2001a. Corporate Responsibility: Private Initiatives and Public Goals, Papers on Governance.

OECD, 2001b. Citizens as Partners: Information, Consultation and Public Participation in Policy-Making, OECD Publishing, Paris. Disponible en: https: //doi.org/10.1787/9789264195561-en

PASCUALI, MATÍAS, 2014: Responsabilidad Social Empresarial y Planificaciones Tributarias Agresivas. Tributación en sociedad, p. 208.

Plan de Gestión de Cumplimiento Tributario (PGCT), 2021. Servicio de Impuestos Internos. Disponible en: https: //www.sii.cl/sobre_el_sii/pgct2021_completo.pdf

PRICHARD, W., 2009, The Politics of Taxation and Implications for Accountability in Ghana 1981-2008, IDS Working Paper 330, Institute of Development Studies, University of Sussex.

RAMÍREZ, YUBANI, 2021: La paz tributaria como un nuevo principio constitucional orientado al compliance fiscal. Derecho tributario constitucional: En tiempos de decisión de una nueva constitución, p.157, 172 y 173.

REALE, M., 2002. Filosofia do direito. São Paulo: Editora Saraiva.

ROBLES, G., 2013. Teoría del derecho: fundamentos de teoría comunicacional de derecho. Navarra: Thomson Reuters.

SCHLAPNIK, ISAAC, 2021: Conciencia tributaria: ¿Se puede hacer algo desde la Constitución? Derecho tributario constitucional: En tiempos de decisión de una nueva constitución, p.181 y 198.

SQUELLA, AGUSTÍN, 1988. La Cultura Jurídica Chilena. Corporación de promoción universitaria, p. 28, 29 y 30.

TORGLER, B., 2003. Tax morale, rule-governed behaviour and trust. Constitutional Political Economy, p. 14 y 119-140.

YÁÑEZ, JOSÉ, 2016. "Evasión tributaria: atentado a la equidad". Revista de Estudios Tributarios, volumen 13, p. 171-206. Disponible en: https: //revistaestudiostributarios.uchile.cl/index.php/RET/article/view/39874/41444

YÁÑEZ, JOSÉ, 2010. "Impuestos, progresión, equidad y distribución". Diario Estrategia. Publicación de fecha 25 de marzo de 2010.